普通高等教育“十四五”规划教材

# 财务会计

夏迎峰　肖婉萍　郑　敏　主　编
廖　艳　魏　晨　陈雅宾　副主编

FINANCIAL
ACCOUNTING

上海财经大学出版社
SHANGHAI UNIVERSITY OF FINANCE & ECONOMICS PRESS
上海学术·经济学出版中心

**图书在版编目(CIP)数据**

财务会计 / 夏迎峰, 肖婉萍, 郑敏主编. -- 上海：上海财经大学出版社, 2025. 2. --（普通高等教育“十四五”规划教材）. -- ISBN 978-7-5642-4597-9

Ⅰ. F234.4

中国国家版本馆 CIP 数据核字第 2025FZ1631 号

□ 策划编辑　汝　涛　杨　闯
□ 责任编辑　石兴凤
□ 封面设计　贺加贝

**财 务 会 计**

夏迎峰　肖婉萍　郑　敏　主　编
廖　艳　魏　晨　陈雅宾　副主编

---

上海财经大学出版社出版发行
（上海市中山北一路 369 号　邮编 200083）
网　　址：http://www.sufep.com
电子邮箱：webmaster @ sufep.com
全国新华书店经销
上海新文印刷厂有限公司印刷装订
2025 年 2 月第 1 版　2025 年 2 月第 1 次印刷

---

787mm×1092mm　1/16　23.50 印张　602 千字
印数：0 001—3 000　　定价：58.00 元

# 目 录

# 前　言

教材是教学过程的重要载体，加强教材建设是深化高等教育改革的有效途径。为了更好地融通优质的教学改革成果，整合线上线下的数字化教学资源，切实提高高等教育人才培养质量，促进学生技术技能积累，培养学生的会计“匠心”精神，本书编写以习近平新时代中国特色社会主义思想为指导，全面落实习近平总书记关于职业教育的重要论述，以党的二十大报告为依据，强化课程思政，系统落实立德树人的根本任务；根据高等职业教育、应用型职业技能人才培养目标和“大智移云物区”等信息技术发展对财务人员业财融合管理能力的要求以及国家对管理型会计人才培养的战略规划，紧扣初级会计专业技术资格考试大纲和教育部智能财税“1＋X”证书考试大纲，依据会计工作内容和工作流程，遵循岗位能力要求，根据“以任务为导向，以学生为主体”的教育教学理念编写而成。

本教材引入“互联网＋”的教育教学创新改革实践，将传统纸媒教材与现代数字教材紧密结合，突出能学、易用、强测等特色，并结合截至2025年1月的相关财税政策变动情况进行修订，具体内容如下：

第一，夯实专业基础，对接会计专业技术标准。本教材以初级会计师考试大纲为标准，合理设计教材的主体框架，全面融入考证重点与难点，系统讲述了会计要素的基本核算原理和主要核算方法。

第二，强化职业能力培养。本教材结合会计核算工作的实际需求，通过项目引导、任务驱动、强化测评等方式，强化会计核算岗位职业能力培养。

第三，引入互联网技术，推进混合式学习模式。本教材以纸质教材为主要载体，系统开发了微课视频、教辅资源、在线训练等线上数字资源，利用二维码，帮助学习者更好地开展课程学习。

本教材具有两个特色：一是课程思政。将职业精神、工匠精神、进取精神等有机融入教材中，加强社会主义核心价值观教育。二是校企共同开发，打造双元教材。从企业岗位用人标准出发，针对人才培养的目标要求，对会计职业岗位进行分析，构建基于工作流程、行动引领的“双元制”教学的课程体系。

本教材采用了复旦大学张学新教授“对分课堂”的教学方法，把课堂时间一半给教师，一半给学生。课堂时间还给学生，老师精讲留白，让学生与教师共同主导课堂，充分发挥学生的主动探索学习的潜能。

本书由夏迎峰、肖婉萍、郑敏三位同志主编，廖艳、魏晨、陈雅宾、黄丽华、田冉黎、李骁寅等同志也参与了书稿的写作。由于作者专业水平和实践经验有限，本书难免存在错误和不当之处，恳请读者批评指正。

**编　者**

2025年1月

# 项目一　财务会计基础知识

| 素质目标 | 知识目标 | 能力目标 |
| --- | --- | --- |
| 引导学生树立正确的职业观，恪守准则，约束自己的行为，树立“诚信为本”的基本职业操守，培养学生诚信敬业的品质 | 1. 熟悉会计要素的含义及确认条件；<br>2. 掌握会计信息质量要求；<br>3. 熟悉企业会计法律规范体系 | 1. 能正确判断各会计要素的具体内容；<br>2. 能根据会计信息质量要求进行正确的账务处理；<br>3. 学会运用会计法律法规规避风险 |

## 本项目结构导图

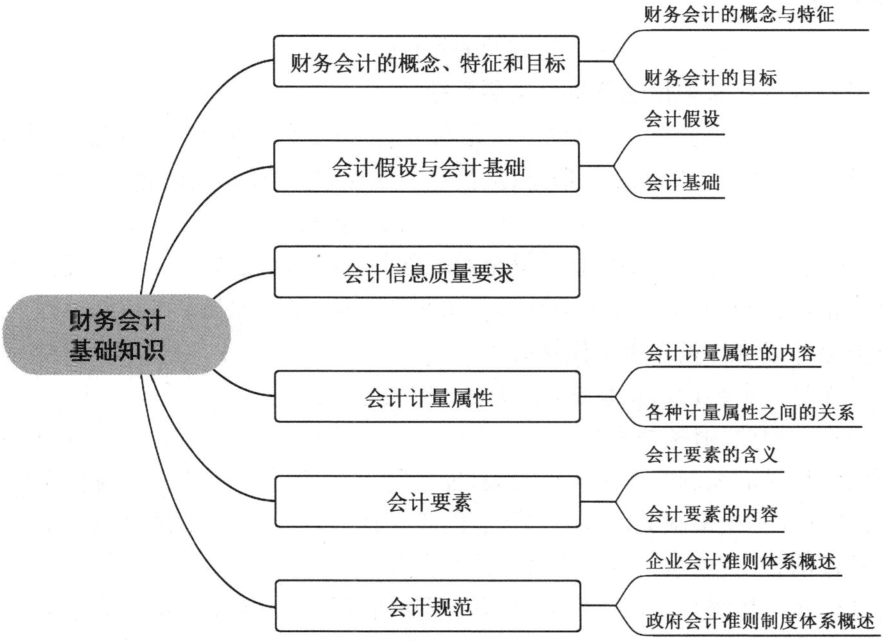

# 任务1　财务会计的概念、特征和目标

## 任务引例

现代会计分为财务会计和管理会计两大分支。与管理会计相比，财务会计有哪些特点？

## 必备知识

### 一、财务会计的概念与特征

财务会计是以会计准则、会计制度为主要依据，运用确认、计量、记录和报告等专门程序与方法，向企业外部会计信息使用者提供以财务信息为主的经济信息系统，其实质是一套信息系统，也是一种管理活动。财务会计信息主要是满足投资者、债权人、政府管理部门等企业外部使用者的需要，但也可以满足企业内部管理者的需要。

财务会计同管理会计相配合并共同服务于市场经济条件下的现代企业。财务会计作为传统会计的发展，与旨在向企业内部管理当局提供经营决策所需信息的管理会计不同，财务会计旨在向企业外部的投资人、债权人和其他与企业有利害关系的外部集团提供投资决策、信贷决策和其他类似决策所需的会计信息。这种会计信息最终表现为通用的会计报表和其他会计报告。

## 引例解析

财务会计与管理会计相比有如下几方面的特征：

**（一）财务会计以计量和传送信息为主要目标**

财务会计不同于管理会计的特点之一，是财务会计的目标主要是向企业的投资者、债权人、政府部门以及社会公众提供会计信息；从信息的性质看，主要是反映企业整体情况，并着重历史信息；从信息的使用者看，主要是外部使用者，包括投资人、债权人、社会公众和政府部门等；从信息的用途看，主要是利用信息了解企业的财务状况和经营成果。而管理会计的目标则侧重于规划未来，对企业的重大经营活动进行预测和决策，以及加强事中控制。

**（二）财务会计以会计报告为工作核心**

财务会计作为一个会计信息系统，是以会计报表作为最终成果。会计信息最终是通过会计报表反映出来。因此，财务报告是会计工作的核心。现代财务会计所编制的会计报表是以公认会计原则为指导而编制的通用会计报表，现代财务会计将会计报表的编制放在最突出的地位；而管理会计并不把编制会计报表当作它的主要目标，只是为企业的经营决策提供有选择的或特定的管理信息，其业绩报告也不对外公开发表。

财务会计仍然以传统会计模式作为数据处理和信息加工的基本方法。为了提供通用的会计报表，财务会计还要运用较为成熟的传统会计模式作为处理和加工信息的方法。传统会计模式是历史成本模式，其特点是：

（1）会计反应依据复式簿记系统。复式簿记系统以账户和复式记账为核心，以凭证和账簿组织为形式，包括序时记录、分类记录、试算平衡、调整分录和对账结账等一系列步骤。

(2)收入与费用的确认以权责发生制为基础。财务会计对收入和费用的确认采用实现原则，而不是等到企业收入或付出现金时才确认和记录。

(3)会计计量遵循历史成本原则。历史成本原则的核心是指资产、负债等要素应按交易或事项发生时所确认的交换价格作为最初入账的计量标准。

**(三)财务会计以公认会计原则和行业会计制度为指导**

公认会计原则是指导财务会计工作的基本原理和准则，是组织会计活动、处理会计业务的规范。

**课堂活动**

管理会计和财务会计的主要区别有(　　)。

A. 服务对象不同　　B. 会计核算对象不同

C. 提供信息规范不同　　D. 使用的资料不同

E. 会计报告格式不同

## 二、财务会计的目标

财务会计的目标是为企业外部信息使用者提供与企业财务状况、经营成果和现金流量等有关的会计信息。外部信息使用者包括投资者、债权人、债务人、政府部门等。

企业编制财务报告的主要目的是满足财务报告使用者的信息需求，有助于财务报告使用者作出经济决策。因此，向财务报告使用者提供决策有用的信息是财务报告的基本目标。财务报告使用者主要包括投资者、债权人、政府及其有关部门和社会公众等。财务会计主要向这些企业外部利害关系人提供反映企业财务状况、经营业绩的信息。

# 任务2　会计假设与会计基础

**任务引例**

会计主体是指会计为之服务的特定单位。会计主体一定是法律主体吗？

**必备知识**

## 一、会计假设

会计假设，是指组织会计核算工作应具备的前提，也是会计准则中规定的各种程序和方法适用的前提。会计假设是对会计所处的时间环境、空间环境所作的合理假定，会计核算对象的确定、会计政策的选择、会计数据的收集都要以这些基本假设为依据。会计假设包括会计主体、持续经营、会计分期和货币计量等。

**（一）会计主体**

会计主体是指会计为之服务的特定单位。要开展会计工作，首先应明确认定会计主体，也就是要明确会计人员的立足点（立场），解决为谁记账、算账、报账的问题。简单地说，明确会计主体，就是要明确“记谁的账，编谁的表”。

会计人员只为特定的会计主体进行会计工作。每个会计主体不仅与其他会计主体相区别，而且独立于其本身的所有者。也就是说，会计所反映的是一个特定会计主体的经济业务，而不是其他会计主体的经济业务，也不是企业所有者的财务活动。

从理论上说，会计主体的规模并无统一的标准，可大可小。它可以是一个独立核算的经济实体、一个独立的法律个体；也可以是不进行独立核算的内部单位、班组，一个非法律个体。但是，从财务会计的角度来看，会计主体应是一个独立核算的经济实体，特别是需要单独反映财务状况与经营成果、编制独立的财务会计报告的实体。

会计主体可以分为记账主体和报告主体。一般情况下，记账主体与报告主体是一致的，但在将母公司和其子公司组成的企业集团作为报告主体编制合并财务报表的情况下，二者并不一致。这样的企业集团只是一个报告主体，而不是一个独立的记账主体。

**引例解析**

会计主体不同于法律主体。会计主体可以是一个独立的法律主体，如企业法人，也可以不是一个独立的法人主体，如企业内部的相对独立的核算单位、由多个企业法人组成的企业集团等。一般来说，法律主体必然是会计主体。如甲公司属于一个法律主体，也是一个会计主体；但会计主体不一定是法律主体，如分公司。

**（二）持续经营**

持续经营是指在可预见的将来企业将会按当前的规模和状态继续经营下去，不会停业，也不会大规模地消减业务。有了这一前提，会计信息的可比性等会计信息质量要求才能得到满足，企业在信息的收集和处理上所采用的会计方法才能保持稳定，会计核算才能正常进行。

财务会计的一系列方法都是以会计主体持续经营为前提的。例如，只有在持续经营的前提下，企业的资产才能按历史成本计价，固定资产才能按其使用年限计提折旧。

**（三）会计分期**

会计分期是指将一个企业持续经营的生产经营活动人为地划分为一个个连续的、长短相同的期间。企业应当划分会计期间，分期结算账目和编制财务报告。会计期间分为年度和中期，以年度为会计期间通常称为“会计年度”。在我国，以公历年度作为企业的会计年度，即从公历1月1日起至12月31日止。

**（四）货币计量**

货币计量是指会计主体在会计确认、计量和报告时以货币计量，反映会计主体的生产经营活动。以货币计量为假设，可以全面反映企业的各项生产经营活动和有关交易和事项。

用货币计量也有缺陷，例如，企业的经营战略、研发能力、市场竞争力等，往往难以用货币来计量，但这些信息对于使用者的决策也很重要，为此，企业可以在财务报告中补充披露有关非财务信息来弥补上述缺陷。

## 二、会计基础

企业应当以权责发生制为基础进行确认、计量和报告。凡是当期已经实现的收入和已经发生或应当负担的费用，不论款项是否支付，都应当作为当期的收入和费用；凡是不属于当期的收入和费用，即使款项已在当期收付，都不应作为当期的收入和费用。

我国会计实务中还存在一种与权责发生制相对应的收入和费用的确认方法，称为"收付实现制"。收付实现制是以收到或支付现金作为确认收入和费用的依据。目前，我国的行政单位采用收付实现制；事业单位除经营业务采用权责发生制外，其他业务也采用收付实现制；企业则一律以权责发生制为基础。

### 课堂活动

资产按照预计从其持续使用和最终处置中所产生的未来净现金流入量的折现金额计量，其会计计量属性是（　　）。

A. 历史成本　　B. 可变现净值

C. 现值　　D. 公允价值

# 任务3　会计信息质量要求

### 任务引例

财务会计目标解决了信息使用者需要什么样的信息，在总体上规范了信息的需求量，即在信息提供的"多与少"上作出了界定。但是满足使用者需要的信息还有一个"好与坏"的问题，即信息的质量问题。所有对决策有用的信息在质量上必须达到一定的要求。请思考：会计信息应该具备什么样的特征，才能满足使用者的需求？

### 必备知识

为了实现财务会计的目标、保证会计信息的质量，必须对会计信息质量提出要求。会计信息的质量要求是财务会计报告所提供的信息应达到的基本标准和要求。

### 引例解析

一般包括客观性、相关性、可比性、重要性、谨慎性、实质重于形式、可理解性和及时性。

**（一）客观性**

客观性是要求会计信息如实表达、内容完整。客观性是会计信息质量的基本要求，包括真实性和可靠性两方面含义。

真实性是指会计反映的结果应当同企业的实际财务状况和经营成果相一致。可靠性是指对于经济业务的记录和报告，应当做到不偏不倚，以客观事实为依据，而不应受主观意志的左右，力求使会计信息可靠。

**（二）相关性**

相关性是要求企业提供的会计信息应与报表使用者的经济决策相关。相关性是以可靠性为基础的，会计信息在可靠性前提下尽可能做到相关，以满足财务报告使用者的决策需要。

为了满足会计信息质量的相关性要求，企业会计在收集、加工、处理和传递会计信息的过程中要考虑会计报表的使用对会计信息需要的不同特点，充分满足企业内外有关方面对会计信息的相关需求。当然，由于不同的会计报表使用者有着不同的需要，完全满足所有方面的需求也不可能，因此，企业对外编报的会计报表只要提供会计准则规定的通用的会计信息，就可以说符合相关性要求。

**（三）可比性**

可比性是要求企业提供的会计信息应当具有可比性，包括同一企业不同时期的纵向可比和不同企业相同会计期间的横向可比，具体包括两个方面：

(1)同一企业不同时期的纵向可比。为了满足会计信息使用者了解企业财务状况和经营成果的变化趋势，从而全面、客观地评价过去、预测未来，作出决策，会计信息质量的可比性要求同一企业不同时期发生的相同或者相似的交易或者事项，应当采用一致的会计政策，不得随意变更。

(2)不同企业相同会计期间的横向可比。不同企业同一会计期间发生的相同或者相似的交易或者事项，应当采用规定的会计政策，确保会计信息口径一致、相互可比，以使不同企业按照一致的确认、计量和报告要求提供有关会计信息。

**（四）重要性**

重要性是要求企业提供的会计信息应当反映与企业财务状况、经营成果、现金流量相关的所有重要交易和事项。重要的事项应该单独反映；不重要的可以简化处理。

如果企业会计信息的省略或者错报会影响使用者作出经济决策，则该信息就具有重要性特征。重要性的应用需要依赖职业判断，企业应当根据其所处环境和实际情况，从项目的性质和金额大小两方面来判断其重要性。

**（五）谨慎性**

谨慎性要求企业对交易或者事项进行确认、计量和报告时应当保持应有的谨慎，不应高估资产或者收益，不应低估负债或者费用。

谨慎性的应用并不允许企业设置秘密准备，如企业故意低估资产或者收益，或者故意高估负债或者费用。

**（六）实质重于形式**

实质重于形式要求企业应当按照交易或者事项的经济实质进行会计确认、计量和报告，不应仅以交易或者事项的法律形式为依据。一般情况下，经济实质和法律形式是一致的。

在会计核算过程中，企业可能会碰到一些经济实质与法律形式不吻合的交易或事项，在此情况下，会计信息要想反映其所应反映的交易或者事项，就必须根据交易或事项的经济实质和经济现实来判断，而不能仅仅根据它们的法律形式。

实质重于形式的运用：融资租赁、售后回租、售后回购、关联关系确定等。

**（七）可理解性**

可理解性要求企业提供的会计信息应当清晰明了，便于财务报告使用者理解和使用。如在财务报告中对一些重要事项进行充分披露就是为了增加财务报告的可理解性。

**(八)及时性**

及时性要求企业对于已经发生的交易或者事项应当及时进行确认、计量和报告,不得提前或者延后。及时性原则包括三方面内容:

(1)及时收集会计信息,即在经济交易或者事项发生后,及时收集和整理各种原始单据或者凭证;

(2)及时处理会计信息,即按照会计准则的规定,及时对经济交易或者事项进行确认或者计量,并编制财务报告;

(3)及时传递会计信息,即按照国家规定的有关时限,及时地将编制的财务报告传递给财务报告使用者,便于其及时使用和决策。

**课堂活动**

企业提供的会计信息应有助于财务会计报告使用者对企业过去、现在或者未来的情况作出评价或者预测,这体现了会计信息质量要求中的(　　)要求。

A. 相关性　　B. 可靠性　　C. 可理解性　　D. 可比性

## 任务 4　会计计量属性

**任务引例**

计量属性是指被计量对象的特性或外在表现形式,即被计量对象予以数量化的特征。从某种意义上讲,一种计量模式区别于另一种计量模式的标准就是计量属性。会计的各种计量属性之间有什么关系?

**必备知识**

会计计量是指企业将符合确认条件的会计要素登记入账并列报于财务报表时应当按照规定的会计计量属性进行计量,确定其金额。

### 一、会计计量属性的内容

**(一)历史成本**

在历史成本计量下,资产按照购置时支付的金额,或者按照购置资产时所付出的对价的公允价值计量。

【例 1—1】　天域公司在 2024 年 12 月 31 日有一批库存商品,系 2025 年 1 月 10 日以 10 000 元银行存款购入,则该批商品的历史成本为 10 000 元。

负债按照因承担现时义务而实际收到的款项或者资产的金额,或者承担现时义务的合同金额,或者日常活动中为偿还负债预期需要支付的现金的金额计量。

【例 1－2】 天域公司有一笔长期借款。该借款系 2025 年 1 月 3 日借入，期限为 2 年，到期连本带息需要偿还 220 000 元，实际收到款项 200 000 元，则该批长期借款的历史成本为 200 000 元。

**（二）重置成本**

在重置成本计量下，资产按照现在购买相同或者相似资产所需支付的金额计量。负债按照现在偿付该项债务所需支付的金额计量。

【例 1－3】 天域公司 2025 年 1 月 31 日有一批库存商品，该批商品于 2024 年 12 月 1 日购入，当时的成本为 20 000 元，如果 2025 年 1 月 31 日重新购入该商品需要 22 000 元，则该批商品的重置成本为 22 000 元。

【例 1－4】 天域公司有一台设备，该设备于 2023 年 12 月 31 日购入，当时的成本为 5 000 000 元，预计使用寿命为 10 年，采用直线法计提折旧。假设 2025 年 12 月 31 日，该设备的折余价值为 4 000 000 元。如果 2025 年 12 月 31 日重新购入一台全新的设备需要花费 6 000 000 元，则该设备的重置成本为：6 000 000×(10－2)÷10＝4 800 000(元)。

**（三）可变现净值**

在可变现净值计量下，资产按照其正常对外销售所能收到的金额扣减该资产至完工时估计将要发生的成本、估计的销售费用以及相关税费后的金额计量。

**（四）现值**

在现值计量下，资产按照预计从其持续使用和最终处置中所产生的未来净现金流入量的折现金额计量。负债按照预计期限内需要偿还的未来净现金流出量的折现金额计量。

**（五）公允价值**

在公允价值计量下，资产和负债按照在公平交易中熟悉情况的交易双方自愿进行资产交换或者债务清偿的金额计量。

## 二、各种计量属性之间的关系

### 引例解析

在各种会计计量属性中，历史成本通常反映的是资产或负债过去的价值，而重置成本、可变现净值、现值和公允价值通常反映的是资产或者负债的现时成本或者现时价值，是与历史成本相对应的计量属性。但它们之间具有密切联系，一般来说，历史成本可能是过去环境下某项资产或负债的公允价值，而在当前环境下某项资产或负债的公允价值也许就是未来环境下某项资产或负债的历史成本。公允价值可以是重置成本，也可以是可变现净值和以公允价值为计量目的的现值，但必须同时满足公允价值的三个条件。

### 课堂活动

下列关于会计计量属性的表述中，错误的是（　　）。

A. 历史成本反映的是资产过去的价值

B. 资产的重置成本是指按照当前市场条件购买相同或者相似资产所需支付的现金或者现金等价物的金额

C. 现值是取得某项资产在当前需要支付的现金或其他等价物

D. 公允价值是指市场参与者在计量日发生的有序交易中出售一项资产所能收到或转移一项负债所需支付的价格

# 任务5　会计要素

## 任务引例

利得是指由企业非日常活动所形成的、会导致所有者权益增加的、与所有者投入资本无关的经济利益的流入。损失是指由企业非日常活动所发生的、会导致所有者权益减少的、与向所有者分配利润无关的经济利益的流出。请思考：利得、损失与收入、费用有什么区别？

## 必备知识

### 一、会计要素的含义

会计要素，是会计核算对象的基本分类，是设定会计报表结构和内容的依据，也是进行确认和计量的依据。

### 二、会计要素的内容

会计要素主要包括资产、负债、所有者权益、收入、费用和利润。

**（一）资产**

资产，是指过去的交易和事项形成并由企业拥有和控制的资源，该资源预期会给企业带来经济利益。它具有如下特征：

1. 资产能够直接或间接地给企业带来经济利益

所谓经济利益，是指直接或间接流入企业的现金和现金等价物。资产导致经济利益流入企业的方式有多种，如单独或与其他资产组合为企业带来经济利益；以资产交换其他资产；以资产偿还负债；等等。资产之所以成为资产，就在于其能为企业带来经济利益。如果某项目不能为企业带来经济利益，那么就不能确认为企业的资产。

2. 资产是企业所拥有的，或者即使不为企业所拥有，也是企业所控制的

企业拥有资产，就能够排他性地从资产中获取经济利益。有些资产虽然不为企业所拥有，但是企业能够支配这些资产，因此同样能够排他性地从资产中获取经济利益 。例如，企业融资租赁方式租入的固定资产，尽管其所有权不属于该承租企业，但由于受该承租企业实际控制，因此在会计实务中将其列作该承租企业的资产。如果企业不能拥有或控制资产所能带来的经济利益，就不能作为企业的资产。

3. 资产是由过去的交易或事项形成的

资产必须是现实的资产，而不能是预期的资产。只有过去发生的交易或事项才能够增加或减少企业的资产，而不能根据计划中的经济业务来确认资产。

任何企业要进行正常的经营活动,都必须拥有一定数量的资产。为了正确反映企业的财务状况,通常将企业的全部资产按其流动性划分为流动资产和非流动资产两大类。流动资产是指那些可以合理地预期将在一年内转换为现金或被销售、耗用的资产,主要包括货币资金、应收票据、应收账款和存货等。除流动资产以外的其他资产统称为非流动资产,包括持有至到期投资、长期股权投资、固定资产、无形资产等。

**(二)负债**

负债,是指过去的交易和事项形成的现时义务,履行该义务预期会导致经济利益流出企业。它具有以下特征:

1.负债的清偿预期会导致经济利益流出企业

负债的清偿预期会导致经济利益流出企业。清偿负债导致经济利益流出企业的形式多种多样,如用现金偿还或以实物资产偿还;以提供劳务偿还;将负债转为所有者权益。

2.负债是由过去的交易或事项形成的

作为现时义务,负债是过去已经发生的交易或事项所产生的结果,是现时的义务。只有过去发生的交易或事项才能增加或减少企业的负债,而不能根据谈判中的交易或事项或计划中的经济业务来确认负债。

负债按其偿还期的长短可分为流动负债与非流动负债。流动负债是指偿还期在1年或长于1年的一个营业周期以内的负债,主要包括短期借款、应付票据、应付账款、应付职工薪酬、应交税费、应付利润、其他应付款等。非流动负债则是指偿还期在1年或长于1年的一个营业周期以上的债务,主要包括长期借款、应付债券和长期应付款等。

**(三)所有者权益**

1.所有者权益的定义

所有者权益,是指企业资产扣除负债后由所有者享有的剩余权益。公司的所有者权益又称为股东权益。所有者权益是所有者对企业资产的剩余索取权,是企业的资产扣除债权人权益后应由所有者享有的部分,既可反映所有者投入资本的保值增值情况,又体现了保护债权人权益的理念。

所有者权益的来源包括所有者投入的资本、其他综合收益、留存收益等,通常由股本(或实收资本)、资本公积(含股本溢价或资本溢价、其他资本公积)、其他综合收益、盈余公积和未分配利润等构成。

所有者投入的资本,是指所有者投入企业的资本部分,既包括构成企业注册资本或者股本的金额,也包括投入资本超过注册资本或股本部分的金额,即资本溢价或股本溢价,这部分投入资本作为资本公积(资本溢价)反映。

其他综合收益,是指企业根据会计准则规定未在当期损益中确认的各项利得和损失。留存收益,是指企业从历年实现的利润中提取或形成的留存于企业的内部积累,包括盈余公积和未分配利润。

2.所有者权益的特征

(1)除非发生减资、清算,企业不需要偿还所有者权益。

(2)企业清算时,只有在清偿所有的负债后,所有者权益才返还给所有者。

(3)所有者凭借所有者权益能够参与利润分配。

所有者权益在性质上体现为所有者对企业资产的剩余权益,在数量上也就体现为资产减去负债后的余额。所有者权益包括实收资本、其他权益工具、资本公积、其他综合收益、盈余公积和未分配利润。其中，盈余公积和未分配利润又合称为留存收益。

3. 所有者权益的确认条件

所有者权益体现的是所有者在企业中的剩余权益，因此，所有者权益的确认和计量主要依赖于资产和负债的确认和计量。例如，企业接受投资者投入的资产，在该资产符合资产确认条件时，就相应地符合所有者权益的确认条件；当该资产的价值能够可靠计量时，所有者权益的金额也就可以确定。

## 引例解析

利得是指由企业非日常活动所形成的、会导致所有者权益增加的、与所有者投入资本无关的经济利益的流入。损失是指由企业非日常活动所发生的、会导致所有者权益减少的、与向所有者分配利润无关的经济利益的流出。它是企业除了费用或分配给所有者之外的一些边缘性或偶发性支出。一般来说，利得和损失与收入和费用不同，它们之间不存在配比关系。按照我国会计制度的规定，利得和损失分为直接计入所有者权益的利得和损失与直接计入当期损益的利得和损失。一般来说，已实现的利得和损失计入当期损益，未实现的利得和损失计入其他综合收益。

**（四）收入**

1. 收入的定义

收入，是指企业在日常活动中形成的、会导致所有者权益增加的、与所有者投入资本无关的经济利益的总流入。根据收入的定义，收入具有以下三个方面特征：

（1）收入是企业在日常活动中形成的。日常活动，是指企业为完成其经营目标所从事的经常性活动，以及与之相关的活动。例如，工业企业制造并销售产品，就属于企业的日常活动。日常活动产生的收入通常包括主营业务收入和其他业务收入，即营业收入。

（2）收入是与所有者投入资本无关的经济利益的总流入。收入应当会导致经济利益的流入，从而导致资产的增加。例如，企业销售商品，应当收到现金或者有权在未来收到现金，才表明该交易符合收入的定义。但是在实务中，经济利益的流入有时是所有者投入资本的增加导致的，所有者投入资本的增加不应当确认为收入，应当将其直接确认为所有者权益。

（3）收入会寻致所有者权益的增加。与收入相关的经济利益的流入应当会导致所有者权益的增加，不会寻致所有者权益增加的经济利益的流入不符合收入的定义，不应确认为收入。

2. 收入的确认条件

当企业与客户之间的合同同时满足下列条件时，企业应当在客户取得相关商品控制权时确认收入：

（1）合同各方已批准该合同并承诺将履行各自的义务；

（2）该合同明确了合同各方与所转让商品或提供劳务相关的权利和义务；

（3）该合同有明确的与所转让商品或提供劳务相关的支付条款；

（4）该合同具有商业实质，即履行该合同将改变企业未来现金流量的风险、时间分布或金额；

（5）企业因向客户转让商品或提供劳务而有权取得的对价很可能收回。

## 课堂活动

下列各项中,不属于企业收入要素范围的是(　　)。

A. 销售商品收入　　　　　　　　B. 出租无形资产收入

C. 债券投资取得的利息收入　　　D. 接受现金捐赠收入

**(五)费用**

1. 费用的定义

费用,是指企业在日常活动中发生的、会导致所有者权益减少的、与向所有者分配利润无关的经济利益的总流出。根据费用的定义,费用具有三方面特征:

(1)费用是企业在日常活动中形成的。费用必须是企业在日常活动中形成的,这些日常活动的界定与收入定义中涉及的日常活动的界定相一致。日常活动产生的费用通常包括营业成本(主营业务成本和其他业务成本)、税金及附加、销售费用、管理费用、财务费用等。将费用界定为日常活动形成的,目的是将其与损失相区分。企业非日常活动形成的经济利益的流出不能确认为费用,而应当计入损失。

(2)费用是与向所有者分配利润无关的经济利益的总流出。费用的发生应当会导致经济利益的流出,从而导致资产的减少或者负债的增加,其表现形式包括现金或者现金等价物的流出或者存货、固定资产和无形资产等的流出或者消耗等。企业向所有者分配利润也会导致经济利益的流出,而该经济利益的流出属于所有者权益的抵减项目,不应确认为费用,应当将其排除在费用的定义之外。

(3)费用会导致所有者权益的减少。与费用相关的经济利益的流出应当会导致所有者权益的减少,不会导致所有者权益减少的经济利益的流出不符合费用的定义,不应确认为费用。

2. 费用的确认条件

费用的确认除了应当符合其定义外,还至少应当符合以下条件:

(1)与费用相关的经济利益应当很可能流出企业;

(2)经济利益流出企业的结果会导致资产的减少或者负债的增加;

(3)经济利益的流出额能够可靠计量。

**(六)利润**

1. 利润的定义

利润,是指企业在一定会计期间的经营成果。通常情况下,如果企业实现了利润,则表明企业的所有者权益增加;反之,如果企业发生亏损(即利润为负数),则表明企业的所有者权益减少。

利润包括收入减去费用后的净额、直接计入当期利润的利得和损失等。其中,收入减去费用后的净额反映的是企业日常活动的业绩。直接计入当期利润的利得和损失,是指应当计入当期损益、会导致所有者权益发生增减变动的、与所有者投入资本或者向所有者分配利润无关的利得或损失。其中,利得,是指由企业非日常活动形成的、会导致所有者权益增加的、与所有者投入资本无关的经济利益的流入;损失,是指由企业非日常活动所发生的、会导致所有者权益减少的、与向所有者分配利润无关的经济利益的流出。

2. 利润的确认条件

利润反映的是收入减去费用、利得减去损失后净额的概念。因此,利润的确认主要依赖于收入和费用以及利得和损失的确认,其金额的确定也主要取决于收入、费用利得和损失金额的计量。

# 任务 6　会计规范

## 任务引例

我国统一的会计核算制度体系主要包括哪些内容？

## 必备知识

我国会计法规定，国家实行统一的会计制度。国家的会计制度由国务院财政部根据会计法制定并公布。国家统一的会计制度，是指国务院财政部门根据会计法制定的关于会计核算、会计监督、会计机构和会计人员以及会计工作管理的制度。国家统一的会计制度尤其是规范会计核算的准则制度，是生成和提供口径一致、相互可比会计信息的重要标准，是投资者、债权人、社会公众、政府部门等运用会计信息进行投资决策、宏观调控等的重要依据。

## 引例解析

根据会计三体不同，我国统一的会计核算制度体系主要包括企业会计准则、政府会计准则制度以及非营利组织会计制度、基金（资金）类会计制度、村集体经济组织制度等。

### 一、企业会计准则体系概述

#### （一）企业会计准则体系

企业会计准则主要适用于上市公司、金融机构、国有企业等大中型企业。我国企业会计准则体系自 2006 年正式发布以来，财政部在坚持国际趋同和服务国内实践基础上形成了由基本准则、具体准则、准则解释和会计处理规定构成的基本制度安排。其中，基本准则在企业会计准则体系中起统驭作用，是具体准则制定的依据，主要规范财务报告目标、会计基本假设、会计基础、会计信息质量要求、会计要求、财务报告等内容；具体准则规范企业各项具体业务事项的确认、计量和报告；准则解释对企业实务中出现的、具体准则未作出明确规定的新事项、新问题进行规范；会计处理规定是对企业会计准则体系的补充，满足国家宏观经济管理、国内实务发展、加强准则实施等需要。

目前，我国企业会计准则体系主要包括 1 项基本准则、42 项具体准则及其应用指南、17 项企业会计准则解释、10 余项会计处理规定（包括 3 项报表格式文件和 5 项企业产品成本核算制度）。

#### （二）小企业会计准则

小企业会计准则主要适用于符合《中小企业划型标准规定》所规定的小型企业标准的企业，但以下三类小企业除外：(1)股票或债券在市场上公开交易的小企业；(2)金融机构或其他具有金融性质的小企业；(3)企业集体内的母公司和子公司。

目前，我国小企业会计准则主要包括《小企业会计准则》（财会〔2011〕17 号）和针对某些特定行业某项或某类业务的会计处理规定，如《律师事务所相关业务会计处理规定》。

## 二、政府会计准则制度体系概述

### （一）政府会计准则体系

我国的政府会计准则制度体系主要由基本准则、具体准则及应用指南、会计制度、会计准则制度解释等组成。政府会计准则制度体系适用于政府会计主体，主要包括各级政府、各部门、各单位。各级政府指各级政府财政部门负责的财政总会计。各部门、各单位是指与本级政府财政部门直接或者间接发生预算拨款关系的国家机关、军队、政党组织、社会团体、事业单位和其他单位。但是，军队、已纳入企业财务管理体系的单位和执行《民间非营利组织会计制度》的社会团体，其会计核算不适用政府会计准则制度体系。

目前，我国政府会计准则包括 1 项基本准则，存货、投资、固定资产、无形资产、公共基础设施、政府储备物资、会计调整、负债、财务报表编制和列报、政府和社会资本合作项目合同、文物资源 11 项具体准则，固定资产、政府和社会资本合作项目合同 2 项应用指南，以及 6 项政府会计准则制度解释。

### （二）政府会计制度

政府会计制度主要规定政府会计科目及账务处理、报表体系及编制说明等，与政府会计具体准则相互补充。按照政府会计主体不同，政府会计制度主要由政府财政总预算会计制度和政府单位会计制度组成。财政部于 2017 年制定发布了《政府会计制度——行政事业单位会计科目和报表》（以下简称《政府单位会计制度》），2018 年制定发布了高等学校、医院、科学事业单位等 9 个特殊行业事业单位执行《政府单位会计制度》的补充规定，2019 年以来相继印发了《事业单位成本核算基本指引》和公立医院、高等学校、科学事业单位 3 项成本核算具体指引，积极推进事业单位开展成本核算。此外，财政部于 2022 年印发《财政总会计制度》，新制度自 2023 年 1 月 1 日起施行，财政部 2015 年制定的《财政总预算会计制度》同时废止。

除上述企业会计准则制度体系和政府会计准则制度体系以外，我国还有适用于民间非营利组织的《民间非营利组织会计制度》，适用于各级工会的《工会会计制度》，适用于各类资金（基金）的会计制度（如《社会保险基金会计制度》），适用于村集体经济组织的《村集体经济组织会计制度》，适用于农民专业合作社的《农民专业合作社会计制度》等。

**项目评价表**

| 学习任务完成评价表 | | | | | |
|---|---|---|---|---|---|
| 评价范围 | 评价标准 | 自我评价（五星制打分） | 小组评价（五星制打分） | 教师评价（五星制打分） | 企业导师评价（五星制打分） |
| 职业素养 | 恪守准则<br>诚实敬业 | | | | |
| 职业知识 | 掌握财务会计的含义和特征、会计核算前提、会计信息质量特征、会计计量属性 | | | | |
| 职业能力 | 能理解会计信息质量特征，会判断会计计量属性 | | | | |

# 项目二　货币资金与应收账款业务核算

| 素质目标 | 知识目标 | 能力目标 |
| --- | --- | --- |
| 教育学生不被物质利益所诱惑，培养廉洁自律、清白做人、干净做事的职业道德和高尚情操 | 1. 掌握货币资金内容和货币资金管理制度；<br>2. 明确库存现金、银行存款及其他货币资金各项业务的核算方法；<br>3. 掌握应收及预付款项业务的核算 | 1. 能正确填写并审核各种收付款结算单据；<br>2. 能完成库存现金、银行存款和其他货币资金业务的日常账务处理；<br>3. 能完成应收及预付款项业务的日常账务处理 |

## 本项目结构导图

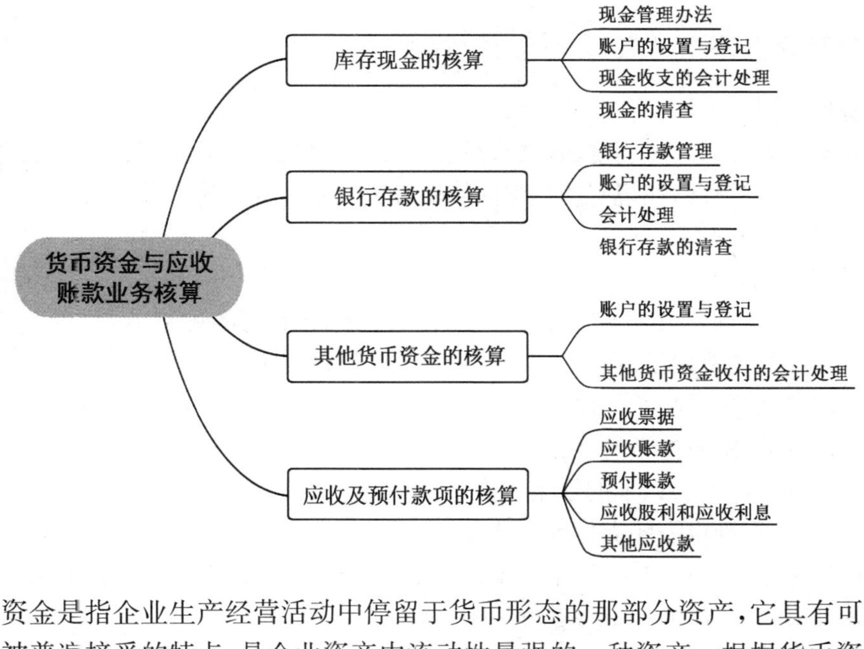


货币资金是指企业生产经营活动中停留于货币形态的那部分资产，它具有可立即作为支付手段并被普遍接受的特点，是企业资产中流动性最强的一种资产。根据货币资金的存放地点及其用途不同，货币资金分为库存现金、银行存款及其他货币资金。

# 任务1 库存现金的核算

## 任务引例

2025年1月9日，天域公司出纳人员对库存现金实施盘点，其结果如表2—1所示：

表2—1 库存现金盘点结果

| 面值 | 数量 | 面值 | 数量 |
|---|---|---|---|
| 100元 | 2张 | 1元 | 4张 |
| 50元 | 4张 | 5角 | 30张 |
| 10元 | 52张 | 1角 | 40张 |
| 5元 | 30张 | | |

现金日记账截至2025年1月8日的账面余额为1 447元；查出当年1月8日已经办理收款手续尚未入账的收款凭证金额为400元；查出当年1月8日已经办理付款手续尚未入账的付款凭证金额为324元；查出当年1月2日出纳员以白条借给某职工现金250元。银行核定该公司的库存现金限额为800元。

请思考：天域公司在现金管理上有哪些问题？

## 必备知识

### 一、现金管理办法

#### （一）现金的使用范围

根据国家现金管理和结算制度的规定，企业收支的各种款项必须按照国务院颁发的《现金管理暂行条例》的规定办理，在规定的范围内使用现金。允许企业使用现金结算的范围是：

（1）职工工资、津贴；

（2）个人劳务报酬；

（3）根据国家规定颁发给个人的科学技术、文化艺术、体育等各种奖金；

（4）各种劳保、福利费用以及国家规定的对个人的其他支出；

（5）向个人收购农副产品和其他物资的价款；

（6）出差人员必须随身携带的差旅费；

（7）结算起点（1 000元）以下的零星支出；

（8）中国人民银行确定需要支付现金的其他支出。

属于上述现金结算范围的支出，企业可以根据需要向银行提取现金支付；不属于上述现金结算范围的款项支付，一律通过银行进行转账结算。

#### （二）库存现金的限额

库存现金限额是指为保证各单位日常零星支出，按规定允许留存现金的最高数额。库存现金的限额，由开户银行根据开户单位的实际需要和距离银行远近等情况核定。其限额一般按照单位 3—5 天日常零星开支所需现金确定。远离银行或交通不便的企业，银行最多可以根据企业 15 天的正常开支需要量来核定库存现金的限额。正常开支需要量不包括企业每月发放工资和不定期差旅费等大额现金支出。库存限额一经核定，企业必须严格遵守，不能任意超过，超过限额的现金应及时存入银行；库存现金低于限额时，可以签发现金支票从银行提取现金，补足限额。

1. 不准坐支现金

企业的现金收入应及时送存银行，不得直接用于支付自己的支出。用收入的现金直接支付支出的，叫做"坐支"。企业如因特殊情况需要坐支现金的，应当事先报经开户银行审批批准，由开户银行核定坐支范围和限额。企业应定期向开户银行报送坐支金额和使用情况。未经银行批准，企业不得擅自坐支现金。为了加强对银行的监督，企业向银行送存现金时应在送款簿上注明款项的来源。从开户银行提取现金时，企业应当在现金支票上写明用途，由本单位财会部门负责人签字盖章，经开户银行审核后，予以支付现金。

2. 不得"白条顶库"，不得设置"小金库"

不准用不符合制度的凭证顶替库存现金，即不得"白条顶库"；不准谎报用途，套取现金；不准用银行账户代其他单位和个人存入或支取现金；不准用单位收入的现金以个人名义存储，不准保留账外公款，不得设置"小金库"；等等。

## 二、账户的设置与登记

为了总括地反映企业库存现金的收入、支出和结存情况，企业应当设置"库存现金"科目，借方登记现金的增加，贷方登记现金的减少，期末余额在借方，反映企业实际持有的库存现金的金额。企业内部各部门周转使用的备用金，可以单独设置"备用金"科目进行核算。

企业应当设置现金总账和现金日记账，分别进行企业库存现金的总分类核算和明细分类核算。

现金日记账由出纳人员根据收付款凭证，按照业务发生顺序逐笔登记。每日终了，企业应当在现金日记账上计算出当日的现金收入合计额、现金支出合计额和结余额，并将现金日记账的账面结余额与实际库存现金额相核对，保证账款相符；月度终了，现金日记账的余额应当与现金总账的余额核对，做到账账相符。

## 三、现金收支的会计处理

为了加强对库存现金的管理，随时掌握库存现金收付的动态和库存余额，保证库存现金的安全，企业必须设置"库存现金日记账"。库存现金日记账必须采用订本式账簿，按照库存现金发生的先后顺序逐日逐笔序时登记账簿，做到"日清"与"月结"。

企业收到现金，应根据审核无误的原始凭证，借记"库存现金"科目，贷记有关科目。企业实际支付现金，应根据审核无误的原始凭证，借记有关科目，贷记"库存现金"科目。

【例 2—1】 天域公司 5 月发生下列经济业务，根据审核无误的凭证，编制会计分录如下：

(1)公司零星销售取得现金 351 元。

借：库存现金　　339

　　贷：主营业务收入　　300

　　　　应交税费——应交增值税(销项税额)　　39

(2)以现金支付本月办公室电话费 520 元。

借:管理费用　　520

　　贷:库存现金　　520

## 四、现金的清查

为了确保库存现金账实相符,应对现金进行清查。库存现金清查包括两部分内容:一是出纳人员每日营业终了进行账款核对;二是企业派专人成立清查小组,进行定期或不定期的盘点和核对。库存现金的清查方法采用账实核对法。对库存现金进行账实核对时,如发现账实不符,应立即查明原因,并按规定进行处理,不得以今日之长款弥补他日之短款。库存现金清查和核对后应及时编制"库存现金盘点报告表",列明库存现金账存金额、库存现金实存金额、差异额及其产生差异的原因,对无法确定原因的差异额,应及时报告有关负责人。

对于库存现金收支、财产清查等发现的有待查明原因的差异额,即库存现金的短缺或溢余,应先通过"待处理财产损溢"科目核算,待查明原因后根据不同情况进行账务处理。

### (一)发现差异时的账务处理

若属于库存现金短缺,则应按实际短缺的金额,借记"待处理财产损溢——待处理流动资产损溢"科目,贷记"库存现金"科目;属于库存现金溢余的,按实际溢余的金额,借记"库存现金"科目,贷记"待处理财产损溢——待处理流动资产损溢"科目。

### (二)查明原因时的账务处理

(1)如为库存现金短缺,属于应由责任人赔偿的部分,借记"其他应收款——应收库存现金短缺款(××个人)"或"库存现金"等科目,贷记"待处理财产损溢——待处理流动资产损溢"科目;属于应由保险公司赔偿的部分,借记"其他应收款——应收保险赔款"科目,贷记"待处理财产损溢——待处理流动资产损溢"科目;属于无法查明的其他原因,经批准后作为盘亏损失处理,借记"管理费用",贷记"待处理财产损溢——待处理流动资产损溢"科目。

(2)如为库存现金溢余,属于应支付给有关人员或单位的,应借记"待处理财产损溢——待处理流动资产损溢"科目,贷记"其他应付款——应付库存现金溢余(××个人或单位)"科目;属于无法查明原因的库存现金溢余,经批准后,借记"待处理财产损溢——待处理流动资产损溢"科目,贷记"营业外收入——盘盈利得"科目。

【例 2-2】 天域公司 5 月份不定期进行了两次库存现金盘点工作,发生了下列库存现金清查业务,编制会计分录如下:

(1)公司第一次盘点,发现有无法查明具体原因的短款 210 元。

借:待处理财产损溢——待处理流动资产损溢　　210

　　贷:库存现金　　210

(2)经核查,上述库存现金短款系出纳不小心造成,应由出纳赔偿并向其发出赔偿通知书,从其工资中扣除。

借:其他应收款——出纳员　　210

　　贷:待处理财产损溢——待处理流动资产损溢　　210

(3)公司第二次进行库存现金盘点,发现长款 150 元,原因待查。

借:库存现金　　150

　　贷:待处理财产损溢——待处理流动资产损溢　　150

（4）经查实，上述款项系无法查明具体原因的长款，经单位领导批准，将其作为公司的收入。

借：待处理财产损溢——待处理流动资产损溢　　150

　　贷：营业外收入——盘盈利得　　150

## 引例解析

库存现金存在的问题及改进建议。

（1）白条抵库。建议有关人员审批转作“其他应收款”，或限期归还；

（2）账实不符，除白条抵库外，现金短缺 176 元，应查明原因，按规定追究有关人员的责任；

调整分录：

借：待处理财产损溢　　176

　　贷：库存现金　　176

（3）库存现金超过限期的，应将超额现金及时送存银行。

## 课堂活动

企业现金清查中发现现金短缺，在进行账务处理时可能会涉及的会计科目有（　　）。

A. 待处理财产损溢　　B. 管理费用

C. 其他应收款　　D. 营业外支出

# 任务 2　银行存款的核算

## 任务引例

天域公司 1 月 31 日对银行存款进行核对：银行存款日记账余额为 285 600 元，同日银行对账单余额为 236 700 元。经银行存款日记账与银行对账单逐笔核对，发现两者不符是由下列原因造成的（未达账项）：

（1）公司于 1 月 28 日开出支票购买办公用品 4 000 元，公司根据支票存根和有关发票等原始凭证已记账，但收款人尚未到银行办理转账。

（2）1 月 29 日，公司的开户银行代公司收进一笔托收货款 27 400 元，银行已记账，但尚未通知公司。

（3）1 月 30 日，开户银行代公司支付当月的水电费 5 000 元，银行已记账，但付款通知单尚未送达公司，因而公司未记账。

（4）公司于 1 月 31 日收到客户交来的购货支票，金额 75 300 元当即存入银行。公司根据进账单等已记账，但因跨行结算，所以银行未记账。

## 必备知识

### 一、银行存款管理

银行存款是企业存入银行或其他金融机构的货币资金。银行存款的管理主要包括银行存款开户管理和银行存款结算管理两个方面。

#### (一)银行存款开户管理

企业应在银行或其他金融机构开立账户,以办理存款、取款和转账结算业务等。企业开立账户,必须遵守有关银行账户管理的各项规定。企业开立的账户,依据不同的用途可以分为基本存款账户、一般存款账户、临时存款账户和专用存款账户。

## 延伸阅读

一般企事业单位只能选择一家银行的一个营业机构开立一个基本存款账户,主要用于办理日常的转账结算和现金收付。企事业单位的工资、奖金等现金的支取,只能通过基本存款账户办理。企事业单位可在其他银行的一个营业机构开立一个一般存款账户,该账户可办理转账结算和存入现金,但不能支取现金。临时存款账户是存款人因临时经营活动需要开立的账户,如企业异地产品展销、临时性采购资金等。专用存款账户是企事业单位因特定需要开立的账户,如基本建设项目专项资金、农副产品资金等,企事业单位的销售货款不得转入专用存款账户。

#### (二)银行存款结算管理

现金开支范围以外的各项款项收付,都必须通过银行办理转账结算。企业办理转账结算,账户内必须有足够的资金保证支付,以合法、有效的票据和结算凭证为依据;企业必须遵循"恪守信用,履约付款;谁的钱进谁的账,由谁支配;银行不予垫款"的结算原则;根据业务特点,采用恰当的结算方式办理各种结算业务。

### 二、账户的设置与登记

银行转账结算方式

企业将款项存入银行等金融机构时,借记"银行存款"科目,贷记"库存现金"等有关科目;提取或支付在银行等金融机构中的存款时,借记"库存现金"等有关科目,贷记"银行存款"科目。

企业在银行的其他存款,如外埠存款、银行本票存款、银行汇票存款、信用证存款等,在"其他货币资金"科目核算,不通过"银行存款"科目进行会计处理。

企业为了详细地反映银行存款的收付及结存情况,除了设置"银行存款"科目进行总分类核算外,还必须设置"银行存款日记账",按照银行存款收付业务发生的先后顺序逐笔登记,每日终了应结出余额。"银行存款日记账"应定期与"银行对账单"核对,至少每月核对一次,以检查银行存款收付及结存情况。企业账面结余与银行对账单余额之间若有差额,则必须逐笔查明原因,并按月编制"银行存款余额调节表"调节相符。月份终了,"银行存款日记账"的余额必须与"银行存款"总账科目的余额核对相符。

## 三、会计处理

企业在不同的结算方式下应当根据有关的原始凭证编制银行存款的收付款凭证，并进行相应的账务处理。

【例 2－3】 天域公司根据发生的有关银行存款收付业务，编制会计分录如下：

(1)天域公司销售产品，价税款为 339 000 元，收到支票存入银行。

借：银行存款　　339 000

　　贷：主营业务收入　　300 000

　　　　应交税费——应交增值税(销项税额)　　39 000

(2)天域公司购进材料一批，价税款为 90 400 元，公司开具转账支票付讫，材料尚未验收入库。

借：材料采购　　80 000

　　应交税费——应交增值税(进项税额)　　10 400

　　贷：银行存款　　90 400

(3)天域公司开具现金支票，支付销售产品的运杂费 1 200 元。

借：销售费用——运杂费　　1 200

　　贷：银行存款　　1 200

(4)天域公司开具现金支票 48 000 元，交付银行代发工资。

借：应付职工薪酬　　48 000

　　贷：银行存款　　48 000

## 四、银行存款的清查

银行存款的清查是采取与银行核对账目的方法进行的。核对账时出纳员应将已收到的收付款凭证逐笔记入银行存款日记账，并计算出银行存款的余额，然后由清查人员将日记账与银行对账单逐笔核对。核对时，不仅要核对每笔账目的金额、记账方向，还应注意核对“结算凭证种类”、号码以及款项用途。在大多数情况下，银行对账单余额与企业银行存款日记账余额不符。当发现双方账目记录或账户余额不一致时，应分析原因。导致企业银行存款日记账与银行送来的对账单不相符的原因有三个：一是记账错漏；二是计算错误；三是未达账项的影响。所谓未达账项，是指企业与银行之间在凭证传递过程中一方已取得结算凭证并登记入账，另一方尚未收到凭证尚未入账的账项。企业与银行之间的未达账项有如下四种情况：

(1)企业存入银行的各种款项、票据，企业已登记银行存款的增加，而银行尚未收妥款项，未记企业的存款增加。

(2)企业已开出支票和其他银行付款凭证，根据存根登记了企业存款的减少，银行尚未收到凭证，未记企业的银行存款减少。

(3)企业委托银行收款，银行已收妥，记了企业的存款增加，企业尚未收到收账通知，尚未记存款增加。

(4)企业委托银行代付的款项，银行按有关规定付款后记了企业存款的减少，但付款通知尚未传到企业，企业尚未记存款的减少。

对上述未达账项可编制“银行存款余额调节表”以消除其影响。

### 引例解析

根据以上资料编制“银行存款余额调节表”，如表2—2所示。

表2—2 银行存款余额调节表

2025年1月31日 单位：元

| 项 目 | 金 额 | 项 目 | 金 额 |
| --- | --- | --- | --- |
| 银行存款日记账 | 285 600 | 银行对账单 | 236 700 |
| 加：银行已收，企业未收的款项 | (2)27 400 | 加：企业已收，银行未收的款项 | (4)75 300 |
| 减：银行已付，企业未付的款项 | (3)5 000 | 减：企业已付，银行未付的款项 | (1)4 000 |
| 调节后存款余额 | 308 000 | 调节后存款余额 | 308 000 |

### 课堂活动

下列各项中，会使银行存款日记账余额小于银行对账单余额的有（　　）。

A. 企业开出支票，对方未到银行兑现

B. 银行误将其他公司的存款记入本企业银行存款账户

C. 银行代扣水电费，企业尚未接到通知

D. 在委托收款结算方式下，银行收到结算款项，企业尚未收到通知

## 任务3 其他货币资金的核算

### 任务引例

2025年1月10日，天域公司零星销售商品价款8 000元，增值税销项税额为1 040元，通过微信收款9 040元。

请思考：天域公司通过微信收取的货款应该怎么处理？

### 必备知识

#### 一、账户的设置与登记

其他货币资金是企业除库存现金、银行存款之外，为准备某些特有的结算业务存放在银行或其他金融机构中的货币资金以及在途货币资金的总称。其他货币资金就其性质而言，同库存现金和银行存款一样均属于货币资金，但是存放地点和用途不同于库存现金和银行存款，因此在会计上是分别核算的。其他货币资金包括外埠存款、银行汇票存款、银行本票存款、在途货币资金、信用卡或信用保证金存款等。

为了单独反映企业的各种其他货币资金，企业应设置“其他货币资金”账户，按照其他货币

资金的种类，设置“外埠存款”“银行汇票存款”“银行本票存款”“存出投资款”“信用卡存款”“信用证存款”等明细账户。

## 二、其他货币资金收付的会计处理

### （一）外埠存款

外埠存款指企业到外地进行临时或零星采购时汇往采购地银行开立采购专户的款项。

【例2—4】 天域公司委托当地开户银行汇30 000元给采购地银行开立专户时应编制会计分录如下：

借：其他货币资金——外埠存款　　30 000

　　贷：银行存款　　30 000

公司的采购员交来供应单位发票账单等报销凭证22 600元时，需编制的会计分录如下：

借：材料采购　　20 000

　　应交税费——应交增值税（进项税额）　　2 600

　　贷：其他货币资金——外埠存款　　22 600

采购员完成了采购任务将多余的外埠存款转回当地银行时，根据银行的收账通知，转销“其他货币资金——外埠存款”账户，应编制的会计分录如下：

借：银行存款　　7 400

　　贷：其他货币资金——外埠存款　　7 400

### （二）银行汇票存款

银行汇票存款指企业为取得银行汇票，按照规定存入银行的款项。

【例2—5】 天域公司要求银行办理银行汇票500 000元，企业在填送“银行汇票委托书”将500 000元交给银行，取得银行汇票后，根据银行盖章的委托书存根联，编制如下会计分录：

借：其他货币资金——银行汇票存款　　500 000

　　贷：银行存款　　500 000

企业使用银行汇票，实际支付价税款452 000元，多余额已收存银行。企业应根据发票账单及开户行转来的银行汇票有关副联等凭证，经核对无误后编制会计分录如下：

借：材料采购　　400 000

　　应交税费——应交增值税（进项税额）　　52 000

　　贷：其他货币资金——银行汇票存款　　452 000

如果该500 000元汇票因超过付款期限或其他原因未曾使用而退还款项，则会计分录为：

借：银行存款　　500 000

　　贷：其他货币资金——银行汇票存款　　500 000

### （三）银行本票存款

银行本票存款指企业为取得银行本票按照规定存入银行的款项。

【例2—6】 天域公司申请办理银行本票600 000元，在企业向银行提交“银行本票申请书”并将款项交存银行，取得银行本票时，编制会计分录如下：

借：其他货币资金——银行本票存款　　600 000

　　贷：银行存款　　600 000

公司使用银行本票，实际支付价税款585 000元，多余额已收存银行。公司根据发票账单等编制如下会计分录：

借:材料采购　　500 000
　应交税费——应交增值税(进项税额)　　65 000
　银行存款　　35 000
　　贷:其他货币资金——银行本票存款　　600 000

若公司因本票超过付款期限等未曾使用而要求银行退款时,则应填制进账单一式两联,连同本票一并交给银行,然后根据银行收回本票时盖章退回的进账单收账通知联,编制如下会计分录:

借:银行存款　　600 000
　　贷:其他货币资金——银行本票存款　　600 000

**(四)信用证存款**

信用证存款指企业存入银行作为信用证保证金专户的款项。国际信用证存款指企业存入中国银行信用证保证金专户的款项。

【例 2—7】　天域公司要求银行对境外供货单位开出信用证 220 000 元,以购进机器设备。根据开户银行盖章退回的由公司提交的“信用证委托书”的回单,编制会计分录如下:

借:其他货币资金——信用证存款　　220 000
　　贷:银行存款　　220 000

公司收到境外供货单位信用证结算凭证及所附发票账单,支付设备款 180 000 元,经核对无误后,需编制如下会计分录:

借:固定资产　　180 000
　应交税费——应交增值税(进项税额)　　23 400
　　贷:其他货币资金——信用证存款　　203 400

公司未用完的信用证保证金余额 16 600 元转回开户银行,其会计分录为:

借:银行存款　　16 600
　　贷:其他货币资金——信用证存款　　16 600

**(五)存出投资款**

企业在向证券市场进行股票、债券投资时应向证券投资公司申请资金账号并划出资金。会计部门应按实际划出的金额,借记“其他货币资金”科目,贷记“银行存款”科目;购股票、债券时,应按实际支付的金额,借记“交易性金融资产”科目等,贷记“其他货币资金”科目。

【例 2—8】　2025 年 1 月 8 日,天域公司拟利用闲置资金进行证券投资,向某证券公司申请资金账号,并开出转账支票划出资金 3 000 000 元存入该账号,以便购买股票、债券等。

借:其他货币资金——存出投资款　　3 000 000
　　贷:银行存款　　3 000 000

【例 2—9】　2025 年 1 月 15 日,天域公司利用证券投资账户从二级市场购买兴业浦发股票 100 000 股,每股市价为 13.50 元,发生交易费用 2 460 元,分类为以公允价值计量且其变动计入当期损益的金融资产。

借:交易性金融资产　　1 350 000
　投资收益　　2 460
　　贷:其他货币资金——存出投资款　　1 352 460

**(六)信用卡存款**

信用卡存款是指采用信用卡结算方式的企业为签发信用卡而存入银行的信用卡账户的款项。

【例2－10】　天域公司申办信用卡，经银行审核同意后从其基本存款账户开出转账支票3万元转入信用卡账户，根据支票存根和进账单作分录如下：

借：其他货币资金——信用卡存款　　30 000

　　贷：银行存款　　30 000

公司持卡向特约单位购进一批办公文具5 000元，特约单位在签购单上压卡后经银行间结算。公司根据信用卡签购单第一联和银行转来的付款通知等相关凭证，作会计分录如下：

借：管理费用——办公费　　5 000

　　贷：其他货币资金——信用卡存款　　5 000

**（七）微信、支付宝存款的核算**

企业以单位名义开通微信、支付宝后，发生收款业务收入款项时，借记“其他货币资金——微信（或支付宝）”科目，贷记“主营业务收入”“应交税费——应交增值税（销项税额）”等科目。发生购货业务支付款项时，借记“管理费用”“原材料”“应交税费——应交增值税（进项税额）”等科目，贷记“其他货币资金——微信（或支付宝）”科目。提取现金时，借记“银行存款”科目，贷记“其他货币资金——微信（或支付宝）”科目。

## 引例解析

近几年，随着我国互联网科技的发展，出现了新的第三方支付平台，如微信、支付宝等，丰富了支付和销售业务结算的手段，促进了经济的发展，企业通过微信、支付宝平台转入的款项也包括在其他货币资金中。

天域公司1月10日销售商品通过微信收款应做如下会计处理：

借：其他货币资金——微信　　9 040

　　贷：主营业务收入　　8 000

　　　　应交税费——应交增值税（销项税额）　　1 040

## 延伸阅读

第三方支付平台

这里的第三方支付平台是指提供交易平台服务、不参与买卖双方的交易、依附于大型门户网站并以与其合作的银行（通常为多家银行）签约获取信用依托的支付方式。第三方支付平台能较好地突破网上交易中的信用问题，从而推动电子商务的快速发展，如微信、支付宝、银联商务等。

## 课堂活动

下列各项中，企业应通过“其他货币资金”科目核算的有（　）。

A. 用银行本票支付采购办公用品的款项

B. 存入证券公司指定账户的款项

C. 汇往异地银行开立采购专户的款项

D. 存入银行信用证保证金专户的款项

# 任务4　应收及预付款项的核算

## 任务引例

天域公司向乙公司销售商品一批，增值税专用发票上注明售价 40 000 元、增值税 5 200 元，规定的现金折扣条件为“2/10、1/20、$n$/30”，产品交付并已办妥收款手续。

请思考：如果乙公司在 10 天内付款，天域公司会收到多少货款？

## 必备知识

### 一、应收票据

应收票据是指企业因销售商品、提供劳务等而收到的商业汇票。商业汇票是一种由出票人签发的，委托付款人在指定日期无条件支付确定金额给收款人或者持票人的票据。

商业汇票的付款期限，最长不得超过 6 个月。根据承兑人不同，商业汇票分为商业承兑汇票和银行承兑汇票。商业承兑汇票是指由付款人签发并承兑，或由收款人签发、交由付款人承兑的汇票。银行承兑汇票是指由在承兑银行开立存款账户的存款人（这里也是出票人）签发，由承兑银行承兑的票据。

## 知识链接

企业申请使用银行承兑汇票时应向其承兑银行按票面金额的万分之五交纳手续费。银行承兑汇票的出票人应于汇票到期前将票款足额交存其开户银行，承兑银行应在汇票到期日或到期日后的见票当日支付票款。银行承兑汇票的出票人于汇票到期前未能足额交存票款时，承兑银行除凭票向持票人无条件付款外，对出票人尚未支付的汇票金额按照每天万分之五计收利息。

商业汇票按是否计息可分为不带息商业汇票和带息商业汇票。不带息商业汇票是指商业汇票到期时承兑人只按票面金额（即面值）向收款人或被背书人支付款项的汇票。带息票据是指商业汇票到期时承兑人必须按票面金额加上应计利息向收款人或被背书人支付票款的票据。

#### （一）不带息应收票据的账务处理

不带息票据的到期价值等于应收票据的面值。企业销售商品或提供劳务收到商业汇票时，借记“应收票据”科目，贷记“主营业务收入”“应交税费——应交增值税（销项税额）”等科目。应收票据到期收回时，应按票面金额，借记“银行存款”科目，贷记“应收票据”科目。商业承兑汇票到期，承兑人违约拒付或无力支付票款，企业收到银行退回的商业承兑汇票、委托收款凭证、未付票款通知书或拒绝付款证明等，应将到期票据的票面金额转入“应收账款”科目。

【例 2－11】　天域公司销售产品一批，价款为 100 000 元，增值税为 13 000 元，收到一张对方已承兑的、期限为4个月的商业汇票。4个月后，收到该批货款及增值税存入银行。有关会计处理如下：

(1)销售商品时：

借：应收票据　　113 000

　　贷：主营业务收入　　100 000

　　　　应交税费——应交增值税(销项税额)　　13 000

(2)4个月后收到货款及增值税：

借：银行存款　　113 000

　　贷：应收票据　　113 000

假定该票据到期，客户无力偿还该批货款及增值税，其会计分录为：

借：应收账款　　113 000

　　贷：应收票据　　113 000

**(二)带息应收票据的账务处理**

企业收到的带息应收票据，除按照上述原则进行核算外，还应于中期期末和年度终了按规定计提票据利息，并增加应收票据的账面价值，同时冲减“财务费用”。票据利息的计算公式为：

应收票据利息＝应收票据票面金额×票面利率×期限

上式中，利率一般指年利率；期限指签发日至到期日的时间间隔(有效期)。票据的期限，有按月表示和按日表示两种。票据期限按月表示时，应以到期月份中与出票日相同的那一天为到期日。如4月15日签发的一个月票据，到期日应为5月15日。但有两个特例：其一，如果出票日为某月31日，而票据到期的那个月份只有30天，那么这张票据的到期日是该月的30日；其二，如果出票日为某月29日、30日或31日，而票据到期的那个月是2月份，那么这张票据的到期日就是该2月份的最后一天。与此同时，计算利息使用的利率要换算成月利率(年利率÷12)。

票据期限按日表示时，应从出票日起按实际经历天数计算。通常出票日和到期日，只能计算其中的一天，即“算头不算尾”或“算尾不算头”。例如，4月15日签发的90天票据，其到期日应为7月14日[90天－4月份剩余天数－5月份实有天数－6月份实有天数＝90－(30－15)－31－30＝14]。同时，计算利息使用的利率，要换算成日利率(年利率÷360)。

带息的应收票据到期收回款项时，应按收到的本息，借记“银行存款”科目，按账面价值，贷记“应收票据”科目，按其差额，贷记“财务费用”科目。

【例2－12】　天域公司于1月15日销售产品一批，价款为3 000 000元，增值税为390 000元，收到一张商业汇票，期限为4个月，年利率为5%。

(1)销售商品，收到票据时的账务处理：

借：应收票据　　3 390 000

　　贷：主营业务收入　　3 000 000

　　　　应交税费——应交增值税(销项税额)　　390 000

(2)到期日计算应收票据利息：

3 390 000×5%÷12×4＝56 500(元)

票据利息应增加应收票据，冲减财务费用。

借：应收票据　　56 500

贷:财务费用　　56 500

(3)票据到期收回:

实际收款金额=3 390 000+56 500 =3 446 500 (元)

借:银行存款　　3 446 500

贷:应收票据　　3 446 500

**(三)应收票据转让的账务处理**

应收票据转让是指持票人因偿还前欠货款等,将未到期的商业汇票背书后转让给其他单位或个人的业务活动。

企业可以将自己持有的商业汇票背书转让。背书是指持票人在票据背面签字,签字人称为背书人,背书人对票据的到期付款负连带责任。

企业将持有的应收票据背书转让,以取得所需物资时,按应计入物资成本的价值,借记"在途物资""原材料"等科目,按取得的专用发票上注明的增值税,借记"应交税费——应交增值税(进项税额)"科目,按应收票据的账面价值,贷记"应收票据"科目,如有差额,借记或贷记"银行存款"等科目。

【例 2—13】 天域公司将一张金额为 48 000 元的不带息应收票据,背书转让给丙公司,以购入材料一批,材料价款为 50 000 元,增值税额为 6 500 元,差额部分用银行存款支付,则应编制会计分录如下:

借:在途物资　　50 000

应交税费——应交增值税(进项税额)　　6 500

贷:应收票据　　48 000

银行存款　　8 500

**(四)应收票据贴现**

票据贴现是指持票人为了解决临时的资金需要,将尚未到期的商业汇票在背书后送交其开户银行,银行受理后从票据到期价值中扣除按银行的贴现率计算确定的贴现利息后,将余额付给贴现企业的业务活动。在贴现中,企业付给银行的利息称为贴现利息,银行计算贴现利息的利率称为贴现率;企业从银行获得票据到期价值扣除贴现利息后的货币收入,称为贴现所得。

在票据贴现中,不带息票据的到期值就是其票面价值,带息票据的到期值就是其票面价值加上到期利息。票据贴现日至票据到期日的间隔期称为贴现天数,通常,贴现日与到期日两天,只计算其中的一天。

有关贴现的计算公式如下:

贴现期=贴现日至票据到期日实际天数—1(或者是票据期限—企业已持有票据期限)

贴现利息=票据到期值×贴现率×贴现期

贴现所得=票据到期值—贴现利息

企业将未到期的应收票据向银行贴现,应按实际收到的金额,借记"银行存款"科目,按应收票据的账面余额,贷记"应收票据"科目,二者之间的差额部分借或贷"财务费用"科目。

【例 2—14】 2 月 1 日,天域公司将持有的不带息商业承兑汇票到银行贴现,出票日期为 1 月 1 日、到期日为 4 月 1 日、面值为 20 000 元,银行年贴现率为 8%。

贴现天数=(31+28+1)—1=59(天)

贴现利息=20 000×8%÷360×59=262.22(元)

贴现净额＝20 000－262.22＝19 737.78(元)

会计分录如下：

| | | |
|---|---|---|
| 借：银行存款 | 19 737.78 | |
| 　　财务费用 | 262.22 | |
| 　　贷：应收票据 | | 20 000 |

### 课堂活动

企业的应收票据在到期时承兑人无力偿还票款的，应将其转入(　　)科目。

A.“应收账款”　　B.“应付账款”

C.“其他应收款”　　D.“预收账款”

## 二、应收账款

### (一)应收账款的定义

应收账款是指企业因销售商品、产品、提供劳务而应向购货单位或接受劳务单位收取的债权，具体包括应收货款、劳务款、代垫的运杂费及代收的增值税。

会计上的应收账款是因赊销业务形成的应收客户的债权，不包括应收职工的欠款、应收债务人的利息、存出保证金等其他应收款，不包括长期性质的债权。应收账款应于销售实现时予以确认。

### (二)应收账款的计价

应收账款一般是在收入实现时按实际发生额计价入账。但实际工作中，许多企业为了扩大销售或及早收回货款，在销售业务中经常会采用折扣的方法，所以在确定应收账款的金额时还应当考虑商业折扣和现金折扣等因素。

1. 商业折扣

商业折扣是指企业根据市场的供需要求、季节变化或针对不同客户，在商品的标价上给予一定的折扣。

这种方式是企业常常采用的一种促销方式。企业为了拓展市场、增加销量，或者为了处理一些过季商品，常常会采用商业折扣的方式，通常用折扣10%(九折)、折扣50%(五折)等表示。商业折扣一般在销售时即已经发生，它不过是确定实际销售价格的一种手段，所以在存在商业折扣的前提下，应收账款是按扣除商业折扣以后的实际售价确认，它不在交易双方的任何一方的账上进行反映。因此，商业折扣对应收账款和营业收入均不产生影响。

2. 现金折扣

现金折扣是指在赊销方式下债权人为了鼓励债务人在规定时间及早付款而给予的债务扣除。现金折扣一般用符号“折扣/付款期限”表示。例如，如果买方在10天内付款给予2%的折扣，则可用符号表示为“2/10”；如果买方在20天内付款给予1%的折扣，则可以用符号表示为“1/20”；如果买方30天内付款不给折扣，则可以用符号表示为“$n$/30”。

在存在现金折扣的前提下，应收账款入账价值的确认方法为总价法。

总价法下，应收账款按不扣除折扣的全部金额作为应收账款的入账价值。如果买方在约定的折扣期间内提前付款，则将由此支付给买方的折扣作为当期的一项理财费用，计入财务费用。

除了销售折扣外，对于已售出的商品，有时因其质量等问题，购货方可能要求部分或全部退货或要求减让部分价款，这种状况被称为销售退回与折让。发生销售退回或折让时，应冲减已入账的应收账款，但它不影响应收账款的入账金额。

**（三）应收账款的核算**

为反映和监督应收账款的发生和结算情况，企业应设置“应收账款”账户。该账户是资产类账户，借方登记企业因赊销而实际发生的应收账款，贷方登记企业收回的应收账款，余额一般在借方，表示应收的债权，但有时也可能在贷方，表示预收的款项。当企业因赊销发生应收账款时，借记“应收账款”科目，按实现的收入，贷记“主营业务收入”等科目，按增值税专用发票上注明的增值税额，贷记“应交税费——应交增值税（销项税额）”科目。收回应收账款时，按实收金额，借记“银行存款”科目，贷记“应收账款”科目。

企业赊销时代垫的运杂费等，在实际发生时，借记“应收账款”科目，贷记“银行存款”等科目；待实际收到时，借记“银行存款”科目，贷记“应收账款”科目。

【例2—15】 天域公司向乙公司销售商品一批，增值税专用发票上注明售价10 000元，增值税1 300元，已办妥委托银行收款手续。编制会计分录如下：

借：应收账款——乙公司　　11 300
　　贷：主营业务收入　　10 000
　　　　应交税费——应交增值税（销项税额）　　1 300

【例2—16】 天域公司向乙公司销售商品一批，商品价目表上标明价格40 000元，因为是老客户，给予10%的商业折扣，适用增值税率为13%。编制会计分录如下：

借：应收账款——乙公司　　40 680
　　贷：主营业务收入　　36 000
　　　　应交税费——应交增值税（销项税额）　　4 680

## 引例解析

天域公司编制会计分录如下：

（1）天域公司确认收入时：

借：应收账款——乙公司　　45 200
　　贷：主营业务收入　　40 000
　　　　应交税费——应交增值税（销项税额）　　5 200

（2）天域公司10天内收到货款时编制会计分录如下：

借：银行存款　　44 296
　　财务费用　　904
　　贷：应收账款——乙公司　　45 200

（3）天域公司20天内收到货款时编制会计分录如下：

借：银行存款　　44 748
　　财务费用　　452
　　贷：应收账款——乙公司　　45 200

(4)天域公司超过 20 天后收到货款时编制会计分录如下：

借:银行存款　　45 200

　　贷:应收账款——乙公司　　45 200

**课堂活动**

下列各项中,引起应收账款账面价值发生增减变化的有(　)。

A. 计提应收账款坏账准备

B. 结转已到期未兑现的商业承兑汇票

C. 收回应收账款

D. 收回已作为坏账转销的应收账款

**(四)应收款项的减值**

企业应当在资产负债表日对应收款项的账面价值进行检查,有客观证据表明该应收款项发生减值的,应当将该应收款项的账面价值减记至预计未来现金流量现值,减记的金额确认减值损失,计提坏账准备。

企业应当设置“坏账准备”科目,核算应收款项的坏账准备计提、转销等情况。企业当期计提的坏账准备应当计入信用减值损失。“坏账准备”科目的贷方登记当期计提的坏账准备金额,借方登记实际发生的坏账损失金额和冲减的坏账准备金额,期末余额一般在贷方,反映企业已计提但尚未转销的坏账准备。

坏账准备可按以下公式计算：

当期应计提的坏账准备＝当期按应收款项计算应提坏账准备金－(或＋)“坏账准备”科目的贷方(或借方)余额

企业计提坏账准备时,按应减记的金额,借记“信用减值损失——计提的坏账准备”科目,贷记“坏账准备”科目。冲减多计提的坏账准备时,借记“坏账准备”科目,贷记“信用减值损失——计提的坏账准备”科目。

**课堂活动**

企业在年末计提坏账准备以后,“坏账准备”科目的余额(　　)。

A. 可能在借方　　B. 一定在借方

C. 一定在贷方　　D. 可能在借方或贷方

【例 2－17】　天域公司按应收账款余额的 5%计提坏账准备,根据发生的有关经济业务,编制相关会计分录。

(1)2024 年 12 月 31 日,首次计提坏账准备时,应收账款的年末余额为 200 000 元。

估计坏账损失＝200 000×5%＝10 000(元)

借:信用减值损失　　10 000

　　贷:坏账准备　　10 000

(2)假设 2025 年实际发生坏账 6 000 元,后又收回 4 000 元,年末应收账款余额为 60 000 元。

①发生坏账 6 000 元时：

借:坏账准备　　6 000

贷:应收账款　　6 000

② 已经确认为坏账的 6 000 元又收回 4 000 元时:

借:应收账款　　4 000

　　贷:坏账准备　　4 000

借:银行存款　　4 000

　　贷:应收账款　　4 000

③2025 年 12 月 31 日,应收账款余额应为 60 000 元,估计的坏账准备为 3 000(60 000×5%)元,应冲销多余的坏账准备 5 000(8 000－3 000)元。

借:坏账准备　　5 000

　　贷:信用减值损失　　5 000

(3)假设 2025 年发生坏账 12 000 元,后又收回其中 4 000 元,年末应收账款余额为 60 000 元。

①发生坏账 12 000 元时:

借:坏账准备　　12 000

　　贷:应收账款　　12 000

②已经确认为坏账的 12 000 元又收回 4 000 元时:

借:应收账款　　4 000

　　贷:坏账准备　　4 000

借:银行存款　　4 000

　　贷:应收账款　　4 000

③2025 年 12 月 31 日,应收账款余额应为 60 000 元,估计的坏账准备为 3 000 元(60 000×5%),"坏账准备"贷方余额为 2 000(10 000－12 000＋4 000)元,2025 年 12 月 31 日应补提坏账准备 1 000(3 000－2 000)元。

借:信用减值损失　　1 000

　　贷:坏账准备　　1 000

(4)假设 2025 年发生坏账 15 000 元,后又收回其中 1 000 元,年末应收账款余额为 60 000 元。

①发生坏账 15 000 元时:

借:坏账准备　　15 000

　　贷:应收账款　　15 000

② 已经确认为坏账的 15 000 元又收回 1 000 元时:

借:应收账款　　1 000

　　贷:坏账准备　　1 000

借:银行存款　　1 000

　　贷:应收账款　　1 000

③如果 2025 年发生坏账 15 000 元,后又收回其中的 1 000 元,则"坏账准备"为借方余额 4 000(10 000－15 000＋1 000)元,2025 年 12 月 31 日应补提坏账准备 7 000(3 000＋4 000)元。

借:信用减值损失　　7 000

　　贷:坏账准备　　7 000

## 课堂活动

1. 下列会计处理中，应记入“坏账准备”科目贷方的有（　　）。

A. 首次按“应收账款”账户期末余额计算坏账准备

B. 收回已确认并转销的坏账

C. 期末“坏账准备”账户余额在贷方，且大于计提前坏账准备余额

D. 冲销多计提的坏账准备

2. 2025 年 1 月 1 日，天域公司“坏账准备——应收账款”科目贷方余额为 1 万元，1 月 16 日，收回已作坏账转销的应收账款 2 万元。假设 12 月 31 日应收账款账面余额为 120 万元，经评估，应收账款的账面价值为 110 万元。不考虑其他因素，1 月 31 日，天域公司应计提的坏账准备的金额为（　　）万元。

A. 10　　　　B. 8　　　　C. 7　　　　D. 9

## 三、预付账款

预付账款是指企业按照合同规定预付的款项，如预付的材料、商品采购款、在建工程价款等。

为了反映和监督预付账款的增减变动及其结存情况，企业应当设置“预付账款”科目。“预付账款”科目的借方登记预付的款项及补付的款项，贷方登记收到所购物资时根据有关发票账单记入“原材料”等科目的金额及收回多付款项的金额，期末余额在借方，反映企业实际预付的款项；如果期末余额在贷方，则反映企业应付或应补付的款项。预付款项情况不多的企业，可以不设置“预付账款”科目，而将预付的款项通过“应付账款”科目核算。

企业根据购货合同的规定向供应单位预付款项时，借记“预付账款”科目，贷记“银行存款”科目；企业收到所购物资，按应计入购入物资成本的金额，借记“材料采购”“原材料”“库存商品”等科目，按可抵扣的增值税进项税额，借记“应交税费——应交增值税（进项税额）”等科目，贷记“预付账款”科目；当预付价款小于采购货物所需支付的款项时，应将不足部分补付，借记“预付账款”科目，贷记“银行存款”等科目；当预付价款大于采购货物所需支付的款项时，对收回的多余款项，应借记“银行存款”等科目，贷记“预付账款”科目。

【例 2－13】　天域公司向乙公司采购材料 5 000 千克，每千克单价为 10 元，所需支付的价款总计 50 000 元。按照合同规定，向乙公司预付价款的 50%，验收货物后补付其余款项。天域公司应编制如下会计分录：

（1）预付 50%的价款时：

借：预付账款——乙公司　　25 000

　　贷：银行存款　　25 000

（2）收到乙公司发来的 5 000 千克材料，验收无误，增值税专用发票上注明的价款为 50 000 元，增值税税额为 6 500 元，以银行存款结清余款 31 500 元。天域公司应编制如下会计分录：

借：原材料　　50 000

　　应交税费——应交增值税（进项税额）　　6 500

　　贷：预付账款——乙公司　　56 500

借：预付账款——乙公司　　31 500

贷：银行存款　　31 500

## 四、应收股利和应收利息

### （一）应收股利的账务处理

应收股利是指企业应收取的现金股利或应收取其他单位分配的利润。为了反映和监督应收股利的增减变动及其结存情况，企业应设置“应收股利”科目。“应收股利”科目的借方登记应收现金股利或利润的增加，贷方登记收到的现金股利或利润，期末余额一般在借方，反映企业尚未收到的现金股利或利润。“应收股利”科目应当按照被投资单位设置明细科目进行核算。

企业在持有以公允价值计量且其变动计入当期损益的金融资产（交易性金融资产）期间，被投资单位宣告发放现金股利时，按应享有的份额，确认为当期投资收益，借记“应收股利”科目，贷记“投资收益”科目。企业在持有长期股权投资期间，被投资单位宣告发放现金股利或利润时，按应享有的份额，借记“应收股利”科目，贷记科目应区分两种情况：对于采用成本法核算的长期股权投资，贷记“投资收益”科目；对于采用权益法核算的长期股权投资，贷记“长期股权投资——损益调整”科目。

【例2－19】　天域公司持有乙上市公司股票，作为以公允价值计量且其变动计入当期损益的金融资产（交易性金融资产）进行管理和核算。2025年1月30日，乙上市公司发放2024年的现金股利，甲公司按其持有该上市公司股份计算确定的应分得的现金股利为200 000元。假定不考虑相关税费。天域公司应编制如下会计分录：

借：应收股利——乙上市公司　　200 000

　　贷：投资收益——乙上市公司　　200 000

【例2－20】　承【例2－18】，2025年1月28日，天域公司收到乙上市公司发放的现金股利200 000元款项已存入银行。假定不考虑相关税费。天域公司应编制如下会计分录：

借：其他货币资金——存出投资款　　200 000

　　贷：应收股利——乙上市公司　　200 000

需要说明的是，企业收到被投资单位分配的现金股利或利润，应贷记“应收股利”科目，但对于应借记的会计科目，应区分两种情况分别进行处理：对于企业通过证券公司购入上市公司股票所形成的股权投资取得的现金股利，应借记“其他货币资金——存出投资款”科目；对于企业持有的其他股权投资取得的现金股利或利润，应借记“银行存款”科目。

### （二）应收利息的账务处理

应收利息是指企业根据合同或协议规定应向债务人收取的利息。为了反映和监督应收利息的增减变动及其结存情况，企业应设置“应收利息”科目。“应收利息”科目的借方登记应收利息的增加，贷方登记收到的利息，期末余额一般在借方，反映企业尚未收到的利息。“应收利息”科目应当按照借款人或被投资单位设置明细科目进行核算。

【例2－21】　天域公司持有乙公司的债券投资。2025年1月11日，天域公司收到乙公司通知，拟向其支付2024年的利息1 000 000元，款项尚未支付。假定不考虑相关税费。天域公司应编制如下会计分录：

借：应收利息——乙公司　　1 000 000

　　贷：投资收益——乙公司　　1 000 000

## 五、其他应收款

其他应收款是指企业除应收票据、应收账款、预付账款、应收股利和应收利息以外的其他各种应收及暂付款项。其主要内容包括：应收的各种赔款、罚款，如因企业财产等遭受意外损失而应向有关保险公司收取的赔款等；应收的出租包装物租金；应向职工收取的各种垫付款项，如为职工垫付的水电费，应由职工负担的医药费、房租费等；存出保证金，如租入包装物支付的押金；其他各种应收、暂付款项。

为了反映和监督其他应收账款的增减变动及其结存情况，企业应当设置"其他应收款"科目进行核算。"其他应收款"科目的借方登记其他应收款的增加，贷方登记其他应收款的收回，期末余额一般在借方，反映企业尚未收回的其他应收款项。"其他应收款"科目应当按照对方单位(或个人)设置明细科目进行核算。

企业发生各种其他应收款项时，应借记"其他应收款"科目，贷记"库存现金""银行存款""固定资产清理"等科目。收回其他各种应收款项时，借记"库存现金""银行存款""应付职工薪酬"等科目，贷记"其他应收款"科目。

【例 2－22】 天域公司在采购过程中发生材料毁损，按保险合同规定，应由 A 保险公司赔偿损失款 30 000 元，赔偿款尚未收到。假定天域公司对原材料采用计划成本进行日常核算，天域公司应编制如下会计分录：

借：其他应收款——A 保险公司　　30 000

　　贷：材料采购　　30 000

当天域公司如数收到上述 A 保险公司的赔款时，天域公司应编制如下会计分录：

借：银行存款　　30 000

　　贷：其他应收款——A 保险公司　　30 000

【例 2－23】 天域公司以银行存款替职工王焰垫付应由其个人负担的医疗费 5 000 元，拟从其工资中扣回。天域公司应编制如下会计分录：

(1)垫付款时：

借：其他应收款——王焰　　5 000

　　贷：银行存款　　5 000

(2)扣款时：

借：应付职工薪酬　　5 000

　　贷：其他应收款——王焰　　5 000

【例 2－24】 天域公司向乙公司租入包装物一批，以银行存款向乙公司支付押金 10 000 元。天域公司应编制如下会计分录：

借：其他应收款——乙公司　　10 000

　　贷：银行存款　　10 000

天域公司按期如数向乙公司退回所租包装物，并收到乙公司退还的押金 10 000 元，已存入银行。天域公司应编制如下会计分录：

借：银行存款　　10 000

　　贷：其他应收款——乙公司　　10 000

## 课堂活动

下列各项中，属于“其他应收款”科目核算内容的有（　）。

A. 租出包装物支付的押金

B. 出差人员预借的差旅费

C. 被投资单位已宣告但尚未发放的现金股利

D. 为职工垫付的水电费

**项目评价表**

| 学习任务完成评价表 | | | | | |
|---|---|---|---|---|---|
| 评价范围 | 评价标准 | 自我评价（五星制打分） | 小组评价（五星制打分） | 教师评价（五星制打分） | 企业导师评价（五星制打分） |
| 职业素养 | 爱岗敬业 、诚实守信、客观公正 | | | | |
| 职业知识 | 掌握货币资金、应收及预付款项各项业务的核算方法 | | | | |
| 职业能力 | 掌握货币资金、应收及预付款项各项业务的核算方法 | | | | |

# 项目三　存货业务核算

| 素质目标 | 知识目标 | 能力目标 |
| --- | --- | --- |
| 1. 培养学生的高度责任感；<br>2. 培养学生的爱国意识；<br>3. 培养学生爱岗敬业、诚实守信的会计职业道德 | 1. 掌握存货的定义、特征及构成，掌握存货确认的条件；<br>2. 掌握存货的初始计量方法及发出存货的计量方法；<br>3. 掌握原材料按实际成本计价的会计核算方法；<br>4. 掌握原材料按计划成本计价的会计核算方法；<br>5. 掌握周转材料的会计核算方法；<br>6. 掌握委托加工物资的会计核算方法；<br>7. 掌握存货期末清查及减值的会计核算方法 | 1. 能确认存货，对存货进行清晰分类；<br>2. 能核算原材料的购、销、存等业务；<br>3. 能核算周转材料的购、销、存等业务；<br>4. 能核算委托加工物资业务；<br>5. 能核算存货盘盈、盘亏以及期末减值类的业务 |

## 本项目结构导图

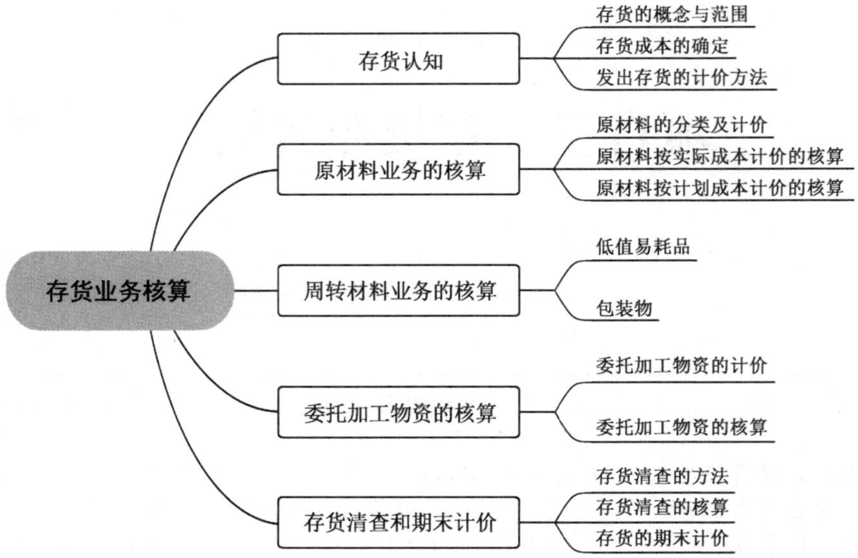


# 任务1　存货认知

## 任务引例

存货是指企业在日常活动中持有以备出售的产品或商品、处在生产过程中的在产品、在生产过程或提供劳务过程中储备的材料或物料等。

请思考:不同类型企业的存货在分类和用途上有区别吗?

## 必备知识

### 一、存货的概念与范围

#### (一)存货的概念

存货,是指企业在日常活动中持有以备出售的产成品或商品、处在生产过程中的在产品、在生产过程或提供劳务过程中耗用的材料和物料等。这个定义强调了企业持有存货的最终目的是生产耗用或者出售,而不是自用,这一点明显区别于固定资产等非流动资产。

#### (二)存货的范围

存货范围的认定一般是以产权的归属为标准,即在盘存日,法定产权归属企业的一切物品,不论其存放地点如何,都是企业的存货。存货包括商品、产成品、半成品、在产品以及各种材料模型、燃料、包装物、低值易耗品等。存货是保证企业生产经营过程顺利进行的必要条件。为了保障生产经营过程连续不断地进行,企业要不断地购入、耗用或销售存货。存货是企业的一项重要的流动资产,其价值在企业流动资产中占有很大的比重。

## 引例解析

不同类型企业的存货在分类和用途上存在显著区别：

**（一）制造业存货**

制造企业以加工或生产产品为主，其存货的构成最为复杂，一般分为以下几类：

1. 材料

材料是指企业通过采购或其他方式取得的用于制造产品并构成产品实体的物品，以及取得的供生产耗用但不构成产品实体的辅助材料、修理用备件、燃料及外购半成品等。

2. 在产品

在产品是指正在生产各阶段进行加工或装配的尚未制造完工的产品。

3. 自制半成品

自制半成品是指已经经过一定的生产过程，并已经验收合格，交付半成品仓库保管，但仍需进一步加工的中间产品。

4. 产成品

产成品是指完成全部生产过程，经检验合格可供销售的产品。

5. 低值易耗品

低值易耗品是指由于价值低、易损耗等原因而不能作为固定资产处理的各种劳动资料。

6. 包装物

包装物是指为包装企业产品而储备和在销售过程中周转使用的各种成型的包装容器。

**（二）商品流通企业存货**

在商品流通企业中，存货的主要类别则为商品、材料物资、低值易耗品、包装物等。其中，商品是指企业以销售为目的而购入的各类物品，如库存商品、受托代销商品、加工商品、出租商品和分期收款发出商品等。

**（三）其他行业存货**

例如，房地产开发企业购入的土地用于建造商品房属于企业的存货。

## 二、存货成本的确定

存货应当按照成本进行初始计量。存货成本包括采购成本、加工成本和其他成本。

**（一）外购存货的成本**

存货的采购成本，包括购买价款、相关税费、运输费、装卸费、保险费以及其他可归属于存货采购成本的费用。

存货的购买价款是指企业购入的材料或商品的发票账单上列明的价款，但不包括按规定可以抵扣的增值税进项税额。存货的相关税费是指企业购买存货发生的进口关税以及不能抵扣的增值税进项税额等应计入存货采购成本的税费。其他可归属于存货采购成本的费用是指采购成本中除上述各项以外的可归属于存货采购的费用，如在存货采购过程中发生的仓储费、包装费、运输途中的合理损耗、入库前的挑选整理费用等。

**（二）加工取得存货的成本**

企业通过进一步加工取得的存货主要包括产成品、在产品、半成品、委托加工物资等，其成本由采购成本、加工成本构成。某些存货还包括使存货达到目前场所和状态所发生的其他成本，如可直接认定的产品设计费用等。

存货加工成本，由直接人工和制造费用构成，其实质是企业在进一步加工存货的过程中追加发生的生产成本，不包括直接由材料存货转移来的价值。其中，直接人工，是指在企业生产产品过程中直接从事产品生产的工人的职工薪酬。直接人工和间接人工的划分依据通常是生产工人是否与所生产的产品直接相关(即可否直接确定其服务的产品对象)。制造费用是指企业为生产产品和提供劳务而发生的各项间接费用，是一种间接生产成本，包括企业生产部门(如生产车间)管理人员的职工薪酬、折旧费、办公费、水电费、机器物料消耗、劳动保护费、季节性和修理期间的停工损失等。

企业在加工存货过程中发生的直接人工和制造费用，如果能够直接计入有关的成本核算对象，则应直接计入该成本核算对象；否则，应按照合理的方法分配计入有关成本核算对象。分配方法一经确定，不得随意变更。

**(三)其他方式取得存货的成本**

1. 投资者投入存货的成本

投资者投入存货的成本应当按照投资合同或协议约定的价值确定，但合同或协议约定价值不公允的除外。在投资合同或协议约定价值不公允的情况下，按照该项存货的公允价值作为其入账价值。

2. 盘盈存货的成本

盘盈的存货应按其重置成本作为入账价值，并通过“待处理财产损溢”科目进行会计处理，按管理权限报经批准后冲减当期管理费用。

**知识链接**

在确定存货成本过程中，应当注意，下列费用应当在发生时确认为当期损益，不计入存货成本：

(1)非正常消耗的直接材料、直接人工和制造费用。

(2)仓储费用(不包括在生产过程中为达到下一个生产阶段所必需的仓储费用)。

(3)不能归属于使存货达到目前场所和状态的其他支出。

(4)企业采购用于广告营销活动的特定商品(销售费用)。

## 三、发出存货的计价方法

企业的存货因供应商不同、采购批量不同、采购地点不同，会形成不同的购进单价，给发出存货成本、结存存货成本的计算带来不便。在永续盘存制下，常用的存货计价方法有个别计价法、先进先出法、加权平均法、移动平均法。企业可以根据存货的性质、特点以及管理的需要，合理选择发出存货的计价方法，以便计算发出存货成本和结存存货成本。

**(一)个别计价法**

个别计价法是指每次发出存货的实际成本按其购入时的实际成本分别计价的方法。采用这一方法是以存货的成本流转与实物流转相一致为假设前提，逐一辨认各批发出存货和期末存货所属的购进批别或生产批别，分别以购进或生产的实际单位成本作为发出存货和期末存货的单位成本，据以计算发出存货成本、结存存货成本的计价方法。因此，个别计价法的计算公式可以写为：

发出存货成本＝各批次发出存货数量 × 该批次存货实际单位成本

结存存货成本＝各批次结存存货数量 × 该批次存货实际单位成本

个别计价法的优点：发出存货成本和期末存货成本计算结果准确，但在存货收发频繁情况下，其发出成本分辨的工作量较大，困难较大，因此，该方法只适用于存货品种数量不多、单位成本较高且容易识别以及为特定项目专门购入或制造的存货计价，例如珠宝、名画等贵重物品。

下面举例说明个别计价法的应用。

【例 3—1】 天域公司对 A 商品采用永续盘存制进行核算，2024 年 4 月初，A 商品结存 100 件，单价为 6 元/件；4 月 4 日，销售 A 商品 20 件；4 月 8 日，A 商品入库 100 件，单价为 7 元/件；4 月 15 日，销售 A 商品 40 件，全部为 4 月 8 日的入库批号；4 月 18 日，A 商品入库 100 件，单价为 8 元/件；4 月 25 日，销售 A 商品 180 件，其中上月结存、4 月 8 日入库、4 月 18 日入库的各 60 件。要求按个别计价法计算本期发出存货成本和结存存货成本。

采用个别计价法，2024 年 4 月份天域公司 A 商品发出存货成本、结存存货成本如表 3—1 所示。

**表 3—1**　　　　**库存商品明细账**

总账科目：库存商品

明细科目：A 商品　　　　计量单位：件

| 2024 年 | | 摘要 | 收入 | | | 发出 | | | 结存 | | |
|---|---|---|---|---|---|---|---|---|---|---|---|
| 月 | 日 | | 数量 | 单价 | 金额 | 数量 | 单价 | 金额 | 数量 | 单价 | 金额 |
| 4 | 1 | 期初结存 | | | | | | | 100 | 6 | 600 |
| 4 | 4 | 发出 | | | | 20 | 6 | 120 | 80 | 6 | 480 |
| 4 | 8 | 入库 | 100 | 7 | 700 | | | | 80<br>100 | 6<br>7 | 480<br>700 |
| 4 | 15 | 发出 | | | | 40 | 7 | 280 | 80<br>60 | 6<br>7 | 480<br>420 |
| 4 | 18 | 入库 | 100 | 8 | 800 | | | | 80<br>60<br>100 | 6<br>7<br>8 | 480<br>420<br>800 |
| 4 | 25 | 发出 | | | | 60<br>60<br>60 | 6<br>7<br>8 | 360<br>420<br>480 | 20<br><br>40 | 6<br><br>8 | 120<br><br>320 |
| 4 | 30 | 本月合计 | 200 | | 1 500 | 240 | | 1 660 | 60 | | 440 |

### （二）先进先出法

先进先出法以先购入的存货先发出为假设前提，以最先批次入库的存货实际单价开始计算发出存货成本的计价方法。采用这种方法，先购入的存货成本在后购入存货成本之前转出，据此确定发出存货成本和结存存货成本。

先进先出法下，结存存货成本是按最末一次购进的实际单价确定的，因此，期末存货成本比较接近现行的市场价格。当物价上涨时，期末结存存货成本较高，当期发出存货成本相对较低，会高估当期利润；反之，当物价下跌时，会低估企业存货价值和当期利润。

先进先出法可以随时结转发出存货成本，使企业不能随意选择存货计价以调整当期利润，但若发出存货业务较多且存货单价不稳定时，工作量较大。

下面举例说明先进先出法的应用。

【例 3—2】 沿用【例 3—1】的资料，采用先进先出法计价时，发出存货成本和结存存货成本如表 3—2 所示。

**表 3—2** **库存商品明细账**

总账科目：库存商品

明细科目：A 商品 计量单位：件

| 2024 年 | | 摘要 | 收入 | | | 发出 | | | 结存 | | |
|---|---|---|---|---|---|---|---|---|---|---|---|
| 月 | 日 | | 数量 | 单价 | 金额 | 数量 | 单价 | 金额 | 数量 | 单价 | 金额 |
| 4 | 1 | 期初结存 | | | | | | | 100 | 6 | 600 |
| 4 | 4 | 发出 | | | | 20 | 6 | 120 | 80 | 6 | 480 |
| 4 | 8 | 入库 | 100 | 7 | 700 | | | | 80<br>100 | 6<br>7 | 480<br>700 |
| 4 | 15 | 发出 | | | | 40 | 6 | 240 | 40<br>100 | 6<br>7 | 240<br>700 |
| 4 | 18 | 入库 | 100 | 8 | 800 | | | | 40<br>100<br>100 | 6<br>7<br>8 | 240<br>700<br>800 |
| 4 | 25 | 发出 | | | | 40<br>100<br>40 | 6<br>7<br>8 | 240<br>700<br>320 | 60 | 8 | 480 |
| 4 | 30 | 本月合计 | 200 | | 1 500 | 240 | | 1 620 | 60 | | 480 |

### （三）加权平均法

加权平均法，又称全月一次加权平均法，是指月末以本月入库存货数量加期初存货数量作为分母，去除当月入库存货成本加期初存货成本，计算出存货的加权平均单位成本，并据以计算发出存货成本和结存存货成本的计价方法。加权平均单价的计算公式为：

$$加权平均单价=\frac{期初存货实际成本+本期入库存货实际成本}{期初结存存货数量+本期入库存货数量}$$

$$本期发出存货实际成本=本期发出存货数量\times 加权平均单价$$

$$\begin{aligned}期末结存存货实际成本&=期末结存存货数量\times 加权平均单价\\&=期初结存存货实际成本+本期收入存货实际成本\\&\quad-本期发出存货实际成本\end{aligned}$$

加权平均法下，平时收入存货按实际成本逐笔登记数量、单价、金额，对发出存货平时只登记发出的数量，不登记单价和金额，平时也就不能随时结出结存存货成本；月末计算存货一次加权平均单价，并据以计算出发出存货成本和结存存货成本。这种方法下，平时不能反映发出存货的成本，也就不能及时反映结出存货的成本，不利于存货资金的日常管理和控制，但存货计价的工作量较小，有利于简化成本计算工作。实务中，该种计价方法应用广泛。

下面举例说明先进先出法的应用。

【例 3—3】　仍沿用例【3—1】的资料，采用加权平均法计价时，发出存货成本和结存存货成本如表 3—3 所示。

**表 3—3**　　**库存商品明细账**

总账科目：库存商品

明细科目：A 商品　　计量单位：件

| 2024 年 | | 摘要 | 收入 | | | 发出 | | | 结存 | | |
|---|---|---|---|---|---|---|---|---|---|---|---|
| 月 | 日 | | 数量 | 单价 | 金额 | 数量 | 单价 | 金额 | 数量 | 单价 | 金额 |
| 4 | 1 | 期初结存 | | | | | | | 100 | 6 | 600 |
| 4 | 4 | 发出 | | | | 20 | | | 80 | | |
| 4 | 8 | 入库 | 100 | 7 | 700 | | | | 180 | | |
| 4 | 15 | 发出 | | | | 40 | | | 140 | | |
| 4 | 18 | 入库 | 100 | 8 | 800 | | | | 240 | | |
| 4 | 25 | 发出 | | | | 180 | | | 60 | | |
| 4 | 30 | 本月合计 | 200 | | 1 500 | 240 | 7 | 1 680 | 60 | 7 | 420 |

加权平均单价＝(600 ＋ 700 ＋ 800)÷(100 ＋ 100 ＋ 100)

＝7(元/件)

**(四)移动平均法**

移动平均法是指在每次进货后，以本次入库的成本加原有库存的成本，除以本次入库的数量加原有库存的数量，得出本次移动加权平均单价，作为下次发出存货计价基础的一种方法。本次移动加权平均单价计算公式可以写为：

$$本次移动加权平均单价=\frac{本次入库前结存存货成本+本次入库存货成本}{本次入库前结存存货数量+本次入库存货数量}$$

$$下次发出存货实际成本=下次发出存货数量\times本次移动加权平均单价$$

采用移动加权平均法，可以随时结转发出存货成本，及时掌握结存存货的数量和金额，有利于管理当局从数量和金额两个角度对存货进行管理和控制，按移动加权平均单位单价计算的发出存货和结存存货成本比较均衡和准确。但由于每收到一次货都要计算一次加权平均单价，成本计算工作量较大，一般适用于经营品种不多、前后购进商品的单价相差幅度较大的商品流通企业，不适用于收发货较频繁的企业。

下面举例说明先进先出法的应用。

【例 3—4】　仍沿用【例 3—1】的资料，采用移动平均法计价时，发出存货成本和结存存货成本如表 3—4 所示。

表 3—4　　库存商品明细账

总账科目:库存商品

明细科目: A 商品　　计量单位:件

| 2024 年 | | 摘要 | 收入 | | | 发出 | | | 结存 | | |
|---|---|---|---|---|---|---|---|---|---|---|---|
| 月 | 日 | | 数量 | 单价 | 金额 | 数量 | 单价 | 金额 | 数量 | 单价 | 金额 |
| 4 | 1 | 期初结存 | | | | | | | 100 | 6 | 600 |
| 4 | 4 | 发出 | | | | 20 | 6 | 120 | 80 | 6 | 480 |
| 4 | 8 | 入库 | 100 | 7 | 700 | | | | 180 | 6.56 | 1 180 |
| 4 | 15 | 发出 | | | | 40 | 6.56 | 262.4 | 140 | 6.56 | 917.6 |
| 4 | 18 | 入库 | 100 | 8 | 800 | | | | 240 | 7.16 | 1 717.6 |
| 4 | 25 | 发出 | | | | 180 | 7.16 | 1 288.8 | 60 | 7.16 | 428.8 |
| 4 | 30 | 本月合计 | 200 | | 1 500 | 240 | | 1 671.2 | 60 | 7.16 | 428.8 |

说明:(1)4 月 8 日移动平均单价=(480+700)/(80+100)= 6.56(元/件)

(2)4 月 18 日移动平均单价=(917.6+800)/(140+100)= 7.16(元/件)

## 课堂活动

下列各项中,企业可以采用的发出存货成本计价方法有(　　)。

A. 先进先出法　　B. 移动加权平均法

C. 个别计价法　　D. 成本与可变现净值孰低法

# 任务 2　原材料业务的核算

## 任务引例

天域公司从甲公司购入 A 材料 1 000 千克,单位价格为 40 元,增值税专用发票上注明的增值税进项税额为 5 200 元,款项已通过银行转账支付,材料尚在运输途中。待所购材料运达天域公司后,验收时发现短缺 20 千克,原因待查。

请思考:对于短缺的材料,天域公司该如何处理?

## 必备知识

### 一、原材料的分类及计价

#### (一)原材料的分类

1. 原材料

原材料是指在生产过程中经加工改变其形态或性质并构成产品主要实体的各种原料及主

要材料、辅助材料、外购半成品、修理用备件、包装材料、燃料等。

2. 在产品

在产品是指仍处于生产过程中、尚未完工入库的生产物，包括正处于各个生产工序尚未制造完成的在产品，以及虽已制造完成但尚未检验或虽已检验但尚未办理入库手续的产成品。

3. 自制半成品

自制半成品是指在本企业已经过一定生产过程的加工并经检验合格交付半成品仓库保管，但尚未最终制造完成仍需进一步加工的中间产品。自制半成品不包括从一个生产车间转给另一个生产车间待继续加工的在产品以及不能单独计算成本的在产品。

4. 产成品

产成品是指已经完成全部生产过程并验收入库，可以按照合同规定的条件送交订货单位，或者可以作为商品对外销售的产品。企业接受外来原材料加工制造的代制品和为外单位加工修理的代修品，制造和修理完成验收入库后，应视同企业的产成品。

5. 周转材料

周转材料是指企业能够多次使用但不符合固定资产的定义、不能确认为固定资产的各种材料，主要包括包装物和低值易耗品。包装物，是指为了包装本企业产品而储备的各种包装容器，如桶、箱、瓶、坛、袋等，其主要作用是盛装、装潢产品；低值易耗品，是指在使用过程中基本保持其原有实物形态不变但单位价值相对较低、使用期限相对较短，或在使用过程中容易损坏，因而不能确认为固定资产的各种用具物品，如工具、管理用具、玻璃器皿、劳动保护用品，以及在经营过程中周转使用的包装容器等。

**（二）购入材料的实际成本**

1. 买价

2. 运杂费（包括运输费、装卸费、保险费、包装费、仓储费等，不包括属于增值税一般纳税人的企业按规定根据运输费的一定比例计算的可抵扣的增值税额）

3. 运输途中的合理损耗

4. 入库前的挑选整理费用（包括挑选整理中发生的工、费支出和必要的损耗，并减去回收的下脚废料价值）

5. 购入物资负担的税金（如关税等）和其他费用

属于增值税一般纳税人的企业，购入材料需支付的增值税进项税额，应单独核算，不包括在购入材料成本中。小规模纳税人和购入材料不能取得增值税专用发票的小企业，购入材料支付的不可抵扣的增值税进项税额，计入所购材料的成本。

## 二、原材料按实际成本计价的核算

原材料按实际成本计价，是指原材料的日常收发及结存，无论是总分类核算和明细分类核算，均按照实际成本进行计价的方法。其特点是：从存货收发凭证到明细分类账和总分类账全部按实际成本计价，一般适用于规模较小、存货品种简单、采购业务不多的企业。

**（一）账户设置**

企业需设置“原材料”科目和“在途物资”科目。

1. “原材料”科目

“原材料”科目用于核算企业库存材料的收发与结存情况。企业库存的各种材料包括原料及主要材料、辅助材料、外购半成品（外购件）、修理用备件（备品备件）、包装材料、燃料等。该科目属于资产类科目。借方登记入库材料的实际成本，贷方登记发出材料的实际成本，余额在借方，表示月末库存材料的实际成本。该科目应当按照材料的保管地点（仓库）、材料的类别、品种和规格等进行明细核算。

2."在途物资"科目

"在途物资"科目核算企业采用实际成本（或进价）进行材料（或商品）的日常核算，货款已付尚未验收入库的购入材料或商品的采购成本。该科目属于资产类，借方登记企业购入的在途物资的实际成本，贷方登记验收入库的在途物资的实际成本，余额在借方，表示尚未验收入库的在途物资的实际成本。该科目应当按照供应单位进行明细核算。

**（二）原材料收入的核算**

1.购入原材料的一般核算

企业外购材料时，由于结算方式和采购地点的不同，材料的入库和货款的支付在时间上不一定完全同步，相应地，其账务处理也会有所不同。

（1）支付货款与材料入库同时发生

对于发票账单与原材料同时到达的采购业务，企业在支付货款、材料验收入库后，应根据结算凭证、发票账单和收料单等确定原材料的实际成本，借记"原材料"科目；根据取得的增值税专用发票上注明的增值税进项税额，借记"应交税费——应交增值税（进项税额）"科目，按照实际支付的款项，贷记"银行存款"等科目。

【例3－5】 天域公司为一般纳税人，1月15日从外地购入一批A材料，取得的增值税专用发票中注明：价款为40 000元，增值税额为5 200元，以一张期限为6个月的不带息的商业汇票支付，A材料当日全部收到并验收入库。

借：原材料——A材料　　40 000
　　应交税费——应交增值税（进项税额）　　5 200
　　贷：应付票据　　45 200

（2）先支付货款，后收到材料

对于已付款或开出、承兑的商业汇票进行货款结算，但材料尚未到达或虽已到达而尚未验收入库的材料采购业务，企业应根据发票账单等结算凭证计算材料采购成本，并登记在"在途物资"科目的借方；待材料到达、验收入库后，再将其采购成本作为库存材料的实际成本反映在"原材料"科目的借方。

【例3－6】 天域公司2月10日从乙公司购入一批生产用钢材，增值税专用发票中注明：价款为60 000元，增值税率为13%，增值税额为7 800元。全部款项用一张银行汇票支付，但所购钢材当日尚未到达企业。

借：在途物资　　60 000
　　应交税费——应交增值税（进项税额）　　7 800
　　贷：其他货币资金——银行汇票存款　　67 800

【例3－7】 接上例，天域公司于2月24日收到上述钢材，并全部验收入库。

借：原材料——钢材　　60 000
　　贷：在途物资　　60 000

（3）先收到材料，后支付货款

对于材料已到并验收入库，但发票账单等结算凭证未到而尚未进行货款结算的采购业务，企业应做如下处理：收到材料时，只办理验收入库的手续，可暂不填制记账凭证，等到发票账单等结算凭证收到并付款后，再编制记账凭证。但如果月末仍未收到发票账单等结算凭证的，为了使月末的材料做到账实相符，必须对材料按暂估价值入账；下月初做相反的分录予以冲回，以便下月收到发票账单等结算凭证时按正常程序进行会计处理。

【例 3－8】　天域公司 1 月 28 日收到某厂商按合同规定发运过来的一批材料，共计 1 000 千克，但发票账单未到。

28 日收到材料时，因未得到发票账单等结算凭证，所以无法确定材料的实际采购成本，不记账，只将材料验收入库，会计部门在“发票未到登记簿”中记录以便备查。

【例 3－9】　接【例 3－5】，1 月 31 日，收到上述材料的发票账单，增值税专用发票中注明：增值税率为 13%，价税合计为 45 200 元，全部款项以银行存款支付。

借：原材料　　40 000
　　应交税费——应交增值税（进项税额）　　5 200
　贷：银行存款　　45 200

【例 3－10】　接【例 3－8】，如果天域公司在 1 月 31 日仍未收到上述所购材料的发票账单等结算凭证，则应按暂估价值入账，假设其暂估价为 41 000 元。

借：原材料　　41 000
　贷：应付账款——暂估应付账款　　41 000

天域公司在 2 月 1 日应将上述分录冲回：

借：应付账款——暂估应付账款　　41 000
　贷：原材料　　41 000

天域公司如果在 10 月的某日收到发票账单等结算凭证，则再按“支付货款与材料入库同时发生”的情况进行相应的会计处理。

## 引例解析

企业在原材料采购过程中如果发生了短缺、毁损等情况，则应及时查明原因，区别情况进行会计处理：

（1）属于运输途中的合理损耗，应计入有关材料的采购成本。

（2）属于供货单位或运输单位的责任造成的存货短缺，应由责任人补足存货或赔偿货款，不计入材料的采购成本。

（3）属于自然灾害或意外事故等非常原因造成的毁损，报经批准处理后，将扣除保险公司和过失人赔款后的净损失，计入营业外支出。

尚待查明原因的短缺原材料，先将其成本转入“待处理财产损溢”科目核算；待查明原因后，再按上述要求进行会计处理。上列短缺存货涉及增值税的，还应进行相应的处理。

天域公司的账务处理如下：

（1）支付货款，材料尚在运输途中。

借：在途物资　　40 000
　　应交税费——应交增值税（进项税额）　　5 200
　贷：银行存款　　45 200

（2）验收时发现短缺，原因待查，其余材料入库。

借：原材料　　39 200

待处理财产损溢　　800
　　贷:在途物资　　40 000

(3)材料短缺的原因查明,进行相应的会计处理。

①假定短缺的材料属于运输途中的合理损耗。

借:原材料　　800
　　贷:待处理财产损溢　　800

②假定短缺的材料为甲公司发货时少发,经协商,由其补足材料。

借:应付账款——甲公司　　800
　　贷:待处理财产损溢　　800

收到甲公司补发的材料时:

借:原材料　　800
　　贷:应付账款——甲公司　　800

③假定短缺的材料为运输单位责任造成,经协商,由其全额赔偿。

借:其他应收款——××运输单位　　904
　　贷:待处理财产损溢　　800
　　　　应交税费——应交增值税(进项税额转出)　　104

收到运输单位的赔款时:

借:银行存款　　904
　　贷:其他应收款——××运输单位　　904

2.自制并验收入库的原材料的核算

自制并验收入库的原材料,应按其生产成本作为入库材料的实际成本入账,即借记“原材料”科目,贷记“生产成本”科目。

3.投资者投入的原材料的核算

投资者投入的原材料,应按投资各方确认的价值,借记“原材料”科目,并按专用发票上注明的增值税额,借记“应交税费——应交增值税(进项税额)”科目,按占被投资方股权总额的比例,贷记“实收资本(或股本)”科目,按借贷双方的差额,贷记“资本公积”科目。

4.企业接受捐赠的原材料的核算

企业接受捐赠的原材料,按照确定的原材料实际成本以及支付的相关税费,借记“原材料”科目,贷记“营业外收入”科目;按实际支付的相关税费,贷记“银行存款”“应交税费”等科目。

**(三)原材料发出的核算**

企业储备的各种原材料主要是为车间、部门生产经营耗用,但也有少量的原材料会销售给外单位或用于委托加工等。材料领发比较频繁的企业,材料明细账应随时进行登记,材料发出的总分类核算于月末根据领料的原始凭证(如领料单等),按用途、领用部门归类汇总编制“发出材料汇总表”后一次进行。

【例3－11】 天域公司为一般纳税人,采用加权平均法计算发出材料的成本,根据月末编制的“发出材料汇总表”,2025年1月发出材料的实际成本为663 000元,其中,基本生产车间领用550 000元,辅助生产车间领用57 000元,车间管理部门领用20 000元,厂部管理领用10 000元,对外销售5 000元,工程部门耗用16 000元。

该企业月末的账务处理为:

借:生产成本——基本生产成本　　550 000

——辅助生产成本　　57 000
制造费用　　20 000
管理费用　　10 000
其他业务成本　　5 000
销售费用　　5 000
在建工程　　16 000
贷:原材料　　663 000

## 三、原材料按计划成本计价的核算

原材料按计划成本计价,是指原材料的日常收发及结存,无论是总分类核算和明细分类核算,均按照计划成本进行计价的方法。其特点是:收发凭证按材料的计划成本计价,总账及明细分类账按计划成本登记,原材料的实际成本与计划成本之间的差异,通过"材料成本差异"科目核算。月份终了,通过分配材料成本差异,将发出原材料的计划成本调整为实际成本。这种方法一般适用于材料品种繁多、收发频繁的大中型企业,或者管理上需要分别核算材料计划成本和成本差异的企业。

### (一)账户设置

采用这一方法核算企业的原材料,必须设置"原材料""材料采购""材料成本差异"等科目。

1."原材料"科目

"原材料"科目用来反映企业库存材料的计划成本。借方登记验收入库材料的计划成本,贷方登记仓库发出材料的计划成本,期末余额在借方,表示企业月末结存材料的计划成本。

2."材料采购"科目

"材料采购"科目核算企业采用计划成本进行材料日常核算而购入材料的采购成本。借方登记根据发票账单等原始凭证计算出来的物资的实际采购成本,贷方登记结转已验收入库物资的实际成本,期末如果有余额,则在借方,表示企业已经收到发票账单,但尚未到达或尚未验收入库的在途材料的实际采购成本。该科目一般应按供应单位和物资品种设置明细账,进行明细核算。

3."材料成本差异"科目

"材料成本差异"科目用来核算企业各种材料的实际成本与计划成本之间的差异。借方登记各种收入材料的超支差异(即实际成本大于计划成本的差异)和发出材料应分担的节约差异;贷方登记各种收入材料的节约差异(即实际成本小于计划成本的差异)和发出材料应分担的超支差异;期末余额如果在借方,表示企业结存材料的实际成本大于计划成本的差异;期末余额如果在贷方,则表示企业结存材料的实际成本小于计划成本的差异。

### (二)原材料收入的核算

1.原材料购入的一般核算

在计划成本法下,企业外购材料时,不管材料的入库和货款的支付时间谁在先谁在后,只要企业取得发票账单等原始凭证并以此计算出来材料的实际采购成本,均应先记入"材料采购"科目的借方,当材料验收入库后,再从"材料采购"科目的贷方转入"原材料"科目的借方,只不过"材料采购"科目的贷方按实际成本入账,"原材料"科目的借方按计划成本入账,二者的差异则通过"材料成本差异"科目反映。由于企业收入材料的业务比较频繁,为了简化核算,也可以将材料验收入库和结转成本差异的会计核算留待月末一次性进行。

【例3－12】 天域公司经税务部门核定为一般纳税人，公司原材料的计划成本为120元/千克。3月份，该公司发生的材料采购业务如下：

(1)2日，购入原材料1 000千克，增值税专用发票中注明：单价为110元，增值税率为13%，发票等结算凭证已收到，全部款项从原已预付的货款中抵扣。该批材料已全部验收入库。

借：材料采购　　110 000
　　应交税费——应交增值税(进项税额)　　14 300
　　贷：预付账款　　124 300

(2)8日，从外地购入原材料2 000千克，增值税专用发票中注明：价款为240 000元，税款为31 200元 。发票等结算凭证已收到，全部款项通过外地采购专户存款转账支付，材料尚未运达企业。有关账务处理为：

借：材料采购　　240 000
　　应交税费——应交增值税(进项税额)　　31 200
　　贷：其他货币资金——外埠存款　　271 200

(3)16日，收到8日从外地购入的2 000千克原材料，全部验收入库。可暂不作账务处理，留待月末与其他入库材料一并结转。

(4)31日，汇总结转本月已入库的3 000千克原材料的成本和成本差异。

借：原材料　　360 000
　　贷：材料采购　　350 000
　　　　材料成本差异　　10 000

**课堂活动**

天域公司采用计划成本对材料进行日常核算。1月初结存材料的计划成本为200万元，成本差异贷方余额为3万元；本月入库材料的计划成本为1 000万元，成本差异借方发生额为6万元；本月发出材料的计划成本为800万元。天域公司按本月材料成本差异率分配本月发出材料应负担的材料成本差异。天域公司1月31日结存材料的实际成本为(　　)。

A. 399万元　　B. 400万元　　C. 401万元　　D. 402万元

2. 购入原材料发生短缺的核算

由于种种原因而使外购材料发生短缺毁损时，其账务处理的原则、方法与实际成本法下的会计核算基本相同，不同的是，按计划成本组织材料的核算，存在着成本差异的会计处理。

【例3－13】 天域公司为一般纳税人，2025年1月10日购入原材料4 000千克，取得的增值税专用发票中注明：单价为110元，增值税额为57 200元 全部款项通过银行转账支付，材料尚未运达企业(该批原材料的单位计划成本为100元)。

借：材料采购　　440 000
　　应交税费——应交增值税(进项税额)　　57 200
　　贷：银行存款　　497 200

【例3－14】 假设天域公司8月14日收到上述材料。

借：原材料　　400 000
　　材料成本差异　　40 000

贷:材料采购　　　　　　　　　　　　　　　　　　　　440 000

3. 自制并已验收入库的原材料的核算

自制并已验收入库的原材料,按计划成本,借记“原材料”科目;按其实际生产成本,贷记“生产成本”科目;同时结转材料成本差异,若实际成本大于计划成本的差异,则借记“材料成本差异”科目;若实际成本小于计划成本的差异,则贷记“材料成本差异”科目。

4. 投资者投入的原材料的核算

投资者投入的原材料,按计划成本,借记“原材料”科目;按专用发票上注明的增值税额,借记“应交税费——应交增值税(进项税额)”科目;按投资各方确认的价值,贷记“实收资本(或股本)”“资本公积”等科目;按计划成本与投资各方确认的价值之间的差额,借记或贷记“材料成本差异”科目。

5. 企业接受捐赠的原材料的核算

企业接受捐赠的原材料,按计划成本,借记“原材料”科目,贷记“营业外收入”科目;按实际支付的相关税费,贷记“银行存款”科目;按其差额,借记或贷记“材料成本差异”科目。

**(三)原材料发出的核算**

对于原材料的发出,同实际成本法一样,按计划成本核算,月末也要编制发出材料汇总表,作为编制材料发出的记账凭证和登记总账的依据。由于各种发料凭证都是按照计划成本计价的,因此编制的发出材料汇总表也是按计划成本反映的,所以月末需根据本月的材料成本差异率来确定发出材料应分担的成本差异,从而将发出材料的计划成本调整为实际成本,以便企业能正确地计算产品的生产成本和当期的损益。

发出材料应分担的成本差异必须按期(月)分摊,不得在季末或年末一次计算。发出材料应分担的成本差异,除委托外部加工发出材料可按期初成本差异率计算外,都应使用当期的实际差异率。期初成本差异率与本期成本差异率相差不大的,也可按期初成本差异率计算。计算方法一经确定,不得随意变动。材料成本差异率的计算公式如下:

本期材料成本差异率=(期初结存材料的成本差异+本期验收入库材料的成本差异)÷(期初结存材料的计划成本+本期验收入库材料的计划成本)×100%

期初材料成本差异率=期初结存材料的成本差异÷期初结存材料的计划成本×100%

发出材料应负担的成本差异=发出材料的计划成本×材料成本差异率

【例 3-15】　天域公司 2025 年 1 月初结存原材料的计划成本为 400 000 元,本月收入原材料的计划成本为 350 000 元,本月共发出原材料的计划成本为 300 000 元,其中,基本生产车间领用 200 000 元,辅助生产车间领用 50 000 元,车间管理部门领用 20 000 元,厂部管理领用 10 000 元,对外销售 5 000 元,工程部门耗用 15 000 元。本月“材料成本差异”科目月初有贷方余额 5 000 元(节约差异),本月收入材料成本差异为 20 000 元(超支差异)。

(1)月末,根据“发出材料汇总表”应作如下账务处理:

借:生产成本——基本生产成本　　　　　　　　　　200 000
　　　　　　——辅助生产成本　　　　　　　　　　50 000
　　制造费用　　　　　　　　　　　　　　　　　　20 000
　　管理费用　　　　　　　　　　　　　　　　　　10 000
　　其他业务成本　　　　　　　　　　　　　　　　5 000
　　在建工程　　　　　　　　　　　　　　　　　　15 000
　贷:原材料　　　　　　　　　　　　　　　　　　　　300 000

(2)月末，根据材料成本差异率计算发出材料应分担的成本差异：

本月材料成本差异率＝(－5 000＋20 000)÷(400 000＋350 000)×100%

＝2%(超支)

本月发出材料应分担的成本差异＝300 000×2%＝6 000(元)

本月发出材料的实际成本＝300 000＋6 000＝306 000(元)

结转发出材料应分担的成本差异：

| | | |
|---|---|---|
| 借:生产成本——基本生产成本 | 4 000 | |
| ——辅助生产成本 | 1 000 | |
| 制造费用 | 400 | |
| 管理费用 | 200 | |
| 其他业务成本 | 100 | |
| 在建工程 | 300 | |
| 贷:材料成本差异 | | 6 000 |

## 任务3　周转材料业务的核算

### 任务引例

天域公司1月为销售商品领用的不单独计价的包装物，实际成本为50 000元，材料成本差异率为－3%。

请思考：这批不单独计价的包装物该如何记账？

### 必备知识

周转材料，是指企业能够多次使用、逐渐转移其价值但仍保持原有形态不确认为固定资产的材料，包括包装物、低值易耗品以及企业(建造承包商)的钢模板、木模板、脚手架和其他周转材料等。

### 一、低值易耗品

#### (一)低值易耗品的特点和种类

低值易耗品是指企业不能作为固定资产的各种用具物品，如工具、管理用具、玻璃器皿，以及在经营过程中周转使用的包装容器等。低值易耗品按其用途可分为：(1)一般工具，如刀具、夹具、量具、装配工具等；(2)专用工具，如专用模具、专用卡具等；(3)替换设备，如炼钢用的钢锭模等；(4)管理用具，如各种家具、用具、办公用品等；(5)劳动保护用品，如工作服、工作鞋和其他劳保用品；(6)其他不属于以上各类的低值易耗品。由于低值易耗品是劳动资料，可以多次参加生产经营过程而不改变其原有实物形态，在使用过程中需要维护、修理，报废时会有一定的残值，这些特点与固定资产相类似；但是，低值易耗品价值低、容易损坏、更换频繁，这一点又与材料相同。为了简化核算手续，会计上仍然把低值易耗品作为存货列入流动资产进行管理和核算。

## (二)账务处理

1.一次摊销法

一次摊销法指在领用周转材料时将其实际成本一次计入有关费用科目的一种方法。按其实际成本在领用时从“低值易耗品”等科目一次转入有关费用科目，并不在账上反映其在用价值。采用这一方法时，虽对在用低值易耗品价值在账上不加核算，但仍应加强实物管理，对领用实物数量在领用时等进行登记，或采用以旧换新等办法，以防止丢失或挪用。

2.五五摊销法

五五摊销法就是在周转材料领用时摊销其一半价值，在报废时再摊销其另一半价值的方法。在这种方法下，为了核算在用周转材料和周转材料的摊余价值，应在“周转材料”总账科目下分设“周转材料——在库”“周转材料——在用”“周转材料——摊销”账户。

【例3－16】　天域公司低值易耗品采用五五摊销法进行摊销，企业管理部门本月月初领用新的低值易耗品200件，单位计划成本为100元；月末报废其中40件，收回残料作价200元入库。月末经计算，本月低值易耗品的材料成本差异率为－2%。

(1)月初领用新低值易耗品时，先摊销其价值的一半：

借:周转材料——在用　　20 000

　　贷:周转材料——在库　　20 000

借:管理费用　　10 000

　　贷:周转材料——摊销　　10 000

(2)月末报废的40件低值易耗品补提50%的摊销额：

借:管理费用　　2 000

　　贷:周转材料——摊销　　2 000

(3)收回周转材料残料价值200元：

借:原材料　　200

　　贷:管理费用　　200

(4)结转本月报废的40件低值易耗品应负担的材料成本差异：$40\times100\times(-2\%)=-80$元(节约差异)：

借:材料成本差异——低值易耗品　　80

　　贷:管理费用　　80

(5)转销报废的40件低值易耗品的账面价值：

借:周转材料——摊销　　4 000

　　贷:周转材料——在用　　4 000

# 二、包装物

## (一)包装物的核算范围

包装物是指为了包装本企业商品而储备的各种包装容器，如桶、箱、瓶、坛、袋等。包装物按其具体用途可分为：(1)生产过程中用于包装产品而作为产品组成部分的包装物；(2)随同商品出售而不单独计价的包装物；(3)随同商品出售而单独计价的包装物；(4)出租或出借给购买单位使用的包装物。但是，下列各项不属于包装物的核算范围：(1)各种包装材料，如纸、绳、铁丝、铁皮等，这些属于一次性使用的包装材料，应作为原材料进行管理和核算；(2)用于储存和保管产品、材料而不对外出售的包装物，这类物品应按其价值的大小和使用年限的长短，分别列作企业的固定资产或低值易耗品进行管理和核算；(3)单独列作企业产品商品的自制包装物，应作为库存商品进行管理和核算。

**(二)账务处理**

1. 生产领用包装物

生产领用包装物，应按照领用的包装物的实际成本，借记“生产成本”科目；按照领用的包装物的计划成本，贷记“周转材料包装物”科目；按照实际成本与计划成本的差额，借记或贷记“材料成本差异”科目。

【例 3－17】 天域公司采用计划成本法对包装物进行核算，2025 年 1 月生产产品领用的包装物的计划成本为 100 000 元，材料成本差异率为－3％。天域公司应编制如下会计分录：

| | | |
|---|---|---|
| 借：生产成本 | 97 000 | |
| 　　材料成本差异 | 3 000 | |
| 　　贷：周转材料——包装物 | | 100 000 |

2. 随同商品出售的包装物

(1)随同商品出售而不单独计价的包装物，应将其实际成本计入销售费用，借记“销售费用”科目；按其计划成本，贷记“周转材料——包装物”科目；按照实际成本与计划成本的差额，借记或贷记“材料成本差异”科目。

**引例解析**

天域公司应编制如下会计分录：

| | | |
|---|---|---|
| 借：销售费用 | 48 500 | |
| 　　材料成本差异 | 1 500 | |
| 　　贷：周转材料——包装物 | | 50 000 |

(2)随同商品出售且单独计价的包装物，一方面将其销售收入计入其他业务收入；另一方面将其实际销售成本计入其他业务成本。

【例 3－18】 天域公司 1 月为销售商品领用的单独计价的包装物的实际成本为 80 000 元，销售收入为 100 000 元，增值税税额为 13 000 元，款项已存入银行，该包装物的材料成本差异率为 3％。天域公司应编制如下会计分录：

①出售单独计价包装物时：

| | | |
|---|---|---|
| 借：银行存款 | 113 000 | |
| 　　贷：其他业务收入 | | 100 000 |
| 　　　　应交税费——应交增值税(销项税额) | | 13 000 |

②结转所售单独计价的包装物的成本时：

| | | |
|---|---|---|
| 借：其他业务成本 | 82 400 | |
| 　　贷：周转材料——包装物 | | 80 000 |
| 　　　　材料成本差异 | | 2 400 |

3. 出租、出借包装物

出租包装物的租金应确认为其他业务收入，出租包装物的实际成本应计入其他业务成本。出借包装物的实际成本应计入销售费用，出租、出借包装物收取的押金应计入其他应付款。逾期未退还包装物而没收的押金应视为含税收入，计算缴纳增值税，没收的押金扣除应缴纳的增值税后的净额转入其他业务收入。

【例 3－19】　天域公司为增值税一般纳税企业，适用的增值税税率为 13%。2025 年 1 月在销售产品过程中出租给某企业一批包装物，实际成本为 10 000 元，收到租金 12 000 元，同时收到包装物押金 1 130 元，均存入银行。采用一次摊销法结转出租的包装物实际成本。假设 2025 年 2 月没收逾期未退还的包装物的押金。天域公司应编制如下会计分录：

(1)收到租金时：

借：银行存款　　12 000

　　贷：其他业务收入　　10 619.47

　　　　应交税费——应交增值税(销项税额)　　1 380.53

(2)结转用于出租的包装物的实际成本时：

借：其他业务成本　　10 000

　　贷：周转材料——包装物　　10 000

(3)收到押金时：

借：银行存款　　1 130

　　贷：其他应付款　　1 130

(4)没收逾期未还的包装物的押金时：

借：其他应付款　　1 130

　　贷：其他业务收入　　1 000

　　　　应交税费——应交增值税(销项税额)　　130

【例 3－20】　天域公司领用了一批全新的包装箱，无偿提供给客户周转使用。包装箱账面价值为 10 000 元，采用五五摊销法摊销。该批包装箱报废时，残料估价 2 000 元作为原材料入库。

(1)领用包装箱并摊销其账面价值的 50%。

借：周转材料——在用　　5 000

　　贷：周转材料——在库　　5 000

借：销售费用　　2 500

　　贷：周转材料——摊销　　2 500

(2)包装箱报废，摊销其余 50%的账面价值并转销全部已提摊销额。

借：销售费用　　2 500

　　贷：周转材料——摊销　　2 500

借：周转材料——摊销　　5 000

　　贷：周转材料——在用　　5 000

(3)报废包装箱的残料作价入库。

借：原材料　　2 000

　　贷：销售费用　　2 000

## 课堂活动

以下关于包装物的核算，正确的有(　　)。

A. 生产领用包装物，借记“生产成本”科目，贷记“周转材料——包装物”科目

B. 随同商品出售而不单独计价的包装物，借记“主营业务成本”科目，贷记“周转材料——包装物”科目

C. 随同商品出售并且单独计价的包装物，借记“其他业务成本”科目，贷记“周转材料——包装物”科目

D. 出租给购货单位使用的包装物，借记“其他业务成本”科目，贷记“周转材料——包装物”科目

# 任务4　委托加工物资的核算

## 任务引例

天域公司委托乙企业加工A材料一批(属于应税消费品)，天域公司拨付的用于加工的B材料的实际成本为50 000元，应支付的加工费为40 000元(不含增值税)，消费税税率为10%，双方适用的增值税税率为13%，材料加工完成验收入库，日后继续用于该公司生产应税消费品，加工费和消费税均已用银行存款支付。天域公司按实际成本对原材料进行日常核算。请思考：天域公司委托乙企业加工的物资该如何计量?

## 必备知识

### 一、委托加工物资的计价

一种物资经过加工，其实物形态、性能发生变化，使用价值也随之发生变化，并且在其加工过程中要消耗原材料，还要发生各种费用支出等，从而使其价值相应增加。企业进行委托加工物资的核算就是要正确地反映委托加工物资的发出、加工费用的发生、加工完工以后的验收入库等，在进行核算时，首先要正确地对加工物资进行计价。

企业委托其他单位加工的物资，其实际成本应包括：(1)加工中耗用物资的实际成本；(2)支付的加工费用；(3)支付的税金，包括委托加工物资负担的增值税和消费税(指属于消费税应税范围的加工物资)；(4)支付加工物资的往返运杂费。

### 二、委托加工物资的核算

#### (一)账户设置

为了反映和监督委托加工物资增减变动及结存情况，企业应设置“委托加工物资”账户。该账户借方登记发给外单位加工物资的实际成本(或计划成本、或进价、或售价)、加工费用、应负担的税金和运杂费；贷方登记加工完成验收入库物资和剩余物资的实际成本；该账户期末借方余额，反映企业委托外单位加工但尚未加工完成物资的实际成本和加工物资的运杂费等。

该账户应按加工合同和受托单位设置明细账户，反映加工单位名称和加工合同号数，发出加工物资的名称、数量，发生的加工费用和运杂费，退回剩余物资的数量、实际成本，以及加工完成物资的实际成本等资料。

**（二）账务处理**

1. 拨付加工原材料的核算

企业发给外单位用于加工的物资，其成本应构成委托加工物资的成本，因此应按实际成本，借记“委托加工物资”科目，贷记“原材料”“库存商品”等科目；按计划成本或售价核算的企业，还应同时结转材料成本差异或商品进销差价，实际成本大于计划成本的差异，借记“委托加工物资”科目，贷记“材料成本差异”或“商品进销差价”科目；实际成本小于计划成本的差异，做相反的会计分录。

2. 支付加工费和税金的核算

企业支付的加工费、应负担的运杂费、增值税等，借记“委托加工物资”“应交税费——应交增值税（进项税额）”等科目，贷记“银行存款”“应付账款”等科目。

如果企业委托加工的物资属于应税消费品，则应交纳消费税。需要缴纳消费税的委托加工物资，在其收回时由受托方代收代交的消费税，应分别以下情况处理：

（1）委托加工物资收回后直接用于销售的，应将受托方代收代交的消费税计入委托加工物资的成本，借记“委托加工物资”科目，贷记“应付账款”“银行存款”等科目；

（2）委托加工物资收回后用于连续生产应税消费品的，按规定准予抵扣的，应按受托方代收代交的消费税，借记“应交税费——应交消费税”科目，贷记“应付账款”“银行存款”等科目。

3. 委托加工物资的收回的核算

加工完成验收入库的物资和剩余物资，按加工收回物资的实际成本和剩余物资的实际成本，借记“原材料”“库存商品”等科目（采用计划成本或售价核算的企业，按计划成本或售价计入“原材料”“库存商品”等科目，实际成本与计划成本或售价之间的差额，计入“材料成本差异”或“商品进销差价”科目），贷记“委托加工物资”科目。

## 引例解析

天域公司委托乙企业加工的物资，账务处理如下：

（1）发出用于委托加工的B材料

借：委托加工物资　　50 000

　　贷：原材料——B材料　　50 000

（2）支付加工费用和税金

消费税组成计税价格＝（材料成本＋加工费）÷（1－消费税税率）

＝（50 000＋40 000）÷（1－10%）

＝100 000（元）

受托方代收代交的消费税＝100 000×10%＝10 000（元）

应交纳的增值税＝40 000×13%＝5 200（元）

借：委托加工物资　　40 000

　　应交税费——应交增值税（进项税额）　　5 200

　　应交税费——应交消费税　　10 000

　　贷：银行存款　　55 200

（3）加工完成收回委托加工材料

借：原材料——A材料　　90 000

贷:委托加工物资　　90 000

### 课堂活动

1. 天域公司委托外单位加工商品一批,该批委托加工物资为应税消费品。该批物资收回后,直接用于销售,则天域公司应于提货时将受托单位代扣代缴的消费税记入(　　)。

A. “委托加工物资”的借方

B. “应交税费——应交消费税”的借方

C. “应交税费——应交消费税”的贷方

D. “营业税金及附加”的借方

2. 天域公司为增值税一般纳税人,适用的增值税税率为13%。天域公司委托乙公司(增值税一般纳税人)代为加工一批属于应税消费品的原材料(非金银首饰),该批委托加工原材料收回后用于继续加工应税消费品。发出原材料实际成本为620万元,支付的不含增值税的加工费为100万元,增值税额为13万元,代收代交的消费税额为80万元。该批委托加工原材料已验收入库,其实际成本为(　　)万元。

A. 720　　B. 737　　C. 800　　D. 817

3. 天域公司为增值税一般纳税人,委托其他单位加工应税消费品,该产品收回后继续加工。下列各项中,应计入委托加工物资成本的有(　　)。

A. 发出材料的实际资本　　B. 支付给受托人的加工费

C. 支付给委托方的增值税　　D. 受托方代收代缴的消费税

## 任务5　存货清查和期末计价

### 任务引例

天域公司为一般纳税人,由于火灾毁损一批材料,账面实际成本为10 000元,增值税进项税额为1 300元。

请思考:天域公司应如何处理火灾毁损的材料?

### 必备知识

#### 一、存货清查的方法

存货实物数量的确定在会计上有两种盘存方法,即实地盘存制和永续盘存制。

**(一)实地盘存制**

实地盘存制又称定期盘存制,通过对期末库存存货的实物盘点,确定期末存货和当期销货成本的方法。实地盘存制无须通过账面连续记录得出期末存货,并假定除期末库存以外的存货均已出售,通过这种方法倒轧出销货成本。计算公式为:

本期减少数＝账面期初余额＋本期增加数－期末实际结存数

期初存货＋本期购货－期末存货＝销货成本

实地盘存制一般只是用于核算那些价值低和数量不稳定、损耗大的鲜活商品。实地盘存制的优点是核算工作比较简单，工作量较小；缺点是手续不够严密，不能通过账簿随时反映和监督各项财产物资的收、发、结存情况，反映的数字不精确，仓库管理中尚有多发少发、物资毁损、盗窃、丢失等情况，在账面上均无反映，而全部隐藏在本期的发出数内，不利于存货的管理，也不利于监督检查。因此，实地盘存制只适应数量大、价值低、收发频繁的存货。

**（二）永续盘存制**

永续盘存制又称账面盘存制，是根据账簿记录计算账面结存数量的方法。此法平时根据会计凭证在账簿中连续记录存货的增加和减少，并随时根据账簿记录结出账面结存数量。计算公式为：

存货账面期末余额＝存货账面期初余额＋本期存货增加数－本期存货减少数

从加强存货的管理，提供管理所需会计信息的角度出发，除特殊情况采用实地盘存制外，应尽量采用永续盘存制。存货的收入、发出数量平时都要根据有关的会计凭证在存货明细账中进行连续记录，并随时结算出账面结存数量。期末存货的账面结存金额根据会计主体采用的成本计算方法（如先进先出法、后进先出法、加权平均法、移动平均法等）不同分别确定。由于存货明细账记录中已经计算了期末清查的目的仅在于查明账实是否相符以及账实不符的原因，并通过调整账簿记录做到账实一致。

永续盘存制的优点在于可以通过存货的明细账记录，随时反映某一存货在一定会计期间内收入、发出及结存的详细情况，有利于加强对存货的管理与控制。但是，相对于定期盘存制而言，永续盘存制下存货明细账的会计核算工作量较大，尤其是月末一次结转销售成本或耗用成本时，存货结存成本及销售或耗用成本的计算工作比较集中。采用这种方法需要将财产清查的结果同账面结存进行核对，在账实不符的情况下还需要对账面记录进行调整。

## 二、存货清查的核算

**（一）账户设置**

存货的清查，根据需要应设置“待处理财产损溢”账户。“待处理财产损溢”账户核算公司在清查财产过程中查明的各种财产物资的盘盈、盘亏和毁损。盘盈时，贷记本科目；盘亏时，借记本科目。“待处理固定资产损溢”科目期末借方余额，反映公司尚未处理的各种财产物资的净损失；期末如为贷方余额，反映公司尚未处理的各种财产物资的净溢余。本科目一般无余额。

**（二）存货盘盈的核算**

存货的盘盈，是指存货的实际库存数大于账面数。发生盘盈时，应调增存货的账面数，使之与实际库存数相一致，调增的存货，按其确定的价值记入“待处理财产损溢”科目的贷方；盘盈的存货，在报经批准后处理时，应冲减企业的“管理费用”。

【例3－21】　天域公司在财产清查中盘盈某种材料50千克，该种材料目前的市场售价为48元/千克。

| | | |
|---|---|---|
| 借：原材料 | 2 400 | |
| 　　贷：待处理财产损溢——待处理流动资产损溢 | | 2 400 |
| 借：待处理财产损溢——待处理流动资产损溢 | 2 400 | |
| 　　贷：管理费用 | | 2 400 |

### （三）存货盘亏的核算

存货的盘亏，是指存货的实际库存数小于账面数。发生存货的盘亏和毁损时，应调减存货的账面数，使之与实际库存数相一致，调减的存货，按其成本记入“待处理财产损溢”科目的借方；盘亏和毁损的存货，在报经批准时应根据其原因，分别以下情况处理：

（1）属于自然损耗产生的定额内损耗，经批准后转作管理费用；

（2）属于计量收发差错和管理不善等原因造成的存货短缺或毁损，应先扣除残料价值、可以收回的保险赔偿和过失人的赔偿，然后将净损失记入管理费用；

（3）属于自然灾害或意外事故造成的存货毁损，应先扣除残料价值和可以收回的保险赔偿，然后将净损失转作营业外支出。

#### 知识链接

根据增值税法规定，因自然灾害发生损失的货物的进项税额准予抵扣，已抵扣的进项税额不必作为进项税额转出；而因非正常损失的购进货物的进项税额和非正常损失的在产品、产成品所耗用的购进货物或应税劳务的进项税额不准予从销项税额中抵扣。

#### 引例解析

天域公司发现材料毁损时，应做如下处理：

| | | |
|---|---|---|
| 借：待处理财产损溢——待处理流动资产损溢 | 11 300 | |
| 　贷：原材料 | | 10 000 |
| 　　应交税费——应交增值税（进项税额转出） | | 1 300 |

经查明，天域公司上述毁损的材料应由过失人王明负责赔偿损失 200 元，应由保险公司赔偿 8 000 元，收回残料价值 100 元入库，其余的为无法挽回的净损失，按规定程序报经批准核销。有关账务处理为：

| | | |
|---|---|---|
| 借：其他应收款——王明 | 200 | |
| 　　　　　——保险公司 | 8 000 | |
| 　原材料 | 100 | |
| 　营业外支出 | 3 400 | |
| 　贷：待处理财产损溢——待处理流动资产损溢 | | 11 700 |

## 三、存货的期末计价

存货的期末计价采取成本与可变现净值孰低法计价。根据存货准则的规定，资产负债表日，存货应当按照成本与可变现净值孰低计量，即当成本低于可变现净值时，存货按成本计量；当成本高于可变现净值时，存货按可变现净值计量。

可变现净值，是指在日常活动中以存货的估计售价减去至完工时将要发生的成本、估计的销售费用以及相关税费后的金额。

根据谨慎性原则，企业应当采用成本与可变现净值孰低对存货进行期末计价。当存货的可变现净值下跌至成本以下时，表明该存货给企业带来的未来经济利益低于其账面金额，因此应将这部分损失从资产价值中扣除，计入当期损益。在确定存货的可变现净值时，应合理确定估计售价、至完工将要发生的成本、估计的销售费用和相关税金。

**（一）可变现净值低于成本的情形**

1.存货存在下列情形之一的，表明存货的可变现净值低于成本：

(1)该存货的市场价格持续下跌，并且在可预见的未来无回升的希望；

(2)企业使用该项原材料生产产品的成本大于产品的销售价格；

(3)企业因产品更新换代，原有库存原材料已不适应新产品的需要，而该原材料的市场价格又低于其账面成本；

(4)因企业所提供的商品或劳务过时或消费者偏好改变而使市场的需求发生变化，导致市场价格逐渐下跌；

(5)其他足以证明该项存货实质上已经发生减值的情形。

2.存货存在下列情形之一的，表明存货的可变现净值为零：

(1)已霉烂变质的存货；

(2)已过期且无转让价值的存货；

(3)生产中已不再需要，并且已无使用价值和转让价值的存货；

(4)其他足以证明已无使用价值和转让价值的存货。

**（二）账户设置**

为了正确核算存货跌价准备，企业应设置“资产减值损失”和“存货跌价准备”账户核算。企业应在资产负债表日根据成本与可变现净值孰低原则确定期末存货的价值后，视具体情况进行有关账务处理：如果期末存货成本低于可变现净值，则不需做账务处理；如果期末存货成本高于可变现净值，则必须在当期确认存货跌价损失，计算出应提的准备，然后与“存货跌价准备”账户余额比较，若应提数大于已提数，应予补提；反之，应冲销部分已提数。

**（三）账务处理**

【例 3－22】　2024 年 12 月 31 日，天域公司 A 商品的账面余额(成本)为 100 000 元，由于市场价格下跌，预计可变现净值为 80 000 元，由此应计提的存货跌价准备为 20 000(100 000－80 000)元。假定商品以前未计提存货跌价准备，甲公司应编制如下会计分录：

借：资产减值损失——计提的存货跌价准备　　20 000

　　贷：存货跌价准备　　20 000

假设 2024 年 6 月 30 日 A 商品的账面余额(成本)为 100 000 元，已计提存货跌价准备金额 20 000 元。由于市场价格有所上升，使得 A 商品的预计可变现净值为 95 000 元，应转回的存货跌价准备为 15 000 元[(100 000－95 000)－20 000]。天域公司应编制如下会计分录：

借：存货跌价准备　　15 000

　　贷：资产减值损失——计提的存货跌价准备　　15 000

在本例中，2024 年 6 月 30 日，A 商品的账面余额(成本)为 100 000 元，A 商品的预计可变现净值为 95 000 元，则计提存货跌价准备金额为 5 000 元(100 000－95 000)，即“存货跌价准备”科目的贷方余额应为 5 000 元，而此时 A 商品之前已计提存货跌价准备金额 20 000 元，因此应转回 15 000 元(5 000－20 000)，从而使“存货跌价准备”科目的贷记余额保持为 5 000 元。

【例 3－23】　承【例 3－22】，假设 2024 年 12 月 31 日 A 商品的账面余额(成本)为 100 000 元，已计提存货跌价准备金额为 5 000 元。由于市场价格持续上升，使得 A 商品的预计可变现净值为 120 000 元，则应转回的存货跌价准备为 5 000 元[(120 000－95 000)－5 000＝20 000

＞5 000]。天域公司应编制如下会计分录：

借：存货跌价准备　　5 000

　　贷：资产减值损失——计提的存货跌价准备　　5 000

在本例中，2024 年 12 月 31 日 A 商品的账面余额（成本）为 100 000 元，A 商品的预计可变现净值为 120 000 元，则应转回的存货跌价准备金额为 5 000 元[(120 000－100 000)＞5 000]，即“存货跌价准备”科目的贷方余额应为 0 元，而此时 A 商品之前已计提存货跌价准备金额 5 000 元，因此应转回 5 000 元（5 000－0），从而使“存货跌价准备”科目的贷方余额为 0 元。

需要说明的是，尽管在 2024 年 12 月 31 日 A 商品的账面余额（成本）为 100 000 元，A 商品的预计可变现净值为 120 000 元，高于成本 20 000 元，但由于之前（即在 2024 年 6 月 30 日）已计提的存货跌价准备为 5 000 元，因此，应在原已计提的存货跌价准备金额范围内转回，而不得超出该金额。

需要强调的是，根据《企业会计准则第 1 号——存货》规定，在资产负债表日，为生产而持有的材料等，用其生产的产成品的可变现净值高于成本的，该材料仍然应当按照成本计量；材料价格的下降表明产成品的可变现净值低于成本的，该材料应当按照可变现净值计量。也就是说，材料存货在期末通常按照成本计量，除非企业用其生产的产成品发生了跌价，并且该跌价是由材料本身的价格下跌所引发的，才需要考虑计算材料存货的可变现净值，然后将该材料的可变现净值与成本进行比较，从而确定材料存货是否发生了跌价问题。

【例 3－24】 2024 年 12 月 31 日，甲公司 C 材料的账面金额为 120 000 元，由于市场价格下跌，预计可变现净值为 100 000 元，由此计提的存货跌价准备为 20 000 元。假设 2024 年 3 月 31 日，C 材料的账面金额为 120 000 元，由于市场价格有所上升，使得 C 材料的预计可变现净值为 115 000 元。

由于市场价格有所上升，C 材料的可变现净值有所恢复，应计提的存货跌价准备为 5 000 元（115 000－120 000），则当期应冲减已计提的存货跌价准备 15 000 元（5 000－20 000）小于已计提的存货跌价准备 20 000 元，因此应转回的存货跌价准备为 15 000 元，应做的会计分录为：

借：存货跌价准备　　15 000

　　贷：资产减值损失——计提的存货跌价准备　　15 000

假设 2024 年 3 月 30 日 C 材料的账面金额为 120 000 元，由于市场价格进一步上升，预计可变现净值为 131 000 元。

此时 C 材料的可变现净值有所恢复，应冲减存货跌价准备 11 000 元（120 000－131 000），但是对 C 材料已计提的存货跌价准备为 5 000 元，因此，当期应转回的存货跌价准备为 5 000 元而不是 11 000 元（即以将对 C 材料已计提的“存货跌价准备”余额冲减至 0 为限），应做的会计分录为：

借：存货跌价准备　　5 000

　　贷：资产减值损失——计提的存货跌价准备　　5 000

## 课堂活动

企业发生的原材料盘亏或毁损中,应作为“管理费用”列支的是(　　)。

A. 自然灾害造成的毁损净损失　　B. 保管中发生的定额内自然损耗

C. 收发计量造成的定额内自然损耗　　D. 管理不善造成的盘亏损失

**项目评价表**

| 学习任务完成评价表 | | | | | |
|---|---|---|---|---|---|
| 评价范围 | 评价标准 | 自我评价（五星制打分） | 小组评价（五星制打分） | 教师评价（五星制打分） | 企业导师评价（五星制打分） |
| 职业素养 | 责任感；<br>爱国意识；<br>爱岗敬业,诚实守信 | | | | |
| 职业知识 | 掌握原材料按实际成本计价、计划成本计价的会计核算方法；<br>掌握周转材料、委托加工物资的会计核算方法<br>掌握存货期末清查及减值的会计核算方法 | | | | |
| 职业能力 | 对存货进行清晰分类；<br>核算原材料和周转材料的购、销、存业务；<br>核算委托加工物资业务；<br>核算存货盘盈、盘亏以及期末减值类的业务 | | | | |

# 项目四　金融资产业务核算

| 素质目标 | 知识目标 | 能力目标 |
| --- | --- | --- |
| 培养学生诚信友善的社会主义核心价值观，以“金边”债券——中国国债为例，展开家国情怀教育，激发爱国情感；结合会计实践中广泛存在的信用危机，唤起职业责任，塑造会计精神 | 1. 掌握以公允价值计量且其变动计入当期损益的金融资产的确认、计量和会计处理；<br>2. 掌握以摊余成本计量的金融资产的确认、计量和会计处理；<br>3. 掌握以公允价值计量且其变动计入其他综合收益的金融资产的确认、计量和会计处理；<br>4. 掌握长期股权投资的确认、计量和会计处理 | 1. 能正确核算以公允价值计量且其变动计入其他综合收益的金融资产取得、持有、处置等业务；<br>2. 能正确核算以摊余成本计量的金融资产取得、持有、处置等业务；<br>3. 能正确核算以公允价值计量且其变动计入其他综合收益的金融资产取得、持有、处置等业务；<br>4. 能正确核算长期股权投资取得、持有、处置等业务 |

## 本项目结构导图

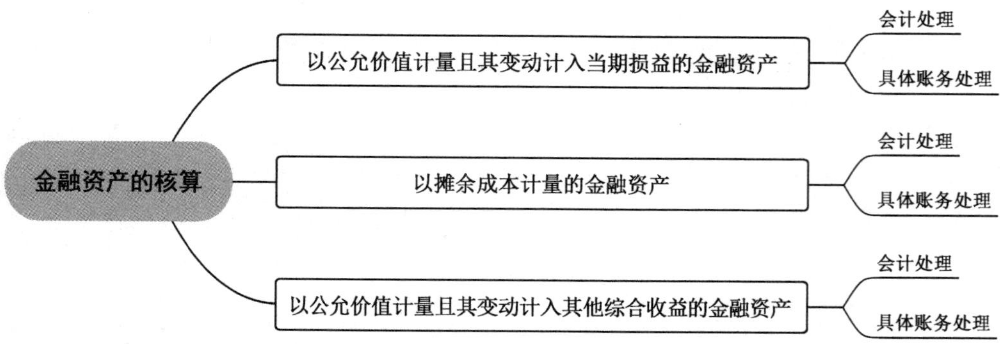

# 任务1　以公允价值计量且其变动计入当期损益的金融资产

## 任务引例

天域公司为增值税一般纳税人，2024 年 1 月 1 日，天域公司从上海证券交易所购入 A 上市公司股票 1 000 000 股，该笔股票投资在购买日的公允价值为 10 000 000 元，另支付相关交易费用 25 000 元，取得的增值税专用发票上注明的增值税税额为 1 500 元。天域公司将其划分为交易性金融资产进行管理和核算。

请为天域公司编制相关会计分录。

## 必备知识

### 一、以公允价值计量且其变动计入当期损益的金融资产的会计处理

为了反映和监督交易性金融资产的取得、收取现金股利或利息、出售等情况，企业应当设置“交易性金融资产”“公允价值变动损益”“投资收益”等科目进行核算。

“交易性会融资产”科目核算企业分类为以公允价值计量且其变动计入当期损益的金融资产。“交易性会融资产”科目的借方登记交易性金融资产的取得成本，资产负债表日其公允价值高于账面余额的差额，以及出售交易性金融资产时结转公允价值低于账面余额的变动金额；贷方登记资产负债表日其公允价值低于账面余额的差额，以及企业出售交易性金融资产时结转的成本和公允价值高于账面余额的变动金额。企业应当按照交易性金融资产的类别和品种，分别设置“成本”“公允价值变动”等明细科目进行核算。“公允价值变动损益”科目核算企业交易性金融资产等的公允价值变动而形成的应计入当期损益的利得或损失。“公允价值变动损益”科目的借方登记资产负债表日企业持有的交易性金融资产等的公允价值低于账面余额的差额；贷方登记资产负债表日企业持有的交易性金融资产等的公允价值高于账面余额的差额。

“投资收益”科目核算企业持有交易性金融资产等的期间内取得的投资收益以及出售交易性金融资产等实现的投资收益或投资损失，借方登记企业取得交易性金融资产时支付的交易费用、出售交易性金融资产等发生的投资损失，贷方登记企业持有交易性金融资产等的期间内取得的投资收益以及出售交易性金融资产等实现的投资收益。“投资收益”科目应当按照投资项目设置明细科目进行核算。

### 二、以公允价值计量且其变动计入当期损益的金融资产的具体账务处理

在企业全部资产中，库存现金、银行存款、应收账款、应收票据、贷款、其他应收款、应收利息、债券投资、股票投资、基金投资及衍生金融资产等统称为金融资产。根据企业管理金融资产的业务模式和金融资产的合同现金流量特征，《企业会计准则第 22 号——金融工具确认和计量》将金融资产划分为：(1)以摊余成本计量的金融资产；(2)以公允价值计量且其变动计入其他综合收益的金融资产；(3)以公允价值计量且其变动计入当期损益的金融资产。

以公允价值计量且其变动计入当期损益的金融资产称为“交易性金融资产”。它是企业为了近期内出售而持有的金融资产，如企业以赚取差价为目的从二级市场购入的股票、债券、基金等；或者是在初始确认时属于集中管理的可辨认金融工具组合的一部分，且有客观证据表明近期实际存在短期获利模式的金融资产等，如企业管理的以公允价值进行业绩考核的某项投资组合。

从企业管理金融资产的业务模式(即企业如何管理其金融资产以产生现金流量)看，企业关键管理人员决定对交易性金融资产进行管理的业务目标是以“交易”为目的，而非为收取合同现金流量(即与基本借贷安排相一致，如本金加利息)而持有，也不是为既以收取合同现金流量为目标又以出售该金融资产为目标而持有，仅仅是通过“交易性”活动，即频繁地购买和出售，从市场价格的短期波动中赚取买卖差价，使企业闲置的资金能获得较高的投资回报。

交易性金融资产预期能在短期内变现以满足日常经营的需要，因此，在资产负债表中作为流动资产列示。

**(一)取得时的具体账务处理**

企业取得交易性金融资产时应当按照该金融资产取得时的公允价值作为其初始入账金额。金融资产的公允价值应当以市场交易价格为基础确定。

企业取得交易性金融资产所支付价款中包含的已宣告但尚未发放的现金股利或已到付息期但尚未领取的债券利息，应当单独确认为应收项目。

企业取得交易性金融资产所发生的相关交易费用应当在发生时计入当期损益，冲减投资收益，发生交易费用取得增值税专用发票的，进项税额经认证后可从当月销项税额中扣除。交易费用是指可直接归属于购买、发行或处置金融工具的增量费用。增量费用是指企业没有发生购买、发行或处置相关金融工具的情形就不会发生的费用，包括支付给代理机构、咨询公司、券商、证券交易所、政府有关部门等的手续费、佣金、相关税费以及其他必要支出，不包括债券溢价、折价、融资费用、内部管理成本和持有成本等与交易不直接相关的费用。

企业取得交易性金融资产，应当按照该金融资产取得时的公允价值，借记“交易性金融资产——成本”科目，按照发生的交易费用，借记“投资收益”科目，发生交易费用取得增值税专用发票的，按其注明的增值税进项税额，借记“应交税费——应交增值税(进项税额)”科目，按照实际支付的金额，贷记“其他货币资金”等科目。

【例4-1】 天域公司为增值税一般纳税人，2024年1月1日，天域公司购入B上市公司股票100 000股，该笔股票投资在购买日的公允价值为20 000 000元，另支付相关交易费用50 000元，取得的增值税专用发票上注明的增值税税额为3 000元。天域公司将其划分为交易性金融资产。天域公司应编制如下会计分录：

| | | |
|---|---|---|
| 借:交易性金融资产——成本 | 20 000 000 | |
| 投资收益 | 50 000 | |
| 应交税费——应交增值税(进项税额) | 3 000 | |
| 贷:其他货币资金——存出投资款 | | 20 053 000 |

【例4-2】 天域公司为增值税一般纳税人，2025年1月1日，天域公司购入B上市公司股票100 000股，该笔股票投资在购买日的公允价值为20 000 000元(其中包含已宣告但尚未发放的现金股利1 200 000元)，另支付相关交易费用50 000元，取得的增值税专用发票上注明的增值税税额为3 000元。天域公司将其划分为交易性金融资产。天域公司应编制如下会计分录：

借:交易性金融资产——成本　　　18 800 000(20 000 000－1 200 000)
　应收股利　　　1 200 000
　投资收益　　　50 000
　应交税费——应交增值税(进项税额)　　　3 000
　　贷:其他货币资金——存出投资款　　　20 053 000

上述两个案例中关注的“交易性金融资产——成本”金额不同。当取得交易性金融资产中包含已宣告但尚未发放的现金股利或已到期但尚未领取的利息时,应计入“应收股利”或“应收利息”科目。

**(二)持有期间获得的投资收益的具体账务处理**

企业持有交易性金融资产期间对于被投资单位宣告发放的现金股利或已到付息期但尚未领取的债券利息,应当确认为应收项目,并计入投资收益,即借记“应收股利”或“应收利息”科目,贷记“投资收益”科目;实际收到款项时作为冲减应收项目处理,即借记“其他货币资金”等科目,贷记“应收股利”或“应收利息”科目。

需要强调的是,企业只有在同时满足三个条件时才能确认交易性金融资产所取得的股利或利息收入并计入当期损益:一是企业收取股利或利息的权利已经确立(例如被投资单位已宣告);二是与股利或利息相关的经济利益很可能流入企业;三是股利或利息的金额能够可靠计量。

【例 4－3】　承接【例 4－2】,假设 2025 年 7 月 15 日天域公司收到 B 上市公司之前尚未发放的现金股利 1 200 000 元,并存入银行。假定不考虑相关税费。天域公司应编制如下会计分录:

借:其他货币资金——存出投资款　　　1 200 000
　　贷:应收股利　　　1 200 000

【例 4－4】　承接【例 4－3】,假设 2026 年 6 月 30 日 B 上市公司宣告发放 2025 年现金股利,天域公司可分得的现金股利为 1 500 000 元。假定不考虑相关税费。天域公司应编制如下会计分录:

借:应收股利　　　1 500 000
　　贷:投资收益　　　1 500 000

**(三)在资产负债表日的具体账务处理**

资产负债表日,交易性金融资产应当按照公允价值计量,公允价值与账面余额之间的差额计入当期损益。

企业应当在资产负债表日按照交易性金融资产公允价值高于其账面余额的差额,借记“交易性金融资产——公允价值变动”科目,贷记“公允价值变动损益”科目;公允价值低于其账面余额的差额做相反的会计分录,借记“公允价值变动损益”科目,贷记“交易性金融资产——公允价值变动”科目。

【例 4－5】　承接【例 4－2】、【例 4－3】、【例 4－4】,假设 2025 年 6 月 30 日天域公司持有 B 上市公司股票的公允价值为 18 300 000 元;2025 年 12 月 31 日,天域公司持有 B 上市公司股票的公允价值为 19 800 000 元。不考虑相关税费和其他因素。

天域公司应编制如下会计分录:

①2025 年 6 月 30 日,确认 B 上市公司股票的公允价值变动损益时:

借:公允价值变动损益　　　500 000

贷:交易性金融资产——公允价值变动　500 000(18 300 000－18 800 000)

②2025 年 12 月 31 日,确认 B 上市公司股票的公允价值变动损益时:

借:交易性金融资产——公允价值变动1 500 000(19 800 000－18 300 000)

贷:公允价值变动损益　1 500 000

**(四)出售时的具体账务处理**

企业出售交易性金融资产时应当将该金融资产出售时的公允价值与其账面余额之间的差额作为投资损益进行会计处理。

企业出售交易性金融资产应当按照实际收到的金额,借记“其他货币资金”等科目,按照该金融资产的账面余额的成本部分,贷记“交易性金融资产——成本”科目,按照该金融资产的账面余额的公允价值变动部分,贷记或借记“交易性金融资产——公允价值变动”科目,按照其差额,贷记或借记“投资收益”科目。

【例 4－6】　承接【例 4－2】、【例 4－3】、【例 4－4】、【例 4－5】,假设 2025 年 5 月 31 日天域公司出售所持有的全部 B 上市公司股票,价款为 20 500 000 元。不考虑相关税费和其他因素。

天域公司应编制如下会计分录:

借:其他货币资金——存出投资款　20 500 000

贷:交易性金融资产——成本　18 800 000

——公允价值变动　1 000 000(1 500 000－500 000)

投资收益　700 000(差额 20 500 000－18 800 000－1 000 000)

**(五)转让交易性金融资产应交增值税的具体账务处理**

金融商品转让按照卖出价扣除买入价(不需要扣除已宣告未发放现金股利和已到付息期未领取的利息)后的余额作为销售额计算增值税,即转让金融商品按盈亏相抵后的余额为销售额。若相抵后出现负差,则可结转下一纳税期与下期转让金融商品销售额互抵,但年末时仍出现负数差的,不得转入下一会计年度。

转让金融资产当月月末,如产生转让收益,则按应纳税额,借记“投资收益”等科目,贷记“应交税费——转让金融商品应交增值税”科目;如产生转让损失,则按可结转下月抵扣税额,借记“应交税费——转让金融商品应交增值税”科目,贷记“投资收益”等科目。

年末,如果“应交税费——转让金融商品应交增值税”科目有借方余额,说明本年度的金融商品转让损失无法弥补,且本年度的金融资产转让损失不可转入下年度继续抵减转让金融资产的收益,应将“应交税费——转让金融商品应交增值税”科目的借方余额转出,因此,应借记“投资收益”等科目,贷记“应交税费——转让金融商品应交增值税”科目。

【例 4－7】　承接【例 4－2】、【例 4－3】、【例 4－4】、【例 4－5】、【例 4－6】,计算该项业务转让金融商品应交增值税。

天域公司转让金融商品应交增值税＝(20 500 000－20 000 000)÷(1＋6％)×6％
＝28 301.89(元)

天域公司应编制如下会计分录:

借:投资收益　28 301.89

贷:应交税费——转让金融商品应交增值税　28 301.89

**(六)综合举例——债券**

【例 4－8】　天域公司为增值税一般纳税人,2024 年 6 月 1 日,C 公司购入 D 公司发行的公司债券，支付价款 21 000 000 元(其中包含已到付息期但尚未领取的债券利息 500 000 元)，另支付交易费用 60 000 元，取得的增值税专用发票上注明的增值税税额为 1 800 元。该债券面值为 20 000 000 元，年利率为 6%。C 公司将其划分为交易性金融资产。

C 公司应编制如下会计分录：

借：交易性金融资产——成本　　20 500 000

　　应收利息　　500 000

　　投资收益　　60 000

　　应交税费——应交增值税(进项税额)　　1 800

　　贷：其他货币资金——存出投资款　　21 061 800

在本例中，C 公司取得交易性金融资产所支付价款 21 000 000 元中包含的已到付息期但尚未领取的债券利息 500 000 元，应当记入"应收利息"科目。

【例 4—9】　承接【例 4—8】，2024 年 6 月 30 日，C 公司收到该笔债券利息 500 000 元。假定不考虑其他相关税费和因素。

C 公司应编制如下会计分录：

借：其他货币资金——存出投资款　　500 000

　　贷：应收利息　　500 000

【例 4—10】　承接【例 4—9】，2024 年 12 月 31 日，C 公司根据该债券面值 20 000 000 元和年利率为 6%，确认获得债券利息 700 000 元。假定不考虑其他相关税费和因素。

C 公司应编制如下会计分录：

借：应收利息　　700 000

　　贷：投资收益　　700 000

【例 4—11】　承接【例 4—8】、【例 4—9】、【例 4—10】，2024 年 6 月 30 日，C 公司持有的 D 公司债券的公允价值为 21 000 000 元；2024 年 12 月 31 日，C 公司持有的 D 公司债券的公允价值为 20 000 000 元。不考虑相关税费和其他因素。

C 公司应编制如下会计分录：

①2024 年 6 月 30 日，确认 D 公司债券的公允价值变动损益时：

借：交易性金融资产——公允价值变动　500 000(21 000 000—20 500 000)

　　贷：公允价值变动损益　　500 000

②2024 年 12 月 31 日，确认 D 公司债券的公允价值变动损益时：

借：公允价值变动损益　　1 000 000

　　贷：交易性金融资产——公允价值变动1 000 000(20 000 000—21 000 000)

【例 4—12】　承接【例 4—8】、【例 4—9】、【例 4—10】、【例 4—11】，2024 年 5 月 31 日，C 公司出售了所持有的全部 D 公司债券，售价为 19 000 000 元。不考虑相关税费和其他因素。

C 公司应编制如下会计分录：

借：其他货币资金——存出投资款　　19 000 000

　　交易性金融资产——公允价值变动　　500 000(1 000 000—500 000)

　　投资收益　　1 000 000(差额 20 500 000—19 000 000—500 000)

　　贷：交易性金融资产——成本　　20 500 000

### 引例解析

天域公司应编制相关会计分录：

(1)2024 年 1 月 1 日，购买 A 上市公司股票时：

借：交易性金融资产——A 上市公司股票——成本　　10 000 000

　　贷：其他货币资金——存出投资款　　10 000 000

(2)2024 年 1 月 1 日，支付相关交易费用时：

借：投资收益——A 上市公司股票　　25 000

　　应交税费——应交增值税(进项税额)　　1 500

　　贷：其他货币资金——存出投资款　　26 500

在本例中，取得交易性金融资产所发生的相关交易费用为 25 000 元，应当在发生时计入“投资收益”科目。

### 课堂活动

下列各项中，关于交易性金融资产会计处理表述，正确的有(　)。

A. 取得时发生的交易费用应计入当期损益

B. 取得时支付价款中包含的已宣告发放但尚未支付的股利应计入应收股利

C. 持有期间发生的公允价值变动应计入公允价值变动损益

D. 出售时实际收到的款项与其账面余额之间的差额应计入投资收益

## 任务 2　以摊余成本计量的金融资产

### 任务引例

2024 年 1 月 1 日，天域公司支付价款 1 156 万元(含交易费用)从证券交易所购入 B 公司同日发行的 5 年期公司债券，该债券市场实际利率为 10%，债券票面价值总额为 1 250 万元，票面年利率为 8%，于每年年末支付本年度债券利息(即每年利息为 100 万元)，本金在债券到期时一次性偿还。天域公司将该债券分类为以摊余成本计量的金融资产(单位：万元)。请计算摊余成本并写出相关会计分录(保留两位小数)。

### 必备知识

#### 一、以摊余成本计量的金融资产的会计处理

以摊余成本计量的金融资产的会计处理，主要包括该金融资产实际利率的计算、摊余成本的确定、持有期间的收益确认及将其处置时损益的处理。

**(一)实际利率法**

实际利率法，是指计算金融资产的摊余成本以及将利息收入或利息费用分摊计入各会计

期间的方法。

实际利率，是指将金融资产在预计存续期的估计未来现金流量，折现为该金融资产账面余额（不考虑减值）或该金融负债摊余成本所使用的利率。在确定实际利率时，企业应当在考虑金融资产所有合同条款的基础上估计预期现金流量，但不应当考虑预期信用损失。

合同各方之间支付或收取的、属于实际利率组成部分的各项费用、交易费用及溢价或折价等，应当在确定实际利率时予以考虑。

**（二）摊余成本**

金融资产的摊余成本，应当以该金融资产的初始确认金额经下列调整后的结果确定：

第一，扣除已偿还的本金。

第二，加上或减去采用实际利率法将该初始确认金额与到期日金额之间的差额进行摊销形成的累计摊销额。

第三，扣除计提的累计信用减值准备（仅适用于金融资产）。

企业对以摊余成本计量的金融资产和以公允价值计量且其变动计入其他综合收益的金融资产计提信用减值准备时，应当采用“预期信用损失法”。在预期信用损失法下，减值准备的计提不以减值的实际发生为前提，而是以未来可能的违约事件造成的损失的期望值来计量当前（资产负债表日）应当确认的减值准备。

## 二、以摊余成本计量的金融资产的具体账务处理

**（一）取得时的具体账务处理**

企业取得的以摊余成本计量的债权投资，应按该投资的面值，借记“债权投资——成本”科目，按支付的价款中包含的已到付息期但尚未领取的利息，借记“应收利息”科目，按实际支付的金额，贷记“银行存款”等科目，按其差额，借记或贷记“债权投资——利息调整”科目。

**（二）持有期间的具体账务处理**

资产负债表日，以摊余成本计量的债权投资为分期付息、一次还本债券投资的，应按票面利率计算确定的应收未收利息，借记“应收利息”科目，按该金融资产摊余成本和实际利率计算确定的利息收入，贷记“投资收益”科目，按其差额，借记或贷记“债权投资——利息调整”科目。

以摊余成本计量的债权投资为一次还本付息债券投资的，应按票面利率计算确定的应收未收利息，借记“债权投资——应计利息”科目，按该金融资产摊余成本和实际利率计算确定的利息收入，贷记“投资收益”科目，按其差额，借记或贷记“债权投资——利息调整”科目。

**（三）处置时的具体账务处理**

出售以摊余成本计量的债权投资，应按实际收到的金额，借记“银行存款”等科目，按其账面余额，贷记“债权投资——成本、应计利息”科目，贷记或借记“债权投资——利息调整”科目，按其差额，贷记或借记“投资收益”科目。已计提信用减值准备的，还应同时结转信用减值准备。

企业持有的以摊余成本计量的应收款项、贷款等的账务处理原则与债权投资大致相同，企业可使用“应收账款”“贷款”等科目进行核算。

**引例解析**

（1）期初摊余成本＝上期期末摊余成本

(2)第1—4期各期实际利息收入=期初摊余成本×市场实际利率(10%)

第5期实际利息收入(尾数调整)=当期实际利息收入+本金—当期期初摊余成本

(3)第1—4期各期现金流入=票面面值(1 250)×票面利率(8%)

第5期现金流入=票面面值(1 250)×票面利率(8%)+本金(到期一次性偿还1 250)

(4)期末摊余成本=当期期初摊余成本+当期实际利息收入—当期现金流入

| 期　数 | 期初摊余成本 | 当期实际利息收入 | 当期现金流入 | 期末摊余成本 |
|---|---|---|---|---|
| 第1期:<br>2020年12月31日 | 1 156 | 115.6 | 100 | 1 171.6 |
| 第2期:<br>2021年12月31日 | 1 171.6 | 117.16 | 100 | 1 188.76 |
| 第3期:<br>2022年12月31日 | 1 188.76 | 118.88* | 100 | 1 207.64 |
| 第4期:<br>2023年12月31日 | 1 207.64 | 120.76* | 100 | 1 228.4 |
| 第5期:<br>2024年12月31日 | 1 228.4 | 121.6=100+1 250<br>—1 228.4 | 100+1 250 | 0 |

A公司应编制如下会计分录(单位:万元):

(1)2021年1月1日,购入B公司债券。

借:债权投资——成本　1 156

　贷:银行存款　1 156

(2)第1期,2020年12月31日,确认B公司债券实际利息收入,收到债券利息。

借:应收利息　100

　债权投资——利息调整　15.6(115.6—100)

　贷:投资收益　115.6

借:银行存款　100

　贷:应收利息　100

(3)第2期,2021年12月31日,确认B公司债券实际利息收入,收到债券利息。

借:应收利息　100

　债权投资——利息调整　17.16(117.16—100)

　贷:投资收益　117.16

借:银行存款　100

　贷:应收利息　100

(4)第3期,2022年12月31日,确认B公司债券实际利息收入,收到债券利息。

借:应收利息　100

　债权投资——利息调整　18.88(118.88—100)

　贷:投资收益　118.88

借:银行存款　100

　贷:应收利息　100

(5)第4期,2023年12月31日,确认B公司债券实际利息收入,收到债券利息。

| | | |
|---|---|---|
| 借:应收利息 | 100 | |
| 　债权投资——利息调整 | 20.76(120.76－100) | |
| 　　贷:投资收益 | | 120.76 |
| 借:银行存款 | 100 | |
| 　　贷:应收利息 | | 100 |

(6)2024 年 12 月 31 日,确认 B 公司债券实际利息收入,收到债券利息和本金。

| | | |
|---|---|---|
| 借:应收利息 | 100 | |
| 　债权投资——利息调整 | 21.6(121.6－100) | |
| 　　贷:投资收益 | | 121.6 |
| 借:银行存款 | 100 | |
| 　　贷:应收利息 | | 100 |
| 借:银行存款 | 1 250 | |
| 　　贷:债权投资——成本 | | 1 250 |

注意:各期债权投资利息调整合计为 94 万元(1 250－1 156),账户"债权投资——利息调整"账户借方发生额合计为 94 万元。

### 课堂活动

2025 年 1 月 1 日,天域公司从二级市场购入乙公司分期付息、到期还本的债券 12 万张,以银行存款支付价款 1 050 万元,另支付相关交易费用 12 万元。该债券系乙公司于 2025 年 1 月 1 日发行,每张债券面值为 100 元,期限为 3 年,票面年利率为 5%,每年年末支付当年年度利息。天域公司拟持有该债券至到期。假设不考虑其他因素。天域公司购入乙公司债权的入账价值是(　　)。

A. 1 050 万元　　B. 1 062 万元　　C. 1 200 万元　　D. 1 212 万元

## 任务 3　以公允价值计量且其变动计入其他综合收益的金融资产

### 任务引例

2021 年 1 月 1 日,天域公司支付价款 1 156 万元(含交易费用)从证券交易所购入 B 公司同日发行的 5 年期公司债券,该债券市场实际利率为 10%,债券票面价值总额为 1 250 万元,票面年利率为 8%,于每年年末支付本年度债券利息(即每年利息为 100 万元),本金在债券到期时一次性偿还。天域公司将该债券分类为以公允价值计量且其变动计入其他综合收益的金融资产。其他资料如下(单位:万元):

(1)2021 年 12 月 31 日,B 公司债券的公允价值为 1 200 万元(不含利息)。

(2)2022 年 12 月 31 日,B 公司债券的公允价值为 1 300 万元(不含利息)。

(3)2023 年 12 月 31 日,B 公司债券的公允价值为 1 250 万元(不含利息)。

(4)2024 年 12 月 31 日,B 公司债券的公允价值为 1 200 万元(不含利息)。

(5)2025年1月31日，天域公司通过公开市场出售了全部B公司债券，取得价款1 260万元。

请计算公允价值变动额(保留两位小数)，并写出相关会计分录。

## 必备知识

### 一、以公允价值计量且其变动计入其他综合收益的金融资产的会计处理

以公允价值计量且其变动计入其他综合收益的金融资产的会计处理，与以公允价值计量且其变动计入当期损益的金融资产的会计处理存在类似之处，如均要求按公允价值进行后续计量。但是，也有一些不同之处，以公允价值计量且其变动计入其他综合收益的金融资产所产生的利得或损失，除减值损失或利得和汇兑损益外，均应当计入其他综合收益，直至该金融资产终止确认或被重分类。但是，采用实际利率法计算的该金融资产的利息应当计入当期损益。终止确认时，之前计入其他综合收益的累计利得或损失应当从其他综合收益中转出，计入当期损益。

### 二、以公允价值计量且其变动计入其他综合收益的金融资产的具体账务处理

**(一)取得时的具体账务处理**

企业取得以公允价值计量且其变动计入其他综合收益的金融资产，应按该金融资产投资的面值，借记“其他债权投资——成本”科目，按支付的价款中包含的已到付息期但尚未领取的利息，借记“应收利息”科目，按实际支付的金额，贷记“银行存款”等科目，按其差额，借记或贷记“其他债权投资——利息调整”科目。

**(二)持有期间的具体账务处理**

资产负债表日，以公允价值计量且其变动计入其他综合收益的金融资产为分期付息、一次还本债券投资的，应按票面利率计算确定的应收未收利息，借记“应收利息”科目，按债券的摊余成本和实际利率计算确定的利息收入，贷记“投资收益”科目，按其差额，借记或贷记“其他债权投资——利息调整”科目。

以公允价值计量且其变动计入其他综合收益的金融资产为一次还本付息债券投资的，应按票面利率计算确定的应收未收利息，借记“其他债权投资——应计利息”科目，按债券的摊余成本和实际利率计算确定的利息收入，贷记“投资收益”科目，按其差额，借记或贷记“其他债权投资——利息调整”科目。

资产负债表日，以公允价值计量且其变动计入其他综合收益的金融资产的公允价值高于其账面余额的差额，借记“其他债权投资——公允价值变动”科目，贷记“其他综合收益——其他债权投资公允价值变动”科目；公允价值低于其账面余额的差额做相反的会计分录。

确定以公允价值计量且其变动计入其他综合收益的金融资产发生减值的，应按减记的金额，借记“信用减值损失”科目，贷记“其他综合收益——信用减值准备”科目。

**(三)处置时的具体账务处理**

出售以公允价值计量且其变动计入其他综合收益的金融资产，应按实际收到的金额，借记“银行存款”等科目，按其账面余额，贷记“其他债权投资——成本”“应计利息”科目，贷记或借记“其他债权投资——公允价值变动”“利息调整”科目；按应从其他综合收益中转出的公允价

值累计变动额，借记或贷记“其他综合收益——其他债权投资公允价值变动”科目；按应从其他综合收益转出的信用减值准备累计金额，借记“其他综合收益——信用减值准备”科目，按其差额，贷记或借记“投资收益”科目。

## 引例解析

(1)当期已收回的本金＝当期现金流入－当期实际利息收入

(2)当期公允价值变动额＝当期公允价值－当期摊余成本余额－上期公允价值变动累计金额

(3)公允价值变动累计金额＝上期公允价值变动累计金额＋当期公允价值变动额

| 期　数 | 当期现金流入 | 当期实际利息收入 | 当期已收回的本金 | 当期摊余成本余额 | 当期公允价值 | 当期公允价值变动额 | 公允价值变动累计金额 |
|---|---|---|---|---|---|---|---|
| 2021年1月1日 | | | | 1 156 | 1 156 | 0 | 0 |
| 第1期：2022年12月31日 | 100 | 115.6 | －15.6 | 1 171.6 | 1 200 | 28.4 | 28.4 |
| 第2期：2023年12月31日 | 100 | 117.16 | －17.16 | 1 188.76 | 1 300 | 82.84 | 111.24 |
| 第3期：2024年12月31日 | 100 | 118.88* | －18.88 | 1 207.64 | 1 250 | －68.88 | 42.36 |
| 第4期：2025年12月31日 | 100 | 120.76* | －20.76 | 1 228.4 | 1 200 | －70.76 | －28.4 |

天域公司应编制如下会计分录(单位：万元)：

(1)2021年1月1日，购入B公司债券。

借：其他债权投资——成本　　1 250

　　贷：银行存款　　1 156

　　　　其他债权投资——利息调整　　94

(2)2021年12月31日，确认B公司债券实际利息收入、公允价值变动，收到债券利息。

借：应收利息　　100

　　其他债权投资——利息调整　　15.6

　　贷：投资收益　　115.6

借：银行存款　　100

　　贷：应收利息　　100

借：其他债权投资——公允价值变动　　28.4

　　贷：其他综合收益——其他债权投资公允价值变动　　28.4

(3)2022年12月31日，确认B公司债券实际利息收入、公允价值变动，收到债券利息。

借：应收利息　　100

其他债权投资——利息调整 17.16
　贷:投资收益 117.16
借:银行存款 100
　贷:应收利息 100
借:其他债权投资——公允价值变动 82.84
　贷:其他综合收益——其他债权投资公允价值变动 82.84

(4)2023 年 12 月 31 日,确认 B 公司债券实际利息收入、公允价值变动,收到债券利息。

借:应收利息 100
　其他债权投资——利息调整 18.88
　贷:投资收益 118.88
借:银行存款 100
　贷:应收利息 100
借:其他综合收益——其他债权投资公允价值变动 68.88
　贷:其他债权投资——公允价值变动 68.88

(5)2024 年 12 月 31 日,确认 B 公司债券实际利息收入、公允价值变动,收到债券利息。

借:应收利息 100
　其他债权投资——利息调整 20.76
　贷:投资收益 120.76
借:银行存款 100
　贷:应收利息 100
借:其他综合收益——其他债权投资公允价值变动 70.76
　贷:其他债权投资——公允价值变动 70.76

(6)2025 年 1 月 31 日,确认出售 B 公司债券实现的损益。

借:银行存款 1 260
　其他债权投资——利息调整 21.6
　　　　　　——公允价值变动 28.4
　贷:其他债权投资——成本 1 250
　　其他综合收益——其他债权投资公允价值变动 28.4
　　投资收益 31.6

**项目评价表**

| 学习任务完成评价表 | | | | | |
|---|---|---|---|---|---|
| 评价范围 | 评价标准 | 自我评价（五星制打分） | 小组评价（五星制打分） | 教师评价（五星制打分） | 企业导师评价（五星制打分） |
| 职业素养 | 诚信友善 、爱国情怀、责任担当 | | | | |
| 职业知识 | 掌握金融资产各项业务的核算方法 | | | | |
| 职业能力 | 应用金融资产的核算方法进行金融资产分析 | | | | |

# 项目五　固定资产业务核算

| 素质目标 | 知识目标 | 能力目标 |
| --- | --- | --- |
| 1. 培养学生爱岗敬业的职业操守；<br>2. 培养学生的创新精神、创业意识和创新创业能力 | 1. 掌握固定资产的定义与特征，掌握固定资产确认的条件及分类；<br>2. 掌握固定资产的初始计量方法，掌握购入、建造、接受投资固定资产等业务的核算方法；<br>3. 掌握固定资产折旧的范围、折旧计算方法及会计核算方法；<br>4. 掌握固定资产后续支出的核算方法；<br>5. 掌握固定资产处置的核算方法；<br>6. 掌握固定资产期末清查及减值的核算方法 | 1. 能确认固定资产，对固定资产进行清晰分类；<br>2. 能核算购入、建造固定资产等业务；<br>3. 能正确计算和核算固定资产折旧；<br>4. 能核算固定资产修理、改良等后续支出业务；<br>5. 能核算固定资产出售、毁损、报废等处置业务；<br>6. 能核算固定资产盘盈、盘亏，以及期末减值的业务 |

## 本项目结构导图

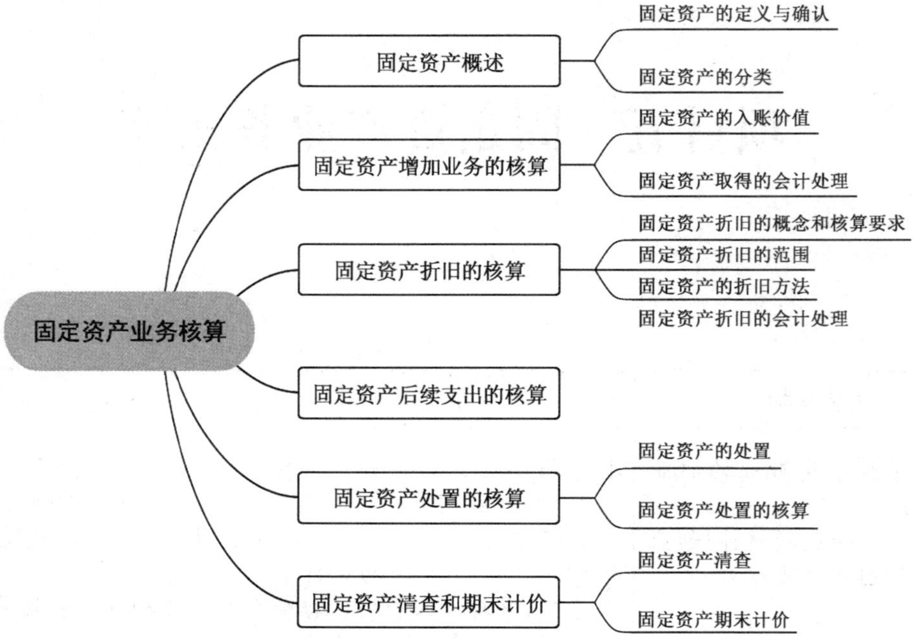


# 任务1　固定资产概述

## 任务引例

天域公司融资租入一台大型设备，价值20 000 000元。

请思考：这台设备是天域公司的资产吗？

## 必备知识

固定资产是企业的主要劳动手段，是企业生产经营的物质基础，对企业生产效率、产品成本以及产品质量等都具有重大影响。管好用好固定资产，是提高企业经济效益的重要保证，也是会计工作的重要任务。

### 一、固定资产的定义与确认

#### （一）固定资产的定义

固定资产是指同时具有以下特征的有形资产：(1)为生产商品、提供劳务、出租或经营管理而持有。(2)使用寿命超过一个会计年度。

从固定资产的定义看，固定资产具有以下三个特征：

第一，固定资产是为生产商品、提供劳务、出租或经营管理而持有。企业持有固定资产的目的是生产商品、提供劳务、出租或经营管理，这意味着企业持有的固定资产是企业的劳动工具或手段，而不是直接用于出售的产品。其中，“出租”的固定资产，是指用于出租的机器设备类固定资产，不包括以经营租赁方式出租的建筑物，后者属于企业的投资性房地产，不属于固定资产。

第二，固定资产使用寿命超过一个会计年度。通常情况下固定资产的使用寿命是指使用固定资产的预计期间。固定资产的使用寿命超过一个会计年度，意味着固定资产属于长期资产，随着使用和磨损，通过计提折旧方式逐渐减少账面价值。

第三，固定资产为有形资产。固定资产具有实物特征，这一特征将固定资产与无形资产区别开来。有些无形资产可能同时符合固定资产的其他特征，但由于其没有实物形态，所以不属于固定资产。工业企业所持有的工具、用具、备品备件等资产，施工企业所持有的模板、挡板、架料等周转材料等资产，尽管该类资产具有固定资产的某些特征，如使用期限超过 1 年，也能够为企业带来经济利益，但由于数量多，单价低，考虑到成本效益原则，在实务中，通常确认为存货。

由于企业的经营内容、经营规模等情况各不相同，固定资产的标准也不可能绝对一致，企业在对固定资产进行确认时应当按照固定资产的定义和确认条件，考虑企业自身的具体情形，制定适合本企业的固定资产目录、分类方法、每类或每项固定资产的折旧年限、折旧方法，作为固定资产核算的依据。

企业制定的固定资产目录、分类方法、每类或每项固定资产的折旧年限、折旧方法等，应当编制成册，并按照管理权限，经股东大会或董事会或经理（厂长）会议或类似机构批准，按照规定报送有关各方备案，同时备置于企业所在地，以供有关各方查阅。上述内容一经确定报送或备置于企业所在地后，不得随意变更，如需变更，仍应按照上述程序，经批准后报送有关各方备案，并在会计报表附注中予以披露。

**（二）固定资产的确认条件**

某一资产项目，如果要作为固定资产加以确认，首先需符合固定资产的定义；其次，还需符合固定资产确认的两个条件：

（1）与该固定资产有关的经济利益很可能流入企业。资产最基本的特征是预期能给企业带来经济利益，如果某一项目预期不能给企业带来经济利益，就不能确认为企业的资产。对于固定资产的确认而言，如果某一项目符合固定资产确认的其他条件，但是预期不能给企业带来经济利益，就不能将其确认为企业的固定资产。

（2）该固定资产的成本能够可靠地计量。成本能够可靠地计量，是资产确认的一项基本条件。固定资产作为企业资产的重要组成部分，要予以确认，就必须能够可靠地计量为取得该固定资产而发生的支出。如果固定资产的成本能够可靠地计量，并同时满足其他确认条件，就可以确认；否则，企业不应加以确认。

值得注意的是，固定资产的各组成部分，如果各自具有不同的使用寿命或者以不同的方式为企业提供经济利益，从而适用不同的折旧率或折旧方法，则应当单独确认为固定资产。

## 课堂活动

固定资产的特征不包括（　　）。

A. 为生产商品、提供劳务而持有的　　B. 为出租或经营管理而持有的

C. 单位价值较高　　D. 使用寿命超过一个会计年度

## 二、固定资产的分类

企业的固定资产根据不同的管理需要和核算要求，可以进行不同的分类，主要有以下几种分类方法：

**（一）按固定资产的经济用途分类**

固定资产按经济用途分类，可分为生产经营用固定资产和非生产经营用固定资产。

（1）生产经营用固定资产。这是指直接服务于企业生产、经营过程的各种固定资产，如生产经营用的厂房、机器、设备、工具、器具等。

（2）非生产经营用固定资产。这是指不直接服务于生产、经营过程的各种固定资产，如职工宿舍、食堂、浴室、娱乐场馆等使用的房屋、设备和其他固定资产。

**（二）按固定资产的使用情况分类**

按固定资产的使用情况分类，可分为使用中的固定资产、未使用的固定资产和不需用的固定资产。

（1）使用中的固定资产。这是指正在使用中的经营性和非经营性固定资产。由于季节性经营和大修理等原因，停止使用的固定资产仍属于使用中的固定资产；企业出租（经营性租赁）给其他单位使用的固定资产和内部替换使用的固定资产也属于使用中的固定资产。

（2）未使用的固定资产。这是指已经完工或已经购建的尚未正式投入使用的新增固定资产，以及经营任务变更停止使用的固定资产等。

（3）不需用的固定资产。这是指对本企业而言多余或不适用的各种固定资产。

**（三）按固定资产的所有权分类**

按固定资产的所有权，固定资产可分为自有固定资产和租入固定资产。

（1）自有固定资产。这是指企业拥有所有权可自由支配使用的固定资产。

（2）租入固定资产。这是指企业采用租赁方式从其他单位租入的固定资产，企业对租入固定资产依照租赁合同拥有使用权，同时负有支付租金的义务，租赁期内，资产的所有权归属于出租单位。

**（四）按固定资产的经济用途和使用情况综合分类**

采用这种分类方法，企业的固定资产可分为七大类：

（1）生产经营用固定资产。

（2）非生产经营用固定资产。

（3）租出固定资产。

（4）不需用固定资产。

（5）未使用固定资产。

（6）土地。这是指过去已经估价入账的土地。因征地而支付的补偿费，应计入与土地有关的房屋建筑物的价值内，不单独作为土地价值入账。企业取得土地使用权发生的支出应作为无形资产入账。

### 知识链接

关于土地，在我国，土地归国家所有，任何企业和个人只拥有土地的使用权。注意：（1）企业取得的土地使用权一般应作为“无形资产”入账，特定情况下按国家规定允许作为“固定资产”入账，这和情况目前相当少见；(2)因征用土地而支付的补偿费应计入与土地有关的房屋建筑物的价值内，不单独作为土地价值入账；(3)企业购入的土地使用权改变用途为出租或资本增值，则应当作为“投资性房地产”入账。

(7)融资租入固定资产。这是企业以租赁方式租入的固定资产，在租赁期内，应视同自有固定资产进行管理。

### 引例解析

天域公司融资租入的固定资产，在租期未满以前，从法律形式上讲，所有权并没有转移给承租人天域公司，但是从经济实质上讲，与该项固定资产相关的收益和风险已经转移给天域公司，天域公司实际上也能行使对该项固定资产的控制，因此天域公司应该将其视同自己的固定资产，一并计提折旧和大修理费用。遵循实质重于形式原则，体现了对经济实质的尊重，能够保证会计确认、计量的信息与客观经济事实相符。

由于企业的经营性质不同，经营规模各异，对固定资产的分类方法不可能完全一致，因此企业可以根据各自的具体情况、经营管理要求和会计核算的需要进行必要的分类。

## 任务 2　固定资产增加业务的核算

### 任务引例

天域公司向乙公司(为增值税一般纳税人)一次购进了 3 台不同型号且具有不同生产能力的设备 A、B、C，取得的增值税专用发票上注明的价款为 100 000 000 元，增值税税额为 13 000 000 元，另支付包装费 750 000 元，增值税税额为 45 000 元，全部以银行存款转账支付。假设设备 A、B、C 的公允价值分别为 45 000 000 元、38 500 000 元、16 500 000 元。

请思考：天域公司购入的三台设备应该怎样计价？

### 必备知识

#### 一、固定资产的入账价值

固定资产的入账价值是指对固定资产的初始计量，也称为固定资产的原始价值。固定资产应当按照成本进行初始计量。固定资产的成本是指企业购置某项固定资产达到预定可使用状态前所发生的一切合理的、必要的支出。这些支出既有直接发生的，如购置固定资产的价款、运杂费、包装费、保险费和安装成本等；也有间接发生的，如应予资本化的借款利息(含溢价、折价的摊销额)及外币借款折算差额等借款费用。

购建固定资产达到预定可使用状态具体可以从以下几个方面进行判断：

(1)固定资产的实体建造(包括安装)工作已经全部完成或者实质上已经完成。

(2)所购建的固定资产与设计要求或合同要求相符或基本相符,即使有个别与设计或合同不相符的地方,也不影响其正常使用。

(3)继续发生在所购建固定资产上的支出金额很少或几乎不再发生。

如果所购建固定资产需要试生产或试运行,则在试生产结果表明资产能够正常生产出合格产品时,或试生产结果表明能够正常运转或营业时,应当认为资产已经达到预定可使用状态。工程达到预定可使用状态前因必须进行试运转所发生的净支出,计入工程成本。在达到预定可使用状态前,因试运转而形成的能够对外销售的产品,其发生的成本,计入在建工程成本,销售或转为库存商品时,按实际销售收入或预计售价冲减工程成本。

由于固定资产的来源渠道不同,其实际成本的具体构成内容也有差异。

**(一)外购固定资产**

外购固定资产的成本,包括购买价款、相关税费、使固定资产达到预定可使用状态前所发生的可归属于该项资产的运输费、装卸费、安装费和专业人员服务费等。其中,相关税费不包括按照现行增值税制度规定,可以从销项税额中抵扣的增值税进项税。

企业作为一般纳税人,购入不需要安装的固定资产时,应按支付的购买价款、使固定资产达到预定可使用状态前所发生的可归属于该项资产的运输费、装卸费和专业人员的服务费等,作为固定资产成本,借记"固定资产"科目,取得增值税专用发票、海关完税证明或公交票等增值税扣税凭证,并经税务机关认证可以抵扣的,应按专用发费上注明的增值税进项税额,借记"应交税费——应交增值税(进项税额)"科目,贷记"银行存款""应付账款"等科目。

企业作为一般纳税人,购入需要安装的固定资产时,应在购入的固定资产取得成本的基础上加上安装调试成本作为入账成本。按照购入需安装的固定资产的取得成本,借记"在建工程"科目,按购入固定资产时可抵扣的增值税进项税额,借记"应交税费——应交增值税(进项税额)"科目,贷记"银行存款""应付账款"等科目;按照发生的安装调试成本,借记"在建工程"科目,按取得的外部单位提供的增值税专用发票上注明的增值税进项税额,借记"应交税费——应交增值税(进项税额)"科目,贷记"银行存款"等科目;耗用了本单位的材料或人工的,按应承担的成本金额,借记"在建工程"科目,贷记"原材料""应付职工薪酬"等科目。安装完成达到预定可使用状态时,由"在建工程"科目转入"固定资产"科目,借记"固定资产"科目,贷记"在建工程"科目。

企业作为小规模纳税人,购入固定资产发生的增值税进项税额应计入固定资产成本,借记"固定资产"或"在建工程"科目,不通过"应交税费——应交增值税"科目核算。

企业以一笔款项购入多项没有单独标价的固定资产,应将各项资产单独确认为固定资产,并按各项固定资产公允价值的比例对总成本进行分配,分别确定各项固定资产的成本。

**(二)自行建造的固定资产**

自行建造固定资产的成本,由建造该项资产达到预定可使用状态前所发生的必要支出构成,包括工程用物资成本、人工成本、应予资本化的固定资产借款费用、交纳的相关税费以及应分摊的其他间接费用。

对于特殊行业的特定固定资产,确定其成本时还应当考虑弃置费用。

**知识链接**

什么是固定资产的弃置费用？

固定资产的弃置费用是指根据国家法律和行政法规、国际公约等规定，企业承担的环境保护和生态恢复等义务所确定的支出，如油气资产、核电站核设施等的弃置和恢复环境义务。弃置费用的金额与其现值比较，通常相差较大，需要考虑货币时间价值。对于这些特殊行业的特定固定资产，企业应当根据《企业会计准则第 13 号——或有事项》，按照现值计算确定应计入固定资产成本的金额和相应的预计负债。在固定资产的使用寿命内按照预计负债的摊余成本和实际利率计算确定的利息费用应计入财务费用。一般企业的固定资产发生的报废清理费用不属于弃置费用，应当在发生时作为固定资产处置费用处理。

资料来源：https://www.acc5.com/news—shuiwu/detail_96163.html。

## 二、固定资产取得的会计处理

为了核算固定资产的增减变动，企业应设置“固定资产”科目，用以核算固定资产原价。本科目属于资产类科目，借方登记增加固定资产的原始价值；贷方登记减少固定资产的原始价值；期末余额在借方，反映企业期末拥有固定资产的原始价值总额。

**（一）外购固定资产的核算**

1.购入不需要安装的固定资产

购入不需要安装的固定资产是指企业购入的固定资产不需要经过安装就可以直接交付使用。企业应按实际支付的买价、包装费、运输费、交纳的计入固定资产价值的税金等作为固定资产的入账价值，借记“固定资产”科目，贷记“银行存款”等科目。

【例 5－1】 天域公司购入一台不需要安装即可投入使用的设备，增值税专用发票上注明的价款为 100 000 元，增值税为 13 000 元，发生运费，取得增值税专用发票，注明运费 5 000 元，增值税 450 元；发生保险费，取得增值税专用发票，注明保险费 3 000 元，增值税 180 元。天域公司为增值税一般纳税人，应编制如下会计分录：

借：固定资产　　108 000
　　应交税费——应交增值税（进项税额）　　13 630
　　贷：银行存款　　121 630

【例 5－2】 3 月 5 日，天域公司用银行存款购入一台需要安装的设备，取得的增值税专用发票上注明的价款为 100 000 元，增值税税额为 13 000 元，支付安装费并取得增值税专用发票，注明安装费 20 000 元，税率为 9%，增值税税额为 1 800 元。天域公司为增值税一般纳税人，应编制如下会计分录：

（1）购入进行安装时：

借：在建工程　　100 000
　　应交税费——应交增值税（进项税额）　　13 000
　　贷：银行存款　　113 000

（2）支付安装费时：

借：在建工程　　20 000
　　应交税费——应交增值税（进项税额）　　1 800

贷：银行存款　　21 800

(3)设备安装完毕交付使用时：

借：固定资产　　120 000

贷：在建工程　　120 000

## 引例解析

天域公司为增值税一般纳税人，应编制如下会计分录：

(1)确定应计入固定资产成本的金额，包括购买价款、包装费：

应计入固定资产的成本＝100 000 000＋750 000＝100 750 000(元)

(2)确定设备 A、B、C 的价值分配比例：

A 设备应分配的固定资产价值比例＝45 000 000/(45 000 000＋38 500 000＋16 500 000)×100% ＝45%

B 设备应分配的固定资产价值比例＝ 38 500 000/(45 000 000 ＋ 38 500 000＋ 16 500 000)×100% ＝38. 5%

C 设备应分配的固定资产价值比例＝ 16 500 000/(45 000 000 ＋38 500 000 ＋ 16 500 000)×100% ＝16. 5%

(3)确定 A、B、C 设备各自的成本：

A 设备的成本＝100 750 000×45% ＝45 337 500 (元)

B 设备的成本＝ 100 750 000×38. 5% ＝38 788 750 (元)

C 设备的成本＝100 750 000×16. 5% ＝16 623 750 (元)

(4)天域公司应编制如下会计分录：

借：固定资产——A 设备　　45 337 500

——B 设备　　38 788 750

——C 设备　　16 623 750

应交税费——应交增值税(进项税额)　　13 045 000

贷：银行存款　　113 795 000

2. 购入需要安装的固定资产

企业为增值税一般纳税人，购入的需要经过安装才能达到预定可使用状态的固定资产，应先通过“在建工程”科目核算，待安装完毕，再转入“固定资产”科目。

按照购入需安装的固定资产的取得成本，借记“在建工程”科目，按购入固定资产时可抵扣的增值税进项税额，借记“应交税费——应交增值税(进项税额)”科目，贷记“银行存款”“应付账款”等科目；按照发生的安装调试成本，借记“在建工程”科目，按取得的外部单位提供的增值税专用发票上注明的增值税进项税额，借记“应交税费——应交增值税(进项税额)”科目，贷记“银行存款”等科目；耗用了本单位的材料或人工的，按应承担的成本金额，借记“在建工程”科目，贷记“原材料”“应付职工薪酬”等科目。安装完成达到预定可使用状态时，由“在建工程”科目转入“固定资产”科目，借记“固定资产”科目，贷记“在建工程”科目。

企业作为小规模纳税人，购入固定资产发生的增值税进项税额应计入固定资产成本，借记“固定资产”或“在建工程”科目，不通过“应交税费——应交增值税”科目核算。

【例 5－3】 3 月 5 日，天域公司用银行存款购入一台需要安装的设备，取得的增值税专用发票上注明的价款为 100 000 元，增值税税额为 13 000 元，支付安装费并取得增值税专用发票，注明安装费 20 000 元，税率 9%，增值税税额 1 800 元。天域公司为增值税一般纳税人，应编制如下会计分录：

(1)购入进行安装时：

| | 借方 | 贷方 |
|---|---|---|
| 借：在建工程 | 100 000 | |
| 应交税费——应交增值税（进项税额） | 13 000 | |
| 贷：银行存款 | | 113 000 |

(2)支付安装费时：

| | 借方 | 贷方 |
|---|---|---|
| 借：在建工程 | 20 000 | |
| 应交税费——应交增值税（进项税额） | 1 800 | |
| 贷：银行存款 | | 21 800 |

(3)设备安装完毕交付使用时：

| | 借方 | 贷方 |
|---|---|---|
| 借：固定资产 | 120 000 | |
| 贷：在建工程 | | 120 000 |

假设甲公司为增值税小规模纳税人，2 月 1 日用银行存款购入一台需要安装的设备，增值税专用发票上注明的价款为 200 000 元，增值税税额为 26 000 元，支付安装费 10 000 元，增值税税额为 900 元。甲公司应编制如下会计分录：

(1)购入进行安装时：

| | 借方 | 贷方 |
|---|---|---|
| 借：在建工程 | 226 000 | |
| 贷：银行存款 | | 226 000 |

(2) 支付安装费时：

| | 借方 | 贷方 |
|---|---|---|
| 借：在建工程 | 10 900 | |
| 贷：银行存款 | | 10 900 |

(3)设备安装完毕交付使用时：

| | 借方 | 贷方 |
|---|---|---|
| 借：固定资产 | 236 900 | |
| 贷：在建工程 | | 236 900 |

### 课堂活动

2025 年 1 月 1 日，天域公司购入无需安装即可使用的设备一台，价款为 40 000 元，增值税税额为 5 200 元，发生运费 300 元，增值税税额 27 元，均已取得增值税专用发票，全部款项以银行存款支付。不考虑其他因素，天域公司购入固定资产的入账价值为(    )元。

A. 40 300　　B. 40 000　　C. 45 500　　D. 45 527

**(二)自行建造固定资产**

**微课 1　自营工程**

企业自行建造固定资产，应当按照建造该项资产达到预定可使用状态前所发生的必要支出，作为固定资产的成本。

企业自行建造固定资产，应先通过“在建工程”科目核算，工程达到预定可使用状态时，再从“在建工程”科目转入“固定资产”科目。企业自行建造固定资产，主要有自营和出包两种方式，由于采用的建设方式不同，其会计处理也不同。

1. 自营工程

自营工程是指企业自行组织工程物资采购、自行组织施工人员施工的建筑工程和安装工程。

购入工程物资时，按已认证的增值税专用发票上注明的价款，借记“工程物资”科目；按增值税专用发票上注明的增值税进项税额，借记“应交税费——应交增值税(进项税额)”科目，按应实际支付或应付的金额，贷记“银行存款”“应付账款” 等科目。

领用工程物资时，借记“在建工程”科目，贷记“工程物资”科目。

在建工程领用本企业原材料时，借记“在建工程”科目，贷记“原材料”等科目。

在建工程领用本企业生产的商品时，借记“在建工程”科目，贷记“库存商品”科目。

自营工程发生的其他费用(如分配工程人员薪酬等)，借记“在建工程”科目，贷记“银行存款”“应付职工薪酬”等科目。

自营工程达到预定可使用状态时，按其成本，借记“固定资产”科目，贷记“在建工程”科目。

【例 5－4】 天域公司为增值税一般纳税人，自建仓库一幢，购入一批工程物资，增值税专用发票上注明价款 2 000 000 元，增值税税额为 260 000 元，已全部用于建造仓库；耗用库存原材料 500 000 元，购入时的增值税税额为 65 000 元；支付建筑工人工资 300 000 元。不考虑其他因素。

工程完工并达到预定可使用状态，天域公司应编制如下会计分录：

(1) 购入工程物资时：

| | | |
|---|---|---|
| 借：工程物资 | 2 000 000 | |
| 　应交税费——应交增值税 (进项税额) | 260 000 | |
| 　　贷：银行存款 | | 2 260 000 |

(2)领用工程物资时：

| | | |
|---|---|---|
| 借：在建工程 | 2 000 000 | |
| 　　贷：原材料 | | 2 000 000 |

(3) 工程领用原材料时：

| | | |
|---|---|---|
| 借：在建工程 | 500 000 | |
| 　　贷：原材料 | | 500 000 |

(4)分配工程人员薪酬时：

| | | |
|---|---|---|
| 借：在建工程 | 300 000 | |
| 　　贷：应付职工薪酬 | | 300 000 |

(5)工程完工转入固定资产的成本：

| | | |
|---|---|---|
| 借：固定资产 | 2 800 000 | |
| 　　贷：在建工程 | | 2 800 000 |

2. 出包工程

出包工程是指企业通过招标方式将工程项目发包给建造承包商，由建造承包商组织施工的建筑工程和安装工程。企业采用出包方式进行的固定资产工程，其工程的具体支出主要由建造承包商核算，在这种方式下，“在建工程”科目主要反映企业与建造承包商办理工程价款结算的情况，企业支付给建造承包商的工程价款作为工程成本，通过“在建工程”科目核算。

企业按合理估计的发包工程进度和合同规定向建造承包商结算的进度款，并由对方开具增值税专用发票，按增值税专用发票上注明的价款，借记“在建工程”科目，按增值税专用发票上注明的增值税进项税额，借记“应交税费——应交增值税（进项税额）”科目，按应实际支付的金额，贷记“银行存款”科目。工程达到预定可使用状态时，按其成本，借记“固定资产”科目，贷记“在建工程”科目。

【例 5－5】　天域公司为增值税一般纳税人，1 月 1 日将新建厂房的工程出包给乙公司（为增值税一般纳税人）承建，按发包工程进度向乙公司结算进度款，并取得乙公司开具的增值税专用发票，注明工程款 800 000 元，税率为 9%，增值税税额为 72 000 元。12 月 1 日，工程完工后，补付工程款并取得乙公司开具的增值税专用发票，注明工程款 300 000 元，税率为 9%，增值税税额为 27 000 元。工程完工并达到预定可使用状态，天域公司应编制如下会计分录：

（1）按工程进度向乙公司结算进度款时：

| | | |
|---|---|---|
| 借：在建工程 | 800 000 | |
| 　　应交税费——应交增值税（进项税额） | 72 000 | |
| 　　贷：银行存款 | | 872 000 |

（2）补付工程款时：

| | | |
|---|---|---|
| 借：在建工程 | 300 000 | |
| 　　应交税费——应交增值税（进项税额） | 27 000 | |
| 　　贷：银行存款 | | 327 000 |

（3）工程完工并达到预定可使用状态时：

| | | |
|---|---|---|
| 借：固定资产 | 1 100 000 | |
| 　　贷：在建工程 | | 1 100 000 |

# 任务 3　固定资产折旧的核算

## 任务引例

天域公司有运输卡车一辆，该卡车的原始价值为 300 000 元，预计净残值为 12 000 元，预计总行驶里程为 500 000 千米，本月行驶 4 000 千米。

请思考：天域公司这辆卡车本月应分摊多少费用？

## 必备知识

### 一、固定资产折旧的概念和核算要求

固定资产折旧，是指在固定资产的使用寿命内按照确定的方法对应计折旧额进行的系统分摊。其中，应计折旧额是指应当计提折旧的固定资产原价扣除其预计净残值后的余额，如果已对固定资产计提减值准备，则还应当扣除已计提的固定资产减值准备累计金额；使用寿命，是指企业使用固定资产的预计期间，或者该固定资产所能生产产品或提供劳务的数量。预计

净残值，是指假定固定资产预计使用寿命已满并处于使用寿命终了时的预期状态，企业目前从该项资产处置中获得的扣除预计处置费用后的金额。预计净残值与固定资产原始价值的比值，称为预计净残值率。

固定资产折旧额，是固定资产在使用过程中由于磨损和其他原因而减少的，逐渐转移计入成本费用中的价值。这部分转移的价值，将从企业营业收入中得到补偿，转化为货币资金。

企业应当根据固定资产的性质和使用方式，合理确定固定资产的使用寿命和预计净残值，并根据科技发展等因素，选择适当的固定资产折旧方法，按照管理权限，经股东大会或董事会等类似机构批准，作为计提折旧的依据，同时还应按照法律、行政法规的规定报送有关各方备案，并备置于企业所在地，以供股东等有关各方查阅。固定资产的使用寿命、预计净残值和折旧方法一经选定，不得随意调整。但是，企业应当定期对固定资产的使用寿命、预计净残值和折旧方法进行复核，如果固定资产使用寿命和预计净残值的预期数与原先的估计数有重大差异，则应当相应调整固定资产使用寿命和预计净残值；如果固定资产包含的经济利益的预期实现方式有重大改变，则应当相应改变固定资产折旧方法。固定资产使用寿命、预计净残值和折旧方法的改变应当作为会计估计变更。

企业在确定固定资产的使用寿命时主要应当考虑下列因素：

(1)该资产的预计生产能力或实物产量。

(2)该资产的有形损耗，如设备使用中发生磨损、房屋建筑物受到自然侵蚀等。

(3)该资产的无形损耗，如因新技术的出现而使现有的资产技术水平相对陈旧、市场需求变化使产品过时等。

(4)法律或者类似规定对资产使用的限制。

## 二、固定资产折旧的范围

确定固定资产的折旧范围，要从空间和时间两个方面加以考虑：从空间范围确定哪些固定资产应当计提折旧，哪些固定资产不计提折旧；从时间范围上确定应计提折旧的固定资产什么时间开始计提折旧，什么时间停止计提折旧。

根据企业会计准则规定，企业所持有的固定资产，除以下情况外，都应计提折旧：

(1)已提足折旧仍继续使用的固定资产。

(2)单独计价入账的土地。

上述提足折旧，是指已经提足该项固定资产应提的折旧总额。

已达到预定可使用状态的固定资产，如果尚未办理竣工决算手续的，则应当按照估计价值暂估入账，并按规定计提折旧；待办理竣工决算手续后，再按照实际成本调整原来的暂估价值，但不需要对原已计提的折旧额进行调整。

企业对固定资产进行更新改造时应将更新改造固定资产的账面价值转入在建工程，处于更新改造过程中而停止使用的固定资产，因其已转为在建工程，因此不计提折旧，待更新改造项目达到预定可使用状态转为固定资产后，再按重新确定的固定资产原价、尚可使用寿命和折旧方法等计提折旧。

因进行大修理而停用的固定资产，应当照提折旧，计提的折旧额计入相关资产的成本或当期损益。

企业应当按月计提固定资产的折旧，并根据固定资产的用途分别计入相关资产的成本或当期费用。企业在计提固定资产折旧时，当月增加的固定资产，当月不提折旧，从下月起计提折旧；当月减少的固定资产，当月仍计提折旧，从下月起停止计提折旧。固定资产提足折旧后，不管能否继续使用，均不再提取折旧；提前报废的固定资产，也不再补提折旧。

**课堂活动**

计提固定资产折旧时，始终考虑固定资产净残值的折旧方法有(　　)。

A. 年限平均法　　　　B. 工作量法

C. 双倍余额递减法　　D. 年数总和法

## 三、固定资产的折旧方法

**微课 2　影响固定资产折旧的因素**

企业应当根据与固定资产有关的经济利益的预期实现方式，合理选择固定资产折旧方法。企业可以选择的折旧方法包括年限平均法、工作量法、双倍余额递减法和年数总和法。固定资产折旧方法一经确定，不得随意变更。

### (一)年限平均法

年限平均法又称直线法，是指将固定资产的折旧额均衡地分摊到各期的一种方法。采用这种方法计算的每期折旧额均是等额的。计算公式为：

年折旧率＝(1－预计净残值率)÷预计使用年限

月折旧率＝年折旧率÷12

月折旧额＝固定资产原价×月折旧率

【例 5－6】　天域公司有一厂房，原价为 2 000 000 元，预计可使用 20 年，按照有关规定，该厂房报废时的净残值率为 2%，该厂房的折旧率和折旧额的计算如下：

年折旧率＝(1－2%)÷20＝4.9%

月折旧率＝4.9%÷12＝0.41%

月折旧额＝2 000 000 ×0.41%＝8 200(元)

上述折旧率是按个别固定资产单独计算的，称为个别折旧率，即某项固定资产在一定期间的折旧额与该项固定资产原价的比率。此外，还有分类折旧率和综合折旧率。

分类折旧率是指固定资产分类折旧额与该类固定资产原价的比率。采用这种方法，应先将性质、结构和使用年限接近的固定资产分为一类，再按类计算平均折旧率，用该折旧率对该类固定资产计提折旧。如将房屋和建筑物划分为一类，将机器设备划分为一类。分类折旧率的计算公式为：

某类固定资产年分类折旧率＝该类固定资产年折旧额之和÷该类固定资产原价之和

采用分类折旧率计算固定资产折旧，其优点是计算方法简单，但准确性比用个别折旧率计算差。

综合折旧率是指某一期间企业全部固定资产折旧额与全部固定资产原价的比率，其计算公式为：

固定资产年综合折旧率＝各项固定资产年折旧额之和÷各项固定资产原价之和

与采用个别折旧率和分类折旧率计算固定资产折旧相比，采用综合折旧率计算固定资产折旧，其计算结果的准确性较差。

采用年限平均法计算固定资产的折旧，虽然具有简便易行等优点，但这种方法没有考虑各期使用强度的差异，不同年限提供的经济效益不同以及维修费用不断增加等因素。一般来讲，固定资产在使用前期带来的经济利益较多，而在使用后期带来的经济利益较少；固定资产的维修费用将随着其使用时间的延长而不断增大。因此，这种方法适用于固定资产在各个使用期间的磨损较均衡的情况。

**（二）工作量法**

工作量法是根据实际工作量计提折旧额的一种方法。工作量可用行驶里程、工作小时以及产品产量等表示。这种方法弥补年限平均法只注重使用时间，不考虑使用强度的缺点，其计算公式为：

每一工作量折旧额＝固定资产原价×(1－净残值率)÷预计总工作量

某项固定资产月折旧额＝该项固定资产当月工作量×每一工作量折旧额

## 引例解析

该卡车的月折旧额计算如下：

单位里程折旧额＝(300 000－12 000)÷500 000＝0.576(元/千米)

本月折旧额＝4 000×0.576＝2 304(元)

采用工作量法的优点是固定资产的折旧额与其磨损程度相符，因而分摊较为合理；缺点是只注重固定资产的使用程度，而忽略了其自然侵蚀的影响。这种方法适用于固定资产在各个使用期间的磨损程度不均衡的情况，一般适用于企业专业车队的客、货运汽车，大型设备等的折旧计算。

**（三）加速折旧法**

加速折旧法也称为快速折旧法或递减折旧法，其特点是在固定资产有效使用年限的前期多提折旧，后期少提折旧，从而相对加快折旧的速度，以使固定资产成本在有效使用年限中加快得到补偿。

1. 双倍余额递减法

双倍余额递减法是在不考虑固定资产净残值的情况下，根据每期期初固定资产账面价值和双倍的直线法折旧率计算固定资产折旧的一种方法。计算公式为：

年折旧率＝2÷预计的折旧年限×100%

月折旧率＝年折旧率÷12

月折旧额＝固定资产账面净值×月折旧率

由于双倍余额递减法计算时不考虑固定资产的净残值，为了保证寿命期内各期计提的折旧额合计数与固定资产的应提折旧总额相等，应当在固定资产折旧年限到期以前两年内，将固定资产的净值扣除预计净残值后的余额平均摊销。

【例 5－7】 天域公司一项固定资产的原价为 200 000 元，预计使用年限为 5 年，预计净残值为 8 000 元，按双倍余额递减法计提折旧，每年的折旧额计算如下：

双倍直线折旧率＝2÷5×100%＝40%

第一年应提的折旧额＝200 000×40%＝80 000(元)

第二年应提的折旧额＝(200 000－80 000)×40%＝48 000(元)

第三年应提的折旧额＝(120 000－48 000)×40%＝28 8 00(元)

从第四年起改按平均年限法计提折旧。

第四年、第五年每年的年折旧额＝(43 200－8 000)÷2＝17 600(元)

**知识链接**

由于双倍余额递减法不考虑固定资产的残值收入，因此，在应用这种方法时，必须注意不能把固定资产的账面折余价值降低到它的预计残值收入以下。实行双倍余额递减法计提折旧的固定资产，应当在其折旧年限到期以前两年内，将固定资产净值扣除预计净残值后的余额平均摊销。

2. 年数总和法

年限总和法又称合计年限法，是将固定资产的原值减去净残值后的差额乘以一个逐年递减的分数计算每年的折旧额，这个分数的分子代表固定资产尚可使用年限的年数，分母代表使用年数的逐年数字总和。计算公式为：

年折旧率＝尚可使用年数÷预计使用年限的年数总和×100%

月折旧率＝年折旧率÷12

月折旧额＝(固定资产原价－预计净残值)×月折旧率

【例 5－8】 天域公司一项固定资产的原价为 200 000 元，预计使用年限为 5 年，预计净残值为 8 000 元，采用年数总和法计算的各年折旧额如表 4－1 所示。

表 4－1　　各年折旧额计算表(年数总和法)

| 年份 | 尚可使用年限(元) | 原值－预计净残值(元) | 年折旧率 | 年折旧额(元) | 累计折旧(元) |
|---|---|---|---|---|---|
| 1 | 5 | 192 000 | 5/15 | 64 000 | 64 000 |
| 2 | 4 | 192 000 | 4/15 | 51 200 | 115 200 |
| 3 | 3 | 192 000 | 3/15 | 38 400 | 153 600 |
| 4 | 2 | 192 000 | 2/15 | 25 600 | 179 200 |
| 5 | 1 | 192 000 | 1/15 | 12 800 | 192 000 |

## 四、固定资产折旧的会计处理

为了核算固定资产计提的累计折旧情况，企业应设置“累计折旧”科目。本科目属于资产类科目，是“固定资产”科目的备抵科目，贷方登记企业按月计提的折旧额；借方登记固定资产减少时转销的累计折旧额；期末余额在贷方，反映期末现有固定资产的累计折旧总额。

企业每月计提固定资产折旧时应以月初应提取折旧的固定资产为依据。企业各月计算提取折旧时，可以在上月计提折旧的基础上对上月固定资产的增减情况进行调整后计算当月应提取的折旧额。本月应提折旧额的计算公式为：

本月固定资产应提折旧额＝上月固定资产应提折旧额＋上月增加的固定资产应提折旧额－上月减少的固定资产应提折旧额

企业按月计提固定资产折旧时，应按固定资产的用途，借记“制造费用”“销售费用”“管理费用”“其他业务成本”等科目,贷记“累计折旧”科目。

【例 5—9】 天域公司 9 月份的固定资产折旧汇总计算表如表 4—2 所示。

**表 4—2** 固定资产折旧汇总计算表 单位:元

| 使用部门 | 上月计提折旧额 | 加:上月增加固定资产应计提折旧额 | 减:上月减少固定资产应计提折旧额 | 本月应计提折旧额 |
|---|---|---|---|---|
| A 车间 | 28 350 | 1 250 | | 29 600 |
| B 车间 | 42 000 | | 1 700 | 40 300 |
| C 车间 | 24 150 | | | 24 150 |
| 车间合计 | 94 500 | 1 250 | 1 700 | 94 050 |
| 企业管理部门 | 4 050 | 250 | | 4 300 |
| 对外出租 | 2 400 | | | 2 400 |
| 合　计 | 100 950 | 1 500 | 1 700 | 100 750 |

根据表 4—2,本月计提折旧应编制如下会计分录:

借:制造费用　　94 050
　　管理费用　　4 300
　　其他业务成本　　2 400
　　贷:累计折旧　　100 750

已计提减值准备的固定资产,应当按照该固定资产的账面价值以及尚可使用寿命重新计算折旧率和折旧额。

# 任务 4　固定资产后续支出的核算

## 任务引例

天域公司为增值税一般纳税人,2016 年 12 月购入一条生产线,总价为 80 000 000 元(含发动机),发动机当时的收购价为 5 000 000 元。2024 年 6 月,公司决定更换一部性能更为先进的发动机。公司以银行存款购入新发动机一台,增值税专用发票上注明的购买价为 7 000 000 元,增值税税额为 910 000 元;另支付安装费用并取得增值税专用发票,注明安装费 100 000 元,税率为 9%,增值税税额为 9 000 元。假定生产线的年折旧率为 3%,不考虑预计净残值的影响,替换的老发动机报废且无残值收入。

## 必备知识

固定资产的后续支出,是指固定资产在使用过程中发生的更新改造支出、修理费等。

后续支出的处理原则是:与固定资产有关的更新改造等后续支出,符合固定资产的确认条件的,应当计入固定资产成本,同时将被替换部分的账面价值扣除;与固定资产有关的修理费用等后续支出，不符合固定资产确认条件的，应当计入当期损益。

固定资产发生可资本化后续支出时，应通过"在建工程"科目核算。固定资产发生可资本化的后续支出时，应同时将被替换部分的账面价值从该固定资产账面价值中扣除；不满足固定资产确认条件的后续支出，应当在发生时计入当期损益。

固定资产发生可资本化后续支出时，应当通过"在建工程"科目核算。固定资产发生可资本化的后续支出时，企业应将该固定资产的原价、已计提的累计折旧和减值准备转销。将固定资产的账面价值转入在建工程，借记"在建工程""累计折旧""固定资产减值准备"等科目，贷记"固定资产"科目。发生可资本化后续支出时，借记"在建工程"科目，发生后续支出取得增值税专用发票的，按增值税专用发票上注明的增值税进项税额，借记"应交税费——应交增值税（进项税额）"科目，按实际支付的金额，贷记"银行存款"等科目。发生后续支出的固定资产达到预定可使用状态时，借记"固定资产"科目，贷记"在建工程"科目。

企业行政管理部和销售部门的固定资产发生不可资本化后续支出，比如，固定资产日常修理费用及其可抵扣的增值税进项税额，应借记"管理费用"或"销售费用"，"应交税费——应交增值税（进项税额）"科目，贷记"银行存款"等科目。

## 引例解析

天域公司应编制如下会计分录：

（1）2024年6月末生产线的累计折旧金额＝80 000 000×3%×8.5＝20 400 000（元），将固定资产转入在建工程：

| | | |
|---|---|---|
| 借：在建工程 | 59 600 000 | |
| 　　累计折旧 | 20 400 000 | |
| 　　贷：固定资产 | | 80 000 000 |

（2）购入并安装新发动机：

| | | |
|---|---|---|
| 借：工程物资 | 7 000 000 | |
| 　　应交税费——应交增值税（进项税额） | 910 000 | |
| 　　贷：银行存款 | | 7 910 000 |
| 借：在建工程 | 7 000 000 | |
| 　　贷：工程物资 | | 7 000 000 |

（3）支付安装费用：

| | | |
|---|---|---|
| 借：在建工程 | 100 000 | |
| 　　应交税费——应交增值税（进项税额） | 9 000 | |
| 　　贷：银行存款 | | 109 000 |

（4）2029年6月末老发动机的账面价值＝5 000 000－5 000 000×3%×8.5＝3 725 000（元）

终止确认老发动机的账面价值：

| | | |
|---|---|---|
| 借：营业外支出——非流动资产处置损失 | 3 725 000 | |
| 　　贷：在建工程 | | 3 725 000 |

（5）新发动机安装完毕，投入使用，固定资产的入账价值＝59 600 000＋7 000 000＋100 000－3 725 000＝62 975 000（元）

借:固定资产　　62 975 000
　　贷:在建工程　　62 975 000

【例 5－10】 天域公司为增值税一般纳税人,4 月 1 日对管理部门使用的设备进行日常修理,发生维修费并取得增值税专用发票,注明修理费 10 000 元,税率为 13%,增值税税额为 1 300 元。天域公司应编制如下会计分录:

借:管理费用　　10 000
　　应交税费——应交增值税(进项税额)　　1 300
　　贷:银行存款　　11 300

【例 5－11】 天域公司为增值税一般纳税人,6 月 1 日对管理部门使用的设备进行日常修理,发生修理费并取得增值税专用发票,注明修理费 3 000 元,税率为 13%,增值税税额为 390 元。甲公司应编制如下会计分录:

借:管理费用　　3 000
　　应交税费——应交增值税 (进项税额)　　390
　　贷:银行存款　　3 390

### 课堂活动

下列各项中,可以计入当期损益的是(　　)。

A. 与固定资产有关的后续支出

B. 固定资产按月计提的折旧

C. 固定资产盘亏造成的损失

D. 固定资产达到预定可使用状态前发生的借款利息

## 任务 5　固定资产处置的核算

### 任务引例

天域公司有一台生产用设备,因使用期满经批准报废。该设备的原价为 280 000 元,已提折旧为 200 000 元,未计提减值准备。在清理过程中,以银行存款支付清理费用 5 000 元,残料出售收入为 7 000 元,增值税税额为 910 元。

请思考:天域公司该如何处理这台设备?

### 一、固定资产的处置

固定资产处置,即固定资产的终止确认,包括固定资产的出售、报废、毁损、对外投资、非货币性资产交换、债务重组等。

企业在生产经营过程中对那些不适用或不需用的固定资产,可以通过对外出售的方式进行处置。对那些由于使用而不断磨损直至最终报废,或由于技术进步等发生提前报废,或者由于遭受自然灾害等非常损失发生毁损的固定资产应及时进行清理。企业对外进行非货币性交易、对外投资、抵债、捐赠等转出固定资产，也属于固定资产的处置。

企业的固定资产由于各种原因进行处置时，一般应通过“固定资产清理”科目进行核算。该科目借方反映转入清理的固定资产的净值、发生的清理费用等，贷方反映出售固定资产的价款、残料价值和变价收入以及应由保险公司或过失人赔偿的损失。期末余额反映企业尚未清理完毕的固定资产价值及清理净收益。

## 二、固定资产处置的核算

**微课 3　固定资产处置**

企业出售、报废、毁损等减少的固定资产，其会计核算一般经过以下几个步骤：

**（一）固定资产转入清理**

出售、报废和毁损的固定资产转入清理时，按固定资产账面价值，借记“固定资产清理”科目，按已计提的折旧，借记“累计折旧”科目，按已计提的减值准备，借记“固定资产减值准备”科目，按固定资产账面原价，贷记“固定资产”科目。

**（二）结算清理费用**

固定资产清理过程中发生的清理费用以及可抵扣的增值税进项税，借记“固定资产清理”“应交税费——应交增值税（进项税额）”科目，贷记“银行存款”科目。

**（三）收回出售固定资产的价款、残料价值和变价收入等**

企业收回出售固定资产的价款和税款，借记“银行存款”科目，按增值税专用发票上注明的价款，贷记“固定资产清理”科目，按增值税专用发票上注明的增值税销项税额，贷记“应交税费——应交增值税（销项税额）”科目。残料入库，按残料价值，借记“原材料”等科目，贷记“固定资产清理”科目。

**（四）确认应收责任单位（或个人）的赔偿损失**

应由保险公司或过失人赔偿的毁损固定资产的损失时，应冲减清理支出，借记“其他应收款”科目，贷记“固定资产清理”科目。

**（五）结账清理净损益**

因固定资产处置方式的不同，分别适用不同的处理方法：

1. 因固定资产已丧失使用功能或因自然灾害发生毁损等而报废清理产生的利得或损失应计入营业外收支

借记“营业外支出——非常损失（自然灾害等非正常原因）”，贷记“固定资产清理”；或者借记“营业外支出——非流动资产处置损失（正常原因）”，贷记“固定资产清理”。

如为净收益，借记“固定资产清理 ”，贷记“营业外收入——非流动资产处置利得”。

2. 因出售、转让等产生的固定资产处置利得或损失应计入资产处置损益

借记“营业外收入——非流动资产处置利得”，贷记“固定资产清理”，或做相反的分录。

## 引例解析

天域公司对毁损的设备处理如下：

(1)转入清理：

借:固定资产清理 80 000

累计折旧 200 000

贷:固定资产 280 000

(2)支付清理费用：

借:固定资产清理 5 000

贷:银行存款 5 000

(3)残料变价收入：

借:银行存款 7 910

贷:固定资产清理 7 000

应交税费——应交增值税(销项税额) 910

(4)结转清理损失：

借:营业外支出 78 000

贷:固定资产清理 78 000

【例 5—12】 天域公司将一幢旧办公楼出售,办公楼原价为 5 000 000 元,已提折旧为 2 000 000 元,出售的收入为 4 000 000 元,增值税税率为 9%,增值税税额为 360 000 元 ,款项已存入银行。天域公司出售办公楼编制会计分录如下：

(1)固定资产转入清理：

借:固定资产清理 3 000 000

累计折旧 2 000 000

贷:固定资产 5 000 000

(2)收到出售价款和税款时：

借:银行存款 4 360 000

贷:固定资产清理 4 000 000

应交税费——应交增值税(销项税额) 360 000

(3)结转固定资产清理净收益：

借:固定资产清理 1 000 000

贷:资产处置损益 1 000 000

【例 5—13】 天域公司为增值税一般纳税人,因遭受台风袭击毁损一座仓库,该仓库原价为 3 000 000 元,已计提折旧 1 000 000 元,未计提减值准备。其残料估计价值 40 000 元,残料已办理入库。发生清理费用并取得增值税专用发票,注明的装卸费为 20 000 元,增值税税额为 1 800 元,全部款项以银行存款支付。收到保险公司理赔款 1 000 000 元,存入银行。假定不考虑其他相关税费。天域公司应编制如下会计分录：

(1)将毁损的仓库转入清理时：

借:固定资产清理 2 000 000

累计折旧 1 000 000

贷:固定资产 3 000 000

(2)残料入库时:

| | | |
|---|---|---|
| 借:原材料 | 40 000 | |
| 　　贷:固定资产清理 | | 40 000 |

(3)支付清理费用时:

| | | |
|---|---|---|
| 借:固定资产清理 | 20 000 | |
| 　应交税费——应交增值税(进项税额) | 1 800 | |
| 　　贷:银行存款 | | 21 800 |

(4)确认并收到保险公司理赔款项时:

| | | |
|---|---|---|
| 借:其他应收款 | 1 000 000 | |
| 　　贷:固定资产清理 | | 1 000 000 |
| 借:银行存款 | 1 000 000 | |
| 　　贷:其他应收款 | | 1 000 000 |

(5)结转毁损固定资产损失时:

| | | |
|---|---|---|
| 借:营业外支出——非常损失 | 980 000 | |
| 　　贷:固定资产清理 | | 980 000 |

### 课堂活动

下列各项中,可以计入当期损益的是(　　)。

A. 与固定资产有关的后续支出

B. 购买固定资产实际支付的价款与购买价款的现值之间的差额

C. 固定资产按月计提的折旧

D. 固定资产盘亏造成的损失,应当计入当期损益

## 任务 6　固定资产清查和期末计价

### 任务引例

天域公司 1 月 8 日在财产清查工程中发现,两年前购入的一台设备尚未入账,重置成本为 40 000 元。

请思考:天域公司新发现的这台设备该如何处理?

### 必备知识

#### 一、固定资产清查

固定资产清查是对固定资产的质量与数量所进行的清查与核对。企业应对固定资产定期或者至少每年年末实地盘点一次,对发生的盘盈、盘亏的固定资产应填制固定资产盘盈盘亏报

告表。清查固定资产的损溢，应及时查明原因，并按规定程序报批处理。

**（一）固定资产盘盈**

企业盘盈的固定资产，应作为前期差错通过“以前年度损益调整”账户进行核算，按盘盈固定资产的重置成本确定其入账价值，借记“固定资产”科目，贷记“以前年度损益调整”科目。由于以前年度调整而增加的所得税费用，借记“以前年度损益调整”科目，贷记“应交税费——应交所得税”科目；将以前年度损益调整科目余额转入留存收益时，借记“以前年度损益调整”科目，贷记“盈余公积”“利润分配——未分配利润”科目。

## 引例解析

天域公司发现的这台没有入账的设备的重置成本为40 000元。如果天域公司按净利润的10%提取法定盈余公积，不考虑相关税费及其他因素的影响。天域公司的账务处理如下：

（1）发现盘盈时：

| | | |
|---|---|---|
| 借：固定资产 | 40 000 | |
| 　　贷：以前年度损益调整 | | 40 000 |

（2）结转为留存收益时：

| | | |
|---|---|---|
| 借：以前年度损益调整 | 40 000 | |
| 　　贷：盈余公积——法定盈余公积 | | 4 000 |
| 　　　　利润分配——未分配利润 | | 36 000 |

## 知识链接

*以前年度损益调整结转后，不需要调整以前年度的会计报表，仅调整本年度会计报表相关项目的年初数，但对外提供比较会计报表时，应当调整会计报表相关的年初数和上年同期数。*

**（二）固定资产盘亏**

企业在进行固定资产清查时发生的短缺称为固定资产盘亏。对于发生的固定资产盘亏，按盘亏固定资产的账面价值，借记“待处理财产损溢”科目，借记“累计折旧”科目，按已计提的减值准备，借记“固定资产减值准备”科目，按盘亏固定资产的原价，贷记“固定资产”科目。盘亏固定资产批准转销时，借记“营业外支出——盘亏损失”科目，贷记“待处理财产损溢”科目。

【例5－14】 天域公司盘亏机器设备一台，账面原始价值为110 000元，已提折旧40 000元，购入时的增值税税额为14 300元。报有关部门批准后，将盘亏固定资产的账面价值转为营业外支出。

根据上述资料，公司编制有关会计分录如下：

（1）盘亏固定资产：

| | | |
|---|---|---|
| 借：待处理财产损溢 | 70 000 | |
| 　　累计折旧 | 40 000 | |
| 　　贷：固定资产 | | 110 000 |

（2）转出不可抵扣的进项税额时：

| | | |
|---|---|---|
| 借：待处理财产损溢 | 14 300 | |

贷：应交税费——应交增值税（进项税额转出）　　14 300

（3）报经有关部门批准后：

借：营业外支出——盘亏损失　　84 300

贷：待处理财产损溢　　84 300

## 二、固定资产期末计价

为了客观、真实、准确地反映期末固定资产的实际价值，企业在资产负债表日应合理确定固定资产的期末价值。固定资产价值的再确认，就是确定固定资产在期末或一定时点的可收回金额。

### （一）固定资产减值准备的概念及确认条件

所谓固定资产减值准备，是指由于固定资产市价持续下跌，或技术陈旧、损坏、长期闲置等导致其可收回金额低于其账面价值的，应当将可收回金额低于其账面价值的差额作为固定资产减值准备，并计入当期损益。可收回金额是指资产的销售净价与预期从该资产的持续使用和使用寿命结束时的处置中形成的现金流量的现值两者之中的较高者。其中，销售净价是指资产的销售价格减去处置资产所发生的相关税费后的余额。账面价值是固定资产原值扣减已提累计折旧和固定资产减值准备后的净额。

**微课 4　企业可能发生减值准备的迹象**

### （二）固定资产减值准备的账务处理

企业应设置“固定资产减值准备”账户，贷方反映提取的减值准备数，借方反映转销的固定资产减值准备，贷方余额反映企业已计提但尚未转销的固定资产减值准备。企业发生固定资产减值时，借记“资产减值损失——固定资产减值损失”科目，贷记“固定资产减值准备”科目。固定资产减值损失一经确认，在以后会计期间不得转回。

【例 5－15】　12 月 31 日，天域公司一设备存在可能发生减值的迹象。该设备账面原值为 800 000 元，已提折旧 300 000 元。经确认，该设备的可收回金额为 400 000 元。以前年度未对该设备计提过减值准备。账务处理如下：

资产减值＝（800 000－300 000）－400 000＝100 000（元）

借：资产减值损失——固定资产减值损失　　100 000

贷：固定资产减值准备　　100 000

**课堂活动**

下列各项中，按管理权限报经批准后计入营业外支出的是（　　）。

A. 因管理不善造成的原材料盘亏　　B. 固定资产盘亏净损失

C. 无法查明原因的现金短缺　　D. 由过失人赔付的库存商品毁损

**项目评价表**

| 学习任务完成评价表 | | | | | |
|---|---|---|---|---|---|
| 评价范围 | 评价标准 | 自我评价（五星制打分） | 小组评价（五星制打分） | 教师评价（五星制打分） | 企业导师评价（五星制打分） |
| 职业素养 | 爱岗敬业、创新创业意识和创新创业能力 | | | | |
| 职业知识 | 1.掌握固定资产购入、建造、接受投资等业务的核算方法；<br>2.掌握固定资产折旧的范围、折旧计算方法及会计核算方法；<br>3.掌握固定资产后续支出、处置和期末清查及减值的核算方法 | | | | |
| 职业能力 | 1.能核算购入、建造固定资产等业务；<br>2.能正确计算和核算固定资产折旧；<br>3. 能核算固定资产修理、改良等后续支出业务；<br>4.能核算固定资产出售、毁损、报废等处置业务；<br>5.能核算固定资产盘盈、盘亏，以及期末减值的业务 | | | | |

# 项目六　无形资产业务核算

| 素质目标 | 知识目标 | 能力目标 |
| --- | --- | --- |
| 培养学生认真负责、精益求精、积极主动、富有创造性的会计工作态度 | 1. 掌握无形资产的特征及内容；<br>2. 掌握无形资产取得、摊销、处置、减值的核算方法 | 1. 能识别无形资产；<br>2. 能核算无形资产取得、摊销、处置、减值业务 |

## 本项目结构导图

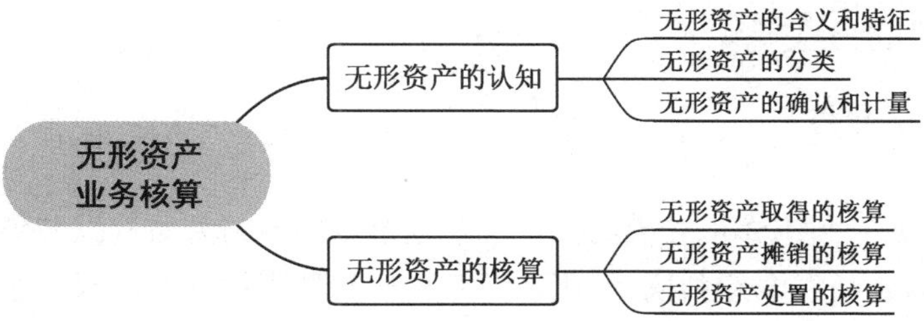


## 任务 1　无形资产的认知

### 任务引例

袁隆平农业高科技股份有限公司有一项重要的无形资产就是我国著名科学家袁隆平研发的杂交水稻的技术。袁隆平先生是我国中国科学院院士、世界著名的杂交水稻之父，其一生致力于杂交水稻的技术研究。杂交水稻技术作为一项重要的无形资产，为解决我国人民的吃饭问题发挥了举足轻重的作用。袁老在 2019 年国庆节前夕被授予“共和国勋章”。

1. 请思考商誉是什么。

2. 请思考“杂交水稻的技术”是商誉还是无形资产。

## 必备知识

### 一、无形资产的含义和特征

**(一)无形资产的含义**

无形资产是指企业拥有或者控制的没有实物形态的可辨认非货币性资产,其主要包括专利权、非专利技术、商标权、著作权、土地使用权、特许权等。

**(二)无形资产的特征**

无形资产具有三个主要特征:

1. 不具有实物形态

无形资产是不具有实物形态的非货币性资产,不像固定资产、存货等资产,具有实物形态。

2. 具有可辨认性

资产满足下列条件之一的,符合无形资产定义中的可辨认性标准:

(1)能够从企业中分离或者划分出来,并能单独或者与相关合同、资产或负债一起,用于出售、转移、授予许可、租赁或者交换。

(2)源自合同性权利或其他法定权利,无论这些权利是否可以从企业或其他权利和义务中转移或者分离。

3. 属于非货币性长期资产

无形资产属于非货币性资产,且能够在多个会计期间为企业带来经济利益。无形资产的使用年限在1年以上,其价值将在各个受益期间逐渐摊销。

### 二、无形资产的分类

**(一)按经济内容分类**

1. 专利权

专利权是指国家专利主管机关依法授予发明创造专利申请人对其发明创造在法定期限内所享有的专有权利,包括发明专利权、实用新型专利权和外观设计专利权。企业持有专利可以降低成本,或者提高产品质量,或者将其转让出去能获得转让收入。

企业从外单位购入的专利权,应按实际支付的价款作为专利权的成本。企业自行开发并按法律程序申请取得的专利权,应按照《企业会计准则第6号——无形资产》确定的金额作为成本。

2. 非专利技术

非专利技术即专有技术,是指先进的、未公开的、未申请专利、可以带来经济效益的技术及诀窍。主要内容包括:

一是工业专有技术,即在生产上已经采用,仅限于少数人知道,不享有专利权或发明权的生产、装配、修理、工艺或加工方法的技术知识;

二是商业(贸易)专有技术,即具有保密性质的市场情报、原材料价格情报以及用户、竞争对象的情况和有关知识;

三是管理专有技术,即生产组织的经营方式、管理方式、培训职工方法等保密知识。

非专利技术并不是专利法的保护对象,专有技术所有人依靠自我保密的方式来维持其独占权,可以用于转让和投资。

企业的非专利技术，有些是自己开发研究的，有些是根据合同规定从外部购入的。如果是企业自己开发研究的，应将符合《企业会计准则第 6 号——无形资产》规定的开发支出资本化条件的，确认为无形资产。对于从外部购入的非专利技术，应将实际发生的支出予以资本化，作为无形资产入账。

3. 商标权

商标是用来辨认特定的商品或劳务的标记。商标权是指专门在某类指定的商品或产品上使用特定的名称或图案的权利。《中华人民共和国商标法》明确规定，经商标局核准注册的商标为注册商标，商标注册人享有商标专用权，受法律保护。

企业为宣传自创并已注册登记的商标而发生的相关费用，应在发生时直接计入当期损益。

企业如果购买他人的商标，一次性支出费用较大，可以将购入商标的价款、支付的手续费及有关费用确认为商标权的成本。

4. 著作权

著作权又称版权，指作者对其创作的文学、科学和艺术作品依法享有的某些特殊权利。著作权包括两方面的权利，即精神权利（人身权利）和经济权利（财产权利）。前者指作品署名、发表作品、确认作者身份、保护作品的完整性、修改已经发表的作品等各项权利，包括作品署名权、发表权、修改权和保护作品完整权；后者指以出版、表演、广播、展览、录制唱片、摄制影片等方式使用作品以及因授权他人使用作品而获得经济利益的权利。

5. 土地使用权

土地使用权是指国家准许某一企业或单位在一定期间内对国有土地享有开发、利用、经营的权利。根据《中华人民共和国土地管理法》的规定，我国实行土地的社会主义公有制，即全民所有制和劳动群众集体所有制。任何单位和个人不得侵占、买卖或者以其他形式非法转让土地。土地使用权可以依法转让。企业取得土地使用权，应将取得时发生的支出资本化，作为土地使用权的成本，计入无形资产成本。

6. 特许权

特许权又称经营特许权、专营权，指企业在某一地区经营或销售某种特定商品的权利或是一家企业接受另一家企业使用其商标、商号、技术秘密等的权利。前者一般是由政府机构授权，准许企业使用或在一定地区享有经营某种业务的特权，如水、电、邮电通信等专营权、烟草专卖权等；后者指企业间依照签订的合同，有限期或无限期使用另一家企业的某些权利，如连锁店分店使用总店的名称等。

**（二）按取得方式分类**

自行研发的无形资产，指企业内部研究开发项目满足资本化的无形资产。企业自创商誉以及内部产生的品牌、报刊名等，不应确认为无形资产。

外来的无形资产，指根据合同规定从外部购入的无形资产。

**（三）按有无期限分类**

有期限的无形资产，指有法律或合同规定的最长有效期限的无形资产，例如专利权等。

无期限的无形资产，指没有具体的有效期限，例如无限期的特许权。

### 知识链接

1. 商誉是什么

商誉是指能在未来期间为企业经营带来超额利润的潜在经济价值,或一家企业预期的获利能力超过可辨认资产正常获利能力(如社会平均投资回报率)的资本化价值,例如,企业所处地理位置的优势或是由于经营效率高、历史悠久、人员素质高等多种原因,与同行企业比较,可以获得超额利润。商誉是企业整体价值的组成部分。在企业合并时,它是购买企业投资成本超过被并企业净资产公允价值的差额。

2. 商誉和无形资产的区别

商誉不是无形资产。无形资产是指企业拥有或者控制的没有实物形态的可辨认非货币性资产。商誉的存在无法与企业自身分离,不具有可辨认性。

## 三、无形资产的确认和计量

### (一)无形资产的确认条件

无形资产应当在符合定义的前提下同时满足下列两个确认条件时才能予以确认:

1. 与该无形资产有关的经济利益很可能流入企业

作为无形资产确认的项目,必须满足其所产生的经济利益很可能流入企业这一条件。通常情况下,无形资产产生的未来经济利益可能包括在销售商品、提供劳务的收入当中,或者企业使用该项无形资产而减少或节约了成本,或者体现在获得的其他利益当中。如生产加工企业在生产工序中使用了某种知识产权,使其降低了未来的生产成本。

会计实务中,要确定无形资产所创造的经济利益是否很可能流入企业,需要运用职业判断。在进行这种职业判断时,企业需要对无形资产在预计使用寿命内可能存在的各种经济因素作出合理估计,并且应当有确凿的证据支持。如企业是否有足够的人力资源、高素质的管理队伍、相关的硬件设备、相关的原材料等来配合无形资产为企业创造经济利益。同时,更为重要的是关注一些外界因素的影响,如是否存在与该无形资产相关的新技术、新产品冲击,或据其生产的产品是否存在市场等。在进行判断时,企业管理层应对在无形资产的预计使用寿命内存在的各种因素作出最稳健的估计。

2. 该无形资产的成本能够可靠地计量

成本能够可靠地计量是确认资产的一项基本条件。对于无形资产而言,这个条件显得更为重要,如企业内部产生的品牌、报刊名、刊头、客户名单和实质上类似项目的支出,由于不能与整个业务开发成本区分开来,成本无法可靠计量,不应确认为无形资产。

### (二)无形资产的计量

1. 外购无形资产的成本

外购无形资产的成本,包括购买价款、相关税费以及直接归属于使该项资产达到预定用途所发生的其他支出。其中,直接归属于使该项资产达到预定用途所发生的其他支出包括使无形资产达到预定用途所发生的专业服务费用、测试无形资产是否能够正常发挥作用的费用等,但不包括为引入新产品进行宣传发生的广告费、管理费用及其他间接费用,也不包括在无形资产已经达到预定用途以后发生的费用。

购买无形资产的价款超过正常信用条件延期支付,实质上具有融资性质的,无形资产的成本应以购买价款的现值为基础确定。实际支付的价款与购买价款的现值之间的差额作为未确认融资费用，并应在付款期间内采用实际利率法进行摊销。其摊销金额除满足借款费用资本化条件应当计入无形资产成本外，均应当在信用期间内确认为财务费用，计入当期损益。

2. 投资者投入的无形资产

投资者投入无形资产的成本，应当按照投资合同或协议约定的价值确定，但合同或协议约定价值不公允的，应按无形资产的公允价值入账。

3. 接受捐赠的无形资产

接受捐赠的无形资产，其入账价值分以下三种情况进行确定：

(1)捐赠方提供了有效凭证的，根据有效凭证上标明的金额以及相关税费进行确定；

(2)捐赠方没有提供有效凭证的，且存在同类或类似无形资产的活跃市场的，根据同类或类似无形资产存在的活跃市场价格以及相关税费进行确定；

(3)捐赠方没有提供有效凭证的，且不存在同类或类似无形资产的活跃市场的，根据捐赠的无形资产的未来现金流量进行确定。

4. 企业自行研究开发无形资产的成本

企业自行研究开发的无形资产，根据开发阶段符合资本化支出的相关成本，以及依法发生的注册费、律师费等确定其成本；研究阶段的相关费用化支出应确认为当期费用。

## 引例解析

1. 请思考商誉是什么。

商誉是指能在未来期间为企业经营带来超额利润的潜在经济价值，或一家企业预期的获利能力超过可辨认资产正常获利能力(如社会平均投资回报率)的资本化价值，例如，企业所处地理位置的优势或是由于经营效率高、历史悠久、人员素质高等多种原因，与同行企业比较，可以获得超额利润。商誉是企业整体价值的组成部分。在企业合并时，它是购买企业投资成本超过被并企业净资产公允价值的差额。

2. 请思考“杂交水稻的技术”是商誉还是无形资产。

商誉不是无形资产。无形资产是指企业拥有或者控制的没有实物形态的可辨认非货币性资产。商誉的存在无法与企业自身分离，不具有可辨认性。因此，“杂交水稻的技术”需要按照无形资产进行核算。

## 课堂活动

下列各项中，属于无形资产特征的有(　　)。

A. 无形资产是由企业拥有或者控制并能为其带来未来经济利益的资源

B. 无形资产不具有实物形态

C. 无形资产具有可辨认性

D. 无形资产属于非货币性资产

# 任务 2　无形资产的核算

## 任务引例

2025 年 1 月 10 日，天域公司经批准将内部研发成功的非专利技术 X 替代现有的专利技术 Y，并将其予以转销。转销时，专利技术 Y 的成本为 2 000 000 元，已累计摊销 1 000 000 元，未计提减值准备，该专利技术的残值为 0。

假定不考虑其他相关因素，请编制相应的分录。

## 必备知识

### 一、无形资产取得的核算

为了反映和监督无形资产的取得、摊销和处置等情况，企业应当设置“无形资产”“累计摊销”等科目进行核算。

“无形资产”科目核算企业持有的无形资产成本，借方登记取得无形资产的成本，贷方登记处置无形资产转出无形资产的账面余额，期末借方余额，反映企业无形资产的成本。“无形资产”科目应当按照无形资产的项目设置明细科目进行核算。

“累计摊销”科目核算企业对使用寿命有限的无形资产计提的累计摊销，该科目属于“无形资产”的调整科目。“累计摊销”科目的贷方登记企业计提的无形资产摊销，借方登记处置无形资产转出无形资产的累计摊销，期末贷方余额，反映企业无形资产的累计摊销额。

**（一）外购无形资产**

外购无形资产的成本包括购买价款、相关税费以及直接归属于使该项资产达到预定用途所发生的其他支出。其中，相关税费不包括按照现行增值税制度规定，可以从销项税额中抵扣的增值税进项税额。外购无形资产，取得增值税专用发票的，按注明的增值税进项税额，借记“应交税费——应交增值税（进项税额）”科目；取得增值税普通发票的，按照注明的价税合计金额作为无形资产的成本，其进项税额不可抵扣。

【例 6－1】　天域公司为增值税一般纳税人，购入一项非专利技术，取得的增值税专用发票上注明的价款为 300 000 元，税率为 6%，增值税税额为 18 000 元，以银行存款支付。天域公司应编制如下会计分录：

| | | |
|---|---|---|
| 借：无形资产——非专利技术 | 300 000 | |
| 　　应交税费——应交增值税（进项税额） | 18 000 | |
| 　　贷：银行存款 | | 318 000 |

**（二）自行研究开发无形资产的会计处理**

1. 研究阶段和开发阶段的划分

对于企业自行进行的研究开发项目，应当区分研究阶段与开发阶段分别进行核算。在实际工作中，关于研究与开发阶段的具体划分，企业应当根据自身的实际情况以及相关信息加以判断。

(1)研究阶段

研究，是指为获取并理解新的科学或技术知识等进行的有计划的调查。研究活动的例子包括：意在获取知识而进行的活动；研究成果或其他知识的应用研究、评价和最终选择；材料、设备、产品、工序、系统或服务替代品的研究；以及新的或经改进的材料、设备、产品、工序、系统或服务的可能替代品的设计、评价和最终选择等。

研究阶段基本上是探索性的，是为进一步的开发活动进行资料及相关方面的准备，已经进行的研究活动将来是否会转入开发、开发后是否会形成无形资产等均具有较大的不确定性。这一阶段一般不会形成阶段性成果。

(2)开发阶段

开发，是指在进行商业性生产或使用前将研究成果或其他知识应用于某项计划或设计，以生产出新的或具有实质性改进的材料、装置、产品等。开发活动的例子包括：生产前或使用前的原型和模型的设计、建造和测试；含新技术的工具、夹具、模具和冲模的设计；不具有商业性生产经济规模的试生产设施的设计、建造和运营；新的或经改造的材料、设备、产品、工序、系统或服务所选定的替代品的设计、建造和测试等。

相对于研究阶段而言，开发阶段应当是已完成研究阶段的工作，在很大程度上具备了形成一项新产品或新技术的基本条件。

2. 开发阶段有关支出资本化的条件

企业内部研究开发项目开发阶段的支出同时满足下列条件的，才能确认为无形资产：

(1)完成该无形资产以使其能够使用或出售在技术上具有可行性；

(2)具有完成该无形资产并使用或出售的意图；

(3)无形资产产生经济利益的方式，包括能够证明运用该无形资产生产的产品存在市场或无形资产自身存在市场，无形资产将在内部使用的，应当证明其有用性；

(4)有足够的技术、财务资源和其他资源支持，以完成该无形资产的开发，并有能力使用或出售该无形资产；

(5)归属于该无形资产开发阶段的支出能够可靠地计量。

3. 内部开发无形资产的计量

内部开发活动形成的无形资产，其成本由可直接归属于该无形资产的创造、生产并使该无形资产能够以管理层预定的方式运作的所有必要支出组成。可直接归属成本包括：开发该无形资产时耗费的材料、劳务成本、注册费、在开发该无形资产过程中使用的其他专利权和特许权的摊销、按照借款费用的处理原则可以资本化的利息支出等。在开发无形资产过程中发生的、除上述可直接归属于无形资产开发活动之外的其他销售费用、管理费用等间接费用，无形资产达到预定用途前发生的可辨认的无效和初始运作损失，为运行该无形资产发生的培训支出等，不构成无形资产的开发成本。

值得强调的是，内部开发无形资产的成本仅包括在满足资本化条件的时点至无形资产达到预定用途前发生的支出总和，对于同一项无形资产在开发过程中达到资本化条件之前已经费用化计入当期损益的支出不再进行调整。

4. 内部研究开发费用的会计处理

企业内部研究开发项目所发生的支出应区分研究阶段支出和开发阶段支出。

企业自行开发无形资产发生的研发支出，不满足资本化条件的，借记“研发支出——费用化支出”科目;满足资本化条件的,借记“研发支出——资本化支出”科目,贷记“原材料”“银行存款”“应付职工薪酬”等科目。自行研究开发无形资产发生的支出取得增值税专用发票可抵扣的进项税额,借记“应交税费——应交增值税(进项税额)”科目。研究开发项目达到预定用途形成无形资产的,应当按照“研发支出资本化支出”科目的余额,借记“无形资产”科目,贷记“研发支出——资本化支出”科目。期(月)末,应将“研发支出——费用化支出”科目归集的金额转入“管理费用”科目,借记“管理费用”科目,贷记“研发支出——费用化支出”科目。

企业如果无法可靠区分研究阶段的支出和开发阶段的支出,应将发生的研发支出全部费用化,计入当期损益,记入“管理费用”科目的借方。

【例 6—2】 天域公司自行研究、开发一项技术,截至 2023 年 12 月 31 日,发生研发支出合计 1 000 000 元。经测试,该项研发活动完成了研究阶段,从 2023 年 1 月 1 日进入开发阶段。2023 年共发生开发支出 500 000 元,假定符合《企业会计准则第 6 号——无形资产》规定的开发支出资本化的条件,取得的增值税专用发票上注明的增值税税额为 65 000 元。2024 年 11 月 30 日,该项研发活动结束,最终开发出一项非专利技术。

天域公司应编制如下会计分录:

(1)2023 年发生的研发支出:

| | | |
|---|---|---|
| 借:研发支出——费用化支出 | 1 000 000 | |
| 贷:银行存款 | | 1 000 000 |

(2)2023 年 12 月 31 日,结转研究阶段的支出:

| | | |
|---|---|---|
| 借:管理费用 | 1 000 000 | |
| 贷:研发支出——费用化支出 | | 1 000 000 |

(3)2024 年,确认符合资本化条件的研发支出:

| | | |
|---|---|---|
| 借:研发支出——资本化支出 | 500 000 | |
| 应交税费——应交增值税(进项税额) | 65 000 | |
| 贷:银行存款等 | | 565 000 |

(4)2024 年 11 月 30 日,该技术研发完成并形成无形资产:

| | | |
|---|---|---|
| 借:无形资产 | 500 000 | |
| 贷:研发支出——资本化支出 | | 500 000 |

**(三)投资者投入的无形资产**

【例 6—3】 天域公司取得股东投入的一宗土地使用权。取得时,土地使用权的公允价值为 9 000 万元。假定不考虑相关税费。

天域公司取得土地使用权和地上建筑物的账务处理为:

| | | |
|---|---|---|
| 借:无形资产——土地使用权 | 90 000 000 | |
| 贷:实收资本 | | 90 000 000 |

**(四)接受捐赠的无形资产**

【例 6—4】 天域公司接受乙公司捐赠一项专利技术,该专利技术存在的活跃市场价格为 100 万元。假定不考虑相关税费。

天域公司接受该捐赠专利技术的账务处理为:

| | | |
|---|---|---|
| 借:无形资产——专利技术 | 1 000 000 | |
| 贷:营业外收入 | | 1 000 000 |

## 二、无形资产摊销的核算

无形资产的后续计量以其使用寿命为基础。企业应当于取得无形资产时分析判断其使用寿命。无形资产的使用寿命是有限的，应当估计该使用寿命的年限或者构成使用寿命的产量等类似计量单位数量；无法预见无形资产为企业带来未来经济利益期限的，应当视为使用寿命不确定的无形资产。

### （一）无形资产使用寿命的确定

(1)源自合同性权利或其他法定权利取得的无形资产，其使用寿命通常不应超过合同性权利或其他法定权利的期限。

如企业以支付土地出让金方式取得一块土地50年的使用权，如果企业准备持续持有且在50年期间内没有计划出售，则该项土地使用权预期为企业带来未来经济利益的期间为50年。但如果企业使用资产的预期期限短于合同性权利或其他法定权利规定的期限，则应当按照企业预期使用的期限来确定其使用寿命。如企业取得的某项实用新型专利权，法律规定的保护期限为10年，企业预计运用该项实用新型专利权所生产的产品在未来6年内会为企业带来经济利益，则该项专利权的预计使用寿命为6年。

如果合同性权利或其他法定权利能够在到期时因续约等延续，当有证据表明企业续约不需要付出重大成本时，续约期才能够包括在使用寿命的估计中。下列情况一般说明企业无须付出重大成本即可延续合同性权利或其他法定权利：有证据表明合同性权利或法定权利将被重新延续，如果在延续之前需要第三方同意，则还需有第三方将会同意的证据；有证据表明为获得重新延续所必需的所有条件将被满足，以及企业为延续持有无形资产所付出的成本相对于预期从重新延续中流入企业的未来经济利益相比不具有重要性。如果企业为延续无形资产持有期间而付出的成本与预期从重新延续中流入企业的未来经济利益相比具有重要性，则从本质上来看是企业获得了一项新的无形资产。

(2)没有明确的合同或法律规定无形资产的使用寿命的，企业应当综合各方面因素判断，如聘请相关专家进行论证、与同行业的情况进行比较以及参考企业的历史经验等，来确定无形资产为企业带来未来经济利益的期限。

(3)企业经过上述努力仍确实无法合理确定无形资产为企业带来经济利益的期限的，才能将其作为使用寿命不确定的无形资产。

如企业取得了一项在过去几年中市场份额领先的畅销产品的商标，该商标按照法律规定还有5年的使用寿命，但是在保护期届满时，企业可每10年以较低的手续费申请延期，同时有证据表明企业有能力申请延期。此外，有关的调查表明，根据产品生命周期、市场竞争等方面情况综合判断，该商标将在不确定的期间内为企业带来现金流量。综合各方面情况，该商标可视为使用寿命不确定的无形资产。又如，企业通过公开拍卖取得一项出租车运营许可，按照所在地的规定，以现有出租车运营许可权为限，不再授予新的运营许可权，而且在旧的出租车报废以后，有关的运营许可权可用于新的出租车。企业估计在有限的未来将持续经营出租车行业。对于该运营许可权，由于其能为企业带来未来经济利益的期限从目前情况来看无法可靠地估计，因此应将其视为使用寿命不确定的无形资产。

### （二）无形资产使用寿命的复核

企业至少应当于每年年度终了对使用寿命有限的无形资产的使用寿命进行复核。如果有证据表明无形资产的使用寿命与以前估计不同，则应当改变其摊销期限，并按照会计估计变更进行处理。如企业使用的某项专利权，原预计使用寿命为 10 年，使用至第 3 年年末时，该企业计划再使用 2 年即不再使用，为此，在第 3 年末，企业应当变更该项无形资产的使用寿命，并作为会计估计变更进行处理。

企业应当在每个会计期末对使用寿命不确定的无形资产的使用寿命进行复核。如果有证据表明该无形资产的使用寿命是有限的，则应当作为会计估计变更进行处理，并按照使用寿命有限的无形资产的处理原则进行会计处理。

**（三）使用寿命有限的无形资产的摊销**

使用寿命有限的无形资产，应以成本减去累计摊销额和累计减值损失后的余额进行后续计量。无形资产的减值参见本书项目七的相关内容。这里仅重点介绍使用寿命有限的无形资产摊销的处理。使用寿命有限的无形资产，应在其预计的使用寿命内采用系统、合理的方法对应摊销金额进行摊销。

1. 应摊销金额

无形资产的应摊销金额，是指其成本扣除预计残值后的金额。已计提减值准备的无形资产，还应扣除已计提的无形资产减值准备累计金额。无形资产的残值一般为零，但下列情况除外：

（1）有第三方承诺在无形资产使用寿命结束时购买该无形资产；

（2）可以根据活跃市场得到预计残值信息，并且该市场在无形资产使用寿命结束时很可能存在。

无形资产的残值意味着，在其经济寿命结束之前，企业预计将会处置该无形资产，并且从该处置中获得利益。估计无形资产的残值应以资产处置时的可收回金额为基础，此时的可收回金额是指在预计出售日出售一项使用寿命已满且处于类似使用状况下同类无形资产预计的处置价格（扣除相关税费）。残值确定以后，在持有无形资产的期间内，企业至少应于每年末进行复核，预计其残值与原估计金额不同的，应按照会计估计变更进行处理。如果无形资产的残值重新估计以后高于其账面价值的，则无形资产不再摊销，直至残值降至低于账面价值时再恢复摊销。

2. 摊销期和摊销方法

无形资产的摊销期自其可供使用（即其达到预定用途）时起至终止确认时止。企业选择的无形资产摊销方法，应根据与无形资产有关的经济利益的预期消耗方式作出决定，并一致运用于不同会计期间。具体摊销方法包括直线法、产量法等。受技术陈旧因素影响较大的专利权和专有技术等无形资产，可采用类似固定资产加速折旧的方法进行摊销；有特定产量限制的特许经营权或专利权，应采用产量法进行摊销。无法可靠确定其预期消耗方式的，应当采用直线法进行摊销。

由于收入可能受到投入、生产过程和销售等因素的影响，这些因素与无形资产有关经济利益的预期消耗方式无关，因此，企业通常不应以包括使用无形资产在内的经济活动所产生的收入为基础进行摊销，但是，下列极其有限的情况除外：

（1）企业根据合同约定确定无形资产固有的根本性限制条款（如无形资产的使用时间、使用无形资产生产产品的数量或因使用无形资产而应取得固定的收入总额）的，当该条款为因使用无形资产而应取得的固定的收入总额时，取得的收入可以成为摊销的合理基础，如企业获得勘探开采黄金的特许权，且合同明确规定该特许权在销售黄金的收入总额达到某固定的金额时失效。

(2)有确凿的证据表明收入的金额和无形资产经济利益的消耗是高度相关的。

企业采用车流量法对高速公路经营权进行摊销的,不属于以包括使用无形资产在内的经济活动产生的收入为基础的摊销方法。

企业至少应当于每年年度终了,对使用寿命有限的无形资产的使用寿命及摊销方法进行复核,如果有证据表明无形资产的使用寿命及摊销方法与以前估计不同的,则应当改变其摊销期限和摊销方法,并按照会计估计变更进行会计处理。

3.使用寿命有限的无形资产摊销的会计处理

无形资产的摊销金额一般应当计入当期损益,但如果某项无形资产是专门用于生产某种产品或其他资产的,其所包含的经济利益是通过转入所生产的产品或其他资产实现的,则该无形资产的摊销金额应当计入相关资产的成本。例如,一项专门用于生产某种产品的专利技术,其摊销金额应构成所生产产品成本的一部分,计入制造该产品的制造费用。

【例6－5】　天域公司从外单位购得一项新专利技术用于产品生产,支付价款500 000元,款项已支付。该项专利技术使用期限为10年。假定该项无形资产的净残值为0,并按年采用直线法摊销。

天域公司的账务处理如下:

(1)取得无形资产时:

| | | |
|---|---|---|
| 借:无形资产——专利权 | 500 000 | |
| 　　贷:银行存款 | | 500 000 |

(2)按年摊销时:

| | | |
|---|---|---|
| 借:制造费用——专利权摊销 | 50 000 | |
| 　　贷:累计摊销 | | 50 000 |

**(四)使用寿命不确定的无形资产的后续计量**

根据可获得的相关信息判断,有确凿证据表明无法合理估计其使用寿命的无形资产,才能作为使用寿命不确定的无形资产。对于使用寿命不确定的无形资产,在持有期间内不需要进行摊销,但应当至少在每个会计期末按照有关规定进行减值测试。若经减值测试表明已发生减值,则需要计提相应的减值准备,具体账务处理为:借记"资产减值损失"科目,贷记"无形资产减值准备"科目。

## 三、无形资产处置的核算

无形资产的处置,主要是指无形资产对外出租、出售、捐赠,应予转销并终止确认。

**(一)无形资产出售**

企业出售无形资产,表明企业放弃该无形资产的所有权,应将所取得的价款与该无形资产账面价值的差额作为资产处置利得或损失,计入当期损益。应当注意的是,企业出售无形资产确认其利得的时点,应按照收入确认中的相关原则进行确定。

出售无形资产时,应按实际收到的金额等,借记"银行存款"等科目;按已计提的累计摊销额,借记"累计摊销"科目;按原已计提减值准备的,借记"无形资产减值准备"科目;按应支付的相关税费及其他费用,贷记"应交税费""银行存款"等科目;按其账面余额,贷记"无形资产"科目;按其差额,贷记或借记"资产处置损益"科目。

【例6－6】　天域公司为增值税一般纳税人,出售一项专利权不含税价款为100 000元,应缴纳的增值税为6 000元(适用增值税税率为6%,不考虑其他税费)。该专利权成本为70 000

元，出售时已摊销金额为5 000元，已计提的减值准备为3 000元。

甲企业的账务处理为：

借：银行存款　　106 000
　　累计摊销　　5 000
　　无形资产减值准备　　3 000
　　贷：无形资产——专利权　　70 000
　　　　应交税费——应交增值税(销项税额)　　6 000
　　　　资产处置损益　　38 000

**(二)无形资产出租**

企业让渡无形资产使用权并收取租金，在满足收入确认条件的情况下，应确认相关的收入和费用。

出租无形资产取得租金收入时，借记“银行存款”等科目，贷记“其他业务收入”等科目；摊销租出无形资产的成本和发生与转让有关的各种税费支出时，借记“其他业务成本”“税金及附加”等科目，贷记“累计摊销”“应交税费”等科目。

【例6-7】 天域公司将某商标权出租给乙公司使用，每年收取租金150 000元，在出租期间内天域公司不再使用该商标权。天域公司对该商标权采用直线法摊销，每年摊销额为120 000元。天域公司为一般纳税人，适用的增值税税率为6%，且不考虑增值税以外的其他相关税费。

(1)天域公司每年取得租金收入的账务处理为：

借：银行存款　　159 000
　　贷：其他业务收入——出租商标权　　150 000
　　　　应交税费——应交增值税(销项税额)　　9 000

(2)天域公司每年对该商标权进行摊销的账务处理为：

借：其他业务成本——商标权摊销　　120 000
　　贷：累计摊销　　120 000

**(三)无形资产报废**

如果无形资产预期不能为企业带来未来经济利益，如果某无形资产已被其他新技术所替代或超过法律保护期，不能再为企业带来经济利益的，则不再符合无形资产的定义，应将其报废并予以转销，其账面价值转入当期损益(营业外支出)。

【例6-8】 天域公司的一项无形资产成本为1 000 000元，采用直线法进行摊销，预计使用期限为10年，已摊销6年，其间没有减值，残值为0，因技术革新予以转销。假定不考虑其他相关因素，天域公司的账务处理为：

借：营业外支出——处置非流动资产损失　　400 000
　　累计摊销　　600 000
　　贷：无形资产　　1 000 000

## 引例解析

借：累计摊销　　1 000 000
　　营业外支出——非流动资产处置损失　　1 000 000

贷:无形资产——专利技术 Y　　2 000 000

## 课堂活动

2024 年 1 月 1 日,天域公司与乙公司签订合同,购买乙公司的一项专利权。合同约定,天域公司 2024—2028 年每年年末支付 120 万元。当日该专利权的现销价格为 520 万元。天域公司的该项购买行为实质上具有重大融资性质,不考虑其他因素,天域公司该专利权的入账价值为(　　)万元。

A. 520　　B. 600　　C. 120　　D. 80

**项目评价表**

| 学习任务完成评价表 | | | | | |
|---|---|---|---|---|---|
| 评价范围 | 评价标准 | 自我评价（五星制打分） | 小组评价（五星制打分） | 教师评价（五星制打分） | 企业导师评价（五星制打分） |
| 职业素养 | 精益求精、爱岗敬业、责任担当 | | | | |
| 职业知识 | 掌握无形资产业务的核算方法 | | | | |
| 职业能力 | 应用无形资产核算方法进行经济业务的分析 | | | | |

# 项目七　长期股权投资业务核算

| 素质目标 | 知识目标 | 能力目标 |
| --- | --- | --- |
| 培养学生的家国情怀，结合会计实践中广泛存在的信用危机，唤起职业责任，塑造会计精神 | 掌握长期股权投资的确认、计量和会计处理 | 能正确核算长期股权投资取得、持有、处置等业务 |

### 本项目结构导图

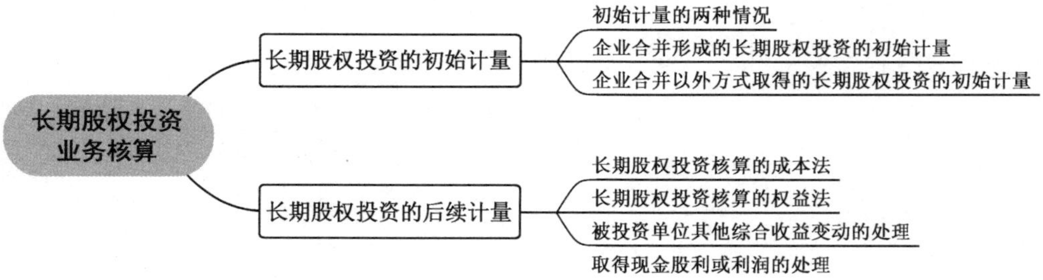


## 任务 1　长期股权投资的初始计量

### 任务引例

天域公司和乙公司为同一母公司最终控制下的两家公司。2025 年 1 月 30 日，天域公司向其母公司支付现金 33 200 000 元，取得母公司拥有的乙公司 100%的股权，于当日起能够对乙公司实施控制，合并后乙公司仍维持其独立法人地位继续经营。当日母公司合并报表中乙公司的净资产账面价值为 35 000 000 元。天域公司和乙公司在合并前采用的会计政策相同，假定不考虑相关税费等其他因素影响，请作出合并日天域公司相应的账务处理。

## 必备知识

### 一、初始计量的两种情况

企业合并形成的长期股权投资，应分别同一控制下控股合并与非同一控制下控股合并两种情况确定其初始投资成本。

### 二、企业合并形成的长期股权投资的初始计量

**（一）同一控制下企业合并形成的长期股权投资**

合并方以支付现金、转让非现金资产或承担债务方式作为合并对价的，应当在合并日按照所取得的被合并方在最终控制方合并财务报表中的净资产的账面价值的份额作为长期股权投资的初始投资成本。被合并方在合并日的净资产账面价值为负数的，长期股权投资成本按零确定，同时在备查簿中予以登记。长期股权投资的初始投资成本与支付的现金、转让的非现金资产及所承担债务账面价值之间的差额，应当调整资本公积（资本溢价或股本溢价）。资本公积（资本溢价或段本溢价）的余额不足冲减的，依次冲减盈余公积和未分配利润。合并方以发行权益性工具作为合并对价的，应按发行股份的面值总额作为股本，长期股权投资的初始投资成本与所发行股份面值总额之间的差额，应当调整资本公积（股本溢价）；资本公积（股本溢价）不足冲减的，依次冲减盈余公积和未分配利润。

合并方发生的审计、法律服务、评估咨询等中介费用以及其他相关管理费用，于发生时计入当期损益。与发行权益性工具作为合并对价直接相关的交易费用，应当冲减资本公积（资本溢价或股本溢价）。资本公积（资本溢价或股本溢价）不足冲减的，依次冲减盈余公积和未分配利润。与发行债务性工具作为合并对价直接相关的交易费用，应当计入债务性工具的初始确认金额。

不在按照合并日应享有被合并方在最终控制方合并财务报表中的净资产的账面价值的份额确定长期股权投资的初始投资成本时，前提是合并前合并方与被合并方采用的会计政策应当一致。企业合并前合并方与被合并方采用的会计政策不同的，应基于重要性原则，统一合并方与被合并方的会计政策，在按照合并方的会计政策对被合并方在最终控制方合并财务报表中的净资产的账面价值进行调整的基础上，计算确定长期股权投资的初始投资成本。如果被合并方编制合并财务报表，则应当以合并日被合并方的合并财务报表为基础确认长期股权投资的初始投资成本。

【例 7—1】　天域公司向其母公司发行 10 000 000 股普通股（每股面值为 1 元，每股公允价值为 5.3 元），取得母公司拥有对 B 公司 100%的股权，并于当日起能够对 B 公司实施控制。合并后 B 公司仍维持其独立法人地位继续经营。天域公司在合并日确认对 B 公司的长期股权投资，初始投资成本为应享有 B 公司在母公司合并财务报表中的净资产账面价值的份额，母公司合并财务报表中的丙公司净资产账面价值为 50 000 000 元。不考虑相关税费等其他因素影响。

天域公司应进行的账务处理为：

借：长期股权投资——B 公司　　50 000 000

　贷：股本　　10 000 000

　　资本公积——股本溢价　　40 000 000

**（二）非同一控制下企业合并形成的长期股权投资**

非同一控制下的控股合并中，购买方应当按照确定的企业合并成本作为长期股权投资的初始投资成本。企业合并成本包括购买方付出的资产、发生或承担的负债、发行的权益性工具或债务性工具的公允价值之和。购买方为企业合并发生的审计、法律服务、评估咨询等中介费用以及其他相关管理费用，应于发生时计入当期损益；购买方作为合并对价发行的权益性工具或债务性工具的交易费用，应当计入权益性工具或债务性工具的初始确认金额。

【例7－2】 天域公司取得D公司70％的股权，并于当日起能够对D公司实施控制。合并中，天域公司支付的有关资产在购买日的账面价值与公允价值：支付的无形资产的账面余额为50 000 000元，已摊销10 000 000元，公允价值为56 000 000元；支付的银行存款为10 000 000元。另外，在合并中，天域公司还支付评估费用2 000 000元。假定合并前天域公司与D公司不存在任何关联方关系。不考虑相关税费等其他因素影响。

天域公司应进行的账务处理为：

| | | |
|---|---|---|
| 借：长期股权投资——D公司 | 66 000 000 | |
| 　　累计摊销 | 10 000 000 | |
| 　　管理费用 | 2 000 000 | |
| 　贷：无形资产 | | 50 000 000 |
| 　　　银行存款 | | 12 000 000 |
| 　　　资产处置损益 | | 16 000 000（差额） |

## 三、企业合并以外方式取得的长期股权投资的初始计量

**（一）以支付现金取得的长期股权投资**

以支付现金取得的长期股权投资，应当按照实际支付的购买价款作为初始投资成本，包括与取得长期股权投资直接相关的费用、税金及其他必要支出，但不包括应自被投资单位收取的已宣告但尚未发放的现金股利或利润。

【例7－3】 天域公司自公开市场中买入B公司20％的股份，实际支付价款60 000 000元，在购买过程中支付手续费等相关费用1 000 000元。天域公司取得该部分股权后能够对B公司施加重大影响。假定天域公司取得该项投资时，B公司已宣告但尚未发放现金股利，天域公司按其持股比例计算确定可分得200 000元。

本例中，天域公司应当按照实际支付的购买价款扣减应收未收的现金股利后的余额作为取得长期股权投资的成本。

天域公司应进行的账务处理为：

| | | |
|---|---|---|
| 借：长期股权投资——投资成本 | 60 800 000 | |
| 　　应收股利 | 200 000 | |
| 　贷：银行存款 | | 61 000 000 |

**（二）以发行权益性证券方式取得的长期股权投资**

以发行权益性证券取得的长期股权投资，应当按照发行权益性证券的公允价值作为初始投资成本，但不包括应自被投资单位收取的已宣告但尚未发放的现金股利或利润。为发行权益性证券支付的手续费、佣金等与发行直接相关的费用，不构成长期股权投资的初始投资成本。这部分费用应自所发行证券的溢价发行收入中扣除，溢价收入不足冲减的，应依次冲减盈余公积和未分配利润。

【例 7—4】　天域公司通过增发 60 000 000 股(每股面值为 1 元)本企业普通股为对价,从非关联方处取得对 D 公司 20%的股权,所增发股份的公允价值为 62 000 000 元。为增发该部分普通股,天域公司支付了 3 000 000 元的佣金和手续费。取得 D 公司股权后,天域公司能够对 B 公司施加重大影响。不考虑相关税费等其他因素影响。

本例中,天域公司应当以所发行股份的公允价值作为取得长期股权投资的成本。

天域公司应进行的账务处理为:

(1)取得长期股权投资:

| | | |
|---|---|---|
| 借:长期股权投资——投资成本 | 62 000 000 | |
| 　　贷:股本 | | 60 000 000 |
| 　　　　资本公积——股本溢价 | | 2 000 000 |

(2)支付佣金和手续费:

| | | |
|---|---|---|
| 借:资本公积——股本溢价 | 3 000 000 | |
| 　　贷:银行存款 | | 3 000 000 |

一般而言,投资者投入的长期股权投资应根据法律法规的要求进行评估作价。在公平交易当中,投资者投入的长期股权投资的公允价值与所发行证券(工具)的公允价值不应存在重大差异。如有确凿证据表明,取得长期股权投资的公允价值比所发行证券(工具)的公允价值更加可靠的,以投资者投入的长期股权投资的公允价值为基础确定其初始投资成本。投资方通过发行债务性证券(债务性工具)取得长期股权投资的,比照通过发行权益性证券(权益性工具)处理。

### 引例解析

| | | |
|---|---|---|
| 借:长期股权投资——乙公司 | 35 000 000 | |
| 　　贷:银行存款 | | 33 200 000 |
| 　　　　资本公积——股本溢价 | | 1 800 000 |

### 课堂活动

天域公司持有乙公司 30%的股份,并且对乙公司具有重大影响。天域公司应将该股权投资按照以下(　　)方式核算。

A. 成本法　　　　B. 权益法　　　　C. 公允价值计量　　　　D. 历史成本法

## 任务 2　长期股权投资的后续计量

### 任务引例

2024 年 7 月 1 日,天域公司自非关联方处取得 B 公司 60%的股权,成本为 10 000 000 元,相关手续于当日完成,并能够对 B 公司实施控制。2025 年 1 月 1 日,B 公司宣告分派现金股利，天域公司按照持股比例可取得 600 000 元。天域公司于 2025 年 1 月 31 日实际收到分派的现金股利。不考虑相关税费等其他因素的影响，作出天域公司相关的会计分录。

## 必备知识

企业取得的长期股权投资，在持续持有期间视对被投资单位的影响程度等情况的不同，应分别采用成本法及权益法进行核算。对子公司的长期股权投资应当按成本法核算，对合营企业、联营企业的长期股权投资应当按权益法核算。

### 一、长期股权投资核算的成本法

投资方持有的对子公司的投资应当采用成本法核算，投资方为投资性主体且子公司不纳入其合并财务报表的除外。投资方在判断对被投资单位是否具有控制时，应综合考虑直接持有的股权和通过子公司间接持有的股权。在个别财务报表中，投资方进行成本法核算时，应仅考虑直接持有的股权份额。

采用成本法核算的长期股权投资，应当按照初始投资成本计价。追加或收回投资应当调整长期股权投资的成本。在追加投资时，按照追加投资支付的成本的公允价值及发生的相关交易费用增加长期股权投资的账面价值。

被投资单位宣告分派现金股利或利润的，投资方根据应享有的部分确认当期投资收益。投资企业在确认自被投资单位应分得的现金股利或利润后，应当考虑长期股权投资是否发生减值。在判断该类长期股权投资是否存在减值迹象时，应当关注长期股权投资的账面价值是否大于享有被投资单位净资产（包括相关商誉）账面价值的份额等情况。出现类似情况时，企业应当按照本书项目七的相关内容对长期股权投资进行减值测试，可收回金额低于长期股权投资账面价值的，应当计提减值准备。

子公司将未分配利润或盈余公积直接转增股本（实收资本），且未向投资方提供等值现金股利或利润的选择权时，母公司并没有获得收取现金股利或者利润的权力，这通常属于子公司自身权益结构的重分类，母公司不应确认相关的投资收益。

### 二、长期股权投资核算的权益法

#### （一）权益法的适用范围

对合营企业和联营企业投资应当采用权益法核算。投资方在判断对被投资单位是否具有共同控制、重大影响时，应综合考虑直接持有的股权和通过子公司间接持有的股权。在综合考虑直接持有的股权和通过子公司间接持有的股权后，如果认定投资方在被投资单位拥有共同控制或重大影响，在个别财务报表中，投资方进行权益法核算时，应仅考虑直接持有的股权份额；在合并财务报表中，投资方进行权益法核算时，应同时考虑直接持有和间接持有的份额。

#### （二）权益法的会计处理

第一，初始投资或追加投资时，按照初始投资成本或追加投资的成本，增加长期股权投资的账面价值。

第二，比较初始投资成本与投资时应享有被投资单位可辨认净资产公允价值的份额，前者大于后者的，不调整长期股权投资账面价值；前者小于后者的，应当按照两者之间的差额调增长期股权投资的账面价值，同时计入取得投资当期损益（营业外收入）。

第三，持有投资期间，随着被投资单位所有者权益的变动相应调整增加或减少长期股权投资的账面价值，并分别以下情况处理：对于因被投资单位实现净损益和其他综合收益而产生的所有者权益的变动，投资方应当按照应享有的份额，增加或减少长期股权投资的账面价值，同时确认投资损益和其他综合收益；对于被投资单位宣告分派的利润或现金股利计算应分得的部分，相应减少长期股权投资的账面价值；对于被投资单位除净损益、其他综合收益以及利润分配以外的因素导致的其他所有者权益变动，相应调整长期股权投资的账面价值，同时确认资本公积(其他资本公积)。

值得注意的是，尽管在评估投资方对被投资单位是否具有重大影响时，应当考虑潜在表决权的影响，但在确定应享有的被投资单位实现的净损益、其他综合收益和其他所有者权益变动的份额时，潜在表决权所对应的权益份额不应予以考虑。

在持有投资期间，被投资单位编制合并财务报表的，应当以合并财务报表中净利润、其他综合收益和其他所有者权益变动中归属于被投资单位的金额为基础进行会计处理。

此外，如果被投资单位发行了分类为权益的可累积优先股等类似的权益工具，无论被投资单位是否宣告分配优先股股利，投资方计算应享有被投资单位的净利润时，均应将归属于其他投资方的累积优先股股利予以扣除。

**(三)权益法的具体账务处理**

1.初始投资成本的调整

投资方取得对联营企业或合营企业的投资以后，对于取得投资时初始投资成本与应享有被投资单位可辨认净资产公允价值份额之间的差额，应区别情况处理。

情况一：初始投资成本大于取得投资时应享有被投资单位可辨认净资产公允价值份额的，该部分差额是投资方在取得投资过程中通过作价体现出的与所取得股权份额相对应的商誉价值，这种情况下不要求对长期股权投资的成本进行调整。

情况二：初始投资成本小于取得投资时应享有被投资单位可辨认净资产公允价值份额的，两者之间的差额体现为双方在交易作价过程中转让方的让步，该部分经济利益流入应计入取得投资当期的营业外收入，同时调整增加长期股权投资的账面价值。

【例7—5】　天域公司于2025年1月1日取得B公司30%的股权，支付价款35 000 000元。天域公司在取得对B公司的股权后，派人参与了B公司的财务和生产经营决策，能够对B公司的生产经营决策施加重大影响，天域公司对该项投资采用权益法核算。取得投资时B公司所有者权益(假设当期B企业可辨认资产、负债的公允价值与其账面价值相同)的构成如下表所示(单位：元)：

| | |
|---|---|
| 实收资本 | 35 000 000 |
| 资本公积 | 24 000 000 |
| 盈余公积 | 6 000 000 |
| 未分配利润 | 15 000 000 |
| 所有者权益总额 | 80 000 000 |

天域公司应进行的账务处理为：

借：长期股权投资——投资成本　　35 000 000

　　贷：银行存款　　35 000 000

长期股权投资的成本35 000 000元大于取得投资时应享有B公司可辨认净资产公允价

值的份额 24 000 000 元(80 000 000×30%),不对其初始投资成本进行调整。

假定上例中取得投资时 B 公司可辨认净资产公允价值为 120 000 000 元,天域公司按持股比例 30%计算确定应享有 36 000 000 元,则初始投资成本与应享有 B 公司可辨认净资产公允价值份额之间的差额 6 000 000 元应计入取得投资当期的损益。

借:长期股权投资——投资成本　　36 000 000

　　贷:银行存款　　35 000 000

　　　　营业外收入　　1 000 000

2. 投资损益的确认

采用权益法核算的长期股权投资,在确认应享有(或分担)被投资单位的净利润(或净亏损)时,在被投资单位账面净利润的基础上应考虑以下因素的影响进行适当调整:

第一,被投资单位采用的会计政策和会计期间与投资方不一致的,应按投资方的会计政策和会计期间对被投资单位的财务报表进行调整,在此基础上确定被投资单位的损益。

第二,以取得投资时被投资单位固定资产、无形资产等的公允价值为基础计提的折旧额或摊销额,以及有关资产减值准备金额等对被投资单位净利润的影响。投资方取得投资时,被投资单位有关资产、负债的公允价值与其账面价值不同的,未来期间,在计算归属于投资方应享有的净利润或应承担的净亏损时,应考虑对被投资单位计提的折旧额、摊销额以及资产减值准备金额等进行调整。

投资方在对被投资单位的净利润进行调整时,应考虑重要性原则,不具有重要性的项目可不予调整。投资企业无法合理确定取得投资时被投资单位各项可辨认资产、负债等公允价值的,或者投资时被投资单位可辨认资产、负债的公允价值与账面价值之间的差额不具有重要性的,或是其他原因导致无法取得对被投资单位净利润进行调整所需资料的,可以按照被投资单位的账面净利润为基础,经调整未实现内部交易损益后,计算确认投资收益。

【例 7—6】　承接【例 7—5】,假定天域公司长期股权投资的成本大于取得投资时乙公司可辨认净资产公允价值份额,2025 年 B 公司实现净利润 9 000 000 元。天域公司、B 公司均以公历年度作为会计年度,采用相同的会计政策。由于投资时 B 公司各项资产、负债的账面价值与其公允价值相同,不需要对 B 公司的净利润进行调整,天域公司应确认的投资收益为 2 700 000 元(9 000 000×30%),一方面增加长期股权投资的账面价值,另一方面作为利润表中的投资收益确认。

天域公司应进行的账务处理为:

借:长期股权投资——损益调整　　2 700 000

　　贷:投资收益　　2 700 000

## 三、被投资单位其他综合收益变动的处理

被投资单位其他综合收益发生变动的,投资方应当按照归属于本企业的部分,相应调整长期股权投资的账面价值,同时增加或减少其他综合收益。

【例 7—7】　天域公司持有 B 公司 30%的股份,能够对 B 公司施加重大影响。当期,B 公司因持有分类为以公允价值计量且其变动计入其他综合收益的金融资产(其他债权投资)公允价值的变动计入其他综合收益的金额为 30 000 000 元,除该事项外,B 公司当期实现的净利润为 90 000 000 元。假定天域公司与 B 公司适用的会计政策、会计期间相同,两者在当期及以前期间未发生任何内部交易,投资时 B 公司各项可辨认资产、负债的公允价值与其账面价值相同。不考虑相关税费等其他因素影响。

天域公司应进行的账务处理为：

借：长期股权投资——损益调整　　30 000 000(90 000 000×30%)

　　　　　　　——其他综合收益　　9 000 000(30 000 000×30%)

　　贷：投资收益　　30 000 000

　　　　其他综合收益　　9 000 000

## 四、取得现金股利或利润的处理

按照权益法核算的长期股权投资，投资方自被投资单位取得的现金股利或利润，应抵减长期股权投资的账面价值。在被投资单位宣告分派现金股利或利润时，借记“应收股利”科目，贷记“长期股权投资——损益调整”科目。

### 引例解析

天域公司应进行的账务处理为：

(1)2024 年 7 月 1 日：

借：长期股权投资——B 公司　　10 000 000

　　贷：银行存款　　10 000 000

(2)2025 年 1 月 1 日：

借：应收股利　　600 000

　　贷：投资收益　　600 000

(3)2025 年 1 月 31 日：

借：银行存款　　600 000

　　贷：应收股利　　600 000

### 课堂活动

以下哪种情况会导致长期股权投资的账面价值增加？(　　)

A. 被投资单位发生亏损　　B. 被投资单位分配现金股利

C. 被投资单位实现净利润　　D. 被投资单位发生减值

**项目评价表**

| 学习任务完成评价表 | | | | | |
|---|---|---|---|---|---|
| 评价范围 | 评价标准 | 自我评价(五星制打分) | 小组评价(五星制打分) | 教师评价(五星制打分) | 企业导师评价(五星制打分) |
| 职业素养 | 责任担当、严谨求实、科学论证 | | | | |
| 职业知识 | 掌握长期股权投资各项业务的核算方法 | | | | |
| 职业能力 | 应月长期股权投资的核算方法分析各项金融业务 | | | | |

# 项目八　投资性房地产业务核算

| 素质目标 | 知识目标 | 能力目标 |
| --- | --- | --- |
| 培养学生的家国情怀，结合中国房地产市场的价格变迁，引导学生关心国家大事，关注国家经济运行规律 | 1. 理解投资性房地产的定义和特征，掌握投资性房地产的范围；<br>2. 掌握外购、自行建造、内部转换形成的投资性房地产的初始计量及相关业务的核算方法；<br>3. 掌握投资性房地产持有期间两种计量模式下的会计核算方法；<br>4. 掌握投资性房地产处置的核算方法 | 1. 能确认投资性房地产；<br>2. 能核算外购、自行建造和内部转换形成的投资性房地产业务；<br>3. 能核算两种计量模式下投资性房地产持有期间的后续业务；<br>4. 能核算处置投资性房地产的业务 |

## 本项目结构导图

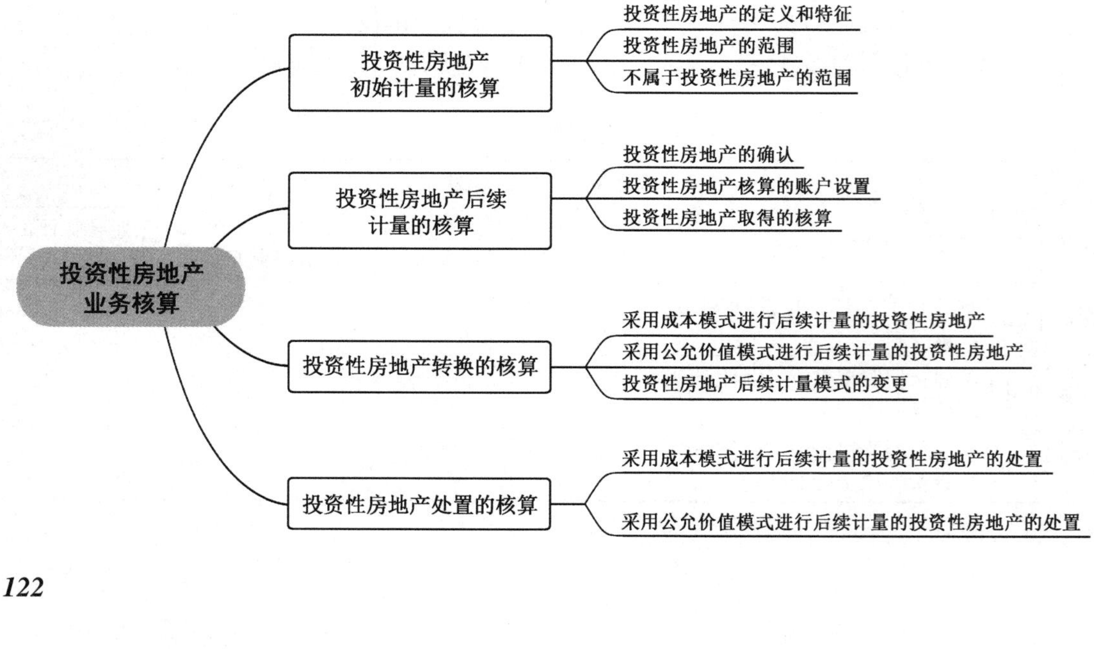

# 任务1　投资性房地产初始计量的核算

## 任务引例

2025年1月，天域公司计划购入一栋写字楼用于对外出租。1月5日，天域公司与乙企业签订了经营租赁合同，约定自写字楼购买日起将该栋写字楼出租给乙企业，为期5年。1月15日，天域公司实际购入写字楼，支付价款共计1 000万元。

假设不考虑相关税费及其他因素影响，请进行账务处理。

## 必备知识

### 一、投资性房地产的定义和特征

**（一）定义**

投资性房地产，是指为赚取租金或资本增值，或两者兼有而持有的房地产。投资性房地产应当能够单独计量和出售。

**（二）特征**

1. 投资性房地产是一种经营性活动

投资性房地产的主要形式是出租建筑物、出租土地使用权，这实质上属于一种让渡资产使用权行为。房地产租金就是让渡资产使用权取得的使用费收入，是企业为完成其经营目标所从事的经营性活动以及与之相关的其他活动形成的经济利益总流入。投资性房地产的另一种形式是持有并准备增值后转让的土地使用权，尽管其增值收益通常与市场供求、经济发展等因素相关，但目的是增值后转让以赚取增值收益，也是企业为完成其经营目标所从事的经营性活动以及与之相关的其他活动形成的经济利益总流入。

2. 投资性房地产在用途、状态、目的等方面区别于作为生产经营场所的房地产和用于销售的房地产

企业持有的房地产除了用作自身管理、生产经营活动场所和对外销售之外，出现了将房地产用于赚取租金或增值收益的活动，甚至成为个别企业的主营业务。这就需要将投资性房地产单独作为一项资产核算和反映，与自用的厂房、办公楼等房地产和作为存货（已建完工商品房）的房地产加以区别，从而更加清晰地反映企业所持有房地产的构成情况和盈利能力。

### 二、投资性房地产的范围

投资性房地产主要包括已出租的建筑物和已出租的土地使用权、持有并准备增值后转让的土地使用权。

**（一）已出租的建筑物**

已出租的建筑物，是指企业拥有产权并出租的房屋等建筑物，包括自行建造或开发活动完成后用于出租的建筑物。

企业在判断和确认已出租的建筑物时应当把握以下要点：

(1)用于出租的建筑物是指企业拥有产权的建筑物,企业租入再转租的建筑物不属于投资性房地产。

(2)已出租的建筑物是企业已经与其他方签订了租赁协议,约定出租的建筑物。一般应自租赁协议规定的租赁期开始日起,租出的建筑物才作为已出租的建筑物。

(3)企业将建筑物出租,按租赁协议向承租人提供的相关辅助服务在整个协议中不重大的,应当将该建筑物确认为投资性房地产。例如,企业将其办公楼出租,同时向承租人提供维护、保安等日常辅助服务,企业应当将其确认为投资性房地产。

**(二)已出租的土地使用权**

已出租的土地使用权,是指企业通过出让或转让方式取得并以经营租赁方式出租的土地使用权。企业计划用于出租但尚未出租的土地使用权,不属于此类。对于租入土地使用权再转租给其他单位的,不能确认为投资性房地产。

**(三)持有并准备增值后转让的土地使用权**

持有并准备增值后转让的土地使用权,是指企业通过出让或转让方式取得并准备增值后转让的土地使用权。但是,按照国家有关规定认定的闲置土地,不属于持有并准备增值的土地使用权。

## 三、不属于投资性房地产的范围

**(一)自用房地产**

自用房地产,指为生产商品、提供劳务或者经营管理而持有的房地产,包括自用建筑物和自用土地使用权。

**(二)作为存货的房地产**

作为存货的房地产,指房地产开发企业在正常经营过程中销售的或为销售而正在开发的商品房和土地。

**(三)多种用途且不能单独计量和出售的房地产**

多种用途且不能单独计量和出售的房地产,指某项房地产部分用于赚取租金或资本增值,部分自用,能够单独计量和出售的、用于赚取租金或资本增值的部分,应当确认为投资性房地产;不能够单独计量和出售的、用于赚取租金或资本增值的部分,不确认为投资性房地产。该项房地产自用的部分,以及不能够单独计量和出售的、用于赚取租金或资本增值的部分,应当确认为固定资产或无形资产。

### 引例解析

借:投资性房地产——写字楼　　10 000 000

　　贷:银行存款　　10 000 000

### 课堂活动

下列各项中,属于企业投资性房地产的是(　　)。

A. 用于出售的楼盘　　B. 用于自建厂房的土地使用权

C. 拥有并自行经营的旅馆　　　　D. 已出租的办公楼

# 任务 2　投资性房地产后续计量的核算

## 任务引例

2024 年 5 月，天域公司与 B 公司的一项厂房经营租赁合同即将到期。该厂房原价为 30 000 000 元，已计提折旧 5 000 000 元。为了提高厂房的租金收入，天域公司决定在租赁期满后对该厂房进行改、扩建，并与丙公司签订了经营租赁合同，约定自改、扩建完工时将该厂房出租给丙公司。

请作出天域公司的账务处理。

## 必备知识

### 一、投资性房地产的确认

**（一）投资性房地产的确认条件**

投资性房地产只有在符合定义并同时满足下列条件时，才能予以确认：

（1）与该投资性房地产有关的经济利益很可能流入企业；

（2）该投资性房地产的成本能够可靠计量。

**（二）投资性房地产的确认时间**

1. 外购投资性房地产的确认时间

企业外购的房地产，只有在购入的同时开始对外出租或用于资本增值，才能作为投资性房地产加以确认。

企业购入房地产，自用一段时间之后再改为出租或用于资本增值的，应当先将外购的房地产确认为固定资产或无形资产，自租赁期开始日或用于资本增值之日起，才能从固定资产或无形资产转换为投资性房地产。

2. 自行建造投资性房地产的确认时间

企业自行建造的房地产，只有在自行建造活动完成（即达到预定可使用状态）的同时开始对外出租或用于资本增值，才能将自行建造的房地产确认为投资性房地产。自行建造的投资性房地产的成本，由建造该项房地产达到预定可使用状态前发生的必要支出构成。

企业自行建造房地产达到预定可使用状态后一段时间才对外出租或用于资本增值的，应当先将自行建造的房地产确认为固定资产、无形资产或存货，自租赁期开始日或用于资本增值之日开始，从固定资产、无形资产或存货转换为投资性房地产。

### 二、投资性房地产核算的账户设置

为了反映和监督投资性房地产的取得、后续计量、处置等情况，企业应当设置“投资性房地产”“投资性房地产累计折旧”或“投资性房地产累计摊销”“公允价值变动损益”“其他业务收入”“其他业务成本”等科目进行核算。投资性房地产作为企业主营业务，应当设置“主营业务收入”和“主营业务成本”科目核算相关的损益。

“投资性房地产”科目核算企业采用成本模式计量的投资性房地产的成本或采用公允价值模式计量的投资性房地产的公允价值。“投资性房地产”科目的借方登记企业投资性房地产的取得成本、资产负债表日其公允价值高于账面余额的差额等；贷方登记资产负债表日其公允价值低于账面余额的差额、处置投资性房地产时结转的成本和公允价值变动等。企业可以按照投资性房地产类别和项目进行明细核算。采用公允价值模式计量的投资性房地产，还应当分别设置“成本”和“公允价值变动”明细科目进行核算。

采用成本模式计量的投资性房地产的累计折旧或累计摊销，可以单独设置“投资性房地产累计折旧”或“投资性房地产累计摊销”科目，参照“累计折旧”“累计摊销”等科目进行账务处理。

采用成本模式计量的投资性房地产发生减值的，可以单独设置“投资性房地产减值准备”科目，比照“固定资产减值准备”“无形资产减值准备”科目进行账务处理。

“其他业务收入”和“其他业务成本”科目分别核算企业投资性房地产取得租金收入、处置投资性房地产实现的收入和投资性房地产计提的折旧或进行摊销、处置投资性房地产结转的成本。

## 三、投资性房地产取得的核算

### （一）外购投资性房地产的核算

企业外购投资性房地产时应当按照取得时的实际成本进行初始计量。取得时的实际成本，包括购买价款、相关税费和可直接归属于该资产的其他支出。采用成本模式进行后续计量的，企业应当在购入投资性房地产时，借记“投资性房地产”科目，贷记“银行存款”等科目；采用公允价值模式进行后续计量的，企业应当在购入投资性房地产时，借记“投资性房地产成本”科目，贷记“银行存款”等科目。

### （二）自行建造投资性房地产的核算

自行建造投资性房地产，其成本由建造该项资产达到预定可使用状态前发生的必要支出构成，包括土地开发费、建筑成本、安装成本、应予以资本化的借款费用、支付的其他费用和分摊的间接费用等。采用成本模式进行后续计量的，应按照确定的自行建造投资性房地产成本，借记“投资性房地产”科目，贷记“在建工程”或“开发产品”科目。采用公允价值模式进行后续计量的，应按照确定的自行建造投资性房地产成本，借记“投资性房地产——成本”科目，贷记“在建工程”或“开发产品”科目。

### （三）内部转换形成投资性房地产的核算

企业将作为存货的房地产转换为投资性房地产的，应当按照该项存货在转换日的账面余额或公允价值，借记“投资性房地产”科目（后续计量采用成本模式）或“投资性房地产——成本”科目（后续计量采用公允价值模式），按照其账面余额，贷记“开发产品”科目，按照其差额，贷记“其他综合收益”科目（贷方差额情况下）或借记“公允价值变动损益”科目（借方余额情况下）。已计提存货跌价准备的，还应当同时结转存货跌价准备。

企业将自用的建筑物等转换为投资性房地产的，应当按照其在转换日的原价、累计折旧等，分别转入“投资性房地产”“投资性房地产累计折旧”“投资性房地产减值准备”等科目；或者按其在转换日的公允价值，借记“投资性房地产——成本”科目，按照已计提的累计折旧等，借记"累计折旧"等科目，按其账面余额，贷记"固定资产"等科目，按其差额，贷记"其他综合收益"科目(贷方余额情况下)或借记"公允价值变动损益"科目(借方余额情况下)。已计提固定资产减值准备的，还应同时结转固定资产减值准备。

### 引例解析

投资性房地产转入改、扩建工程。

| | | |
|---|---|---|
| 借：投资性房地产——厂房(在建) | 25 000 000 | |
| 　　投资性房地产累计折旧 | 5 000 000 | |
| 　　贷：投资性房地产——厂房 | | 30 000 000 |

### 课堂活动

企业将自建房转换为以公允价值进行后续计量的投资性房地产，下列表述中正确的有(　　)。

A. 投资性房地产应按转换日的原账面价值计量

B. 投资性房地产应按转换日的公允价值计量

C. 转换日的公允价值小于原账面价值的，其差额计入公允价值变动损益

D. 转换日的公允价值大于原账面价值的，其差额计入其他综合收益

## 任务 3　投资性房地产转换的核算

### 任务引例

天域公司与B公司签订租赁协议，约定将天域公司新建造的一栋写字楼租赁给B公司使用，租赁期为10年。该写字楼所在区域有活跃的房地产交易市场，而且能够从房地产交易市场上取得同类房地产的市场报价，天域公司决定采用公允价值模式对该项出租的房地产进行后续计量。写字楼的造价成本为80 000 000元，公允价值为84 000 000元。

请作出天域公司的账务处理。

### 必备知识

投资性房地产的后续计量有成本和公允价值两种模式，通常应当采用成本模式计量，满足特定条件时也可以采用公允价值模式计量。但是，同一企业只能采用一种模式对所有投资性房地产进行后续计量，不得同时采用两种计量模式。

#### 一、采用成本模式进行后续计量的投资性房地产

企业通常应当采用成本模式对投资性房地产进行后续计量。采用成本模式进行后续计量

的投资性房地产，应当遵循以下会计处理规定：

第一，按照固定资产或无形资产的有关规定，按期（月）计提折旧或摊销，借记“其他业务成本”等科目，贷记“投资性房地产累计折旧（摊销）”科目。

第二，取得的租金收入，借记“银行存款”等科目，贷记“其他业务收入”等科目。

第三，投资性房地产存在减值迹象的，适用资产减值的有关规定。经减值测试后确定发生减值的，应当计提减值准备，借记“资产减值损失”科目，贷记“投资性房地产减值准备”科目。已经计提减值准备的投资性房地产，其减值损失在以后的会计期间不得转回。

【例8－1】 天域公司将一栋写字楼出租给B公司使用，并将该写字楼确认为投资性房地产，采用成本模式进行后续计量。假设这栋办公楼的成本为36 000 000元，按照年限平均法计提折旧，使用寿命为20年，预计净残值为0。经营租赁合同约定，B公司每月以银行存款支付天域公司租金600 000元。

天域公司的账务处理如下：

(1)每月计提折旧：

每月计提的折旧＝(36 000 000÷20)÷12＝150 000(元)

借：其他业务成本　　150 000

　　贷：投资性房地产累计折旧　　150 000

(2)每月确认租金收入：

借：银行存款　　600 000

　　贷：其他业务收入　　600 000

## 二、采用公允价值模式进行后续计量的投资性房地产

只有存在确凿证据表明投资性房地产的公允价值能够持续可靠取得的情况下，企业才可以采用公允价值模式对投资性房地产进行后续计量。企业一旦选择采用公允价值计量模式，就应当对其所有投资性房地产均采用公允价值模式进行后续计量。

### （一）采用公允价值模式计量的条件

采用公允价值模式进行后续计量的投资性房地产，应当同时满足以下两个条件：

第一，投资性房地产所在地有活跃的房地产交易市场。所在地，通常指投资性房地产所在的城市，对于大中型城市，应当为投资性房地产所在的城区。

第二，企业能够从活跃的房地产交易市场上取得同类或类似房地产的市场价格及其他相关信息，从而对投资性房地产的公允价值作出合理的估计。

同类或类似的房地产，对建筑物而言，是指所处地理位置和地理环境相同、性质相同、结构类型相同或相近、新旧程度相同或相近、可使用状况相同或相近的建筑物；对土地使用权而言，是指同一位置区域、所处地理环境相同或相近、可使用状况相同或相近的土地。

投资性房地产的公允价值是市场参与者在计量日的有序交易中出售该房地产所能收到的金额。确定投资性房地产的公允价值时，应当参照活跃市场上同类或类似房地产的现行市场价格（市场公开报价）；无法取得同类或类似房地产现行市场价格的，应当参照活跃市场上同类或类似房地产的最近交易价格，并考虑交易情况、交易日期、所在区域等因素，从而对投资性房地产的公允价值作出合理的估计；也可以基于预计未来获得的租金收益和相关现金流量予以估计。

**（二）采用公允价值模式计量的会计处理规定**

采用公允价值模式进行后续计量的投资性房地产，应当遵循以下会计处理规定：

（1）不对投资性房地产计提折旧或摊销。企业应当以资产负债表日投资性房地产的公允价值为基础调整其账面价值，公允价值与原账面价值之间的差额计入当期损益。

资产负债表日，投资性房地产的公允价值高于原账面价值的差额，借记“投资性房地产——公允价值变动”科目，贷记“公允价值变动损益”科目；公允价值低于原账面价值的差额，做相反的账务处理。

（2）取得的租金收入，借记“银行存款”等科目，贷记“其他业务收入”等科目。

## 三、投资性房地产后续计量模式的变更

为保证会计信息的可比性，企业对投资性房地产的计量模式一经确定，不得随意变更。只有在房地产市场比较成熟、能够满足采用公允价值模式条件的情况下，才允许企业对投资性房地产从成本模式计量变更为以公允价值模式计量。成本模式转为公允价值模式的，应当作为会计政策变更处理，将计量模式变更时公允价值与账面价值的差额调整期初留存收益。企业变更投资性房地产计量模式，符合《企业会计准则第 3 号——投资性房地产》规定的，应当按照计量模式变更日投资性房地产的公允价值，借记“投资性房地产成本”科目，按照已计提的折旧或摊销，借记“投资性房地产累计折旧（摊销）”科目，原已计提减值准备的，借记“投资性房地产减值准备”科目，按照原账面余额，贷记“投资性房地产”科目，按照公允价值与其账面价值之间的差额，贷记或借记“利润分配——未分配利润”“盈余公积”等科目。

已采用公允价值模式计量的投资性房地产，不得从公允价值模式转为成本模式。

在极少数情况下，采用公允价值对投资性房地产进行后续计量的企业，有证据表明，当企业首次取得某项投资性房地产（或某项现有房地产在完成建造或开发活动或改变用途后首次成为投资性房地产）时，该投资性房地产的公允价值不能持续可靠取得的，应当对该投资性房地产采用成本模式计量直至处置，并且假设无残值。但是，采用成本模式对投资性房地产进行后续计量的企业，即使有证据表明企业首次取得某项投资性房地产时该投资性房地产的公允价值能够持续可靠取得的，该企业仍应对该投资性房地产采用成本模式进行后续计量。

与投资性房地产有关的后续支出，满足投资性房地产确认条件的，应当计入投资性房地产成本。例如，企业为了提高投资性房地产的使用效能，往往需要对投资性房地产进行改建、扩建而使其更加坚固耐用，或者通过装修而改善其室内装潢，改扩建或装修支出满足确认条件的，应当将其资本化。

采用成本模式计量的，投资性房地产进入改扩建或装修阶段后，应当将其账面价值转入改扩建工程，借记“投资性房地产在建”“投资性房地产累计折旧”等科目，贷记“投资性房地产”科目。发生资本化的改良或装修支出，通过“投资性房地产——在建”科目归集，借记“投资性房地产——在建”科目，贷记“银行存款”“应付账款”等科目。改扩建或装修完成后，借记“投资性房地产”科目，贷记“投资性房地产——在建”科目。

采用公允价值模式计量的，投资性房地产进入改扩建或装修阶段，借记“投资性房地产——在建”科目，贷记“投资性房地产——成本”“投资性房地产——公允价值变动”等科目；在改扩建或装修完成后，借记“投资性房地产——成本”科目，贷记“投资性房地产——在建”科目。

企业对某项投资性房地产进行改扩建等再开发且将来仍作为投资性房地产的，再开发期

间应继续将其作为投资性房地产，不计提折旧或摊销。

与投资性房地产有关的后续支出，不满足投资性房地产确认条件的，如企业对投资性房地产进行日常维护所发生的支出，应当在发生时计入当期损益，借记“其他业务成本”等科目，贷记“银行存款”等科目。

### 引例解析

天域公司的账务处理如下：

(1)天域公司出租写字楼：

借：投资性房地产——成本　　80 000 000

　　贷：固定资产　　80 000 000

(2)按照公允价值调整其账面价值，公允价值与原账面价值之间的差额计入当期损益：

借：投资性房地产——公允价值变动　　4 000 000

　　贷：公允价值变动损益　　4 000 000

### 课堂活动

下列关于以公允价值模式进行后续计量的投资性房地产的表述中，正确的是(　　)。

A. 设置“投资性房地产累计折旧”科目

B. 可以由公允价值模式转为成本模式计量

C. 公允价值变动计入公允价值变动损益

D. 自用房产转为公允价值模式计量的投资性房地产时，公允价值大于账面价值的差额计入当期损益

## 任务4　投资性房地产处置的核算

### 任务引例

2024年5月，天域公司与B公司的一项厂房经营租赁合同即将到期。该厂房原价为30 000 000元，已计提折旧5 000 000元。为了提高厂房的租金收入，天域公司决定在租赁期满后对该厂房进行改扩建，并与丙公司签订了经营租赁合同，约定自改扩建完工时将该厂房出租给丙公司。2024年5月31日，与B公司的租赁合同到期，该厂房随即进行改扩建工程。2024年12月31日，该厂房改扩建工程完工，共发生支出3 000 000元，均已支付，即日按照租赁合同出租给丙公司。假定天域公司采用成本计量模式。

请作出天域公司厂房改扩建后的账务处理。

## 必备知识

当投资性房地产被处置，或者永久退出使用且预计不能从其处置中取得经济利益时，应当终止确认该项投资性房地产。企业出售、转让、报废投资性房地产或者发生投资性房地产毁损的，应当将处置收入扣除其账面价值和相关税费后的金额计入当期损益。此外，企业因其他原因，如非货币性资产交换等而减少投资性房地产，也属于投资性房地产的处置。

### 一、采用成本模式进行后续计量的投资性房地产的处置

处置采用成本模式计量的投资性房地产时，企业应当按实际收到的金额，借记“银行存款”等科目，贷记“其他业务收入”科目；按该项投资性房地产的账面价值，借记“其他业务成本”科目，按其账面余额，贷记“投资性房地产”科目；按照已计提的折旧或摊销，借记“投资性房地产累计折旧(摊销)”科目，原已计提减值准备的，借记“投资性房地产减值准备”科目。

【例 8－2】　天域公司将其出租的一栋写字楼确认为投资性房地产。租赁期届满后，天域公司将该栋写字楼出售给 B 公司，合同价款为 10 000 000 元，B 公司已用银行存款付清。假设这栋写字楼原采用成本模式计量。出售时，该栋写字楼的成本为 16 000 000 元，已计提折旧 9 000 000 元，不考虑相关税费。

天域公司的账务处理如下：

借：银行存款　　10 000 000
　　贷：其他业务收入　　10 000 000
借：其他业务成本　　7 000 000
　　投资性房地产累计折旧　　9 000 000
　　贷：投资性房地产　　16 000 000

### 二、采用公允价值模式进行后续计量的投资性房地产的处置

处置采用公允价值模式计量的投资性房地产时，企业应当按实际收到的金额，借记“银行存款”等科目，贷记“其他业务收入”科目；按该项投资性房地产的账面余额，借记“其他业务成本”科目，按其成本，贷记“投资性房地产——成本”科目，按其累计公允价值变动，贷记或借记“投资性房地产公允价值变动”科目，同时结转投资性房地产累计公允价值变动。若存在原转换日计入其他综合收益的金额，也一并结转。

## 引例解析

(1)2024 年 5 月 31 日至 2024 年 12 月 31 日，发生改扩建支出。

借：投资性房地产——厂房(在建)　　3 000 000
　　贷：银行存款　　3 000 000

(2)2024 年 12 月 31 日，改扩建工程完工。

借：投资性房地产——厂房　　28 000 000
　　贷：投资性房地产——厂房(在建)　　28 000 000

## 课堂活动

下列各项中,关于投资性房地产会计处理的表述,正确的是(　　)。

A. 采用成本模式计量的投资性房地产,应确认公允价值变动损益

B. 采用成本模式计量的投资性房地产,已确认的减值损失在以后会计期间不得转回

C. 同一企业可以同时采用成本模式和公允价值模式对投资性房地产进行后续计量

D. 采用公允价值模式计量的投资性房地产,应计提减值准备

**项目评价表**

| 学习任务完成评价表 | | | | | |
|---|---|---|---|---|---|
| 评价范围 | 评价标准 | 自我评价<br>(五星制打分) | 小组评价<br>(五星制打分) | 教师评价<br>(五星制打分) | 企业导师评价<br>(五星制打分) |
| 职业素养 | 家国情怀 、诚实守信、客观公正 | | | | |
| 职业知识 | 掌握投资性房地产各项业务的核算方法 | | | | |
| 职业能力 | 能应用投资性房地产核算方法具体分析各项房产投资业务 | | | | |

# 项目九　负债业务核算

| 素质目标 | 知识目标 | 能力目标 |
| --- | --- | --- |
| 1. 培养学生诚实守信的品质；<br>2. 培养学生成为守法守纪的好公民，弘扬诚信的社会主义核心价值观；<br>3. 培养学生静以修身、俭以养德的品质 | 1. 掌握短期借款的取得、计息、归还的账务处理流程和核算方法；<br>2. 掌握长期借款的取得、计息、归还的账务处理流程和核算方法；<br>3. 掌握应付票据计息、归还的账务处理流程和核算方法；<br>4. 掌握职工薪酬的账务处理流程和核算方法；<br>5. 掌握各种税费的账务处理流程和核算方法；<br>6. 掌握应付及预收款项的账务处理流程和核算方法 | 1. 能准确地计算与填制、审核借款利息费用计算表；<br>2. 能核算短期借款的取得、计息、归还本息等业务；<br>3. 能核算长期借款的取得、计息、归还本息等业务；<br>4. 能核算职工薪酬业务；<br>5. 能核算各种税费的金额；<br>6. 能核算应付票据、应付及预收款项等业务 |

## 本项目结构导图

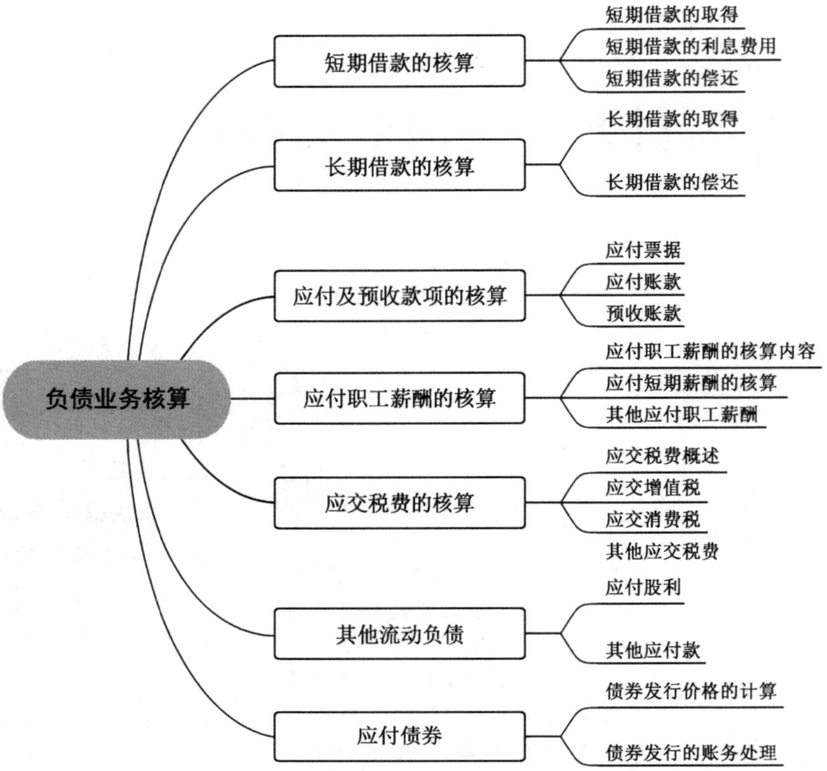


# 任务1　短期借款的核算

## 任务引例

天域公司于1月1日向银行借入一笔生产经营用短期借款,共计120 000元,期限为9个月,年利率为4%。根据与银行签署的借款协议,该项借款的本金到期后一次归还;利息分月预提,按季支付。

请思考:天域公司的这笔银行借款的利息该如何处理?

## 必备知识

短期借款是指企业从银行或其他金融机构借入的偿还期在一年以内(含一年)的款项。短期借款业务通过“短期借款”账户核算。

### 一、短期借款的取得

企业从银行或其他金融机构借入款项时,应签订借款合同,注明借款金额、借款利率和还款时间等。取得短期借款时，应借记“银行存款”科目，贷记“短期借款”科目。“短期借款”科目应按债权人以及借款种类、还款时间设置明细账。

## 二、短期借款的利息费用

企业取得短期借款而发生的利息费用，一般应作为财务费用处理，计入当期损益。企业核算利息费用的方法一般有以下两种：

### （一）预提法

按照权责发生制原则，当月应负担的利息费用，即使在当月没有支付，也应作为当月的利息费用处理，计算当月的利息费用数额，进行预提，借记“财务费用”科目，贷记“应付利息”科目。在实际支付利息的月份，借记“应付利息”科目，贷记“银行存款”科目。

### 引例解析

天域公司的会计处理如下：

（1）1 月 1 日借入短期借款：

| | 借方 | 贷方 |
|---|---|---|
| 借：银行存款 | 120 000 | |
| 　　贷：短期借款 | | 120 000 |

（2）1 月末，计提 1 月份的应计利息：

| | 借方 | 贷方 |
|---|---|---|
| 借：财务费用 | 400 | |
| 　　贷：应付利息 | | 400 |

本月应计提的利息＝120 000×4%÷12＝400（元）

2 月末计提 2 月份的利息费用的处理与 1 月份相同。

（3）3 月末支付第一季度银行借款利息：

| |  |  |
|---|---|---|
| 借：财务费用 | 400 | |
| 　　应付利息 | 800 | |
| 　　贷：银行存款 | | 1 200 |

第二、三季度的会计处理同上。

（4）10 月 1 日偿还银行借款本金：

| | 借方 | 贷方 |
|---|---|---|
| 借：短期借款 | 120 000 | |
| 　　贷：银行存款 | | 120 000 |

### （二）直接摊销法

在短期借款的数额不多、各月负担的利息费用数额不大的情况下，也可以采用简化的核算方法，即于实际支付利息的月份，将其全部作为当月的财务费用处理，借记“财务费用”科目，贷记“银行存款”科目。一般来说，企业的会计报表应于年末（或 6 月末，下同）对外报送，采用这种方法，不会对年度会计报表提供的会计信息产生影响。但在年末，如果有应由本年负担但尚未支付的借款利息，应予预提，否则会影响年度所得税的计算。

【例 9—1】　天域公司 1 月 1 日向银行借入一笔生产经营用短期借款，共计 1 200 元，期限为 3 个月，年利率为 4%。根据与银行签署的借款协议，该项借款的本金到期后一次归还；利息不予预提，到期一次支付。甲公司的会计处理如下：

(1)1 月 1 日借入短期借款：

| | | |
|---|---|---|
| 借：银行存款 | 1 200 | |
| 　　贷：短期借款 | | 1 200 |

(2)4 月 1 日偿还银行借款本金及利息：

本年应付利息＝1 200×4%÷12×3＝12(元)

| | | |
|---|---|---|
| 借：短期借款 | 1 200 | |
| 　　财务费用 | 12 | |
| 　　贷：银行存款 | | 1 212 |

### 三、短期借款的偿还

企业在短期借款到期偿还借款本金时，应借记“短期借款”科目，贷记“银行存款”科目。

#### 课堂活动

假设天域公司每月末计提利息，每季度末收到银行寄来的短期借款利息付款通知单时，应贷记的科目是(　　)。

A.“库存现金”　　B.“银行存款”　　C.“财务费用”　　D.“应付利息”

## 任务 2　长期借款的核算

#### 任务引例

天域公司为增值税一般纳税人，1 月 28 日从银行借入资金 4 000 000 元，借款期限为 3 年，年利率为 8.4%(到期一次还本付息，不计复利)。所借款项已存入银行。

请思考：天域公司这笔长期借款该如何处理？

#### 必备知识

长期借款是指企业从银行或其他金融机构借入的偿还期在 1 年以上(不含 1 年)的款项，一般用于固定资产的购建、改扩建工程、大修理工程、对外投资以及满足保持长期经营能力等方面的需要。

由于长期借款的使用关系到企业的生产经营规模和效益，企业除了要遵守有关的贷款规定、编制借款计划并要有不同形式的担保外，还应监督借款的使用、近期支付长期借款的利息以及按规定的期限归还借款本金等。因此，长期借款会计处理的基本要求是反映和监督企业长期借款的借入、借款利息的结算和借款本息的归还情况，促使企业遵守信贷纪律，提高信用等级，同时也要确保长期借款发挥效益。

企业应设置“长期借款”科目，核算长期借款的借入、归还等情况。该科目按照贷款单位和贷款种类设置明细账，分为“本金”“利息调整”等进行明细核算。该科目的贷方登记长期借款本息的增加额，借方登记本息的减少额，期末贷方余额反映企业尚未偿还的长期借款。

**课堂活动**

“长期借款”科目的借方反映的内容有(　　)。

A. 借入的长期借款本金　　B. 应计的长期借款利息

C. 偿还的长期借款本金　　D. 偿还的长期借款利息

E. 偿还的应付债券利息

## 一、长期借款的取得

企业借入长期借款，应按实际收到的金额，借记“银行存款”科目，贷记“长期借款——本金”科目，若存在差额，则还应借记“长期借款——利息调整”科目。

**引例解析**

天域公司的有关会计分录如下：

借：银行存款　　4 000 000

　　贷：长期借款——本金　　4 000 000

## 二、长期借款利息

长期借款利息费用应当在资产负债表日按照实际利率法计算确定，实际利率与合同利率差异较小的，也可以按照合同利率计算确定利息费用。长期借款按合同利率计算确定的应付未付的利息，如果属于分期付息的，记入“应付利息”科目；如果属于到期一次还本付息的，记入“长期借款——应计利息”科目。

长期借款计算确定的利息费用，应当按以下原则计入有关成本、费用：属于筹建期间的，计入管理费用；属于生产经营期间的，计入财务费用。如果长期借款用于购建固定资产，则在固定资产尚未达到预定可使用状态前所发生的应当资本化的利息支出数，计入在建工程成本；固定资产达到预定可使用状态后发生的利息支出，以及按规定不予资本化的利息支出，计入财务费用。在资产负债表日，应将按摊余成本和实际利率计算确定的长期借款的利息费用，借记“在建工程”“制造费用”“财务费用”“研发支出”等科目；将按合同利率计算确定的应付未付利息，贷记“应付利息”或“长期借款——应计利息”科目；按其差额，贷记“长期借款——利息调整”科目。

**引例解析**

天域公司于2月28日计提长期借款利息。

2月28日计提的长期借款利息＝4 000 000×8.4%÷12＝28 000(元)

借：财务费用　　28 000

贷:长期借款——应计利息　　28 000

以后 3 年每月月末预提利息分录同上。

### 三、长期借款的偿还

企业归还长期借款的本金时,应按归还的金额,借记“长期借款”科目,贷记“银行存款”科目。

### 引例解析

天域公司到期还款时,偿还该笔银行借款本息。

借:财务费用　　28 000

　　长期借款——本金　　4 000 000

　　　　　　——应计利息　　980 000

　贷:银行存款　　5 008 000

## 任务 3　应付及预收款项的核算

### 任务引例

天域公司于 2 月 6 日开出并承兑一张面值为 56 500 元、期限为 5 个月的不带息商业承兑汇票,用于采购一批材料,材料已收到,原材料按计划成本核算。增值税专用发票上注明的材料价款为 50 000 元,增值税税额为 6 500 元。

请思考:天域公司购买材料的业务该如何处理?

### 必备知识

### 一、应付票据

应付票据是指企业采用商业汇票结算方式延期付款购入货物应付的票据款。在我国,商业汇票的付款期限最长为 6 个月,因而应付票据即短期应付票据。

**(一)商业汇票的签付**

商业汇票结算方式是一种延期付款的结算方式。企业采用商业汇票结算方式购入货物,应向供货单位签付已承兑的商业汇票。企业也可以签付商业汇票,用以抵偿应付账款。商业汇票按承兑人分类,可以分为商业承兑汇票和银行承兑汇票两种;按是否带息分类,可以分为不带息商业汇票和带息商业汇票两种。

1. 不带息商业汇票

企业签付不带息的商业汇票,不论是商业承兑汇票还是银行承兑汇票,其到期价值即为票面价值。按照重要性原则,应付票据应按业务发生时的金额即票面价值入账。企业取得结算凭证并签付商业汇票后，应按票面价值借记“原材料”“应交税费”等科目，贷记“应付票据”科目。企业向银行申请承兑支付的手续费，应计入财务费用。

## 引例解析

天域公司的有关会计分录如下：

借：材料采购　　50 000

　　应交税费——应交增值税(进项税额)　　6 500

　　贷：应付票据　　56 500

2. 带息商业汇票

企业签付带息的商业汇票，不论是商业承兑汇票还是银行承兑汇票，其到期价值为票面价值与应计利息之和。在这种情况下，其票面价值为应付票据的现值，应付票据仍应按业务发生时的金额即票面价值(即现值)入账。企业取得结算凭证并签付商业汇票后，应按结算凭证上注明的价款借记“原材料”“应交税费”等科目，按商业汇票的票面价值贷记“应付票据”科目。企业向银行申请承兑支付的手续费，应计入财务费用。

【例 9－2】　3 月 1 日，天域公司开出带息商业汇票一张，面值 320 000 元，用于抵付其前欠乙公司的货款。该票据票面利率为 6%，期限为 3 个月，该公司的有关会计分录如下：

借：应付账款——乙公司　　320 000

　　贷：应付票据　　320 000

**(二)带息商业汇票的利息费用**

带息商业汇票利息费用的核算一般有以下几种方法：

1. 按月计提

这种方法适用于票面价值较大、利息费用较多的商业汇票利息费用的核算。采用这种方法，应于每月月末计算当月应付的商业汇票利息费用，计入财务费用，借记“财务费用”科目，贷记“应付利息”科目。

【例 9－3】　承【例 9－2】，3 月 31 日，天域公司计算开出的带息应付票据应计利息。该公司的有关会计分录如下：

借：财务费用　　1 600

　　贷：应付利息　　1 600

3 月份应计提的应付票据利息＝320 000×6%÷12＝1 600(元)

天域公司 4 月末和 5 月末的会计处理同上。

2. 到期计提

这种方法适用于票面价值较小、利息费用较少且签发日与到期日在同一个会计年度的商业汇票利息费用的核算。采用这种方法，每月月末不需要计提利息费用，而是在到期日一次计算确认全部利息费用，计入财务费用。

到期单独确认利息费用，应借记“财务费用”科目，贷记“应付利息”科目；付款时，应借记“应付票据”“应付利息”科目，贷记“银行存款”科目。

到期与付款等一并进行账务处理，应按商业汇票的票面价值，借记“应付票据”科目，按全部应计利息，借记“财务费用”科目，按商业汇票的票面价值与应计利息之和，贷记“银行存款”或“应付账款”科目。

**(三)商业汇票的到期**

企业签付的商业汇票到期时应无条件支付票据款。由于企业筹集付款资金的方法和能力有所不同,到期时可能会出现有能力支付票据款和无力支付票据款两种情况。

1.有能力支付票据款

在商业汇票到期时,如果企业有能力支付票据款,则企业的开户银行在收到商业汇票付款通知时无条件支付票据款。企业在收到开户银行的付款通知时,核销应付票据。

支付不带息的票据款时,应借记"应付票据"科目,贷记"银行存款"科目。

支付带息的票据款时,应按商业汇票的账面价值,借记"应付票据"科目;按已计提的利息,借记"应付利息"科目;按尚未计提的应计利息,借记"财务费用"科目;按实际支付的票据款,贷记"银行存款"科目。

【例9—4】 3月1日,天域公司开出带息商业汇票一张,面值300 000元,用于抵付其前欠丙公司的货款。该票据票面利率为6%,期限为3个月。6月1日,商业承兑汇票到期,公司以银行存款全额支付到期票款和3个月的票据利息(利息到期一次计提)。该公司的有关会计分录如下:

借:应付票据　　300 000
　　财务费用　　4 500
　　贷:银行存款　　304 500

该商业承兑汇票到期应偿还的金额=本金+利息=300 000+300 000×6%÷12×3
=304 500(元)

2.无力支付票据款

在商业汇票到期时,如果企业无力支付票据款,则应根据不同承兑人承兑的商业汇票做不同的处理。

采用商业承兑汇票进行结算,承兑人即为付款人。如果付款人无力支付票据款,银行将把商业承兑汇票退还给收款人,由收付款双方协商解决。由于商业汇票已经失效,付款人应将应付票据款转为应付账款,应付的利息也应计入应付账款。

如果是不带息的商业汇票,企业应按票面价值借记"应付票据"科目,贷记"应付账款"科目;如果是带息的商业汇票,企业应借记"应付票据""应付利息""财务费用"科目,贷记"应付账款"科目。

【例9—5】 承【例9—4】,6月1日,带息商业承兑汇票到期,丙公司无力支付票款,应将应付票据的账面余额和相关利息转入"应付账款"科目。该公司的会计分录如下:

借:应付票据　　300 000
　　财务费用　　4 500
　　贷:应付账款　　304 500

采用银行承兑汇票进行结算,承兑人为承兑银行。如果付款人无力支付票据款,承兑银行将代为支付票据款,并将其转为对付款人的逾期贷款。由于商业汇票已经失效,付款人应将应付票据款转为短期借款,应付的利息也应计入短期借款。如果是不带息的商业汇票,企业则应按票面价值借记"应付票据"科目,贷记"短期借款"科目;如果是带息的商业汇票,企业则应借记"应付票据""应付利息""财务费用"科目,贷记"短期借款"科目。企业支付的罚息,应计入财务费用。

【例9—6】 承【例9—5】,假设天域公司开出的是银行承兑汇票。6月1日,带息银行承兑汇票到期，丙公司无力支付票款，应将应付票据的账面余额和相关利息转入“短期借款”科目。该企业的会计分录如下：

借：应付票据　　300 000

　财务费用　　4 500

　贷：短期借款　　304 500

**课堂活动**

下列各项中，企业签发的银行承兑汇票到期无力支付时，应将未支付的票款记入的会计科目是(　　)。

A.“短期借款”　　B.“其他应付款”　　C.“应付账款”　　D.“营业外支出”

## 二、应付账款

应付账款是指企业在正常的生产经营过程中因购进货物或接受劳务应在一年以内偿付的债务，属于流动负债。

### (一)应付账款的入账时间

从理论上讲，应付账款的入账时间应为结算凭证取得的时间。因为在赊购情况下，企业取得结算凭证的同时可以取得货物，也意味着取得了该项货物的产权，应在确认资产的同时确认负债。

(1)在货物与发票账单同时到达的情况下，应付账款一般待货物验收入库后，才按发票账单等登记入账。这主要是为了确认所购货物的品种、数量及质量是否与合同条款相符，以免因先入账而在验收入库时发现购入物资错、漏、破损等问题再进行调账的情况。

(2)在货物与发票账单非同时到达，且两者间隔较长时间的情况下，应付账款的入账时间以收到发票账单为准。但对于货物已到、发票账单在月末仍未到达的情况，为了在资产负债表上客观反映企业所拥有的资产和承担的债务，月末编制资产负债表时，企业应将所购货物和应付账款估价入账。

### (二)应付账款的入账价值

企业确认应付账款时应借记有关科目，贷记“应付账款”科目；偿付应付账款时，应借记“应付账款”科目，贷记“银行存款”等科目。

如果应付账款中含有现金折扣，则应按照扣除现金折扣前的应付款总额入账。企业在折扣期内支付了货款、取得了现金折扣，则将其视为提前付款取得的利息收入，冲减财务费用，按应付账款的总价，借记“应付账款”科目，按实际支付的价款，贷记“银行存款”科目，按取得的现金折扣，贷记“财务费用”科目；如果未取得现金折扣，按总价支付货款时，应借记“应付账款”科目，贷记“银行存款”科目。

【例 9－7】　天域公司 1 月 2 日从丙公司购入一批原材料并已验收入库。增值税专用发票上列明，该批材料的价款为 1 000 000 元，增值税为 130 000 元。按照购货协议的规定，现金折扣条件为：2/10，1/20，$n$/30。天域公司的有关会计分录如下：

借：原材料　　1 000 000

　应交税费——应交增值税(进项税额)　　130 000

　贷：应付账款——丙公司　　1 130 000

假如天域公司于1月10日支付货款给丙公司，天域公司的有关会计分录如下：

1 000 000×2%=20 000(元)

借：应付账款　　1 000 000

　　贷：银行存款　　980 000

　　　　财务费用　　20 000

## 三、预收账款

预收账款是指企业按照合同规定向购货单位预收的款项。与应付账款不同，预收账款所形成的负债不是以货币偿付，而是以货物偿付。

预收账款情况不多的，也可不设“预收账款”科目，将预收的款项直接记入“应收账款”科目的贷方。

【例9－8】 天域公司为增值税一般纳税人。1月3日，天域公司与乙公司签订供货合同，向其出售一批产品，货款金额共计100 000元，应交增值税13 000元。根据购货合同的规定，乙公司在购货合同签订后一周内应当向天域公司预付货款60 000元，剩余货款在交货后付清。1月9日，天域公司收到乙公司交来的预付货款60 000元并存入银行。1月19日，天域公司将货物发到乙公司并开出增值税专用发票，乙公司验收后付清了剩余货款。

天域公司有关的会计分录如下：

(1)1月9日，收到乙公司交来的预付货款60 000元：

借：银行存款　　60 000

　　贷：预收账款——乙公司　　60 000

(2)1月19日，按合同规定，向乙公司发出货物：

借：预收账款——乙公司　　113 000

　　贷：主营业务收入　　100 000

　　　　应交税费——应交增值税(销项税额)　　13 000

(3)收到乙公司补付的货款：

借：银行存款　　53 000

　　贷：预收账款——乙公司　　53 000

# 任务4　应付职工薪酬的核算

### 任务引例

文峰公司是增值税一般纳税人，为了防暑降温，6月文峰公司将一批自制饮料发放给职工。该批产品总成本为140 000元，总售价为200 000元，增值税率为13%。

请思考：文峰公司把自制饮料发给员工时该如何记账？

## 必备知识

### 一、应付职工薪酬的核算内容

应付职工薪酬是指职工为企业提供服务后，企业应当支付给职工的各种形式的报酬或补偿。

职工主要是指与企业订立劳动合同的所有人员，含全职、兼职和临时职工，也包括虽未与企业订立劳动合同但由企业正式任命的人员。未与企业订立劳动合同或未由企业正式任命，但向企业提供的服务与职工提供的服务类似的人员，也属于职工的范畴，包括通过企业与劳务中介公司签订用工合同而向企业提供服务的人员。

职工薪酬是指企业为获得职工提供的服务或解除劳动关系而给予的各种形式的报酬或补偿。职工薪酬包括短期薪酬、离职后福利、辞退福利和其他长期职工福利。企业提供给职工配偶、子女、受赡养人、已故员工遗属及其他受益人等的福利，也属于职工薪酬。

**（一）短期薪酬**

短期薪酬是指企业在职工提供相关服务的年度报告期间结束后 12 个月内需全部予以支付的职工薪酬。短期薪酬具体包括职工工资、奖金、津贴和补贴，职工福利费，医疗保险费、工伤保险费和生育保险费等社会保险费，住房公积金，工会经费和职工教育经费，短期带薪缺勤，短期利润分享计划，非货币性福利以及其他短期薪酬。

**（二）离职后福利**

离职后福利是指企业为获得职工提供的服务而在职工退休或与企业解除劳动关系后提供的各种形式的报酬和福利。

**（三）辞退福利**

辞退福利是指企业在职工劳动合同到期之前解除与职工的劳动关系，或者为鼓励职工自愿接受裁减而给予职工的补偿。

**（四）其他长期职工福利**

其他长期职工福利是指除短期薪酬、离职后福利、辞退福利之外所有的职工薪酬，包括长期带薪缺勤、长期残疾福利、长期利润分享计划等。

为了反映职工薪酬的发放和提取情况，企业应设置“应付职工薪酬”科目进行核算，该科目应按照职工薪酬的类别设置明细科目。

### 二、应付短期薪酬的核算

**（一）应付工资**

1. 工资总额

工资总额是指企业在一定时期内实际支付给职工的劳动报酬总数。企业的工资总额一般由计时工资、计件工资、奖金、津贴和补贴、加班加点工资以及特殊情况下支付的工资六个部分组成。

2. 工资结算

工资结算包括工资的计算和工资的发放。为便于进行工资结算的核算，企业应编制工资结算汇总表。工资结算汇总表应按照职工类别和工资总额构成项目分别反映。

【例 9—9】 天域公司 11 月份的工资结算汇总表如表 9—1 所示。

**表 9—1** 工资结算汇总表

| 项 目 | 应付工资 | 代扣款项 | | | 应发现金 |
|---|---|---|---|---|---|
| | | 社会保险费 | 个人所得税 | 合 计 | |
| 生产工人 | 400 000 | 60 000 | 15 000 | 75 000 | 325 000 |
| 车间管理人员 | 25 000 | 4 000 | 1 000 | 5 000 | 20 000 |
| 企业管理人员 | 140 000 | 30 000 | 5 000 | 35 000 | 105 000 |
| 销售人员 | 33 000 | 6 000 | 1 000 | 7 000 | 26 000 |
| 在建工程人员 | 45 000 | 10 000 | 2 000 | 12 000 | 33 000 |
| 合 计 | 643 000 | 110 000 | 24 000 | 134 000 | 509 000 |

为了反映企业与职工的工资结算情况，企业应在“应付职工薪酬”科目下设置“工资”明细科目。

企业在发放工资之前应按照应发现金合计数提取现金，借记“库存现金”科目，贷记“银行存款”科目；实际发放工资时，按照实发工资数额，借记“应付职工薪酬——工资”科目，贷记“库存现金”科目；如果企业将应发给职工的工资通过银行转账方式直接转入职工的银行账户，则不必提取现金，应按照实发工资数额，借记“应付职工薪酬——工资”科目，贷记“银行存款”科目；结转代扣社会保险费和住房公积金时，借记“应付职工薪酬——工资”科目，贷记“其他应付款”等科目；结转代扣个人所得税时，借记“应付职工薪酬——工资”科目，贷记“应交税费”科目；实际缴纳社会保险费和住房公积金以及个人所得税时，借记“其他应付款”“应交税费”科目，贷记“银行存款”等科目。

【例 9—10】 承【例 9—9】，天域公司 11 月份根据有关的工资结算业务，编制会计分录如下：

(1)通过银行转账方式，实际发放工资 509 000 元。

借：应付职工薪酬　　509 000

　　贷：银行存款　　509 000

(2)结转代扣款 134 000 元。

借：应付职工薪酬——工资　　134 000

　　贷：其他应付款——应付社会保险费等　　110 000

　　　　应交税费——应交个人所得税　　24 000

(3)缴纳由职工个人负担的社会保险费等 110 000 元。

借：其他应付款——应付社会保险费等　　110 000

　　贷：银行存款　　110 000

(4)缴纳个人所得税 24 000 元。

借：应交税费——应交个人所得税　　24 000

　　贷：银行存款　　24 000

3. 工资分配

工资分配是指将企业发放的工资于月末按照用途进行分配。企业进行工资分配时应按照工资的用途分别记入有关科目。

生产工人的工资，借记“生产成本”科目；车间管理人员的工资，借记“制造费用”科目；销售人员的工资，借记“销售费用”科目；在建工程人员工资，借记“在建工程”科目；自行开发无形资产人员工资，借记“研发支出”科目；其他人员的工资，借记“管理费用”科目；职工工资总额，贷记“应付职工薪酬——工资”科目。

为了便于进行工资分配的核算，企业应编制工资分配汇总表。

【例 9－11】　承【例 9－10】，天域公司 11 月份的工资分配汇总表如表 9－2 所示（工资额按上月出勤和产量记录计算）。

**表 9－2**　　**工资分配汇总表**　　单位：元

| 应借科目 | 生产工人 | 车间管理人员 | 企业管理人员 | 销售人员 | 在建工程人员 | 合　计 |
|---|---|---|---|---|---|---|
| 生产成本 | 400 000 | | | | | 400 000 |
| 制造费用 | | 25 000 | | | | 25 000 |
| 管理费用 | | | 140 000 | | | 140 000 |
| 销售费用 | | | | 33 000 | | 33 000 |
| 在建工程 | | | | | 45 000 | 45 000 |
| 合　计 | 400 000 | 25 000 | 140 000 | 33 000 | 45 000 | 643 000 |

根据工资分配汇总表，编制会计分录如下：

借：生产成本　　400 000
　　制造费用　　25 000
　　管理费用　　140 000
　　销售费用　　33 000
　　在建工程　　45 000
　贷：应付职工薪酬——工资　　643 000

## 课堂活动

下列各项中，企业应记入“应付职工薪酬”科目贷方的是（　）。

A. 发放职工工资

B. 确认因解除与职工劳动关系应给予的补偿

C. 支付职工的培训费

D. 缴存职工基本养老保险费

**（二）应付福利费**

在我国，企业职工从事生产经营活动除领取劳动报酬外还享受一定的福利补助，如职工生活困难补助费等。为了反映职工福利的支付与分配情况，企业应在“应付职工薪酬”科目下设置“职工福利”明细科目。

1. 应付福利费的支出

企业发生福利费支出时，应借记“应付职工薪酬——职工福利”科目，贷记有关科目。

2.应付福利费的分配

月末,企业应按照用途对发生的职工福利费进行分配。企业分配职工福利费时,应借记"生产成本""制造费用""管理费用""销售费用""在建工程""研发支出"等科目,贷记"应付职工薪酬——职工福利"科目。

【例9-12】 天域公司11月份用现金支付生产工人福利费5 000元,编制会计分录如下:

(1)支付福利费:

借:应付职工薪酬——职工福利 5 000

贷:库存现金 5 000

(2)月末分配福利费:

借:生产成本 5 000

贷:应付职工薪酬——职工福利 5 000

**(三)应付医疗、工伤和生育等社会保险费以及住房公积金**

1.医疗、工伤和生育等社会保险费以及住房公积金的计提

医疗、工伤和生育等社会保险费是按国家规定由企业和职工共同负担的费用,住房公积金按照国家规定由企业和职工共同负担用于解决职工住房问题的资金。职工负担的医疗、工伤和生育等社会保险费以及住房公积金属于职工薪酬的范畴。这里所说的医疗、工伤和生育等社会保险费以及住房公积金,是指企业负担的医疗、工伤和生育等社会保险费以及住房公积金。为了反映企业负担的医疗、工伤和生育等社会保险费以及住房公积金的提取和缴纳情况,企业应在"应付职工薪酬"科目下设置"社会保险费"和"住房公积金"明细科目。

应由企业负担的医疗、工伤和生育等社会保险费以及住房公积金,应在职工为其提供服务的会计期间,根据职工工资的一定比例计算,并按照规定的用途进行分配,借记"生产成本""制造费用""管理费用""销售费用""在建工程""研发支出"等科目,贷记"应付职工薪酬——社会保险费(或住房公积金)" 科目。

2.医疗、工伤和生育等社会保险费以及住房公积金的交纳

企业交纳其负担的医疗、工伤和生育等社会保险费以及住房公积金时,借记"应付职工薪酬"科目,贷记"银行存款"科目。

【例9-13】 承【例9-9】,天域公司根据国家规定的计提标准,计算应由企业负担的向社会保险机构交纳的社会保险费(不含基本养老险和失业保险费),共计117 500元,按规定标准计提住房公积金70 730元。编制会计分录如下:

(1)计提企业负担的医疗、工伤和生育等社会保险费:

借:生产成本 117 095

制造费用 7 318

管理费用 40 983

销售费用 9 660

在建工程 13 174

贷:应付职工薪酬——社会保险费 117 500

——住房公积金 70 730

生产成本=(117 500+70 730)×(400 000/643 000)=117 095(元)

制造费用=(117 500+70 730)×(25 000 /643 000)= 7 318(元)

管理费用=(117 500+70 730)×(140 000 /643 000)=40 983(元)

销售费用＝(117 500＋70 730)×(33 000 /643 000)＝ 9 660(元)

在建工程＝(117 500＋70 730)－(117 095＋7 318＋40 983＋9 660)＝13 174(元)

(2)缴纳企业负担的医疗、工伤和生育等社会保险费：

借：应付职工薪酬——社会保险费　　117 500

——住房公积金　　70 730

贷：银行存款　　188 230

**(四)应付工会经费和职工教育经费**

1. 应付工会经费

工会经费是按照国家规定由企业负担的用于工会活动方面的经费。为了反映工会经费的提取和使用情况，企业应在“应付职工薪酬”科目下设置“工会经费”明细科目。

企业计提工会经费时，应根据职工工资的一定比例计算，并按职工工资的用途进行分配，借记“生产成本”“制造费用”“管理费用”“销售费用”“在建工程”“研发支出”等科目，贷记“应付职工薪酬——工会经费”科目。

企业划拨工会经费时，应借记“应付职工薪酬——工会经费”科目，贷记“银行存款”科目。

【例 9－14】　天域公司工会独立核算，11 月按照职工工资总额的 2％计提工会经费，其中，按照生产工人工资计提 8 000 元，按照车间管理人员工资计提 500 元，按照行政管理人员工资计提 2 800 元，按照销售人员工资计提 660 元，按照在建工程人员工资计提 900 元，合计 12 860 元。编制会计分录如下：

(1)计提工会经费 ：

借：生产成本　　8 000

制造费用　　500

管理费用　　2 800

销售费用　　660

在建工程　　900

贷：应付职工薪酬——工会经费　　12 860

(2)划拨工会经费：

借：应付职工薪酬——工会经费　　12 860

贷：银行存款　　12 860

2. 应付职工教育经费

职工教育经费是按国家规定由企业负担的用于职工教育培训方面的经费。为了反映职工教育经费的提取和使用情况，企业应在“应付职工薪酬”科目下设置“职工教育经费”明细科目。

企业的职工教育经费，一般由企业按每月工资总额的 8％计提，按职工工作的性质进行分配，借记“生产成本”“制造费用”“管理费用”“销售费用”“在建工程”“研发支出”等科目，贷记“应付职工薪酬——职工教育经费”科目；实际支付时，借记“应付职工薪酬——职工教育经费”科目，贷记“银行存款”等科目。

【例 9－15】　天域公司 11 月按照职工工资总额的 8％计提职工教育经费，其中，按照生产工人工资计提 32 000 元，按照车间管理人员工资计提 2 000 元，按照行政管理人员工资计提 11 200 元，按照销售人员工资计提 2 640 元，按照在建工程人员工资计提生产成本 3 600 元。

(1)支付职工教育经费 51 440 元。

借：应付职工薪酬——职工教育经费　　51 440

贷:银行存款　　51 440

(2)分配职工教育经费 51 440 元。

借:生产成本　　32 000

制造费用　　2 000

管理费用　　11 200

销售费用　　2 640

在建工程　　3 600

贷:应付职工薪酬——工会经费　　51 440

**(五)应付短期带薪缺勤**

短期带薪缺勤是指企业支付工资或提供补偿的职工缺勤,包括年休假、病假、短期伤残、婚假、产假、丧假、探亲假等。短期带薪缺勤分为累积带薪缺勤和非累积带薪缺勤。

(1)累积带薪缺勤是指带薪缺勤权利可以结转下期的带薪缺勤,本期尚未用完的带薪缺勤权利可以在未来期间使用。例如,某职工每年可以享受 10 天带薪休假,当年由于工作任务较重,未能按时休假,如果该企业规定当年未休假的时间可以递延 1 年,则当年未休假的时间属于累积带薪缺勤。

为了反映累积带薪缺勤的提取和使用情况,企业应在"应付职工薪酬"科目下设置"累积带薪缺勤"明细科目,职工当期未享受带薪缺勤而在未来可以享受带薪缺勤的情况下,增加了当期为企业提供的服务。因此,企业应当在职工提供服务从而增加了其未来享有的带薪缺勤权利时确认与累积带薪缺勤相关的职工薪酬,并以累积未行使权利而增加的预期支付金额计量,计入当期成本费用,借记"生产成本""制造费用""管理费用""销售费用""在建工程""研发支出"等科目,贷记"应付职工薪酬——累积带薪缺勤"科目。

职工在未来期间实际享受前期带薪缺勤时,由于该期间职工未提供服务,借记"生产成本""制造费用""管理费用""销售费用""在建工程""研发支出"等科目,贷记"银行存款"科目。

(2)非累积带薪缺勤是指带薪缺勤权利不能结转下期的带薪缺勤,本期未用完的带薪缺勤权利将予以取消,并且职工离开企业时也无权获得现金支付。例如,某职工每年可以享受 10 天带薪休假,当年由于工作任务较重,未能按时休假,如果该企业规定当年未休假的时间不能递延,则当年未休假的时间属于非累积带薪缺勤。

企业应当在职工实际发生带薪缺勤的会计期间确认与非累积带薪缺勤相关的职工薪酬,这部分职工薪酬属于前述应付工资的范畴。

【例 9－16】　天域公司 2024 年有一名生产工人按照规定每年可以享受 5 天带薪休假,由于工作任务较重,该职工当年未能带薪休假,公司规定,可以将未享受的带薪休假时间延到 2025 年,该职工的日工资为 300 元。编制会计分录如下:

(1)2024 年确认应付带薪缺勤薪酬 1 500 元(300×5)。

借:生产成本　　1 500

贷:应付职工薪酬——累积带薪缺勤　　1 500

(2) 2025 年该职工实际享受了上年未享受的带薪休假。

借:应付职工薪酬——累积带薪缺勤　　1 500

贷:银行存款　　1500

## 课堂活动

下列各项中，关于企业以自产产品作为福利发放给职工的会计处理表述，不正确的是( )。

A. 按产品的账面价值确认主营业务成本

B. 按产品的公允价值确认主营业务收入

C. 按产品的账面价值加上增值税销项税额确认应付职工薪酬

D. 按产品的公允价值加上增值税销项税额确认应付职工薪酬

**(六)应付利润分享计划**

利润分享计划是指因职工提供服务而与职工达成的基于利润或其他经营成果提供薪酬的协议。为了反映利润分享计划的提取和发放情况，企业应在“应付职工薪酬”科目下设置“利润分享计划” 明细科目。

企业确认职工利润分享计划薪酬时，应借记“生产成本”“制造费用”“管理费用”“销售费用”“在建工程”“研发支出”等科目，贷记“应付职工薪酬——利润分享计划”科目。

企业在实际发放利润分享计划薪酬时，应借记“应付职工薪酬——利润分享计划”科目，贷记“银行存款”等科目。

**(七)应付非货币性福利**

1. 非货币性福利的支付

非货币性福利是指企业以非货币性资产支付给职工的薪酬，主要包括企业以自己的产品或其他有形资产发放给职工作为福利，向职工无偿提供自己拥有的资产供其使用，以及为职工无偿提供类似医疗保健服务等。为了反映非货币性福利的支付与分配情况，企业应在“应付职工薪酬”科目下设置“非货币性福利”明细科目。

企业以其生产的产品作为非货币性福利提供给职工的，应当作为正常产品销售处理，按照该产品的公允价值确定非货币性福利金额，借记“应付职工薪酬——非货币性福利”科目，贷记“主营业务收入”“应交税费——应交增值税(销项税额)”科目；同时结转产品销售成本，借记“主营业务成本”科目，贷记“库存商品”科目。

企业无偿向职工提供住房等资产使用的，应当根据该住房每期应计提的折旧确定非货币性福利金额，借记“应付职工薪酬——非货币性福利”科目，贷记“累计折旧”等科目。租赁住房等资产供职工无偿使用的，应当根据每期应付的租金确定非货币性福利金额，借记“应付职工薪酬——非货币性福利”科目，贷记“银行存款”等科目。

2. 非货币性福利的分配

企业应按照用途对实际发生的非货币性福利进行分配。企业分配非货币性福利时，应借记“生产成本”“制造费用”“管理费用”“销售费用”“在建工程”“研发支出”等科目，贷记“应付职工薪酬——非货币性福利”科目。

## 引例解析

文峰公司的具体账务处理如下：

发给职工的饮料价值＝200 000＋200 000×13%＝226 000(元)

假设文峰公司 200 名员工中生产工人为 160 人，其余为公司行政管理人员。

应计入生产成本的职工薪酬＝226 000×160/200＝180 800(元)

应计入管理费用的职工薪酬＝ 226 000×40/200＝45 200(元)

(1)分配职工薪酬时：

| | | |
|---|---|---|
| 借:生产成本 | 180 800 | |
| 管理费用 | 45 200 | |
| 贷:应付职工薪酬——非货币性福利 | | 226 000 |

(2)实际向职工发放饮料时：

| | | |
|---|---|---|
| 借:应付职工薪酬——非货币性福利 | 226 000 | |
| 贷:主营业务收入 | | 200 000 |
| 应交税费——应交增值税(销项税额) | | 26 000 |

同时结转成本：

| | | |
|---|---|---|
| 借:主营业务成本 | 140 000 | |
| 贷:库存商品 | | 140 000 |

## 三、其他应付职工薪酬

### (一)离职后福利

职工离职后还将享受待业、养老保险、企业年金等福利。离职后福利计划是指企业与职工就离职后福利达成的协议,或者企业为向职工提供离职后福利制定的规章或办法等。企业应当将离职后福利计划分类为设定提存计划和设定受益计划。

1.设定提存计划

设定提存计划是指向独立的基金缴存固定费用后,企业不再承担进一步支付义务的离职后福利计划,主要包括企业负担的待业、养老等社会保险费。为了反映设定提存计划的提取和支付情况,企业应在“应付职工薪酬”科目下设置“设定提存计划”明细科目。企业应当在职工为其提供服务的会计期间,根据设定提存计划计算的应缴存金额确认为负债,并计入当期成本费用。企业设定提存计划的会计核算方法与前述医疗、工伤、生育等社会保险费的核算方法相同,这里不再赘述。

2.设定受益计划

设定受益计划是指除设定提存计划以外的离职后福利计划。企业应当计量设定受益计划所产生的义务,并确定相关义务的归属期间。为了反映设定受益计划的提取和发放情况,企业应在“应付职工薪酬”科目下设置“设定受益计划”明细科目。企业应当将设定受益计划所产生的义务予以折现,以确定设定受益计划义务的现值和当期服务成本。

企业确认设定受益计划产生的应付职工薪酬,应借记“生产成本”等科目,贷记“应付职工薪酬——设定受益计划”科目,并于年末确认相关的利息费用,借记“财务费用”等科目,贷记“应付职工薪酬——设定受益计划”科目。

如果职工在离职后将长期享有设定受益计划,则企业应采用保险精算的方法对设定受益计划的应付职工薪酬进行重新计量。企业重新计量设定受益计划应付职工薪酬所产生变动的金额,应计入其他综合收益,借记或贷记“应付职工薪酬——设定受益计划”科目,贷记“其他综合收益”科目。企业确认的这部分其他综合收益,在后续会计期间不允许转回至损益,但企业可以将其转为期初留存。企业实际支付设定受益计划职工薪酬时,应借记“应付职工薪酬——设定受益计划”科目,贷记“银行存款”等科目。

企业在某一职工的设定受益计划结束时应当进行设定受益计划结算，确认一项结算利得或损失，借记或贷记“应付职工薪酬——设定受益计划”科目，贷记“营业外收入”或借记“营业外支出”科目，同时，将原确认的其他综合收益转为期初留存收益，借记或贷记“其他综合收益”科目，贷记或借记“盈余公积”“利润分配——未分配利润”科目。

**（二）应付辞退福利**

辞退福利是指企业在职工劳动合同到期之前解除与职工的劳动关系，或者为鼓励职工自愿接受裁减而给予职工的补偿。为了反映辞退福利的提取和支付情况，企业应在“应付职工薪酬”科目下设置“辞退福利”明细科目。

1.辞退福利的提取

辞退福利通常采取解除劳动关系时一次性支付补偿的方式，也有通过提高退休后养老金或其他离职后福利标准的方式，或者将职工薪酬的工资部分支付到辞退后未来某一期末。企业应当按照辞退计划条款的规定，合理预计并确认辞退福利产生的应付职工薪酬，计入当期损益。

由于被辞退职工不再能给企业带来任何经济利益，因此辞退福利应当计入当期费用而不计入资产成本。企业应当根据已确定的辞退福利，借记“管理费用”科目，贷记“应付职工薪酬辞退福利”科目。

2.辞退福利的支付

企业实际支付辞退福利时，应借记“应付职工薪酬——辞退福利”科目，贷记“银行存款”等科目。

**（三）应付其他长期职工福利**

其他长期职工福利是指除了前述各项职工薪酬以外的长期职工福利，主要包括长期带薪缺勤、长期利润分享计划和长期残疾福利等。为了反映其他长期职工福利的提取和支付情况，企业应在“应付职工薪酬”科目下设置“其他长期职工福利”明细科目。

1.应付其他长期职工福利的提取

企业确认的长期带薪缺勤、长期利润分享计划等，应当按照前述带薪缺勤、利润分享计划的有关规定进行会计处理。

长期辞退福利水平如果取决于职工提供服务期间长短的，企业则应当在职工提供服务的期间确认应付长期残疾福利义务，计量时应当考虑长期残疾福利支付的可能性和预期支付的期限；长期残疾福利与职工提供服务期间长短无关的，企业应当在导致职工长期残疾的事件发生的当期确认应付长期残疾福利义务。

一般来说，企业确认的应付其他长期福利，偿付期在1年以上的，应当按照一定的折现率折现，借记有关成本费用科目，贷记“应付职工薪酬——其他长期职工福利”科目；并于年末确认相关的利息费用，借记“财务费用”等科目，贷记“应付职工薪酬——其他长期职工福利”科目。

2.其他长期福利的支付

企业实际支付其他长期福利时，应借记“应付职工薪酬——其他长期职工福利”科目，贷记“银行存款”等科目。

# 任务5 应交税费的核算

## 任务引例

某企业为增值税小规模纳税人，适用增值税征收率为3%，原材料按实际成本计算，该企业发生经济交易如下：购入原材料一批，取得增值税专用发票上注明的价款为20 000元，增值税税额为2 600元，全部款项以银行存款支付，材料已验收入库。销售产品一批，开具的普通发票上注明的货款(含税)为51 500元，款项已存入银行。用银行存款交纳增值税1 500元。

请思考：该企业在采购和销售过程中涉及的增值税该如何处理？

## 必备知识

### 一、应交税费概述

企业根据税法规定应交纳的各种税费包括：增值税、消费税、企业所得税、城市维护建设税、资源税、环境保护税、土地增值税、房产税、车船税、城镇土地使用税、教育费附加、矿产资源补偿费、印花税、耕地占用税、契税、车辆购置税等。

企业应通过"应交税费"科目，核算各种税费的应交、交纳等情况。该科目贷方登记应交纳的各种税费等，借方登记实际交纳的税费；期末余额一般在贷方，反映企业尚未交纳的税费，期末余额如在借方，反映企业多交或尚未抵扣的税费。本科目按应交税费项目设置明细科目进行明细核算。

企业代扣代交的个人所得税，也通过"应交税费"科目核算，而企业交纳的印花税、耕地占用税等不需要预计应交数的税金，不通过"应交税费"科目核算。

### 二、应交增值税

#### (一)增值税概述

1.增值税征税范围和纳税义务人

增值税是以商品(含应税劳务、应税行为)在流转过程中实现的增值额作为计税依据而征收的一种流转税。按照我国现行增值税制度的规定，在我国境内销售货物、加工修理修配劳务、服务、无形资产和不动产以及进口货物的企业、单位和个人为增值税的纳税人。其中，"服务"是指提供交通运输服务、建筑服务、邮政服务、电信服务、金融服务、现代服务、生活服务。

根据经营规模大小及会计核算水平的健全程度，增值税纳税人分为一般纳税人和小规模纳税人。

一般纳税人是指年应税销售额超过财政部、国家税务总局规定标准的增值税纳税人。小规模纳税人是指年应税销售额未超过规定标准，并且会计核算不健全，不能够提供准确的税务资料的增值税纳税人。

2.增值税的计税方法

计算增值税的方法分为一般计税方法和简易计税方法。

(1)一般计税方法

增值税的一般计税方法是先按当期销售额和适用的税率计算出销项税额，然后以该销项税额对当期购进项目支付的税款(即进项税额)进行抵扣，间接算出当期的应纳税额。应纳税额的计算公式为：

应纳税额＝当期销项税额－当期进项税额

公式中的"当期销项税额"是指纳税人当期销售货物、加工修理修配劳务、服务、无形资产和不动产时按照销售额和增值税税率计算并收取的增值税税额。其中，销售额是指纳税人销售货物、加工修理修配劳务、服务、无形资产和不动产向购买方收取的全部价款和价外费用，但是不包括收取的销项税额。当期销项税额的计算公式为：

销项税额＝销售额×增值税税率

公式中的"当期进项税额"是指纳税人购进货物、加工修理修配劳务、服务、无形资产或者不动产，支付或者负担的增值税税额。下列进项税额准予从销项税额中抵扣：①从销售方取得的增值税专用发票(含《机动车销售统一发票》，下同)上注明的增值税税额。②从海关取得海关进口增值税专用缴款书上注明的增值税税额。③购进农产品，除取得增值税专用发票或者海关进口增值税专用缴款书外，按照农产品收购发票或者销售发票上注明的农产品买价和9％的扣除率计算的进项税额；如用于生产销售或委托加工13％税率货物的农产品，按照农产品收购发票或者销售发票上注明的农产品买价和10％的扣除率计算的进项税额。④从境外单位或者个人购进服务、无形资产或者不动产，从税务机关或者扣缴义务人处取得的解缴税款的完税凭证上注明的增值税税额。⑤一般纳税人支付的道路、桥、闸通行费，凭取得的通行费发票上注明的收费金额和规定的方法计算的可抵扣的增值税进项税额。

当期销项税额小于当期进项税额不足抵扣时，其不足部分可以结转下期继续抵扣。

一般纳税人采用的税率分为13％、9％、6％和0税率。一般纳税人销售货物、劳务、有形动产租赁服务或者进口货物，税率为13％。

一般纳税人销售或者进口粮食等农产品、食用植物油、食用盐、自来水、暖气、冷气、热水、煤气、石油液化气、天然气、二甲醚、沼气、居民用煤炭制品、图书、报纸、杂志、音像制品、电子出版物、饲料、化肥、农药、农机、农膜以及国务院及其有关部门规定的其他货物，税率为9％；提供交通运输、邮政、基础电信、建筑、不动产租赁服务，销售不动产，转让土地使用权，税率为9％；其他应税行为，税率为6％。

一般纳税人出口货物，税率为0，但是，国务院另有规定的除外。境内单位和个人发生的跨境应税行为税率为零，具体范围由财政部和国家税务总局另行规定。

(2)简易计税方法

增值税的简易计税方法是按照销售额与征收率的乘积计算应纳税额，不得抵扣进项税额。应纳税额的计算公式为：

应纳税额＝销售额×征收率

公式中的销售额不包括其应纳税额，如果纳税人采用销售额和应纳税额合并定价方法，则应按照公式"销售额＝含税销售额÷(1＋征收率)"还原为不含税销售额计算。

增值税一般纳税人计算增值税大多采用一般计税方法；小规模纳税人一般采用简易计税方法；一般纳税人发生财政部和国家税务总局规定的特定应税销售行为，也可以选择简易计税方式计税，但是不得抵扣进项税额。

采用简易计税方式的增值税征收率为3%，国家另有规定的除外。

**（二）一般纳税人的账务处理**

1.增值税核算应设置的会计科目

为了核算企业应交增值税的发生、抵扣、交纳、退税及转出等情况，增值税一般纳税人应当在“应交税费”科目下设置“应交增值税”“未交增值税”“预交增值税”“待抵扣进项税额”“待认证进项税额”“待转销项税额”“增值税留抵税额”“简易计税”“转让金融商品应交增值税”“代扣代交增值税”等明细科目。

（1）“应交增值税”明细科目，核算一般纳税人进项税额、销项税额抵减，已交税金、转出未交增值税、减免税款、出口抵减内销产品应纳税额，销项税额、出口退税、进项税额转出、转出多交增值税等情况。该明细账设置以下专栏：

①“进项税额”专栏，记录一般纳税人购进货物、加工修理修配劳务、服务、无形资产或不动产而支付或负担的、准予从当期销项税额中抵扣的增值税税额；

②“销项税额抵减”专栏，记录一般纳税人按照现行增值税制度规定因扣减销售额而减少的销项税额；

③“已交税金”专栏，记录一般纳税人当月已交纳的应交增值税税额；

④“转出未交增值税”和“转出多交增值税”专栏，分别记录一般纳税人月度终了转出当月应交未交或多交的增值税税额；

⑤“减免税款”专栏，记录一般纳税人按现行增值税制度规定准予减免的增值税税额；

⑥“出口抵减内销产品应纳税额”专栏，记录实行“免、抵、退”办法的一般纳税人按规定计算的出口货物的进项税抵减内销产品的应纳税额；

⑦“销项税额”专栏，记录一般纳税人销售货物、加工修理修配劳务、服务、无形资产或不动产应收取的增值税税额；

⑧“出口退税”专栏，记录一般纳税人出口货物、加工修理修配劳务、服务、无形资产按规定退回的增值税税额；

⑨“进项税额转出”专栏，记录一般纳税人购进货物、加工修理修配劳务、服务、无形资产或不动产等发生非正常损失以及其他原因而不应从销项税额中抵扣、按规定转出的进项税额。

（2）“未交增值税”明细科目，核算一般纳税人月度终了从“应交增值税”或“预交增值税”明细科目转入当月应交未交、多交或预交的增值税税额，以及当月交纳以前期间未交的增值税税额。

（3）“预交增值税”明细科目，核算一般纳税人转让不动产、提供不动产经营租赁服务、提供建筑服务、采用预收款方式销售自行开发的房地产项目等，以及其他按现行增值税制度规定应预交的增值税税额。

（4）“待抵扣进项税额”明细科目，核算一般纳税人已取得增值税扣税凭证并经税务机关认证，按照现行增值税制度规定准予以后期间从销项税额中抵扣的进项税额。

（5）“待认证进项税额” 明细科目，核算一般纳税人由于未经税务机关认证而不得从当期销项税额中抵扣的进项税额，包括：一般纳税人已取得增值税扣税凭证、按照现行增值税制度规定准予从销项税额中抵扣，但尚未经税务机关认证的进项税额；一般纳税人已申请稽核但尚未取得稽核相符结果的海关缴款书进项税额。

（6）“待转销项税额”明细科目，核算一般纳税人销售货物、加工修理修配劳务、服务、无形资产或不动产，已确认相关收入(或利得)但尚未发生增值税纳税义务需于以后期间确认为销项税额的增值税税额。

(7)“简易计税”明细科目，核算一般纳税人采用简易计税方法发生的增值税计提、扣减、预缴、缴纳等业务。

(8)“转让金融商品应交增值税”明细科目，核算增值税纳税人转让金融商品发生的增值税税额。

(9)“代扣代交增值税”明细科目，核算纳税人购进在境内未设经营机构的境外单位或个人在境内的应税行为代扣代缴的增值税。

2. 取得资产、接受劳务或服务

(1)一般纳税人购进货物、加工修理修配劳务、服务、无形资产或者不动产，按应计入相关成本费用或资产的金额，借记“材料采购”“在途物资”“原材料”“库存商品”“生产成本”“无形资产”“固定资产”“管理费用”等科目，按当月已认证的可抵扣增值税税额，借记“应交税费——应交增值税(进项税额)”科目，按当月未认证的可抵扣增值税税额，借记“应交税费——待认证进项税额”科目，按应付或实际支付的金额，贷记“应付账款”“应付票据”“银行存款”等科目。购进货物等发生的退货，应根据税务机关开具的红字增值税专用发票编制相反的会计分录，如原增值税专用发票未做认证，应将发票退回并做相反的会计分录。

企业购进农产品，除取得增值税专用发票或者海关进口增值税专用缴款书外，按照农产品收购发票或者销售发票上注明的农产品买价和9%的扣除率计算的进项税额；购进用于生产销售或委托加工13%税率货物的农产品，按照农产品收购发票或者销售发票上注明的农产品买价和10%的扣除率计算的进项税额，借记“应交税费——应交增值税(进项税额)”科目，按农产品买价扣除进项税额后的差额，借记“材料采购”“在途物资”“原材料”“库存商品”等科目，按照实际支付的价款，贷记“应付账款”“应付票据”“银行存款”等科目。

【例9—17】 天域公司为增值税一般纳税人，销售商品适用的增值税税率为13%，原材料按实际成本核算，销售商品价格为不含增值税的价格。6月份发生交易或事项以及相关的会计分录如下：

①1日，购入原材料一批，增值税专用发票上注明的价款为240 000元，增值税税额为31 200元，材料尚未到达，全部款项已用银行存款支付。

| | | |
|---|---|---|
| 借：在途物资 | 240 000 | |
| 应交税费——应交增值税(进项税额) | 31 200 | |
| 贷：银行存款 | | 271 200 |

②4日，收到1日购入的原材料并验收入库，实际成本总额为240 000元。同日，与运输公司结清运输费用，增值税专用发票上注明的运输费用为5 000元，增值税税额为450元，运输费用和增值税税额已用转账支票付讫。

| | | |
|---|---|---|
| 借：原材料 | 245 000 | |
| 应交税费——应交增值税(进项税额) | 450 | |
| 贷：银行存款 | | 5 450 |
| 在途物资 | | 240 000 |

③10日，购入不需要安装的生产设备一台，增值税专用发票上注明的价款为60 000元，增值税税额为7 800元，款项尚未支付。

| | | |
|---|---|---|
| 借：固定资产 | 60 000 | |

应交税费——应交增值税(进项税额)　　7 800

贷:应付账款　　67 800

④12日,购入农产品一批,农产品收购发票上注明的买价为100 000元,规定的扣除率为9%,货物尚未到达,价款已用银行存款支付。

借:在途物资　　91 000

应交税费——应交增值税(进项税额)　　9 000

贷:银行存款　　100 000

⑤25日,公司管理部门委托外单位修理机器设备,取得对方开具的增值税专用发票上注明的修理费用为10 000元,增值税税额为1 300元,款项已用银行存款支付。

借:管理费用　　10 000

应交税费——应交增值税(进项税额)　　1 300

贷:银行存款　　11 300

⑥25日,天域公司购进一幢简易办公楼作为固定资产核算,并投入使用,已取得增值税专用发票并经税务机关认证,增值税专用发票上注明的价款为1 500 000元,增值税税额为135 000元,全部款项以银行存款支付。不考虑其他相关因素。

借:固定资产　　1 500 000

应交税费——应交增值税(进项税额)　　135 000

贷:银行存款　　1 635 000

(2)货物等已验收入库但尚未取得增值税扣税凭证。企业购进的货物等已到达并验收入库,但尚未收到增值税扣税凭证并未付款的,应在月末按货物清单或相关合同协议上的价格暂估入账,不需要将增值税的进项税额暂估入账。下月初,用红字冲销原暂估入账金额,待取得相关增值税扣税凭证并经认证后,按应计入相关成本费用或资产的金额,借记"原材料""库存商品""固定资产""无形资产"等科目,按可抵扣的增值税,借记"应交税费——应交增值税(进项税额)"科目,按应付或实际支付的金额,贷记"应付账款""应付票据""银行存款"等科目。

【例9—18】 6月30日,天域公司购进原材料一批,已验收入库,但尚未收到增值税扣税凭证,款项也未支付。随货同行的材料清单列明的原材料销售价格为260 000元。天域公司应编制如下会计分录:

借:原材料　　260 000

贷:应付账款　　260 000

下月初,用红字冲销原暂估入账金额:

借:原材料　　260 000

贷:应付账款　　260 000

7月5日,取得相关增值税专用发票上注明的价款为260 000元,增值税税额为33 800元,增值税专用发票已经认证。全部款项以银行存款支付。天域公司应编制如下会计分录:

借:原材料　　260 000

应交税费——应交增值税(进项税额)　　33 800

贷:银行存款　　293 800

(3)进项税额转出。企业已单独确认进项税额的购进货物、加工修理修配劳务或者服务、无形资产或者不动产但其事后改变用途(如用于简易计税方法计税项目,免征增值税项目、非增值税应税项目等)，或发生非正常损失，原已计入进项税额、待抵扣进项税额或待认证进项税额，按照现行增值税制度规定不得从销项税额中抵扣。

这里所说的"非正常损失"，根据现行增值税制度规定，是指因管理不善造成货物被盗、丢失、霉烂变质，以及因违反法律法规造成货物或者不动产被依法没收、销毁、拆除的情形。

进项税额转出的账务处理为：借记"待处理财产损溢""应付职工薪酬""固定资产""无形资产"等科目，贷记"应交税费——应交增值税(进项税额转出)""应交税费——待抵扣进项税额"或"应交税费——待认证进项税额"科目。属于转作待处理财产损失的进项税额，应与非正常损失的购进货物、在产品或库存商品、固定资产或无形资产的成本一并处理。

【例 9－19】　6 月份，天域公司发生进项税额转出事项如下：

①10 日，库存材料因管理不善发生火灾损失，材料实际成本为 10 000 元，相关增值税专用发票上注明的增值税税额为 1 300 元。天域公司将毁损库存材料作为待处理财产损溢入账。

| | | |
|---|---|---|
| 借：待处理财产损溢——待处理流动资产损溢 | 11 300 | |
| 　　贷：原材料 | | 10 000 |
| 　　　　应交税费——应交增值税(进项税额转出) | | 1 300 |

②18 日，领用一批外购原材料用于集体福利，该批原材料的实际成本为 30 000 元，相关增值税专用发票上注明的增值税税额为 3 900 元。

| | | |
|---|---|---|
| 借：应付职工薪酬——职工福利费 | 33 900 | |
| 　　贷：原材料 | | 30 000 |
| 　　　　应交税费——应交增值税(进项税额转出) | | 3 900 |

需要说明的是，一般纳税人购进货物、加工修理修配劳务、服务、无形资产或不动产，用于简易计税方法计税项目，免征增值税项目、集体福利或个人消费等，即使取得的增值税专用发票上已注明增值税进项税额。该税额按照现行增值税规定也不得从销项税额中抵扣的，取得增值税专用发票时，应将待认证的目前不可抵扣的增值税进项税额，借记"应交税费——待认证进项税额"科目，贷记"银行存款""应付账款"等科目。经税务机关认证为不可抵扣的增值税进项税额时，借记"应交税费——应交增值税(进项税额)"科目，贷记"应交税费——待认证进项税额"科目；同时，将增值税进项税额转出，借记相关成本费用或资产科目，贷记"应交税费——应交增值税(进项税额转出)"科目。

【例 9－20】　6 月 20 日，天域公司外购空调扇 200 台作为福利发放给直接从事生产的职工，取得的增值税专用发票上注明的价款为 100 000 元、增值税税额为 13 000 元，以银行存款支付了购买空调扇的价款和增值税进项税额，增值税专用发票尚未经税务机关认证。天域公司应编制如下会计分录：

①购入时：

| | | |
|---|---|---|
| 借：库存商品——空调扇 | 100 000 | |
| 　　应交税费——待认证进项税额 | 13 000 | |
| 　　贷：银行存款 | | 113 000 |

②经税务机关认证不可抵扣时：

| | | |
|---|---|---|
| 借：应交税费——应交增值税(进项税额) | 13 000 | |
| 　　贷：应交税费——待认证进项税额 | | 13 000 |

同时，

| | | |
|---|---|---|
| 借：库存商品——空调扇 | 13 000 | |

贷：应交税费——应交增值税（进项税额转出） 13 000

③实际发放时：

借：应付职工薪酬——非货币性福利 11 300

贷：库存商品——空调扇 11 300

3. 销售等业务的账务处理

（1）企业销售货物、加工修理修配劳务、服务、无形资产或不动产，应当按应收或已收的金额，借记“应收账款”“应收票据”“银行存款”等科目，按取得的收益金额，贷记“主营业务收入”“其他业务收入”“固定资产清理”等科目，按现行增值税制度规定计算的销项税额（或采用简易计税方法计算的应纳增值税额），贷记“应交税费——应交增值税（销项税额）”或“应交税费——简易计税”科目。

（2）企业销售货物等发生销售退回的，应根据税务机关开具的红字增值税专用发票做相反的会计分录。

根据会计准则相关规定的收入或利得确认时点早于按照现行增值税制度确认增值税纳税义务发生时点的，应将相关销项税额记入“应交税费——待转销销项税额”科目，待实际发生纳税义务时再转入“应交税费——应交增值税（销项税额）”或“应交税费——简易计税”科目。按照增值税制度确认增值税纳税义务发生时点早于根据会计准则相关规定收入或利得确认时点的，应将应纳增值税税额，借记“应收账款”科目，贷记“应交税费——应交增值税（销项税额）”或“应交税费——简易计税”科目，根据会计准则相关规定确认收入或利得时，应按扣除增值税销项税额后的金额确认收入或利得。

【例 9－21】 2025 年 1 月份，天域公司发生与销售相关的交易或事项如下：

20 日，销售产品一批，开具增值税专用发票上注明的价款为 1 000 000 元，增值税税额为 130 000 元，提货单和增值税专用发票已交给买方，款项尚未收到。

借：应收账款 1 130 000

贷：主营业务收入 1 000 000

应交税费——应交增值税（销项税额） 130 000

（3）视同销售。企业有些交易和事项按照现行增值税制度规定，应视同对外销售处理，计算应交增值税。

**微课 1　视同销售**

**微课 2**

用实物、货物或者无形资产、固定资产对外投资、捐赠等，会计处理上是按照公允价值确认收入，还是按照成本结转？

视同销售需要交纳增值税的事项主要有：企业将自产或委托加工的货物用于集体福利或个人消费，作为投资提供给其他单位或个体工商户、分配给股东或投资者、对外捐赠等。

在这些情况下，企业应当根据视同销售的具体内容，按照现行增值税制度规定计算的销项税额（或采用简易计税方法计算的应纳增值税税额），借记“长期股权投资”“应付职工薪酬”“利润分配”“营业外支出”等科目，贷记“应交税费——应交增值税（销项税额）”或“应交税费——简易计税”科目。

【例 9－22】 2025 年 1 月份，天域公司发生的视同销售交易或事项如下：

①10 日，以公司生产的产品对外捐赠，该批产品的实际成本为 30 000 元，市场不含税售价为 35 000 元，开具的增值税专用发票上注明的增值税税额为 4 550 元。

借：营业外支出　　34 550

　　贷：库存商品　　30 000

　　　　应交税费——应交增值税（销项税额）　　4 550

②16 日，天域公司用一批原材料对外进行长期股权投资。该批原材料实际成本为 400 000 元，双方协商不含税售价为 550 000 元，开具的增值税专用发票上注明的增值税税额为 71 500 元。

借：长期段权投资　　621 500

　　贷：其他业务收入　　550 000

　　　　应交税费——应交增值税（销项税额）　　71 500

同时，

借：其他业务成本　　400 000

　　贷：原材料　　400 000

4. 交纳增值税

企业交纳当月应交的增值税，借记"应交税费——应交增值税（已交税金）"科目，贷记"银行存款"科目；企业交纳以前期间未交的增值税，借记"应交税费——未交增值税"科目，贷记"银行存款"科目。

【例 9－23】 6 月份，天域公司当月发生增值税销项税额合计为 525 200 元，增值税进项税额转出合计为 29 900 元，增值税进项税额合计为 195 050 元。天域公司当月应交增值税计算结果如下：

当月应交增值税＝525 200＋29 900－195 050＝360 050（元）

天域公司当月实际交纳增值税税款 360 050 元，编制如下会计分录：

借：应交税费——应交增值税（已交税金）　　360 050

　　贷：银行存款　　360 050

5. 月末转出多交增值税和未交增值税

月度终了，企业应当将当月应交未交或多交的增值税自"应交增值税"明细科目转入"未交增值税"明细科目。对于当月应交未交的增值税，借记"应交税费——应交增值税（转出未交增值税）"科目，贷记"应交税费——未交增值税"科目；对于当月多交的增值税，借记"应交税费——未交增值税"科目，贷记"应交税费——应交增值税（转出多交增值税）"科目。

【例 9－24】 2025 年 1 月 30 日，天域公司将尚未交纳的其余增值税税款 50 000 元进行转账。天域公司编制如下会计分录：

借：应交税费——应交增值税（转出未交增值税）　　50 000

　　贷：应交税费——未交增值税　　50 000

2 月份，公司交纳 1 月未交的增值税 50 000 元，编制如下会计分录：

借：应交税费——未交增值税　　50 000

　　贷：银行存款　　50 000

需要说明的是，企业购入材料、商品等不能取得增值税专用发票的，发生的增值税应计入材料采购成本，借记"材料采购""在途物资""原材料""库存商品"等科目，贷记"银行存款"等科目。

**（三）小规模纳税人的账务处理**

小规模纳税人核算增值税采用简化的方法，即购进货物、应税服务或应税行为，取得增值税专用发票上注明的增值税，一律不予抵扣，直接计入相关成本费用或资产。小规模纳税人销售货物、应税服务或应税行为时，按照不含税的销售额和规定的增值税征收率计算应交纳的增值税（即应纳税额），但不得开具增值税专用发票。

一般来说，小规模纳税人采用销售额和应纳税额合并定价的方法并向客户结算款项，销售货物、应税劳务或应税行为后，应进行价税分离，确定不含税的销售额。不含税的销售额计算公式为：

不含税销售额＝含税销售额÷（1＋征收率）

应纳税额＝不含税销售额×征收率

小规模纳税人进行账务处理时，只需在“应交税费”科目下设置“应交增值税”明细科目，该明细科目不再设置增值税专栏。

“应交税费——应交增值税”科目贷方登记应交纳的增值税，借方登记已交纳的增值税；期本贷方余额，反映小规模纳税人尚未交的增值税，期末借方余额，反映小规模纳税人多交纳的增值税。

小规模纳税人购进货物、应税服务或应税行为，按照应付或实际支付的全部款项（包括支付的增值税额），借记“材料采购”“在途物资”“原材料”“库存商品”等科目，贷记“应付账款”“应付票据”“银行存款”等科目；销售货物、应税服务或应税行为，应按全部价款（包括应交的增值税税额），借记“银行存款”等科目，按不含税的销售额，贷记“主营业务收入”等科目，按应交增值税额，贷记“应交税费——应交增值税”科目。

## 引例解析

该企业应编制如下会计分录：

（1）购入原材料：

| | | |
|---|---|---|
| 借：原材料 | 22 600 | |
| 　　贷：银行存款 | | 22 600 |

（2）销售产品：

| | | |
|---|---|---|
| 借：银行存款 | 51 500 | |
| 　　贷：主营业务收入 | | 50 000 |
| 　　　　应交税费——应交增值税 | | 1 500 |

**提示**

不含税销售额＝含税销售额÷（1＋征收率）＝51 500÷（1＋3%）＝50 000（元）

应纳增值税＝不含税销售额×征收率＝50 000×3%＝1 500（元）

（3）交纳增值税：

| | | |
|---|---|---|
| 借：应交税费——应交增值税 | 1 500 | |
| 　　贷：银行存款 | | 1 500 |

## 三、应交消费税

### (一)消费税概述

消费税是指在我国境内生产、委托加工和进口应税消费品的单位和个人,按其流转额交纳的一种税。

消费税有从价定率、从量定额、从价定率和从量定额复合计税(简称“复合计税”)三种征收方法。采取从价定率方法征收的消费税,以不含增值税的销售额为税基,按照税法规定的税率计算。企业的销售收入包含增值税的,应将其换算为不含增值税的销售额。采取从量定额计征的消费税,按税法确定的企业应税消费品的数量和单位应税消费品应缴纳的消费税计算确定。采取复合计税计征的消费税,由以不含增值税的销售额为税基,按照税法规定的税率计算的消费税和根据税法确定的企业应税消费品的数量和单位应税消费品应缴纳的消费税计算的消费税合计确定。

### (二)应交消费税的账务处理

企业应在“应交税费”科目下设置“应交消费税”明细科目,核算应交消费税的发生、交纳情况。该科目贷方登记应交纳的消费税,借方登记已交纳的消费税,期末贷方余额,反映企业尚未交纳的消费税,期末借方余额,反映企业多交纳的消费税。

1. 销售应税消费品

企业销售应税消费品应交的消费税,应借记“税金及附加”科目,贷记“应交税费——应交消费税”科目。

【例 9—25】 甲企业销售所生产的化妆品,价款为 2 000 000 元(不含增值税),开具的增值税专用发票上注明的增值税税额为 260 000 元,适用的消费税税率为 30%,款项已存入银行。甲公司应编制如下会计分录:

(1)取得价款和税款时:

| | | |
|---|---|---|
| 借:银行存款 | 2 260 000 | |
| 　贷:主营业务收入 | | 2 000 000 |
| 　　应交税费——应交增值税(销项税额) | | 260 000 |

(2)计算应交纳的消费税:

应纳消费税税额=2 000 000×30%=600 000(元)

| | | |
|---|---|---|
| 借:税金及附加 | 600 000 | |
| 　贷:应交税费——应交消费税 | | 600 000 |

2. 自产自用应税消费品

企业将生产的应税消费品用于在建工程等非生产机构时,按规定应交纳的消费税,借记“在建工程”等科目,贷记“应交税费——应交消费税”科目。

【例 9—26】 乙企业在建工程领用自产柴油,成本为 50 000 元,应纳消费税为 6 000 元。不考虑其他相关税费。乙企业应编制如下会计分录:

| | | |
|---|---|---|
| 借:在建工程 | 56 000 | |
| 　贷:库存商品 | | 50 000 |
| 　　应交税费——应交消费税 | | 6 000 |

【例 9—27】 丙企业下设的职工食堂享受企业提供的补贴,本月领用自产产品一批,该产品的成本为 40 000 元,市场不含税售价为 50 000 元,适用的增值税税率为 13%、消费税税率

为 10%。丙企业应编制如下会计分录：

借：应付职工薪酬——职工福利费　　56 500
　　税金及附加　　5 000
　　贷：主营业务收入　　50 000
　　　　应交税费——应交增值税（销项税额）　　6 500
　　　　　　　　——应交消费税　　5 000

同时：

借：主营业务成本　　40 000
　　贷：库存商品　　40 000

3. 委托加工应税消费品

企业如有应交消费税的委托加工物资，一般应由受托方代收代缴纳，委托加工物资收回后，直接用于销售的，应将受托方代收代缴的消费税计入委托加工物资的成本，借记“委托加工物资”等科目，贷记“应付账款”“银行存款”等科目；委托加工物资收回后用于连续生产应税消费品的，按规定准予抵扣的，应按已由受托方代收代缴的消费税，借记“应交税费——应交消费税”科目，贷记“应付账款”“银行存款” 等科目，待用委托加工的应税消费品生产出应纳消费税的产品销售时，再交纳消费税。

【例 9－28】 天域公司委托乙企业代为加工一批应交消费税的材料（非金银首饰）。天域公司发出材料的成本为 1 000 000 元，应付加工费为 200 000 元，增值税税率为 13%，由乙企业代收代缴的消费税为 80 000 元。材料已经加工完成，并由天域公司收回验收入库，加工费及相关税金尚未支付。天域公司采用实际成本法进行原材料的核算。天域公司应编制如下会计分录：

（1）委托加工物资收回继续用于生产应税消费品：

借：委托加工物资　　1 000 000
　　贷：原材料　　1 000 000
借：委托加工物资　　200 000
　　应交税费——应交增值税（进项税额）　　26 000
　　　　　　——应交消费税　　80 000
　　贷：应付账款　　306 000
借：原材料　　1 200 000
　　贷：委托加工物资　　1 200 000

（2）委托加工物资收回直接对外销售：

借：委托加工物资　　1 000 000
　　贷：原材料　　1 000 000
借：委托加工物资　　280 000
　　应交税费——应交增值税（进项税额）　　26 000
　　贷：应付账款　　306 000
借：原材料　　1 280 000
　　贷：委托加工物资　　1 280 000

4. 进口应税消费品

企业进口应税物资交纳的消费税由海关代征。应交的消费税按照组成计税价格和规定的税率计算，消费税计入该项物资成本，借记“在途物资”“材料采购”“原材料”“库存商品”科目，贷记“银行存款”等科目。

【例9－29】　天域公司从国外进口一批需要交纳消费税的商品，已知该商品关税完税价格为540 000元，按规定应缴纳关税108 000元，假定进口的应税消费品的消费税税率为10%、增值税税率为13%。货物报关后，自海关取得的“海关进口消费税专用缴款书”注明的消费税为72 000元、“海关进口增值税专用缴款书”注明的增值税为93 600元。进口商品已验收入库，全部货款和税款已用银行存款支付。天域公司应编制如下会计分录：

应交消费税税额＝[(540 000＋108 000)÷(1－10%)]×10%＝72 000(元)

应交增值税税额＝(540 000＋108 000＋72 000)×13%＝93 600(元)

进口商品的入账成本＝540 000＋108 000＋72 000＝720 000(元)

| | | |
|---|---|---|
| 借：库存商品 | 720 000 | |
| 　　应交税费——应交增值税(进项税额) | 93 600 | |
| 　贷：银行存款 | | 813 600 |

## 四、其他应交税费

其他应交税费是指除上述应交税费以外的其他各种应上交国家的税费，包括应交资源税、应交城市维护建设税、应交土地增值税、应交所得税、应交房产税、应交土地使用税、应交车船税、应交教育费附加、应交个人所得税等。企业应当在“应交税费”科目下设置相应的明细科目进行核算，贷方登记应交纳的有关税费，借方登记已交纳的有关税费，期末贷方余额，反映企业尚未交纳的有关税费。

### (一)应交资源税

资源税是对在我国境内开采矿产品或者生产盐的单位和个人征收的税。对外销售应税产品应交纳的资源税应记入“税金及附加”科目，借记“税金及附加”科目，贷记“应交税费——应交资源税”科目；自产自用应税产品应交纳的资源税应记入“生产成本”“制造费用”等科目，借记“生产成本”“制造费用”等科目，贷记“应交税费——应交资源税”科目。

【例9－30】　甲企业本期对外销售资源税应税矿产品3 000吨，将自产资源税应税矿产品500吨用于其他产品生产，税法规定每吨矿产品应交资源税5元。甲企业应编制如下会计分录：

(1)计算对外销售应税矿产品应交资源税：

| | | |
|---|---|---|
| 借：税金及附加 | 15 000 | |
| 　贷：应交税费——应交资源税 | | 15 000 |

(2)计算自用应税产品应交资源税：

| | | |
|---|---|---|
| 借：生产成本 | 2 500 | |
| 　贷：应交税费——应交资源税 | | 2 500 |

(3)交纳资源税：

| | | |
|---|---|---|
| 借：应交税费——应交资源税 | 17 500 | |
| 　贷：银行存款 | | 17 500 |

### (二)应交城市维护建设税

城市维护建设税是以增值税和消费税为计税依据征收的一种税。其纳税人为交纳增值税和消费税的单位和个人，以纳税人实际缴纳的增值税和消费税税额为计税依据，并分别与两项税金同时缴纳。税率因纳税人所在地不同从1%－7%不等。应纳税计算公式为：

应纳税额＝(实际交纳的增值税＋实际交纳的消费税)×适用税率

企业按规定计算出应交纳的城市维护建设税，借记“税金及附加”等科目，贷记“应交税费——应交城市维护建设税”科目。交纳城市维护建设税，借记“应交税费——应交城市维护建设税”科目，贷记“银行存款”科目。

【例9－31】 2025年1月份，甲企业实际交纳增值税255 000元、消费税120 000元，适用的城市维护建设税税率为7%。甲企业应编制如下会计分录：

(1) 计算应交城市维护建设税：

借：税金及附加　　26 250

　　贷：应交税费——应交城市维护建设税　　26 250

应交的城市维护建设税＝(255 000＋120 000)×7%＝26 250(元)

(2)用银行存款交纳城市维护建设税：

借：应交税费——应交城市维护建设税　　26 250

　　贷：银行存款　　26 250

**(三)应交教育费附加**

教育费附加是指为了加快发展地方教育事业，扩大地方教育经费资金来源而向企业征收的附加费用。教育费附加以各单位实际缴纳的增值税、消费税的税额为计征依据，按其一定比例分别与增值税、消费税同时缴纳。企业按规定计算出应交纳的教育费附加，借记“税金及附加”等科目，贷记“应交税费——应交教育费附加”科目。

【例9－32】 甲企业按税法规定计算，2024年第四季度应交的教育费附加为200 000元。款项已经用银行存款支付。甲企业应编制如下会计分录：

(1)计算应交纳的教育费附加：

借：税金及附加　　200 000

　　贷：应交税费——应交教育费附加　　200 000

(2) 交纳教育费附加：

借：应交税费——应交教育费附加　　200 000

　　贷：银行存款　　200 000

**(四)应交土地增值税**

土地增值税是对转让国有土地使用权、地上建筑物及其附着物(简称“转让房地产”)并取得增值税收入的单位和个人所征收的一种税。

土地增值税按照转让房地产所取得的增值额和规定的税率计算征收。转让房地产的增值额是转让收入减去税法规定扣除项目金额后的余额，其中，转让收入包括货币收入、实物收入和其他收入；扣除项目主要包括取得土地使用权所支付的金额、开发土地的成本及费用、新建房及配套设施的成本及费用、与转让房地产有关的税金、旧房及建筑物的评估价格、财政部确定的其他扣除项目等。土地增值税采用四级超率累进税率，其中，最低税率为30%，最高税率为60%。

根据企业对房地产核算方法的不同，企业应交土地增值税的账务处理也有所区别：企业转让的土地使用权连同地上建筑物及其附着物一并在“固定资产”科目核算的，转让时应交的土地增值税，借记“固定资产清理”科目，贷记“应交税费——应交土地增值税”科目；土地使用权在“无形资产”科目核算的，借记“银行存款”“累计摊销”“无形资产减值准备”科目，按应交的土地增值税，贷记“应交税费——应交土地增值税”科目，同时冲销土地使用权的账面价值，贷记“无形资产”科目，按其差额，借记或贷记“资产处置损益”科目；房地产开发经营企业销售房地产应交纳的土地增值税，借记“税金及附加”科目，贷记“应交税费——应交土地增值税”科目。交纳土地增值税，借记“应交税费——应交土地增值税”科目，贷记“银行存款”科目。

【例 9—33】 甲企业对外转让一栋厂房，根据税法规定计算的应交土地增值税为 12 000 元。甲企业应编制如下会计分录：

(1)计算应交土地增值税：

| | | |
|---|---|---|
| 借：固定资产清理 | 12 000 | |
| 贷：应交税费——应交土地增值税 | | 12 000 |

(2)用银行存款交纳土地增值税：

| | | |
|---|---|---|
| 借：应交税费——应交土地增值税 | 12 000 | |
| 贷：银行存款 | | 12 000 |

**(五)应交房产税、城镇土地使用税和车船税**

房产税是国家对在城市、县城、建制镇和工矿区征收的由产权所有人缴纳的一种税。房产税依照房产原值一次减除 10%—30%后的余额计算交纳。没有房产原值作为依据的，由房产所在地税务机关参考同类房产核定；房产出租的，以房产租金收入为房产税的计税依据。

城镇土地使用税是以城市、县城、建制镇、工矿区范围内使用土地的单位和个人为纳税人，以其实际占用的土地面积和规定税额计算征收。

车船税是以车辆、船舶(简称“车船”)为课征对象，向车船的所有人或者管理人征收的一种税。

企业应交的房产税、城镇土地使用税、车船税，记入“税金及附加”科目，借记“税金及附加”科目，贷记“应交税费——应交房产税、应交城镇土地使用税、应交车船税”科目。

【例 9—34】 甲企业按税法规定本期应交纳房产税 100 000 元、车船税 19 000 元、城镇土地使用税 35 000 元。该企业应编制如下会计分录：

(1) 计算应交纳上述税金：

| | | |
|---|---|---|
| 借：税金及附加 | 154 000 | |
| 贷：应交税费——应交房产税 | | 100 000 |
| ——应交城镇土地使用税 | | 35 000 |
| ——应交车船税 | | 19 000 |

(2)用银行存款交纳上述税金：

| | | |
|---|---|---|
| 借：应交税费——应交房产税 | 100 000 | |
| ——应交城镇土地使用税 | 35 000 | |
| ——应交车船税 | 19 000 | |
| 贷：银行存款 | | 154 000 |

**(六)应交个人所得税**

企业职工按规定应交纳的个人所得税通常由单位代扣代缴。企业按规定计算的代扣代缴的职工个人所得税，借记“应付职工薪酬”科目，贷记“应交税费——应交个人所得税”科目；企业交纳个人所得税时，借记“应交税费——应交个人所得税”科目，贷记“银行存款”等科目。

【例 9—35】 天域公司结算本月应付职工工资总额 200 000 元，按税法规定应代扣代缴的职工个人所得税共计 2 500 元，实发工资 197 500 元。该企业应编制如下会计分录：

(1)代扣个人所得税：

借：应付职工薪酬——工资　　2 500

　　贷：应交税费——应交个人所得税　　2 500

(2)交纳个人所得税：

借：应交税费——应交个人所得税　　2 500

　　贷：银行存款　　2 500

# 任务6　其他流动负债

## 任务引例

天域公司从2024年1月1日起以经营租赁方式租入管理用办公设备一批，每月租金为5 000元，按季支付。3月31日，天域公司以银行存款支付应付租金。

请思考：天域公司租赁的资产该如何处理？

## 必备知识

### 一、应付股利

应付股利是指企业根据股东大会或类似机构审议批准的利润分配方案确定分配给投资者的现金股利或利润。

企业根据股东大会或类似机构审议批准的利润分配方案确认应付给投资者的现金股利或利润时，借记“利润分配——应付股利”科目，贷记“应付股利”科目；向投资者实际支付股利或利润时，借记“应付股利”科目，贷记“银行存款”等科目。

企业董事会或类似机构通过的利润分配方案中拟分配的现金股利或利润，不做账务处理。

【例9－36】　天域公司有甲、乙两个股东，分别占注册资本的40%和60%。2023年度该公司实现净利润8 000 000元，经过股东会批准，决定2024年分配股利5 000 000元。股利已经用银行存款支付。天域有限责任公司的有关会计分录如下：

借：利润分配——应付股利　　5 000 000

　　贷：应付股利——甲股东　　2 000 000

　　　　　　　　——乙股东　　3 000 000

借：应付股利——甲股东　　2 000 000

　　　　　　——乙股东　　3 000 000

　　贷：银行存款　　5 000 000

甲股东应分配的股利＝5 000 000×40%＝2 000 000(元)

乙股东应分配的股利＝5 000 000×60%＝3 000 000(元)

### 二、其他应付款

其他应付款是指企业除应付票据、应付账款、预收账款、应付职工薪酬、应交税费、应付股利等经营活动以外的其他各项应付、暂收的款项，如应付租入包装物租金、存入保证金等。

企业发生其他各种应付、暂收款项时，借记“管理费用”等科目，贷记“其他应付款”科目；支付或退回其他各种应付、暂收款项时，借记“其他应付款”科目，贷记“银行存款”等科目。

### 引例解析

天域公司的有关会计分录如下：

(1)1 月 31 日计提应付经营租入固定资产租金：

| | | |
|---|---|---|
| 借：管理费用 | 5 000 | |
| 　　贷：其他应付款 | | 5 000 |

2 月底计提应付经营租入固定资产租金的会计处理同上。

(2)3 月 31 日支付租金：

| | | |
|---|---|---|
| 借：其他应付款 | 10 000 | |
| 　　管理费用 | 5 000 | |
| 　　贷：银行存款 | | 15 000 |

## 任务 7　应付债券

### 任务引例

天域公司于 2021 年 7 月 1 日发行 3 年期、到期时一次还本付息、年利率为 8%(不计复利)、发行面值总额为 40 000 000 元的债券，假定年利率等于实际利率。该债券按面值发行。

请思考：天域公司为筹集资金发放的债券该如何处理？

### 必备知识

应付债券是指企业为筹集(长期)资金而发行的债券。债券是企业为筹集长期使用资金而发行的一种书面凭证。债券发行有面值发行、溢价发行和折价发行三种情况。

#### 一、债券发行价格的计算

债券的发行价格，是债券发行公司在发行债券时向债券投资者收取的全部现金或现金等价物。债券的发行价格受很多因素的影响，除了债券的面值、期限、票面利率、利息支付方式之外，还受发行企业自身的信用状况、资本结构等影响。就企业外部来说，资本市场上的利率水平、供求关系等也是影响债券发行价格的重要因素。

债券发行时发行企业与债券投资者双方均能够接受的利率，称为该种债券的市场利率。

债券发行价格与市场利率的关系可表示如下：

债券的发行价格＝到期偿还面值按市场利率折算的现值＋票面利息按市场利率折算的现值

## 二、债券发行的账务处理

企业应设置“应付债券”科目，并在该科目下设置“面值”“利息调整”“应计利息”等明细科目，核算应付债券发行、计提利息、还本付息等情况。该科目的贷方登记应付债券的本金和利息，借方登记归还的债券本金和利息，期末贷方余额表示企业尚未偿还的长期债券。

**（一）发行债券**

企业按面值发行债券时，应按实际收到的金额，借记“银行存款”等科目，按债券票面金额，贷记“应付债券——面值”科目；存在差额的，还应借记或贷记“应付债券——利息调整”科目。

### 引例解析

天域公司发行债券时，有关会计分录如下：

借：银行存款　　40 000 000

　　贷：应付债券——面值　　40 000 000

**（二）发生债券利息**

对于按面值发行的债券，在每期采用票面利率计提利息时，应当按照与长期借款相一致的原则计入有关成本费用，借记“在建工程”“制造费用”“财务费用”“研发支出”等科目。其中，对于分期付息、到期一次还本的债券，其按票面利率计算确定的应付未付利息通过“应付利息”科目核算；对于一次还本付息的债券，其按票面利率计算确定的应付未付利息通过“应付债券——应计利息”科目核算。应付债券按实际利率（实际利率与票面利率差异较小时也可按票面利率）计算确定的利息费用，应按照与长期借款相一致的原则计入有关成本、费用。

### 引例解析

天域公司发行债券所筹资金于当日用于建造固定资产，至2024年12月31日时工程尚未完工，计提本年长期债券利息。该期债券产生的实际利息费用应全部资本化，作为在建工程成本。天域公司的有关会计分录如下：

借：在建工程　　1 600 000

　　贷：应付债券——应计利息　　1 600 000

本例中，至2024年12月31日，企业债券发行在外的时间为6个月，该年应计的利息为：40 000 000×8%÷12×6＝1 600 000（元）。由于该长期债券为到期时一次还本付息，因此利息1 600 000元应记入“应付债券——应计利息”科目。

**（三）债券还本付息**

长期债券到期企业支付债券本息时，借记“应付债券——面值”和“应付债券——应计利息”“应付利息”等科目，贷记“银行存款”等科目。

### 引例解析

2024年7月1日，天域公司将偿还债券本金和利息。

2021年7月1日，天域公司的有关会计分录如下：

借：应付债券——面值　　40 000 000

　　　　　　——应计利息　　9 600 000

　贷：银行存款　　49 600 000

本例中，2021年7月1日至2024年7月1日，天域公司长期债券的应计利息=40 000 000×8%×3=9 600 000(元)。

**项目评价表**

| 学习任务完成评价表 | | | | | |
|---|---|---|---|---|---|
| 评价范围 | 评价标准 | 自我评价（五星制打分） | 小组评价（五星制打分） | 教师评价（五星制打分） | 企业导师评价（五星制打分） |
| 职业素养 | 诚实守信、守法守纪 | | | | |
| 职业知识 | 1. 掌握短期借款、长期借款和应付票据取得、计息、归还的账务处理；<br>2. 掌握职工薪酬的账务处理流程和核算方法；<br>3. 掌握各种税费的账务处理流程和核算方法；<br>4. 掌握应付及预收款项的账务处理流程和核算方法 | | | | |
| 职业能力 | 1. 能准确地计算与填制、审核借款利息费用计算表；<br>2. 能核算短期借款、长期借款的取得、计息、归还本息等业务；<br>3. 能核算职工薪酬业务；<br>4. 能核算各种税费的金额；<br>5. 能核算应付票据、应付及预收款项等业务 | | | | |

# 项目十　所有者权益业务核算

| 素质目标 | 知识目标 | 能力目标 |
|---|---|---|
| 以挪威养老基金投资中国企业为例，开展爱国情感教育，激发爱国情怀 | 1. 了解实收资本(股本)的来源及投资者出资方式；<br>2. 熟悉资本公积的内容来源及用途；<br>3. 熟悉盈余公积的来源和使用；<br>4. 熟悉留存收益的构成；<br>5. 熟悉利润分配的步骤 | 1. 能正确处理实收资本业务；<br>2. 能正确处理资本公积业务核算；<br>3. 能正确处理盈余公积业务核算；<br>4. 能正确处理利润分配的核算 |

## 本项目结构导图

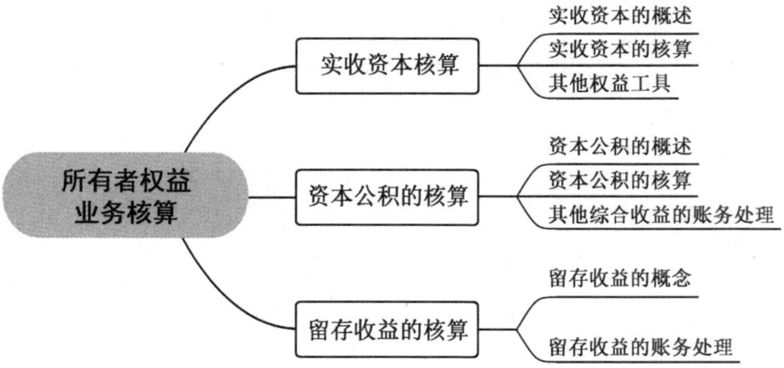


## 任务1　实收资本的核算

### 任务引例

2024年11月9日，天域公司收到甲公司投资100 000元；12月9日，收到乙公司投资不需安装设备一台，不含税金额为 100 000 元；2025 年 1 月 9 日，丙公司投资原材料不含税金额 5 000 元，增值税按 13%计算。

请分别编制该公司的会计分录。

## 必备知识

### 一、实收资本概述

实收资本是指企业按照章程规定或合同、协议约定，接受投资者投入企业的资本。实收资本的构成比例或股东的股份比例，是确定所有者权益中份额的基础，也是企业进行利润或股利分配的主要依据。

我国公司法规定，股东可以用货币出资，也可以用实物、知识产权、土地使用权等通过货币估价，并可以依法转让的非货币财产作价出资；但是，法律、行政法规规定不得作为出资的财产除外。企业应当对作为出资的非货币财产评估作价，核实财产，不得高估或者低估作价。法律、行政法规对评估作价有规定的，从其规定。股东应当按期足额缴纳公司章程中规定的各自所认缴的出资额。股东以货币出资的，应当将货币出资足额存入有限责任公司在银行开设的账户；以非货币财产出资的，应当依法办理其财产权的转移手续。股东不按照前款规定缴纳出资的，除应当向公司足额缴纳外，还应当向已按期足额缴纳出资的股东承担违约责任。企业收到所有者投入企业的资本后，应根据有关原始凭证（如投资清单、银行通知单等），分别不同的出资方式进行会计处理。

### 二、实收资本的核算

#### （一）接受现金资产投资

企业接受现金资产投资，应以实际收到的货币额或存入银行的开户金额，借记“库存现金”“银行存款”“其他货币资金”等科目；按照投资合同或协议约定的份额，贷记“实收资本”（非股份有限公司）或“股本”（发行股票面值）；实际收到货币资产超过投资者在企业注册资本中所占份额（或股票的面值）部分，贷记“资本公积——资本溢价”或“资本公积——股本溢价”科目。

【例 10－1】　甲、乙、丙共同投资设立天域公司，注册资本为 300 000 元，甲、乙、丙的出资比例分别为 45%、35%、20%。按照章程规定，甲、乙、丙分别将 135 000 元、105 000 元、60 000 元存入该公司，请编制该公司接受甲、乙、丙出资的核算为：

借：银行存款　　300 000
　　贷：实收资本——甲公司　　135 000
　　　　　　　　——乙公司　　105 000
　　　　　　　　——丙公司　　60 000

【例 10－2】　天域公司发行普通股 40 000 000 股，每股面值为 1 元，每股发行价格为 2 元。假定股票发行成功，股款 80 000 000 元已全部收到，不考虑发行过程中的税费等因素。根据上述资料，该股份有限公司发行股票的核算为：

借：银行存款　　80 000 000
　　贷：股本　　40 000 000
　　　　资本公积——股本溢价　　40 000 000

需要注意的是，股份有限公司发行股票的手续费佣金等交易费用应从溢价中抵扣，冲减资本公积(股本溢价)。

【例10－3】 天域公司由甲、乙投资者分别出资1000 000元成立。为扩大经营规模，该公司注册资本由2 000 000元增加到3 000 000元，丙企业以现金出资1 000 000元，享有该公司30％的注册资本。不考虑其他因素，该公司接受丙企业出资的核算为：

| | | |
|---|---|---|
| 借:银行存款 | 1 000 000 | |
| 贷:实收资本——丙公司 | | 900 000 |
| 资本公积——资本溢价 | | 100 000 |

(二)**接受非现金资产投资**

企业接受非现金资产投资(如固定资产、存货、无形资产)投入资本时，应按投资合同或协议约定的价值(不公允的除外)作为非现金型资产的入账价值，借记"固定资产""原材料""无形资产""应交税费——应交增值税(进项税额)"等科目。按投资合同或者投资协议约定的投资者在企业注册资本或股本中所占份额的部分作为实收资本或股本入账，贷记"实收资本"或"股本"，投资合同或协议约定的价值超过投资者在企业注册资本或股本中所占份额的部分，贷记"资本公积——资本溢价"或"资本公积——股本溢价"。

【例10－4】 天域公司为扩大生产规模，追加5 000 000元投资，变更后各投资方保持原投资比例不变。原甲、乙、丙三位投资人分别按60％、30％、10％的比例追加投资。甲公司投入一批原材料，价值为3 000 000元(价格公允)，增值税税额为390 000元；乙公司投入的不需要安装的设备一台，合同约定该设备价值为1 500 000元，增值税进项税额为195 000元；丙公司投入一项专利技术，价值为600 000元(价格公允)，增值税税额为48 000元。甲、乙、丙公司均开具增值税专用发票，不考虑其他因素，请编制该公司接受追加投资的会计处理：

(1)接受甲公司的存货投资

| | | |
|---|---|---|
| 借:原材料 | 3 000 000 | |
| 应交税费——应交增值税进项税额 | 390 000 | |
| 贷:实收资本——甲公司 | | 3 000 000 |
| 资本公积——资本溢价 | | 390 000 |

(2)接受乙公司的固定资产投资

| | | |
|---|---|---|
| 借:固定资产 | 200 000 | |
| 应交税费——应交增值税进项税额 | 26 000 | |
| 贷:实收资本——乙公司 | | 200 000 |
| 资本公积——资本溢价 | | 26 000 |

(3)接受丙公司的无形资产投资

| | | |
|---|---|---|
| 借:无形资产 | 600 000 | |
| 应交税费——应交增值税进项税额 | 48 000 | |
| 贷:实收资本——丙公司 | | 500 000 |
| 资本公积——资本溢价 | | 148 000 |

(三)**实收资本(股本)增、减核算**

一般企业增加资本主要有三个途径：接受投资者追加投资、资本公积转增资本和盈余公积转增资本。

1. 实收资本的增加

(1)投资者追加投资:核算方法与投资人初始投入时间相同

【例 10－5】　承【例 10－1】,为扩大经营规模,经批准,天域公司注册资本扩大为 400 000 元,甲、乙、丙按照原来的出资比例分别追加投资,该公司如期收到甲、乙、丙追加的现金投资。该公司编制如下会计分录:

借:银行存款　　100 000

　　贷:实收资本——甲公司　　45 000

　　　　　　　——乙公司　　35 000

　　　　　　　——丙公司　　20 000

(2)资本公积转增资本

企业采用资本公积转增资本时,应按转增的资本金额确认实收资本或股本。用资本公积转增资本时,借记"资本公积——资本溢价(或股本溢价)"科目,贷记"实收资本"(或"股本")科目。

【例 10－6】　天域科技有限公司因扩大经营规模需要,按法定程序,分别将资本公积 100 000 元转为实收资本,投资者甲、乙、丙在该公司的投资比例分别为 50%、30%、20%,请编制该公司资本公积转增资本的会计分录。

借:资本公积　　100 000

　　贷:实收资本——甲公司　　50 000

　　　　　　　——乙公司　　30 000

　　　　　　　——丙公司　　20 000

(3)盈余公积转增资本

企业采用盈余公积转增资本时,应按转增的资本金额确认实收资本或股本。用盈余公积转增资本时,借记"盈余公积"科目,贷记"实收资本"(或"股本")科目。

【例 10－7】　天域科技有限公司因扩大经营规模需要,按法定程序,分别将盈余公积 200 000 元转为实收资本,投资者甲、乙、丙在该公司的投资比例分别为 50%、30%、20%,请编制该公司资本公积转增资本的会计分录。

借:盈余公积　　200 000

　　贷:实收资本——甲公司　　100 000

　　　　　　　——乙公司　　60 000

　　　　　　　——丙公司　　40 000

2. 实收资本(股本)的减少

企业实收资本减少的原因一般包括:一是资本过剩;二是企业发生重大亏损而减少实收资本;三是因企业发展需要调节资本结构。

股份有限公司发还投资时,采用收购本公司股票方式减资的,通过"库存股"科目核算回购股份的金额。减资时,按股票面值和注销股数计算的股票面值总额,借记"股本"科目,按注销库存股的账面余额,贷记"库存股"科目,按其差额,借记"资本公积——股本溢价"科目。股本溢价不足冲减的,应借记"盈余公积""利润分配——未分配利润"科目。如果回购股票支付的价款低于面值总额的,应按股票面值总额,借记"股本"科目。按所注销的库存股账面余额,贷记"库存股"科目,按其差额,贷记"资本公积——股本溢价"科目。

有限责任公司发还投资的会计处理比较简单,按法定程序报经批准减少注册资本的,按照

减少注册资本的金额减少实收资本，借记“实收资本”“资本公积”等科目，贷记“库存现金”“银行存款”等科目

【例 10—8】 2025 年 1 月 31 日，天域公司股本为 50 000 000 元(面值为 1 元)，资本公积(股本溢价)为 15 000 000 元，盈余公积为 20 000 000 元。经股东大会批准，该公司以现金回购本公司股票 15 000 000 股并注销。假定股票回购价为每股 2 元，不考虑其他因素，请编制该公司回购股票注销库存股的会计分录。

(1)回购本公司股份时：

库存股成本＝15 000 000×2＝30 000 000(元)

借：库存股　　30 000 000

　贷：银行存款　　30 000 000

(2)注销本公司股份时：

借：股本　　15 000 000

　资本公积——股本溢价　　15 000 000

　贷：库存股　　30 000 000

【例 10—9】 承【例 10—8】，假定该上市公司按每股 3 元回购股票，其他条件不变。

(1)回购本公司股份时：

库存股成本＝15 000 000×3＝45 000 000(元)

借：库存股　　45 000 000

　贷：银行存款　　45 000 000

(2)注销本公司股份时：

借：股本　　15 000 000

　资本公积——股本溢价　　15 000 000

　盈余公积　　15 000 000

　贷：库存股　　45 000 000

【例 10—10】 承【例 10—8】，假定该公司按每股 0.8 元回购股票，其他条件不变。

(1)回购本公司股份时：

库存股成本＝15 000 000×0.8＝12 000 000(元)

借：库存股　　12 000 000

　贷：银行存款　　12 000 000

(2)注销公司股份时：

应增加的资本公积＝15 000 000×1－15 000 000×0.8＝3 000 000(元)

借：股本　　15 000 000

　贷：库存股　　12 000 000

　　资本公积——资本溢价　　3 000 000

## 三、其他权益工具

### (一)其他权益工具的概念

其他权益工具是企业发行的除普通股以外的按照准则规定归类为权益工具的各种金融工具，如优先股、永续债等。企业应根据所签订金融工具的合同条款及其所反映的经济实质而非仅以法律形式，结合金融资产、金融负债和权益工具的定义，在初始确认时将该金融工具或其

组成部分分类为金融资产、金融负债或权益工具。

优先股是指依照《公司法》，在一般规定的普通种类股份之外另行规定的其他种类股份，其股份持有人优先于普通股股东分配公司利润和剩余财产，但参与公司决策管理等权利受到限制。其特点有：(1)优先股的股东对公司资产、利润分配等享有优先权，其风险较小；(2)对公司的经营没有参与权，优先股股东不能退股，只能通过优先股的赎回条款被公司赎回。

永续债是指没有到期日的债券，一般由主权国家、大型企业发行，持有人不能要求清偿本金，但可以按期取得利息。永续债的特点主要体现为高票息、长久期、附加赎回条款并伴随利率调整条款。

符合负债条件的优先股、永续债，应当分类为金融负债。

**(二)其他权益工具的账务处理**

其他权益工具账务处理的基本原则为：对于归类为权益工具的金融工具，无论其名称中是否包含"债"，其利息支出或股利分配都应当作为发行企业的利润分配，其回购、注销等作为权益的变动处理；对于归类为金融负债的金融工具，无论其名称中是否包含"股"，其利息支出或股利分配原则上按照借款费用进行处理，其回购或赎回产生的利得或损失等计入当期损益。

企业(发行方)发行金融工具，其发生的手续费、佣金等交易费用，如分类为债务工具且以摊余成本计量的，应当计入所发行工具的初始计量金额；如分类为权益工具的，应当从权益(其他权益工具)中扣除。

为加强对其他权益工具的核算和监督，企业应当设置所有者权益类"其他权益工具"科目，核算企业发行的除普通股以外的归类为权益工具的各种金融工具，并按发行其他权益工具的种类设置"优先股""永续债"明细科目进行明细核算。企业按规定发行其他权益工具时应按照实际收到的金额(发行价扣除发生的手续费、佣金等交易费用)，借记"银行存款"等科目，贷记"其他权益工具"科目；在存续期间分派股利的，作为利润分配处理，应根据经批准的股利分配方案，按应分配给金融工具持有者的股票和金额，借记"利润分配——应付优先股股利、应付永续债股利"科目，贷记"应付股利——应付优先股股利、应付永续债股利"等科目；企业按规定赎回其他权益工具时，借记"库存股——其他权益工具"科目，贷记"银行存款"等科目；注销时，借记"其他权益工具"科目，贷记"库存股——其他权益工具"科目。

## 引例解析

(1)2024 年 11 月 9 日接受现金投资的分录为：

| | | |
|---|---|---|
| 借：银行存款 | 100 000 | |
| 　　贷：实收资本——甲公司 | | 100 000 |

(2)2024 年 12 月 9 日接受固定资产投资的分录为：

| | | |
|---|---|---|
| 借：固定资产 | 100 000 | |
| 　　应交税费——应交增值税进项税额 | 13 000 | |
| 　　贷：实收资本——乙公司 | | 113 000 |

(3)2025 年 1 月 9 日接受原材料投资的分录为：

| | | |
|---|---|---|
| 借：原材料 | 5 000 | |
| 　　应交税费——应交增值税进项税额 | 650 | |
| 　　贷：实收资本——丙公司 | | 5 650 |

**课堂活动**

1. 实收资本增加的途径有(　　)。

A. 资本公积转增资本　　B. 盈余公积转增资本

C. 接受投资者追加投资　　D. 企业盈利

2. 企业吸收投资者出资,下列会计账户的余额可能发生变化的有(　　)。

A. 实收资本　　B. 资本公积　　C. 盈余公积　　D. 未分配利润

# 任务 2　资本公积的核算

## 任务引例

天域公司由四位投资者投资 200 000 元设立,每人出资 50 000 元,一年以后为扩大经营,注册资本增加到 250 000 元,并引入第五位投资者加入。按照投资协议,新投资者需缴纳现金 60 000 元,同时享有公司 1/5 的股份。

天域公司已收到现金投资,编制该公司的会计分录。

## 必备知识

### 一、资本公积的概述

资本公积是企业收到投资者的出资额超出其在注册资本(或股本)中所占份额的部分,以及其他资本公积等。资本公积包括资本溢价(或股本溢价)和其他资本公积等。

形成资本溢价(或股本溢价)的原因有溢价发行股票、投资者超额缴入资本等。

其他资本公积是指除资本溢价(或股本溢价)、净损益、其他综合收益和利润分配以外所有者权益的其他变动。比如,企业的长期股权投资采用权益法核算时,因被投资单位除净损益、其他综合收益以及利润分配以外的所有者权益的其他变动(主要包括被投资单位接受其他股东的资本性投入、被投资单位发行可分离交易的可转债中包含的权益成分、以权益结算的股份支付、其他股东对被投资单位增资导致投资方持股比例变动等),投资企业按应享有份额而增加或减少的资本公积,直接计入投资方所有者权益(资本公积——其他资本公积)。

根据国家有关规定,企业实行股权激励的,如果在等待期内取消了授权的权益工具,企业则应在进行权益工具加速行权处理时将剩余等待期内应确认的金额计入当期损益,并同时确认资本公积(其他资本公积)。企业集团(由母公司和其全部子公司构成)内发生的股份支付交易,如结算企业为接受服务企业的投资者,应当按照授予日权益工具的公允价值或应承担负债的公允价值确认为对接受服务企业的长期股权投资,同时确认资本公积(其他资本公积)或负债。

资本公积的核算包括资本溢价(或股本溢价)的核算、其他资本公积的核算和资本公积转增资本的核算等内容。

**微课 1　资本公积与其他所有者权益的比较**

1. 资本公积与实收资本(或股本)的区别

(1)从来源和性质看。实收资本(或股本)是指投资者按照企业章程或合同、协议的约定,实际投入企业并依法进行注册的资本,它体现了企业所有者对企业的基本产权关系。资本公积是投资者的出资额超出其在注册资本中所占份额的部分(即资本溢价或股本溢价),以及其他资本公积,它不直接表明所有者对企业的基本产权关系。

(2)从用途看。实收资本(或股本)的构成比例是确定所有者参与企业财务经营决策的基础,也是企业进行利润分配或股利分配的依据,同时还是企业清算时确定所有者对净资产的要求的依据。资本公积的用途主要是用来转增资本(或股本)。资本公积不体现各所有者的占有比例,也不能作为所有者参与企业财务经营决策或进行利润分配(或股利分配)的依据。

2. 资本公积与留存收益的区别

资本公积的来源不是企业实现的利润,而主要来自资本溢价(或股本溢价)等。留存收益是企业从历年实现的利润中提取或形成的留存于企业的内部积累,来源于企业生产经营活动实现的利润。

3. 资本公积与其他综合收益的区别

其他综合收益是指企业根据企业会计准则规定未在当期损益中确认的各项利得和损失。资本公积和其他综合收益都会引起企业所有者权益发生增减变动,资本公积中的资本溢价(或股本溢价)不会影响企业的损益,而部分其他综合收益项目则在满足企业会计准则规定的条件时可以重分类进损益,从而成为企业利润的一部分。

## 二、资本公积的核算

资本公积业务包括资本(股本)溢价、其他资本公积和资本公积转增资本。

### (一)资本(股本)溢价

1. 资本溢价

除了股份有限公司以外的其他类型的企业,在企业创立初期,投资者的出资额与注册资本一致,一般不会产生资本溢价。但在企业重组或者加入新的投资者时,企业常会要求新进投资者认缴资金大于原来投资者的出资额,才能取得与原投资者相同的出资比例,因为在企业进行正常生产经营后,其资本利润率通常要高于企业初创阶段。

另外,企业有内部积累,新投资者加入企业后,对这些积累将来也要分享,所以新加入的投资者往往要付出大于原投资者的出资额,才能取得与原投资者相同的出资比例。投资者多缴的部分就形成了资本溢价。

【例 10—11】 天域公司由甲、乙两人共同出资设立,原注册资本为 3 000 000 元。甲、乙两人持股比例分别为 85%、15%。为扩大经营规模,现接受新投资者丙公司,丙出资 1 200 000 元,存入企业账户。公司变更登记后注册资本达到 4 000 000 元,甲、乙、丙三位投资者的出资比例分别为 63.75%、11.25%、25%。假定不考虑其他因素,请编制收到丙投资者出资款的会计分录。

| | | |
|---|---|---|
| 借:银行存款 | 1 200 000 | |
| 　贷:实收资本——丙公司 | | 1 000 000 |
| 　　资本公积——资本溢价 | | 200 000 |

2. 股本溢价

股份有限公司是以发行股票的方式筹集股本的，股票可按面值发行，也可按溢价发行，我国目前不准折价发行。与其他类型的企业不同，股份有限公司在成立时可能会溢价发行股票，因而在成立之初就可能会产生股本溢价。股本溢价的数额等于股份有限公司发行股票时实际收到的款额超过股票面值总额的部分。

在按面值发行股票的情况下，企业发行股票取得的收入，应全部作为股本处理；在溢价发行股票的情况下，企业发行股票取得的收入等于股票面值部分计入股本，超出股票面值的溢价收入计入股本溢价。

与发行股票相关的手续费、佣金等交易费用，如果是溢价发行股票的，则应从溢价中抵扣，冲减资本公积（股本溢价）；无溢价发行股票或溢价金额不足以抵扣的，应将不足抵扣的部分冲减盈余公积，盈余公积不足抵扣的，冲减未分配利润。

【例 10－12】 天域公司首次公开发行普通股 30 000 000 股，每股面值为 1 元，每股发行价格为 3 元。甲股份有限公司与证券公司约定，按发行收入的 3%收取佣金，从发行收入中扣除。假定收到的股款已存入银行。该股份有限公司应编制如下会计分录：

公司收到证券公司转来的发行收入＝30 000 000×3×(1－3%)＝ 87 300 000(元)

应计入“资本公积”科目的金额＝溢价收入－发行佣金＝30 000 000×(3－1)－30 000 000×3×3%＝57 300 000(元)

| | | |
|---|---|---|
| 借：银行存款 | 87 300 000 | |
| 　贷：股本 | | 30 000 000 |
| 　　资本公积——股本溢价 | | 57 300 000 |

**（二）其他资本公积**

1. 采用权益法核算的长期股权投资

企业对被投资单位的长期股权投资采用权益法核算的，在持股比例不变的情况下，对因被投资单位除净损益、其他综合收益和利润分配以外的所有者权益的其他变动，应按持股比例计算其应享有或应分担被投资单位所有者权益的增减数额，调整长期股权投资的账面价值和资本公积(其他资本公积)。在处置长期股权投资时，企业应转销与该笔投资相关的其他资本公积。

【例 10－13】 天域公司于 2024 年 1 月 1 日向乙公司投资 8 000 000 元，拥有该公司 20%的股份，并对该公司有重大影响，对乙公司的长期股权投资采用权益法核算。2024 年 12 月 31 日，乙公司除净损益、其他综合收益和利润分配之外的所有者权益增加了 2 000 000 元。假定除此以外乙公司的所有者权益没有变化，天域公司的持股比例没有变化，乙公司资产的账面价值与公允价值一致，不考虑其他因素。天域公司应编制如下会计分录：

天域公司对乙公司投资增加的资本公积＝2 000 000×20%＝400 000(元)

| | | |
|---|---|---|
| 借：长期股权投资——乙公司 | 400 000 | |
| 　贷：资本公积——其他资本公积 | | 400 000 |

2. 以权益结算的股份支付

以权益结算的股份支付为企业职工或者其他提供服务的，按照确定的金额，记入“管理费用”科目，同时增加资本公积(其他资本公积)。在职工或其他地方行权日，应按实际行权的权益数量计算确定的金额，借记“资本公积——其他资本公积”科目，按计入实收资本或股本的金额，贷记“实收资本”或“股本”科目，并将其差额记入“资本公积——资本溢价”或“资本公积——股本溢价”科目。

【例 10－14】　假设天域公司为上市公司，2021 年 1 月 1 日，向管理人员授予股票期权，并要求该部分管理人员自 2021 年 1 月 1 日起在公司连续服务 3 年，但每年均有管理人员离职。该公司在每年年末根据管理人员离职情况，以可行权权益工具的数量的最佳估计为基础，确认了股票期权的公允价值分别为 100 000 元、108 000 元和 9 000 元。2023 年 12 月 31 日，未离职的管理人员均行权购买股票，该公司对此收到银行存款 80 000 元，并确认股本 20 000 元。该公司对上述业务编制以下会计分录：

(1)2021 年 12 月 31 日：

| | 借方 | 贷方 |
|---|---|---|
| 借：管理费用 | 100 000 | |
| 　贷：资本公积——其他资本公积 | | 100 000 |

(2)2022 年 12 月 31 日：

| | 借方 | 贷方 |
|---|---|---|
| 借：管理费用 | 108 000 | |
| 　贷：资本公积——其他资本公积 | | 108 000 |

(3)2023 年 12 月 31 日：

| | 借方 | 贷方 |
|---|---|---|
| 借：管理费用 | 9 000 | |
| 　贷：资本公积——其他资本公积 | | 9 000 |

(4)2024 年 12 月 31 日：

| |  |  |
|---|---|---|
| 借：银行存款 | 80 000 | |
| 　资本公积——其他资本公积 | 217 000 | |
| 　贷：股本 | | 20 000 |
| 　　资本公积——股本溢价 | | 277 000 |

**(三)资本公积转增资本**

经股东大会或类似机构决议，用资本公积转增资本时，应冲减资本公积，同时按照原转增资本前的实收资本(或股本)的结构或比例，将转增的金额记入“实收资本”(或“股本”)科目下各所有者的明细分类账。

## 三、其他综合收益的账务处理

其他综合收益，是指企业根据会计准则规定未在当期损益中确认的各项利得和损失，包括以后会计期间不能重分类进损益的其他综合收益和以后会计期间满足规定条件时将重分类进损益的其他综合收益两类。

**(一)以后会计期间不能重分类进损益的其他综合收益**

(1)重新计量设定受益计划变动额。企业在报告期末重新计量设定受益计划净负债或净资产所产生的变动，计入其他综合收益。

(2)权益法下不能转损益的其他综合收益。在投资方对长期股权投资采用权益法核算时被投资单位其他综合收益发生变动的，投资方应当按照归属于本企业的部分，相应调整长期股权投资的账面价值，同时增加或减少其他综合收益。未来投资方在处置该项长期股权投资时，采用与被投资单位直接处置相关资产或负债相同的基础进行会计处理。如果被投资单位的其他综合收益属于不能重分类进损益的，投资方按照权益法确认的其他综合收益，以后期间也不能重分类进损益。

(3)其他权益工具投资公允价值变动。企业指定为以公允价值计量且其变动计入其他综合收益的非交易性权益工具投资发生的公允价值变动，计入其他综合收益。

（4）企业自身信用风险公允价值变动。企业指定为以公允价值计量且其变动计入当期损益的金融负债，由企业自身信用风险变动引起的公允价值变动，计入其他综合收益。

**（二）以后会计期间满足规定条件时将重分类进损益的其他综合收益**

（1）权益法下可转损益的其他综合收益。投资方对长期股权投资采用权益法核算时，被投资单位其他综合收益发生变动的，投资方应当按照归属于本企业的部分，相应调整长期股权投资的账面价值，同时增加或减少其他综合收益。如果被投资单位的其他综合收益属于满足规定条件时将重分类进损益的，投资方按照权益法确认的其他综合收益，以后期间也能重分类进损益。

（2）其他债权投资公允价值变动。企业分类为以公允价值计量且其变动计入其他综合收益的债权投资发生的公允价值变动，计入其他综合收益。企业将一项以公允价值计量且其变动计入其他综合收益的金融资产重分类为以摊余成本计量的金融资产的，应当将之前计入其他综合收益的累计利得或损失转出，调整该金融资产在重分类日的公允价值，并以调整后的金额作为新的账面价值，即视同该金额资产一直以摊余成本计量。企业将一项以公允价值计量且其变动计入其他综合收益的金融资产重分类为以公允价值计量且其变动计入当期损益的金融资产时，应当继续以公允价值计量该金融资产，同时，之前计入其他综合收益的累计利得或损失从其他综合收益转入当期损益。

（3）金融资产重分类计入其他综合收益的金额。企业将一项以摊余成本计量的金融资产重分类为以公允价值计量且其变动计入其他综合收益的金融资产时，原账面价值与公允价值之间的差额计入其他综合收益。

（4）其他债权投资信用减值准备。企业对以公允价值计量且其变动计入其他综合收益的债权类资产确认资产减值损失，借记“信用减值损失”科目，贷记“其他综合收益——信用减值准备”科目。

（5）现金流量套期储备。企业套期工具产生的利得或损失中属于套期有效的部分，计入其他综合收益。

（6）外币财务报表折算差额。企业对境外经营的财务报表进行折算时，将外币财务报表折算差额计入其他综合收益。

### 引例解析

| | | |
|---|---|---|
| 借：银行存款 | 60 000 | |
| 　　贷：实收资本 | | 50 000 |
| 　　　　资本公积——资本溢价 | | 10 000 |

### 课堂活动

1. 某股份有限公司委托某证券公司代理发行普通股 100 000 股，每股面值为 1 元，每股按照 1.1 元价格出售。按照协议，证券公司收取 2%的手续费，从发行收入中扣除，则该公司计入资本公积的数额为（　　）元。

A. 0　　B. 7 800　　C. 8 000　　D. 10 000

2. 资本公积反映的是企业收到投资者出资额超出其在注册资本或股本中所占份额的部分及直接计入当期损益的利得和损失。(　　)

# 任务 3　留存收益的核算

## 任务引例

2024 年 1 月 9 日，天域公司发生有关经济业务如下：

(1)按照规定办理增资手续后，将资本公积 90 000 元转增注册资本。该公司原有注册资本为 2 910 000 元，其中甲、乙、丙三家公司各占 1/3。

(2)用盈余公积补亏 50 000 元。

(3)从税后利润中提取法定盈余公积 153 000 元。

## 必备知识

### 一、留存收益的概念

留存收益是指企业从其历年实现的利润中提取或形成的留存于企业内部的积累，包括盈余公积和未分配利润。

**(一)盈余公积**

1. 盈余公积的概念

盈余公积是指企业按照有关规定从净利润中提取的积累资金，包括法定盈余公积和任意盈余公积。

法定盈余公积是指企业按照规定的比例从净利润中提取的盈余公积，公司制企业的提取比例为 10%(非公司制企业的提取比例可以超过 10%)。企业在确立法定盈余公积的计提基数时，不包括企业年初未分配利润，如果以前年度有亏损(即年初未分配利润余额为负数)，则应先弥补以前年度亏损，再提取盈余公积。当企业法定盈余公积累计额达到注册资本的 50% 以上时，可以不再提取。需要注意的是，如果以前年度未分配利润有盈余(即年初未分配利润余额为正数)，在计算提取法定盈余公积的基数时，不应包括企业年初未分配利润，如果以前年度有未弥补的亏损(即年初未分配利润余额为负数)，则应先弥补以前年度亏损，再提取盈余公积。法定公积金(盈余公积)转增资本时，所留存的该项公积金不得少于转增前公司注册资本的 25%。

公司制企业可以根据股东会或股东大会的决议提取任意盈余公积。非公司制企业经类似权力机构批准，也可以提取任意盈余公积。

2. 盈余公积的用途

企业提取的盈余公积可用于弥补亏损、转增资本、发放现金股利或利润等。

(1)盈余公积补亏。

用盈余公积弥补亏损，应当由公司董事会提议，并经股东大会批准。

(2)盈余公积转增资本。

企业将盈余公积转增资本时,必须经股东大会决议批准,在实际将盈余公积转增资本时,要按股东原有持股比例结转。盈余公积转增资本时,转增后留存的盈余公积的数额不得少于转增前注册资本的25%。

(3)盈余公积分配现金股利。

企业当年若没有利润,原则上则不得分配现金股利,一般情况下也不得动用盈余公积向投资者分派股利或利润。但有时企业出于维护信誉、稳定股价等原因,企业在亏损年度将盈余公积分配现金股利。盈余公积分配现金股利必须符合下列条件:①企业盈余公积在弥补历年亏损后仍有结余;②用盈余公积分配现金股利时,股利率不得超过股票面值的6%;③分配股利后,法定盈余公积不得低于注册资本的25%。

综上所述,提取盈余公积并不是单独将这部分现金从企业资金周转过程中抽出,盈余公积使用也并不是指实际使用现金。盈余公积的增减,只不过是企业所有者权益内部结构的转换。

**(二)未分配利润**

未分配利润是指企业实现的净利润经过弥补亏损、提取盈余公积和向投资者分配利润后留存在企业的、历年结存的利润。相对于所有者权益其他项目,企业对于未分配利润的使用分配有较大的自主权。

利润分配是根据国家有关规定和企业章程、投资者协议等,对企业当年可供分配的利润进行分配。利润分配以可供分配利润为基础,按以下顺序进行:(1)提取法定盈余公积;(2)提取任意盈余公积;(3)向投资者分配利润。其中,可供分配的利润计算公式如下:

可供分配利润=当年实现的净利润(或净亏损)+年初未分配利润(或一年初弥补亏损)+其他转入

## 二、留存收益的账务处理

留存收益业务包括利润分配和盈余公积的账务处理。

**(一)利润分配的账务处理**

企业应设置"利润分配"科目,核算企业的盈余分配和亏损弥补,反映历年结余未分配利润或未弥补亏损的情况。本科目应分别设置"提取法定盈余公积""提取任意盈余公积""应付现金股利或利润""转作股本的股利""盈余公积补亏""未分配利润"等明细科目进行明细核算。利润分配的账务处理按顺序依次为:

(1)结转本年利润。年度终了,企业应将全年实现的净利润或发生的净亏损转入"利润分配"科目。盈余时,借记"本年利润"科目,贷记"利润分配——未分配利润"科目;亏损时编制相反的会计分录。

(2)弥补亏损。现行企业所得税税法规定,企业发生亏损后,可以用5年内实现的税前利润弥补,5年内不足弥补的,用税后利润补亏。无论是税前补亏还是税后补亏,均不需进行专门的会计处理,因为无论亏损还是盈余均在"利润分配——未分配利润"科目中核算。当然,两者在计算缴纳所得税时的处理是不同的。税前利润弥补亏损可以抵减当期企业应纳税所得税,税后利润弥补亏损不能扣除应纳税所得税。

(3)提取法定盈余公积。企业提取法定盈余公积时,借记"利润分配——提取法定盈余公积"科目,贷记"盈余公积——法定盈余公积"科目。

(4)提取任意盈余公积。企业提取任意盈余公积时,借记"利润分配——提取任意盈余公积”科目，贷记“盈余公积——法定盈余公积”科目。

(5)分配股利或利润。分配给股东或投资者的现金股利或利润，借记“利润分配——应付现金股利(利润)”科目，贷记“应付股利(利润)”科目；分配给股东的股票股利，应在办理增资手续后，借记“利润分配——转作股本的股利”科目，贷记“股本”科目。

(6)期末利润分配明细结转。期末将“利润分配”科目下其他明细科目的余额转入“利润分配——未分配利润”科目，借记“利润分配——盈余公积补亏”科目，贷记“利润分配——提取法定盈余公积/提取任意盈余公积/应付股利/转作股本的股利”科目，差额借记或贷记“利润分配——未分配利润”科目。结转后，除“利润分配——未分配利润”科目外，“利润分配”科目下其他明细科目余额为零。

**(二)盈余公积的账务处理**

企业应设置“盈余公积”科目，反映盈余公积的形成和使用情况，借方反映盈余公积的减少，贷方反映盈余公积的增加，期末余额在贷方，反映实际留存的盈余公积金额，本科目分别设置“法定盈余公积”和“任意盈余公积”明细科目进行明细核算。

通过利润分配从净利润中提取的盈余公积用于弥补亏损、转增资本、发放现金股利或利润时的账务处理为：

(1)盈余公积补亏。企业用盈余公积弥补亏损，借记“盈余公积”科目，贷记“利润分配——盈余公积补亏”科目。

【例10－15】　经股东大会批准，天域公司用以前年度提取的盈余公积弥补当年亏损，当年弥补的金额为3 000 000元。假设不考虑其他因素，请编制该公司的会计分录。

| | | |
|---|---|---|
| 借：盈余公积 | 3 000 000 | |
| 　　贷：利润分配——盈余公积补亏 | | 3 000 000 |

(2)盈余公积转增资本。企业用盈余公积转增资本时，借记“盈余公积”科目，贷记“实收资本”或“股本”科目。

因扩大经营规模需要，经股东大会批准，股份有限公司将盈余公积400 000元转增资本，假定不考虑其他因素。请编制该公司的会计分录。

| | | |
|---|---|---|
| 借：盈余公积 | 400 000 | |
| 　　贷：股本 | | 400 000 |

(3)用盈余公积发放股利或利润。企业用盈余公积发放现金股利或利润，借记“盈余公积”科目，贷记“应付股利(利润)”科目。

## 微课2　各类交易事项对所有者权益的影响

【例10－16】　天域公司股份为5 000万股，每股面值为1元，2024年实现净利润200 000 000元，年初未分配利润为50 000 000元。经过股东大会批准，当年按净利润的10%提取法定盈余公积，按净利润的5%提取任意盈余公积，并且向股东宣告发放每股0.5元的现金股利，共发放25 000 000万现金股利，其中，动用可供投资者分配的利润15 000 000元、盈余公积10 000 000元。请编制该公司有关盈余公积和利润分配的会计分录。

(1)结转本年利润：

| | | |
|---|---|---|
| 借：本年利润 | 200 000 000 | |
| 　　贷：利润分配——未分配利润 | | 200 000 000 |

(2)提取法定盈余公积和任意盈余公积

| | | |
|---|---|---|
| 借:利润分配——提取法定盈余公积 | 20 000 000 | |
| ——提取任意盈余公积 | 10 000 000 | |
| 贷:盈余公积——法定盈余公积 | | 20 000 000 |
| ——任意盈余公积 | | 10 000 000 |

(3)宣告发放现金股利:

| | | |
|---|---|---|
| 借:利润分配——应付现金股利 | 15 000 000 | |
| 盈余公积——法定盈余公积 | 10 000 000 | |
| 贷:应付股利 | | 25 000 000 |

(4)结转利润分配:

| | | |
|---|---|---|
| 借:利润分配——未分配利润 | 55 000 000 | |
| 贷:利润分配——提取法定盈余公积 | | 20 000 000 |
| ——提取任意盈余公积 | | 10 000 000 |
| ——应付现金股利 | | 25 000 000 |

## 引例解析

| | | |
|---|---|---|
| (1)借:资本公积 | 90 000 | |
| 贷:实收资本 | | 90 000 |
| (2)借:盈余公积 | 50 000 | |
| 贷:利润分配——未分配利润 | | 50 000 |
| (3)借:利润分配——未分配利润 | 153 000 | |
| 贷:盈余公积 | | 153 000 |

## 课堂活动

1. 企业用盈余公积或资本公积转增资本(　　)。
   A. 会导致所有者权益增加
   B. 会导致所有者权益减少
   C. 不会引起所有者权益总额及其结构变化
   D. 不会引起所有者权益总额变化,但会导致其结构变化
2. 年末进行利润结转后,以下账户中可能存在年末余额的是(　　)。
   A."本年利润"　　B."利润分配——应付普通股股利"
   C."利润分配——未分配利润"　　D."所得税费用"
3. 下列各项中,不会引起留存收益变动的有(　　)。
   A. 盈余公积补亏　　B. 计提法定盈余公积
   C. 盈余公积转增资本　　D. 计提任意盈余公积

**项目评价表**

| 学习任务完成评价表 | | | | | |
| --- | --- | --- | --- | --- | --- |
| 评价范围 | 评价标准 | 自我评价（五星制打分） | 小组评价（五星制打分） | 教师评价（五星制打分） | 企业导师评价（五星制打分） |
| 职业素养 | 爱岗敬业、诚实守信、客观公正 | | | | |
| 职业知识 | 掌握实收资本、资本公积和留存收益的核算方法 | | | | |
| 职业能力 | 能正确处理利润分配的核算 | | | | |

# 项目十一　收入业务核算

| 素质目标 | 知识目标 | 能力目标 |
|---|---|---|
| 培养学生脚踏实地、勤于创业、善于创造的优秀品质 | 1. 了解收入的类别；<br>2. 理解收入的确认条件；<br>3. 掌握收入的核算方法 | 1. 能对收入进行确认和分类；<br>2. 能正确处理与收入相关的经济业务 |

## 本项目结构导图

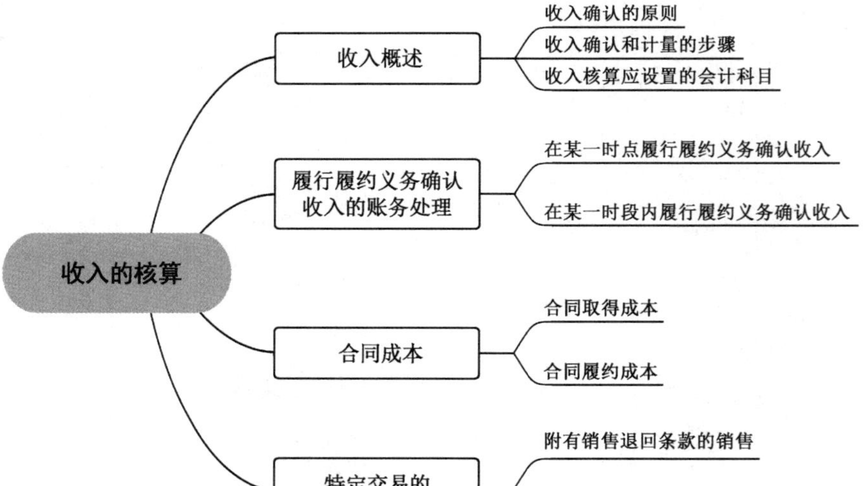


# 任务 1　收入概述

## 任务引例

收入是指企业在日常活动中形成的、会导致所有者权益增加、与所有者投入资本无关的经济利益的总流入。日常活动是指企业为完成其经营目标所从事的经常性活动以及与之相关的经济活动。那么企业在与客户签订销售合同时应该满足什么样的条件才能确定收入？

## 必备知识

### 一、收入确认的原则

**（一）收入确认原则**

企业应当在履行了合同中的履约义务，即在客户取得相关商品控制权时确认收入。

**（二）取得相关商品控制权**

取得相关商品控制权，是指客户能够主导该商品的使用并从中获得几乎全部经济利益，也包括有能力阻止其他方主导该商品的使用并从中获得经济利益。

**（三）商品控制权取得三要素**

取得商品控制权包括三个要素：一是客户必须拥有现时权力，能够主导该商品的使用并从中获得几乎全部经济利益。如果客户只能在未来的某一期间主导该商品的使用并从中获益，则表明其尚未取得该商品的控制权。二是客户有能力主导该商品的使用，即客户在其活动中有权使用该商品，或者能够允许或阻止其他方使用该商品。三是客户能够获得商品几乎全部的经济利益。商品的经济利益是指商品的潜在现金流量，既包括现金流入的增加，也包括现金流出的减少。客户可以通过使用、出售、处置、交换、抵押或持有等多种方式直接或间接地获得商品的经济利益。

**微课 1　怎样判断商品的控制权是否转移？**

【注意】（1）客户是指与企业订立合同以向该企业购买其日常活动产出的商品并支付对价的一方。

（2）所称的商品包括商品和服务。

## 引例解析

企业与客户之间的合同同时满足下列五项条件的，企业应当在客户取得相关商品控制权时确认收入：

（1）合同各方已批准该合同并承诺将履行各自的义务；

（2）该合同明确了合同各方与所转让商品相关的权利和义务；

（3）该合同有明确的与所转让商品相关的支付条款；

（4）该合同具有商业实质，即履行该合同将改变企业未来现金流量的风险、时间分布或金额；

（5）企业因向客户转让商品而有权取得的对价很可能收回。

### 二、收入确认和计量的步骤

根据《企业会计准则第 14 号——收入》，收入确认和计量大致分为五步：

第一步，识别与客户订立的合同。合同是指双方或多方之间订立有法律约束力的权利义务的协议。合同有书面形式、口头形式以及其他形式。合同的存在是企业确认客户合同收入的前提,企业与客户之间的合同一经签订,企业即享有从客户取得与转移商品和服务对价的权利,同时负有向客户转移商品和服务的履约义务。

第二步,识别合同中的单项履约义务。履约义务是指合同中企业向客户转让可明确区分商品或服务的承诺。企业应当将向客户转让可明确区分商品(或者商品的组合)的承诺以及向客户转让一系列实质相同且转让模式相同的、可明确区分商品的承诺作为单项服约义务。例如,企业与客户签订合同,向其销售商品并提供安装服务,该安装服务简单,除该企业外,其他供应商也可以提供此类安装服务,该合同中销售商品和提供安装服务为两项单项服约义务。若该安装服务复杂且商品需要按客户定制要求修改,则合同中销售商品和提供安装服务合并为单项履约义务。

第三步,确定交易价格。交易价格是指企业因向客户转让商品而预期有权收取的对价金额,不包括企业代第三方收取的款项(如增值税)以及企业预期将退还给客户的款项。合同条款所承诺的对价,可能是固定金额、可变金额或两者兼有。

第四步,将交易价格分摊至各单项履约义务。当合同中包含两项或多项履约义务时,企业需要将交易价格分摊至各单项履约义务。分摊的方法是在合同开始日按照各单项履约义务所承诺商品的单独售价(企业向客户单独销售商品的价格)的相对比例,将交易价格分摊至各单项履约义务。通过分摊交易价格,使企业分摊至各单项履约义务的交易价格能够反映其因向客户转让已承诺的相关商品而有权收取的对价金额。

第五步,履行各单项履约义务时确认收入。当企业将商品转移给客户,客户取得了相关商品的控制权时,意味着企业履行了合同履约义务,此时,企业应确认收入。企业将商品控制权转移给客户,可能是在某一时段内(即履行履约义务的过程中)发生,也可能在某一时点(即履约义务完成时)发生。企业应当根据实际情况,首先判断履约义务是否满足在某一时段内履行的条件,若不满足,则该履约义务属于在某一时点履行的履约义务。

**课堂活动**

下列属于工业企业其他业务收入的是(　　)。

A. 销售材料收入　　B. 利息收入　　C. 投资收益　　D. 罚款收入

## 三、收入核算应设置的会计科目

为了核算企业的收入及相关的成本费用,企业一般需要设置“主营业务收入”“其他业务收入”“主营业务成本”“其他业务成本”“合同取得成本”“合同履约成本”“合同资产”“合同负债”等科目。其中:

### (一)主营业务收入

“主营业务收入”科目核算企业确认的销售商品、提供服务等主营业务的收入。本科目贷方登记企业主营业务活动实现的收入,借方登记期末转入“本年利润”科目的主营业务收入,结转后该科目应无余额。本科目可按主营业务种类进行明细核算。

### (二)其他业务收入

“其他业务收入”科目核算企业确认的除主营业务活动以外的其他经营活动实现的收入,包括出租固定资产、出租无形资产、出租包装物和商品、销售材料等实现的收入。本科目贷方登记企业其他业务活动实现的收入，借方登记期末转入“本年利润”科目的其他业务收入，结转后该科目应无余额。本科目可按其他业务的种类进行明细核算。

**（三）主营业务成本**

“主营业务成本”科目核算企业确认销售商品、提供服务等主营业务收入时应结转的成本。本科目借方登记企业应结转的主营业务成本，贷方登记期末转入“本年利润”科目的主营业务成本，结转后该科目应无余额。本科目可按主营业务种类进行明细核算。

**（四）其他业务成本**

“其他业务成本”科目核算企业确认的除主营业务活动以外的其他经营活动所形成的成本，包括出租固定资产的折旧额、出租无形资产的摊销额、出租包装物的成本或摊销额、销售材料的成本等。本科目借方登记企业应结转的其他业务成本，贷方登记期末转入“本年利润”科目的其他业务成本，结转后该科目应无余额。本科目可按其他业务的种类进行明细核算。

**（五）合同取得成本**

“合同取得成本”科目核算企业取得合同发生的、预计能够收回的增量成本。本科目借方登记发生的合同取得成本，贷方登记摊销的合同取得成本，期末借方余额，反映企业尚未结转的合同取得成本。本科目可按合同进行明细核算。

**（六）合同履约成本**

“合同履约成本”科目核算企业为履行当前或预期取得的合同所发生的成本。本科目借方登记发生的合同履约成本，贷方登记摊销的合同履约成本，期末借方余额，反映企业尚未结转的合同履约成本。本科目可按合同分别“服务成本”“工程施工”等进行明细核算。

**（七）合同资产**

“合同资产”科目核算企业已向客户转让商品而有权收取对价的权利，且该权利取决于时间流逝之外的其他因素（如履行合同中的其他履约义务）。本科目借方登记因已转让商品而有权收取的对价金额，贷方登记取得无条件收款权的金额，期末借方余额，反映企业已向客户转让商品而有权收取的对价金额。本科目按合同进行明细核算。

**（八）合同负债**

“合同负债”科目核算企业已收或应收客户对价而应向客户转让商品的义务。本科目贷方登记企业在向客户转让商品之前已经收到或已经取得无条件收取合同对价权利的金额，本科目借方登记企业向客户转让商品时冲销的金额，期末贷方余额，反映企业在向客户转让商品之前已经收到的合同对价或已经取得的无条件收取合同对价权利的金额。本科目按合同进行明细核算。

**微课 2　合同资产与合同负债**

## 任务 2　履行履约义务确认收入的账务处理

### 任务引例

天域公司采用托收承付结算方式向 B 公司销售一批商品，开出的增值税专用发票上注明售价为 100 000 元,增值税税额为 13 000 元;该批商品成本为 60 000 元。天域公司在销售该批商品时已得知 B 公司资金流转发生暂时困难,但为了减少存货积压,同时也为了维持与 B 公司长期以来建立的商业关系,仍将商品发出,并办妥托收手续。

请思考:天域公司该如何处理这笔经济业务?

## 必备知识

### 一、在某一时点履行履约义务确认收入

对于在某一时点履行的履约义务,企业应当在客户取得相关商品控制权时点确认收入。

**(一)一般销售商品业务收入的账务处理**

【例 11－1】 天域公司向乙公司销售商品一批,开具的增值税专用发票上注明售价 200 000 元,增值税税额为 26 000 元;天域公司收到乙公司支付的货款,已存入银行。天域公司以银行存款支付代垫运费,增值税专用发票上注明运输费 2 000 元,增值税税额为 180 元,所垫运费尚未收到;该批商品成本为 160 000 元;乙公司收到商品并验收入库。

天域公司应编制如下会计分录:

(1)确认收入时:

| | | |
|---|---|---|
| 借:银行存款 | 226 000 | |
| 　贷:主营业务收入 | | 200 000 |
| 　　应交税费——应交增值税(销项税额) | | 26 000 |
| 借:主营业务成本 | 160 000 | |
| 　贷:库存商品 | | 160 000 |

(2) 代垫运费时:

| | | |
|---|---|---|
| 借:应收账款 | 2 180 | |
| 　贷:银行存款 | | 2 180 |

**(二)已经发出商品但不能确认收入的账务处理**

企业按合同发出商品,合同约定客户只有在商品售出取得价款后才支付货款。企业向客户转让商品的对价未达到"很可能收回"收入确认条件。

为了单独反映已经发出但尚未确认销售收入的商品成本,企业应增设"发出商品"等科目。"发出商品"科目核算一般销售方式下已经发出但尚未确认销售收入的商品成本。

企业对于发出的商品,在不能确认收入时,应按发出商品的实际成本,借记"发出商品"等科目,贷记"库存商品"科目。发出商品满足收入确认条件时,应结转销售成本,借记"主营业务成本"科目,贷记"发出商品"科目。"发出商品"科目的期末余额应并入资产负债表"存货"项目反映。

发出商品不符合收入确认条件时,如果销售该商品的纳税义务已经发生,比如已经开出增值税专用发票,则应确认应交的增值税销项税额,借记"应收账款"等科目,贷记"应交税费——应交增值税(销项税额)"科目。如果纳税义务没有发生,则不需进行上述处理。

## 引例解析

假定天域公司销售该批商品的纳税义务已经发生。由于B公司现金流转存在暂时困难，天域公司很可能收不回销售货款。根据销售商品收入的确认条件，天域公司在发出商品时不能确认收入。为此，天域公司应将已发出的商品成本通过“发出商品”科目反映。天域公司的会计分录如下：

(1)发出商品时：

借：发出商品　　60 000

　　贷：库存商品　　60 000

(2)同时，因天域公司销售该批商品的纳税义务已经发生，应确认增值税销项税额：

借：应收账款　　13 000

　　贷：应交税费——应交增值税(销项税额)　　13 000

(注：如果销售该批商品的纳税义务尚未发生，则不做这笔分录，待纳税义务发生时再做应交增值税的分录。)

假定天域公司得知B公司经营情况逐渐好转，B公司承诺近期付款，天域公司应在B公司承诺付款时确认收入，会计分录如下：

借：应收账款　　100 000

　　贷：主营业务收入　　100 000

同时结转成本：

借：主营业务成本　　60 000

　　贷：发出商品　　60 000

假定天域公司收到B公司支付的货款，应做如下会计分录：

借：银行存款　　113 000

　　贷：应收账款　　113 000

### (三)商业折扣、现金折扣和销售折让的处理

**微课3　商业折扣**

**微课4　现金折扣**

**微课5　销售折让**

1. 商业折扣

企业销售商品涉及商业折扣的，应当按照扣除商业折扣后的金额确定销售商品收入金额。

2. 现金折扣

企业销售商品涉及现金折扣的，应当按照扣除现金折扣前的金额确定销售商品收入金额。现金折扣在实际发生时计入当期财务费用。

在计算现金折扣时，企业还应注意销售方是按不包含增值税的价款提供现金折扣，还是按包含增值税的价款提供现金折扣，两种情况下购买方享有的折扣金额不同。

【例11—2】　天域公司为增值税一般纳税企业，2月1日，销售A商品10 000件，每件商品的标价为20元(不含增值税)，每件商品的实际成本为12元，A商品适用的增值税税率为13%；由于是成批销售，天域公司给予购货方10%的商业折扣，并在销售合同中规定现金折扣

条件为 2/10,1/20,$n$/30。A 商品于 2 月 1 日发出,购货方于 2 月 9 日付款。假定计算现金折扣时考虑增值税。

本例涉及商业折扣和现金折扣问题,首先需要计算确定销售商品收入的金额。根据销售商品收入金额确定的有关规定,销售商品收入的金额应是未扣除现金折扣但扣除商业折扣后的金额,现金折扣应在实际发生时计入当期财务费用。因此,天域公司应确认的销售商品收入金额为 180 000(20×10 000－20×10 000×10%)元,增值税销项税额为 23 400(180 000×13%)元。购货方于销售实现后的 10 日内付款,享有的现金折扣为 4 068[(180 000+23 400)×2%]元。天域公司的会计处理如下:

(1)2 月 1 日销售实现时:

借:应收账款　　203 400
　贷:主营业务收入　　180 000
　　应交税费——应交增值税(销项税额)　　23 400
借:主营业务成本　　120 000
　贷:库存商品　　120 000

(2)2 月 9 日收到货款时:

借:银行存款　　199 332
　财务费用　　4 068
　贷:应收账款　　203 400

本例中,若购货方于 2 月 19 日付款,则享有的现金折扣为 2 034 元。天域公司在收到货款时的会计分录为:

借:银行存款　　201 366
　财务费用　　2 034
　贷:应收账款　　203 400

若购货方于 2 月底才付款,则应按全额付款。天域公司在收到货款时的会计分录为:

借:银行存款　　203 400
　贷:应收账款　　203 400

## 课堂活动

天域公司 8 月 1 日赊销一批商品,售价为 120 000 元(不含增值税),规定的现金折扣条件为 2/10, 1/20, $n$/30,计算现金折扣时考虑增值税。客户于 8 月 15 日付清货款,该企业实际收款金额为(　　)元。

A. 118 800　　B. 117 600　　C. 134 244　　D. 132 888

3. 销售折让

销售折让是指企业因售出商品的质量不合格等而在售价上给予的减让。

企业已经确认销售商品收入的售出商品发生销售折让时,按应冲减的销售商品收入金额,借记“主营业务收入”科目,按专用发票上注明的应冲减的增值税销项税额,借记“应交税费——应交增值税(销项税额)”科目,按实际支付或应退还的价款,贷记“银行存款”“应收账款”等科目。如果发生销售折让,企业尚未确认销售商品收入的,则应在确认销售商品收入时直接按扣除销售折让后的金额确认。

【例 11－3】　天域公司销售一批商品给乙公司，开出的增值税专用发票上注明的售价为 100 000 元，增值税税额为 13 000 元。该批商品的成本为 70 000 元。货到后，乙公司发现商品质量不符合合同要求，要求在价格上给予 5%的折让。乙公司提出的销售折让要求符合原合同的约定，天域公司同意并办妥了相关手续，开具了增值税专用发票(红字)。假定此前天域公司已确认该批商品的销售收入，销售款项尚未收到，发生的销售折让允许扣减当期增值税销项税额。天域公司的会计处理如下：

(1)销售实现时：

借：应收账款　113 000

　　贷：主营业务收入　100 000

　　　　应交税费——应交增值税(销项税额)　13 000

借：主营业务成本　70 000

　　贷：库存商品　70 000

(2)发生销售折让时：

借：主营业务收入　5 000(100 000×5%)

　　应交税费——应交增值税(销项税额)　650

　　贷：应收账款　5 650

(3)实际收到款项时：

借：银行存款　107 350

　　贷：应收账款　107 350

**(四)销售退回的处理**

1. 对于未确认收入的售出商品发生的销售退回，借记“库存商品”科目，贷记“发出商品”科目

若原发出商品时增值税纳税义务已发生，则做以下处理：

借：应交税费——应交增值税(销项税额)

　　贷：应收账款

2. 对于已确认收入的售出商品发生的销售退回

**微课 6　销售退回**

企业已经确认销售商品收入的售出商品发生销售退回的，应当在发生时冲减当期销售商品收入、销售成本等。

(1)企业收到退回的商品时：

借：主营业务收入

　　应交税费——应交增值税(销项税额)

　　贷：银行存款等

(2)退回商品验收入库，按照商品成本：

借：库存商品

　　贷：主营业务成本

若该销售退回已发生现金折扣，则应同时调整相关财务费用的金额。

【例 11－4】　天域公司 3 月 5 日收到乙公司因质量问题而退回的商品 10 件，每件商品成

本为210元。该批商品系甲公司2月2日出售给乙公司，每件商品售价为300元，适用的增值税税率为13%，货款尚未收到，天域公司尚未确认销售商品收入。因乙公司提出的退货要求符合销售合同约定，天域公司同意退货，并按规定向乙公司开具了增值税专用发票(红字)。

3月5日，天域公司应在验收退货入库时做如下会计分录：

借：库存商品　　2 100(210×10)

　　贷：发出商品　　2 100

【例11－5】 天域公司1月20日销售A商品一批，增值税专用发票上注明售价为350 000元，增值税税额为45 500元；该批商品成本为182 000元。A商品于1月20日发出，购货方于1月27日付款。天域公司对该项销售确认了销售收入。3月15日，该商品质量出现了严重问题，购货方将该批商品全部退回给天域公司。天域公司同意退货，于退货当日支付了退货款，并按规定向购货方开具了增值税专用发票(红字)。天域公司的会计处理如下：

(1)销售实现时：

借：应收账款　　395 500

　　贷：主营业务收入　　350 000

　　　　应交税费——应交增值税(销项税额)　　45 500

借：主营业务成本　　182 000

　　贷：库存商品　　182 000

(2)收到货款时：

借：银行存款　　395 500

　　贷：应收账款　　395 500

(3)销售退回时：

借：主营业务收入　　350 000

　　应交税费——应交增值税(销项税额)　　45 500

　　贷：银行存款　　395 500

借：库存商品　　182 000

　　贷：主营业务成本　　182 000

**(五)采用预收款方式销售商品的处理**

【例11－6】 天域公司与乙公司签订协议，采用预收款方式向乙公司销售一批商品。该批商品实际成本为600 000元。协议约定，该批商品销售价格为800 000元，增值税额为104 000元；乙公司应在协议签订时预付60%的货款(按销售价格计算)，剩余货款于2个月后支付。天域公司的会计处理如下：

(1)收到60%的货款时：

借：银行存款　　480 000

　　贷：预收账款　　480 000

(2)收到剩余货款及增值税税款时：

借：预收账款　　480 000

　　银行存款　　424 000

　　贷：主营业务收入　　800 000

　　　　应交税费——应交增值税(销项税额)　　104 000

借：主营业务成本　　600 000

贷:库存商品　　600 000

**(六)采用支付手续费方式委托代销商品的处理**

【例 11－7】 天域公司委托丙公司销售商品 200 件,商品已经发出,每件成本为 60 元。合同约定丙公司应按每件 100 元对外销售,天域公司按售价的 10%向丙公司支付手续费。丙公司对外实际销售 100 件,开出的增值税专用发票上注明的销售价格为 10 000 元,增值税税额为 1 300 元,款项已经收到。天域公司收到丙公司开具的代销清单时向丙公司开具一张相同金额的增值税专用发票。假定天域公司发出商品时纳税义务尚未发生。天域公司采用实际成本核算,丙公司采用进价核算代销商品。

天域公司的会计处理如下:

(1)发出商品时:

借:委托代销商品　　12 000

　　贷:库存商品　　12 000

(2)收到代销清单时:

借:应收账款　　11 300

　　贷:主营业务收入　　10 000

　　　　应交税费——应交增值税(销项税额)　　1 300

借:主营业务成本　　6 000

　　贷:委托代销商品　　6 000

借:销售费用　　1 000

　　贷:应收账款　　1 000

代销手续费金额=10 000×10%=1 000(元)

(3)收到丙公司支付的货款时:

借:银行存款　　11 300

　　贷:应收账款　　11 300

**(七)销售材料等存货的处理**

企业销售原材料等确认其他业务收入时,按售价和应收取的增值税,借记“银行存款”“应收账款”等科目,按实现的其他业务收入,贷记“其他业务收入”科目,按增值税专用发票上注明的增值税税额,贷记“应交税费——应交增值税(销项税额)”科目。结转出售原材料等的实际成本时,借记“其他业务成本”科目,贷记“原材料”等科目。

【例 11－8】 天域公司销售一批原材料,开出的增值税专用发票上注明的售价为 10 000 元,增值税税额为 1 300 元,款项已由银行收妥。该批原材料的实际成本为 9 000 元。天域公司的会计处理如下:

(1)取得原材料销售收入:

借:银行存款　　11 300

　　贷:其他业务收入　　10 000

　　　　应交税费——应交增值税(销项税额)　　1 300

(2)结转已销原材料的实际成本:

借:其他业务成本　　9 000

　　贷:原材料　　9 000

## 二、在某一时段内履行履约义务确认收入

对于在某一时段内履行的履约义务，企业应当在该段时间内按照履约进度确认收入，履约进度不能合理确定的除外。

### 知识链接

满足下列条件之一的，属于在某时段内履行的履约义务：(1)客户在企业履约的同时即取得并消耗企业履约所带来的经济利益。(2)客户能够控制企业履约过程中在建的商品。(3)企业履约过程中所产出的商品具有不可替代用途，该企业在整个合同期间内有权就累计至今已完成的履约部分收取款项。①

**(一)履约进度的确定**

企业应当考虑商品的性质，采用实际测量的完工进度、评估已实现的结果、时间进度、已完工或交付的产品等产出指标，或采用投入的材料数量、花费的人工工时、机器工时、发生的成本和时间进度等投入指标确定恰当的履约进度，并且在确定履约进度时应当扣除那些控制权尚未转移给客户的商品和服务。

**(二)当期收入的确定**

资产负债表日，企业按照合同的交易价格总额乘以履约进度扣除以前会计期间累计已确认的收入后的金额，确认当期收入：

当期收入＝合同交易价格总额×履约进度－以前会计期间已确认的收入

当履约进度不能合理确定时，企业已经发生的成本预计能够得到补偿的，应当按照已经发生的成本金额确认收入，直到履约进度能够合理确定为止。

【例 11－9】 ABC 公司为增值税一般纳税人，装修服务适用增值税税率为 9%。2024 年 12 月 1 日，ABC 公司与乙公司签订一项为期 3 个月的装修合同，合同的装修价款为 100 000 元，增值税税额为 9 000 元，装修费用每月末按完工进度支付。2024 年 12 月 31 日，经专业测量师测量后，确定该项劳务的完工程度为 25%；乙公司按完工进度支付价款及相应的增值税款。截至 2024 年 12 月 31 日，ABC 公司为完成该合同累计发生劳务成本 20 000 元(假定均为装修人员薪酬)，估计还得发生劳务成本 60 000 元。

ABC 公司应编制如下会计分录：

(1)实际发生劳务成本 20 000 元：

借：合同履约成本　　20 000

　　贷：应付职工薪酬　　20 000

(2)确认劳务收入并结转劳务成本：

2024 年 12 月 31 日确认的劳务收入＝100 000×25%－0＝25 000(元)

借：银行存款　　27 250

　　贷：主营业务收入　　25 000

　　　　应交税费——应交增值税(销项税额)　　2 250

借：主营业务成本　　20 000

① 资料来源：摘自《企业会计准则》。

　　贷:合同履约成本　　20 000

2025 年 1 月 31 日,经专业测量师测量后,确定该项劳务的完工程度为 70%;乙公司按完工进度支付价款同时支付对应的增值税款。2025 年 1 月,为完成该合同,发生劳务成本 18 000 元(假定均为装修人员薪酬),估计还将发生业务成本 12 000 元。ABC 公司应编制如下会计分录:

(1) 实际发生劳务成本 18 000 元:

借:合同履约成本　　18 000

　　贷:应付职工薪酬　　18 000

(2) 2025 年 1 月 31 日确认劳务收入并结转劳务成本:

2025 年 1 月 31 日确认的劳务收入 100 000×70%-25 000= 45 000(元)

借:银行存款　　49 050

　　贷:主营业务收入　　45 000

　　　　应交税费——应交增值税(销项税额)　　4 050

借:主营业务成本　　18 000

　　贷:合同履约成本　　18 000

2025 年 2 月 1 日,装修完工;乙公司验收合格,按完工进度支付价款同时支付对应的增值税款。2025 年 2 月,为完成该合同,发生劳务成本 12 000 元(假定均为装修人员薪酬)。ABC 公司应编制如下会计分录:

(1)实际发生劳务成本 12 000 元:

借:合同履约成本　　12 000

　　贷:应付职工薪酬　　12 000

(2) 2025 年 2 月 1 日确认劳务收入并结转劳务成本:

2025 年 2 月 1 日确认的劳务收入=100 000-25 000-45 000=30 000(元)

借:银行存款　　32 700

　　贷:主营业务收入　　30 000

　　　　应交税费——应交增值税(销项税额)　　2 700

借:主营业务成本　　12 000

　　贷:合同履约成本　　12 000

【例 11-10】 甲公司经营一家健身俱乐部。2025 年 1 月 1 日,某客户与甲公司签订合同,成为公司的会员,并向甲公司支付会员费 4 800 元(不含税价),可在未来的 12 个月内在该俱乐部健身,且没有次数的限制,该业务适用的增值税税率为 6%。

甲公司应编制如下会计分录:

(1)2025 年 1 月 1 日收到会员费时:

借:银行存款　　4 800

　　贷:合同负债　　4 800

(2)2025 年 1 月 31 日确认收入,开具增值税专用发票并收到税款时:

甲公司按照直线法确认收入,每月应当确认的收入为 400(4 800÷12)元。

借:合同负债　　400

　　银行存款　　24

　　贷:主营业务收入　　400

应交税费——应交增值税(销项税额)　　24

2025 年 2—12 月,每月确认收入同上。

# 任务 3　合同成本

## 任务引例

D 公司是一家咨询公司,通过竞标赢得一个服务期为 3 年的客户,该客户每年末支付含税咨询费 127 200 元。为取得与该客户的合同,D 公司聘请外部律师进行尽职调查,支付相关费用 5 000 元,为投标而发生的差旅费 4 000 元,支付销售人员的佣金 20 000 元。D 公司预期这些支出未来均能够收回。此外,D 公司根据其年度销售目标、整体盈利情况及个人业绩等,向销售部门经理支付年度奖金 10 000 元。

请思考:D 公司该如何处理这笔经济业务?

## 必备知识

企业在与客户建立合同关系的过程中发生的成本主要有合同取得成本和合同履约成本。

### 一、合同取得成本

企业为取得合同发生的增量成本预期能够收回的,应作为合同取得成本确认为一项资产。增量成本是指企业不取得合同就不会发生的成本,也就是企业发生的与合同直接相关,但又不是所签订合同的对象或内容(如建造商品或提供服务)本身所直接发生的费用,例如,销售佣金等。如果销售佣金等预期可通过未来的相关服务收入予以补偿,则该销售佣金(即增量成本)应在发生时确认为一项资产,即合同取得成本。

借:合同取得成本

　　贷:银行存款

企业取得合同发生的增量成本已经确认为资产的,应当采用与该资产相关的商品收入确认相同的基础进行摊销,计入当期损益。

借:销售费用

　　贷:银行存款

【提示 1】为简化实务操作,该资产摊销期限不超过 1 年的,可以在发生时计入当期损益。

【提示 2】企业为取得合同发生的、除预期能够收回的增量成本之外的其他支出,例如,无论是否取得合同,均会发生的差旅费、投标费、为准备投标资料发生的相关费用等,应当在发生时计入当期损益,除非这些支出明确由客户承担。

## 引例解析

D 公司应编制如下会计分录:

(1)支付相关费用:

借:合同取得成本　20 000

　管理费用　9 000

　销售费用　10 000

　贷:银行存款　39 000

(2)每月确认服务收入,摊销销售佣金:

服务收入=127 200÷(1+6%)÷12=10 000(元)

销售佣金摊销额=20 000÷5÷12=333.33(元)

借:应收账款　10 600

　销售费用　333.33

　贷:合同取得成本　333.33

　　主营业务收入　10 000

　　应交税费——应交增值税(销项税额)　600

## 二、合同履约成本

### (一)合同履约成本的确认

合同履约成本是指企业为履行当前或预期取得的合同所发生的、属于《企业会计准则第14号——收入》规定范围并且按照该准则应当确认为一项资产的成本。

企业为履行合同可能会发生各种成本。企业在确认收入的同时应当对这些成本进行分析,属于《企业会计准则第14号——收入》准则规定范围且同时满足下列条件的,应当作为合同履约成本确认为一项资产:

1.该成本与一份当前或预期取得的合同直接相关

(1)与合同直接相关的成本,包括:

①直接人工(如支付给直接为客户提供所承诺服务的人员的工资、奖金等);

②直接材料(如为履行合同耗用的原材料、辅助材料、构配件、零件、半成品的成本和周转材料的摊销及租赁费用等);

③制造费用或类似费用(如组织和管理相关生产、施工、服务等活动发生的费用,包括管理人员的职工薪酬、劳动保护费、固定资产折旧费及修理费、物料消耗、取暖费、水电费、办公费、差旅费、财产保险费、工程保修费、临时设施摊销费等)。

(2)明确由客户承担的成本以及仅因该合同而发生的其他成本(如支付给分包商的成本、机械使用费、设计和技术援助费用、施工现场二次搬运费、生产工具和用具使用费、检验试验费、工程定位复测费、工程点交费用、场地清理费等)。

2.该成本增加了企业未来用于履行(包括持续履行)履约义务的资源

3.该成本预期能够收回

【提示】企业应当在下列支出发生时将其计入当期损益:

(1)管理费用,除非这些费用明确由客户承担。

(2)非正常消耗的直接材料、直接人工和制造费用(或类似费用),这些支出为履行合同发生,但未反映在合同价格中。

(3)与履约义务中已履行(包括已全部履行或部分履行)部分相关的支出,即该支出与企业过去的履约活动相关。

(4)无法在尚未履行的与已履行(或已部分履行)的履约义务之间区分的相关支出。

**(二)合同履约成本的账务处理**

1. 发生合同履约成本时:

借:合同履约成本

　　贷:银行存款/应付职工薪酬/原材料等

2. 摊销时:

借:主营业务成本/其他业务成本等

　　贷:合同履约成本

【例 11－11】 G 公司经营一家酒店,该酒店是 G 公司的自有资产。12 月,G 公司计提与酒店经营直接相关的酒店、客房以及客房内的设备家具等折旧 50 000 元、酒店土地使用权摊销费用 42 000 元。经计算,当月确认房费、餐饮等服务含税收入 106 000 元,全部存入银行。

G 公司应编制如下会计分录:

(1)确认资产的折旧费、摊销费:

| | 借方 | 贷方 |
|---|---|---|
| 借:合同履约成本 | 92 000 | |
| 　　贷:累计折旧 | | 50 000 |
| 　　　　累计摊销 | | 42 000 |

(2)12 月,确认酒店服务收入并摊销合同履约成本:

| | 借方 | 贷方 |
|---|---|---|
| 借:银行存款 | 106 000 | |
| 　　贷:主营业务收入 | | 100 000 |
| 　　　　应交税费——应交增值税(销项税额) | | 6 000 |
| 借:主营业务成本 | 92 000 | |
| 　　贷:合同履约成本 | | 92 000 |

### 课堂活动

甲公司为一家咨询服务提供商(中了一个向新客户提供咨询服务的标)。甲公司为取得合同而发生的成本如下:(1)尽职调查的外部律师费为 7 万元;(2)提交标书的差旅费为 8 万元(客户不承担);(3)销售人员的佣金为 4 万元。假定不考虑其他因素,甲公司应确认的与合同相关的资产为(　　)万元。

A. 4　　　　B. 12　　　　C. 15　　　　D. 19

## 任务 4　特定交易的账务处理

### 任务引例

H 公司是一家健身器材销售公司。2024 年 10 月 1 日,H 公司向乙公司销售 5 000 件健身器材,单位销售价格为 500 元,单位成本为 400 元,开出的增值税专用发票上注明的销售价格为 250 万元,增值税税额为 32.5 万元。健身器材已经发出,但款项尚未收到。根据协议约定，乙公司应于2024年12月1日之前支付货款，在2025年1月31日之前有权退还健身器材。发出健身器材时，H公司根据过去的经验，估计该批健身器材的退货率约为20%；在2024年12月31日，H公司对退货率进行了重新评估，认为只有10%的健身器材会被退回。H公司为增值税一般纳税人，健身器材发出时纳税义务已经发生，实际发生退回时取得税务机关开具的红字增值税专用发票。

请思考：H公司该如何确认销售收入？

## 必备知识

### 一、附有销售退回条款的销售

企业将商品转让给客户之后可能会因为各种原因允许客户选择退货（例如，客户对所购商品的款式不满意等）。附有销售退回条款的销售，是指客户依照有关合同有权退货的销售方式。合同中有关退货权的条款可能会在合同中明确约定，也有可能是隐含的。隐含的退货权可能来自企业在销售过程中向客户做出的声明或承诺，也有可能是来自法律法规的要求或企业以往的习惯做法等。客户选择退货时可能有权要求返还其已经支付的全部或部分对价，抵减其对企业已经产生或将会产生的欠款或者要求换取其他商品。

客户取得商品控制权之前退回该商品不属于销售退回。需要说明的是，企业在允许客户退货的期间内随时准备接受退货的承诺，并不构成单项履约义务，但可能会影响收入确认的金额。企业应当遵循可变对价（包括将可变对价计入交易价格的限制要求）的处理原则来确定其预期有权收取的对价金额，即交易价格不应包含预期将会被退回的商品的对价金额。

企业应当在客户取得相关商品控制权时按照因向客户转让商品而预期有权收取的对价金额（即不包含预期因销售退回将退还的金额）确认收入，按照预期因销售退回将退还的金额确认负债；同时，按照预期将退回商品转让时的账面价值，扣除收回该商品预计发生的成本（包括退回商品的价值减损）后的余额，确认一项资产，按照所转让商品转让时的账面价值，扣除上述资产成本的净额结转成本。每一个资产负债表日，企业应当重新估计未来销售退回情况，并对上述资产和负债进行重新计量，若有变化，则应当作为会计估计变更进行会计处理。

## 引例解析

假定健身器材发出时控制权转移给乙公司。H公司的账务处理如下：

（1）2024年10月1日发出健身器材。

| | | |
|---|---|---|
| 借：应收账款 | 2 825 000 | |
| 　　贷：主营业务收入 | | 2 000 000 |
| 　　　　预计负债——应付退货款 | | 500 000 |
| 　　　　应交税费——应交增值税（销项税额） | | 325 000 |
| 借：主营业务成本 | 1 600 000 | |
| 　　应收退货成本 | 400 000 | |
| 　　贷：库存商品 | | 2 000 000 |

(2)2024 年 12 月 1 日前收到货款。

借:银行存款　　2 825 000

　　贷:应收账款　　2 825 000

(3)2024 年 12 月 31 日,甲公司对退货率进行重新评估。

借:预计负债——应付退货款　　250 000

　　贷:主营业务收入　　250 000

借:主营业务成本　　200 000

　　贷:应收退货成本　　200 000

(4)2025 年 1 月 31 日发生销售退回,实际退货量为 400 件,退货款项已经支付。

借:库存商品　　160 000

　　应交税费——应交增值税(销项税额)　　26 000

　　预计负债——应付退货款　　250 000

　　贷:应收退货成本　　160 000

　　　　主营业务收入　　50 000

　　　　银行存款　　226 000

借:主营业务成本　　40 000

　　贷:应收退货成本　　40 000

附有销售退回条款的销售,在客户要求退货时,如果企业有权向客户收取一定金额的退货费,则企业在估计预期有权收取的对价金额时应当将该退货费包括在内。

## 二、附有质量保证条款的销售

企业在向客户销售商品时根据合同约定、法律规定或本企业以往的习惯做法等,可能会为所销售的商品提供质量保证。这些质量保证的性质可能因行业或者客户而不同。其中,有一些质量保证是向客户保证所销售的商品符合既定标准,即保证类质量保证;而另一些质量保证则是在为客户保证所销售的商品符合既定标准之外提供了一项单独的服务,即服务类质量保证。

企业应当对其所提供的质量保证的性质进行分析,对于客户能够选择单独购买质量保证的,表明该质量保证构成单项履约义务;对于客户虽然不能选择单独购买质量保证,但是,如果该质量保证在向客户保证所销售的商品符合既定标准之外提供了一项单独服务的,也应当作为单项履约义务。作为单项履约义务的质量保证应当按本准则规定进行会计处理,并将部分交易价格分摊至该项履约义务。对于不能作为单项履约义务的质量保证,企业应当按照《企业会计准则第 13 号——或有事项》的规定进行会计处理。企业在评估一项质量保证是否在向客户保证所销售的商品符合既定标准之外提供了一项单独服务时应当考虑的因素包括以下几点:

(1)该质量保证是否为法定要求。当法律要求企业提供质量保证时,该法律规定通常表明企业承诺提供的质量保证不是单项履约义务,这是因为这些法律规定通常是为了保护客户,以免其购买瑕疵或有缺陷的商品,而并非为客户提供一项单独的服务。

(2)质量保证期限。企业提供质量保证的期限越长,越有可能表明企业向客户提供了保证商品符合既定标准之外的服务,因此企业承诺提供的质量保证越有可能构成单项履约义务。

(3)企业承诺履行任务的性质。如果企业必须履行某些特定的任务以保证所销售的商品符合既定标准(例如,企业负责运输被客户退回的瑕疵商品),则这些特定的任务可能不构成单项履约义务。

【例 11－12】 K 公司为通信公司，2025 年 1 月 1 日与客户签订合同，销售一部手机，手机单独售价为 5 000 元，产品成本为 3 000 元，该手机全国联保，享受“三包”服务，质保期为 1 年，如因质量问题或故障，K 公司负责提供质量保证服务，估计保修费用为销售手机收入的 2%。此外，自 2025 年 1 月 1 日 K 公司提供全国保修 3 年期服务，在此期间内，“三包”服务范围以外由于客户使用不当（例如，手机屏碎或进水）等原因造成产品故障，K 公司也免费提供维修服务。全保修 3 年的单独售价为 360 元，该维修服务不能单独购买。2025 年 1 月，K 公司销售手机 1 万部，收到全部价款 5 092 万元。不考虑货币时间价值。

要求：根据上述资料，说明 K 公司应如何进行会计处理。

K 公司的承诺包括：销售手机、提供质量保证服务以及维修服务。K 公司针对产品的质量问题提供的质量保证服务是为了向客户保证所销售商品符合既定标准，因此不构成单项履约义务；K 公司对由于客户使用不当而导致的产品故障提供的免费维修服务，属于在向客户保证所销售商品符合既定标准之外提供的单独服务，应该作为单项履约义务。因此，在该合同下，K 公司的履约义务有两项：销售手机和提供全保修 3 年期维修服务，K 公司应当按照其各自交易价格确认这两项履约义务。

| | | |
|---|---|---|
| 借：银行存款 | 5 092 | |
| 　　贷：主营业务收入（5 092×5 000/5 360） | | 4 750 |
| 　　　　合同负债（5 092×360/5 360） | | 342 |
| 借：主营业务成本 | 3 000 | |
| 　　贷：库存商品 | | 3 000 |
| 借：销售费用 | 9.5 | |
| 　　贷：预计负债（342/3/12） | | 9.5 |
| 借：合同负债（4 750×2%） | 95 | |
| 　　贷：主营业务收入 | | 95 |

**项目评价表**

| 学习任务完成评价表 | | | | | |
|---|---|---|---|---|---|
| 评价范围 | 评价标准 | 自我评价（五星制打分） | 小组评价（五星制打分） | 教师评价（五星制打分） | 企业导师评价（五星制打分） |
| 职业素养 | 脚踏实地，善于创新 | | | | |
| 职业知识 | 掌握收入各项业务的核算方法 | | | | |
| 职业能力 | 能正确处理收入各项业务的核算 | | | | |

# 项目十二　费用业务核算

| 素质目标 | 知识目标 | 能力目标 |
| --- | --- | --- |
| 社会责任感；团队合作精神；学以致用 | 1. 理解费用的概念和特征；<br>2. 掌握营业成本的核算内容与方法；<br>3. 掌握税金及附加的核算内容与方法；<br>4. 掌握期间费用的核算内容与方法 | 1. 能识别企业费用会计要素；<br>2. 能核算营业成本类业务；<br>3. 能核算税金及附加类业务；<br>4. 能核算期间费用类业务 |

### 本项目结构导图

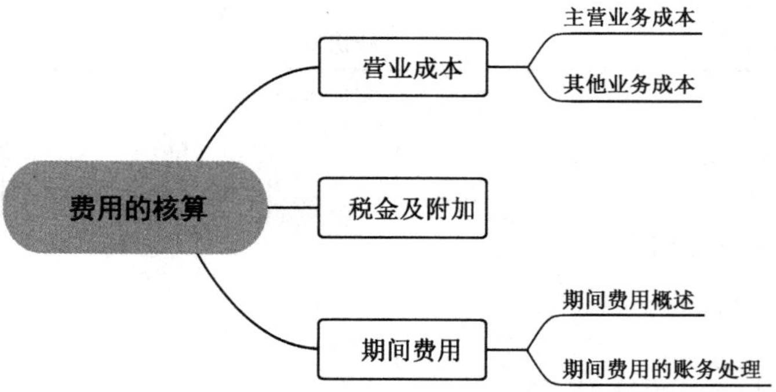


## 任务 1　营业成本

### 任务引例

天域公司销售一批原材料，开具的增值税专用发票上注明的售价为 8 000 元，增值税额为 1 040 元，银行已收到款项。该批原材料实际成本为 3 000 元。

请思考：天域公司销售材料的业务该如何处理？

## 必备知识

营业成本是企业为生产产品或提供劳务等发生的可归属于产品成本或服务成本等的费用，应当在确认销售商品收入提供服务收入时，将已销售的商品服务成本等计入当期损益。营业成本包括主营业务成本和其他业务成本。

### 一、主营业务成本

主营业务成本是指企业销售商品或提供服务等经常性活动所发生的成本。企业一般在确认销售商品、提供服务等主营业务收入时，或在月末将已销售商品已提供服务的成本转入主营业务成本。企业应当设置“主营业务成本”科目，按照主营业务的种类进行明细核算，用于核算企业因销售商品或提供劳务等日常活动而发生的实际成本，借记“主营业务成本”“存货跌价准备”，贷记“库存商品”“合同履约成本”等科目。期末将“主营业务成本”余额转入“本年利润”科目，借记“本年利润”科目，贷记“主营业务成本”科目，结转后，“主营业务成本”科目无余额。

【例 12—1】　天域公司向乙公司销售一批产品，开具的增值税专用发票上注明销售价为 300 000 元，增值税额为 39 000 元。天域公司已收到乙公司支付的全部货款 300 000 元，并将提货单交送乙公司，该批产品成本为 150 000 元。编制天域公司该项业务的会计分录。

（1）销售商品时：

借：银行存款　　339 000

　　贷：主营业务收入　　300 000

　　　　应交税费——应交增值税（销项税额）　　39 000

借：主营业务成本　　150 000

　　贷：库存商品　　150 000

（2）期末将主营业务成本结转至本年利润：

借：本年利润　　150 000

　　贷：主营业务成本　　150 000

### 二、其他业务成本

其他业务成本是指企业确认的除主营业务活动以外的其他日常经营活动所发生的支出。其他业务成本包括销售材料的成本、出租固定资产的折旧额、出租无形资产的摊销额、出租包装物的成本或摊销额等。采用成本模式计量投资性房地产的，其投资性房地产计提的折旧额或摊销额，也构成其他业务成本。

企业应当设置“其他业务成本”科目，核算企业确认的除主营业务活动以外的其他日常经营活动所发生的支出。“其他业务成本”科目按其他业务成本的种类进行明细核算。企业发生的其他业务成本，借记“其他业务成本”科目，贷记“原材料”“周转材料”“累计折旧”“累计摊销”“应付职工薪酬”“银行存款”等科目。期末，“其他业务成本”科目余额转入“本年利润”科目；结转后，“其他业务成本”科目无余额。

### 引例解析

天域公司此项业务的会计分录为：

(1)销售原材料时：

借：银行存款　　9 040

　　贷：其他业务收入　　8 000

　　　　应交税费——应交增值税(销项税额)　　1 040

借：其他业务成本　　3 000

　　贷：原材料　　3 000

(2)期末结转成本：

借：本年利润　　3 000

　　贷：其他业务成本　　3 000

## 任务2　税金及附加

### 任务引例

天域公司本月应纳增值税50 000元，消费税10 000元，适用城市维护建设税7%，教育费附加征收比率为3%。

请思考：天域公司本月应交纳的城市维护建设税和教育费附加各是多少？

### 必备知识

税金及附加是指企业经营活动应负担的相关税费，包括消费税、城市维护建设税、教育费附加、资源税、土地增值税、房产税、环境保护税、城镇土地使用税、车船税、印花税等。

企业应当设置“税金及附加”科目，核算企业经营活动发生的消费税、城市维护建设税、教育费附加、资源税、房产税、环境保护税、城镇土地使用税、车船税、印花税等相关税费。其中，按规定计算确定的与经营活动相关的消费税、城市维护建设税、资源税、教育费附加、房产税、环境保护税、城镇土地使用税、车船税等税费，企业应借记“税金及附加”科目，贷记“应交税费”科目；期末，应将“税金及附加”科目余额转入“本年利润”科目，结转后，“税金及附加”科目无余额。企业交纳的印花税，不会发生应付未付税款的情况，不需要预计应交纳金额，同时也不存在与税务机关结算或者清算的问题。因此，企业交纳的印花税不通过“应交税费”科目核算，于购买印花税票时，直接借记“税金及附加”科目，贷记“银行存款”科目。

### 引例解析

天域公司城市维护建设税和教育费附加的有关处理如下：

(1)计算城市维护建设税和教育费附加时：

应交城市维护建设税＝(50 000＋10 000)×7％＝4 200(元)

应交教育费附加税＝(50 000＋10 000)×3％＝1 800(元)

借:税金及附加　　6 000

　　贷:应交税费——应交城市维护建设税　　4 200

　　　　　　　——应交教育费附加　　1 800

(2)缴纳税费时:

借:应交税费——应交城市维护建设税　　4 200

　　　　　——应交教育费附加　　1 800

　　贷:银行存款　　6 000

(3)期末将税金及附加结转至本年利润

借:本年利润　　6 000

　　贷:税金及附加　　6 000

# 任务3　期间费用

## 任务引例

2025年1月8日,天域公司为企业生产经营需要发生业务招待费4 000元,取得增值税专用发票上注明的增值税额为240元,已用银行存款支付全部款项。

请思考:天域公司该如何处理业务招待费?

## 一、期间费用概述

期间费用是指企业日常活动发生的不能计入特定核算对象的成本,而应计入发生当期损益的费用。

期间费用是企业日常活动中所发生的经济利益的流出,通常不计入特定的成本核算对象,因为期间费用是企业对组织和管理整个经营活动所发生的费用,与可以确定特定成本核算对象的材料采购、产成品生产等没有直接关系,所以期间费用不计入有关核算对象的成本,而是直接计入当期损益。

期间费用包含以下两种情况:一是企业发生的不符合或者不再符合资产确认条件的支出,应当在发生时确认为费用,计入当期损益。二是企业发生的交易或者事项导致其承担了一项负债,而又不确认为一项资产的,应当在发生时确认为费用,计入当期损益。

## 二、期间费用的账务处理

期间费用包括销售费用、管理费用和财务费用。

### (一)销售费用

销售费用是指企业销售商品和材料、提供服务的过程中发生的各种费用,包括企业在销售商品过程中发生的保险费、包装费、展览费和广告费、商品维修费、预计产品质量保证损失、运输费、装卸费等以及为销售本企业商品而专设的销售机构(含销售网点、售后服务网点等)的职工薪酬、业务费、折旧费等经营费用。企业发生的与专设销售机构相关的固定资产修理费用等后续支出也属于销售费用。

销售费用是与企业销售商品活动有关的费用，但不包括销售商品本身的成本，该成本属于主营业务成本。

企业应设置“销售费用”科目，核算销售费用的发生和结转情况。该科目借方登记企业所发生的各项销售费用，贷方登记期末转入“本年利润”科目的销售费用，结转后，“销售费用”科目应无余额。“销售费用”科目应按销售费用的项目进行明细核算。

## 引例解析

编制该项业务的会计分录如下：

借：管理费用——业务招待费　　4 000

　　应交税费——应交增值税（进项税额）　　240

　　贷：银行存款　　4 240

**（二）管理费用**

管理费用是指企业为组织和管理生产经营发生的各种费用，包括企业在筹建期间内发生的开办费、董事会和行政管理部门在企业的经营管理中发生的以及应由企业统一负担的公司经费（包括行政管理部门的职工薪酬、物料消耗、低值易耗品摊销、办公费和差旅费等）、行政管理部门负担的工会经费、董事会费（包括董事会成员津贴、会议费和差旅费等）、聘请中介机构费、咨询费（含顾问费）、诉讼费、业务招待费、技术转让费、研究费用等。企业生产车间（部门）和行政管理部门发生的固定资产修理费用等后续支出，也作为管理费用核算。

企业应设置“管理费用”科目，核算管理费用的发生和结转情况。“管理费用”科目的借方登记企业发生的各项管理费用，贷方登记期末转入“本年利润”科目的管理费用，结转后，“管理费用”科目应无余额。“管理费用”科目按管理费用的项目进行明细核算。商品流通企业管理费用不多的，可不设“管理费用”科目，相关核算内容可并入“销售费用”科目核算。

【例 12－2】 2025 年 1 月 31 日，天域公司摊销商标权 20 000 元，请编制该项业务的会计分录。

借：管理费用　　20 000

　　贷：累计摊销　　20 000

【例 12－3】 承【例 12－2】，2025 年 2 月 1 日某公司将“管理费用”科目余额结转至“本年利润”科目，请编制该项业务的会计分录。

借：本年利润　　20 000

　　贷：管理费用　　20 000

**（三）财务费用**

财务费用是指企业为筹集生产经营所需资金等而发生的筹资费用，包括利息支出（减利息收入）、汇兑损益以及相关的手续费、企业发生的现金折扣或收到的现金折扣、商业汇票的贴现息等。

企业应设置“财务费用”科目，核算财务费用的发生和结转情况。“财务费用”科目的借方登记企业发生的各项财务费用，贷方登记期末转入“本年利润”科目的财务费用，结转后，“财务费用”科目应无余额。“财务费用”科目应按财务费用的项目进行明细核算。

**微课　财务费用**

【例 12—4】 2025 年 1 月 31 日，天域公司用银行存款支付本月短期借款利息 30 000 元，请编制该项业务的会计分录。

(1)支付利息时：

借：财务费用——利息支出　　30 000

　　贷：银行存款　　30 000

(2)期末结转费用时：

借：本年利润　　30 000

　　贷：财务费用　　30 000

**项目评价表**

| 学习任务完成评价表 | | | | | |
|---|---|---|---|---|---|
| 评价范围 | 评价标准 | 自我评价（五星制打分） | 小组评价（五星制打分） | 教师评价（五星制打分） | 企业导师评价（五星制打分） |
| 职业素养 | 社会责任感；团队合作精神；学以致用 | | | | |
| 职业知识 | 掌握营业成本、期间费用和税金及附加的核算方法 | | | | |
| 职业能力 | 能够对营业成本、期间费用和税金及附加业务进行核算 | | | | |

# 项目十三　利润业务核算

| 素质目标 | 知识目标 | 能力目标 |
| --- | --- | --- |
| 1. 引导学生发挥会计的监督职能，以及参与管理、强化服务的会计职业道德。<br>2. 养成实事求是、严格按会计准则办事的职业行为规范，形成财务人员的责任观意识。<br>3. 养成不做假账的职业要求，提升社会责任感，塑造实事求是的会计精神，弘扬诚信、友善的社会主义核心价值观 | 1. 理解利润的概念和特征；<br>2. 掌握利润形成的计算及会计处理；<br>3. 掌握营业外收入、营业外支出、所得税费用的确认、计量和会计处理；<br>4. 掌握利润结转方法及会计处理；<br>5. 掌握利润分配顺序及会计处理 | 1. 能识别利润、营业外收入、营业外支出、所得税费用等会计要素；<br>2. 能正确核算利润形成、利润结转、利润分配等业务 |

## 本项目结构导图

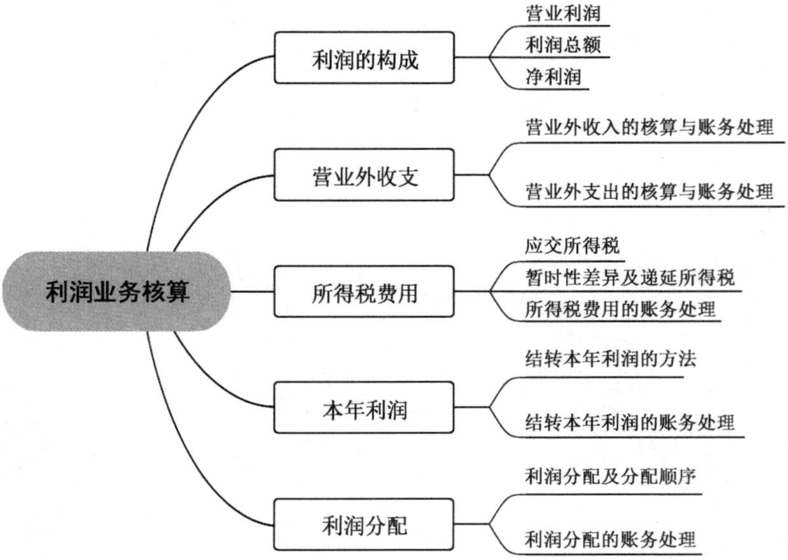

# 任务1　利润的构成

## 任务引例

天域公司 2025 年 1 月利润相关项目金额如表 13－1 所示：

表 13－1　　利润相关项目

| 利润相关项目 | 金额(元) |
|---|---|
| 营业收入 | 6 230 000 |
| 营业成本 | 4 790 000 |
| 税金及附加 | 50 000 |
| 销售费用 | 160 000 |
| 管理费用 | 280 000 |
| 财务费用 | 3 800 |
| 投资收益 | 10 000 |
| 公允价值变动收益 | 3 500 |
| 资产减值损失 | 1 800 |
| 营业外收入 | 2 200 |
| 营业外支出 | 35 000 |
| 所得税费用 | 231 275 |

## 必备知识

利润是指企业在一定会计期间的经营成果。利润在很大程度上集中反映了企业生产经营的经济利益，是衡量企业生产经营管理水平的综合性指标。

利润包括收入减去费用后的净额、直接计入当期利润的利得和损失等。其中，收入减去费用后的净额反映的是企业日常活动的业绩；直接计入当期利润的利得和损失，是指应当计入当期损益、会导致所有者权益发生增减变动的、与所有者投入资本或者向所有者分配利润无关的利得或者损失，即营业外收支，它反映的是企业非日常活动的业绩。

未计入当期利润的利得和损失扣除所得税影响后的净额计入其他综合收益项目。净利润与其他综合收益的合计金额为综合收益总额。

与利润相关的计算公式主要有：

### 一、营业利润

营业利润＝营业收入－营业成本－税金及附加－销售费用－管理费用－财务费用－研发费用＋其他收益＋投资收益(－投资损失)＋公允价值变动收益(－公允价值变动损失)－信用减值损失－资产减值损失＋资产处置收益(－资产处置损失)

其中，

营业收入是指企业经营业务所取得的收入总额，包括主营业务收入和其他业务收入。

营业成本是指企业经营业务所发生的实际成本总额，包括主营业务成本和其他业务成本。

研发费用是指企业进行研究与开发过程中发生的费用化支出，以及计入管理费用的自行开发无形资产的摊销。

其他收益主要是指与企业日常活动相关，除冲减相关成本费用以外的政府补助，以及其他应计入其他收益的内容。

投资收益(或损失)是指企业以各种方式对外投资所取得的收益(或发生的损失)。

公允价值变动收益(或损失)是指企业交易性金融资产等公允价值变动形成的应计入当期损益的利得(或损失)。

信用减值损失是指企业计提各项金融工具信用减值准备所确认的信用损失。

资产减值损失是指企业计提有关资产减值准备所形成的损失。

资产处置收益(或损失)反映企业出售划分为持有待售的非流动资产(金融工具、长期股权投资和投资性房地产除外)或处置组(子公司和业务除外)时确认的处置利得或损失，以及处置未划分为持有待售的固定资产、在建工程、生产性生物资产及无形资产而产生的处置利得或损失，还包括债务重组中因处置非流动资产产生的利得或损失和非货币性资产交换中换出非流动资产产生的利得或损失。

## 二、利润总额

利润总额＝营业利润＋营业外收入－营业外支出

其中，

营业外收入是指企业发生的与其日常活动无直接关系的各项利得。

营业外支出是指企业发生的与其日常活动无直接关系的各项损失。

## 三、净利润

净利润＝利润总额－所得税费用

其中，

所得税费用是指企业确认的应从当期利润总额中扣除的所得税费用。

## 引例解析

天域公司 2025 年 1 月相关利润数据计算如下：

(1)营业利润＝营业收入－营业成本－税金及附加－销售费用－管理费用－财务费用－研发费用＋其他收益＋投资收益＋公允价值变动收益－信用减值损失－资产减值损失＝6 230 000－4 790 000－50 000－160 000－280 000－3 800＋10 000＋3 500－1 800＝957 900(元)

(2)利润总额＝营业利润＋营业外收入－营业外支出＝957 900＋2 200－35 000＝925 100(元)

(3)净利润＝利润总额－所得税费用＝925 100－231 275＝693 825(元)

### 课堂活动

以下影响企业营业利润的损益类账户有(　　)。

A.“主营业务收入”　　B.“营业外支出”　　C.“所得税费用”　　D.“投资收益”

## 任务2　营业外收支

### 任务引例

对以下业务进行职业判断，哪些属于营业外收支？

(1)销售产成品取得的收入；

(2)销售原材料取得的收入；

(3)接受外单位的捐赠；

(4)出售公允价值下降的交易性金融资产的损失；

(5)销售库存商品的成本；

(6)自然灾害导致的损失。

### 必备知识

营业外收支虽然与企业正常的生产经营活动无直接关系，但站在企业主体的角度来看，同样是其经济利益的流入或流出，是利润构成的一部分，对企业的盈亏状况具有不可忽视的影响。

#### 一、营业外收入的核算与账务处理

**(一)营业外收入的核算范围**

营业外收入是指企业确认的与其日常活动无直接关系的各项利得。营业外收入不是企业经营资金耗费所产生的，不需要企业付出代价，实际上是经济利益的净流入。营业外收入主要包括：非流动资产毁损报废收益、与企业日常活动无关的政府补助、盘盈利得、捐赠利得等。

其中，非流动资产毁损报废收益是指由于自然灾害等原因发生毁损、已丧失使用功能而报废非流动资产所产生的清理收益。与企业日常活动无关的政府补助是指企业从政府无偿取得的货币性资产或非货币性资产，且与企业日常活动无关的利得。盘盈利得是指企业对现金等资产清查盘点时发生盘盈，报经批准后计入营业外收入的金额。捐赠利得是指企业接受捐赠产生的利得。

**(二)营业外收入的账务处理**

企业应设置“营业外收入”账户，核算营业外收入的取得及结转情况。该账户属于损益类账户，贷方登记企业确认的各项利得，借方登记期末将营业外收入转入“本年利润”账户的数额，结转后，“营业外收入”账户无余额。该账户应按照营业外收入项目设置明细分类账户。

【例13—1】　天域公司2025年1月将一台机器设备报废，该机器设备的账面原值为

5 000 000 元，已计提折旧 4 900 000 元，已计提固定资产减值准备 50 000 元，支付清理费用 2 000 元，取得价款收入 54 000 元。

(1)设备报废时：

借：固定资产清理　　50 000
　　累计折旧　　4 900 000
　　固定资产减值准备　　50 000
　　贷：固定资产　　5 000 000

(2)支付清理费用时：

借：固定资产清理　　2 000
　　贷：银行存款　　2 000

(3)取得价款收入时：

借：银行存款　　54 000
　　贷：固定资产清理　　52 000
　　　　营业外收入——非流动资产毁损报废收益　　2 000

【例 13－2】 天域公司 2025 年 1 月在现金清查中发现现金溢余 200 元，无法查明原因，经领导批准后转入营业外收入。

(1)发现盘盈时：

借：库存现金　　200
　　贷：待处理财产损溢　　200

(2)经批准转入营业外收入时：

借：待处理财产损溢　　200
　　贷：营业外收入——盘盈利得　　200

**课堂活动**

以下属于营业外收入的是(　　)。

A. 出售固定资产净收益　　B. 销售产品收入

C. 转让材料收入　　D. 提供劳务的收入

## 二、营业外支出的核算与账务处理

### (一)营业外支出的核算内容

营业外支出是指企业发生的与其日常活动无直接关系的各项损失。营业外支出主要包括：非流动资产毁损报废损失、捐赠支出、盘亏损失、非常损失、罚款支出等。

其中，非流动资产毁损报废损失是指由于自然灾害等原因发生毁损、已丧失使用功能而报废非流动资产所产生的清理损失。捐赠支出是指企业对外进行捐赠发生的支出。盘亏损失主要是指对于财产清查盘点中盘亏的资产，查明原因并报经批准计入营业外支出的损失。非常损失，指企业对于因客观因素(如自然灾害等)造成的损失，扣除保险公司赔偿后应计入营业外支出的净损失。罚款支出，指企业支付的行政罚款、税务罚款，以及其他违反法律法规、合同协议等而支付的罚款、违约金、赔偿金等支出。

### （二）营业外支出的账务处理

企业应设置“营业外支出”账户，核算营业外支出的发生及结转情况。该账户属于损益类账户，借方登记企业发生的各项损失，贷方登记期末将营业外支出转入“本年利润”账户的数额；结转后，“营业外支出”账户无余额。该账户应按照营业外支出项目设置明细分类账户。

（1）企业确认处置非流动资产毁损报废损失时，借记“营业外支出”“累计折旧”“累计摊销”等账户，贷记“固定资产清理”“无形资产”等账户。

【例 13－3】　天域公司 2025 年 1 月预计一项非专利技术不能再为企业带来经济利益，决定转入报废处理，该非专利技术入账价值为 36 000 元，已计提摊销额 20 000 元，未计提减值准备。

借：累计摊销　　20 000
　　营业外支出——非流动资产毁损报废损失　　16 000
　贷：无形资产　　36 000

（2）企业确认盘亏损失、非常损失、罚款支出时，借记“营业外支出”账户，贷记“待处理财产损溢”“银行存款”等账户。

【例 13－4】　天域公司 2025 年 1 月由于水灾导致原材料毁损，经济损失达 17 000 元，经领导批准全部转作营业外支出。该企业原材料采用实际成本法核算。

（1）原材料遭受损失时：

借：待处理财产损溢　　17 000
　贷：原材料　　17 000

（2）经批准后处理时：

借：营业外支出——非常损失　　17 000
　贷：待处理财产损溢　　17 000

### 延伸阅读

《中华人民共和国增值税暂行条例实施细则》第二十四条条例第十条第（二）项所称非正常损失，是指因管理不善造成被盗、丢失、霉烂变质的损失。该规定对需要做进项税额转出的非正常损失做了限制性解释。自然灾害毁损的原材料，其增值税的进项税额不用转出。

【例 13－5】　天域公司 2025 年 1 月因迟缴税款，需用银行存款支付税款滞纳金 2 000 元。

借：营业外支出——罚款支出　　2 000
　贷：银行存款　　2 000

### 引例解析

（1）销售产成品取得的收入，属于主营业务收入；

（2）销售原材料取得的收入，属于其他业务收入；

（3）接受外单位的捐赠，属于营业外收入；

（4）出售公允价值下降的交易性金融资产的损失，属于投资收益（负数）；

（5）销售库存商品的成本，属于主营业务成本；

（6）自然灾害导致的损失，属于营业外支出。

### 课堂活动

以下属于营业外支出的是(　　)。

A. 对外捐赠支出　　B. 违约金支出

C. 赔偿金支出　　D. 非常损失

## 任务 3　所得税费用

### 任务引例

天域公司 2024 年度利润总额(税前会计利润)为 20 100 000 元,所得税税率为 25%。公司全年实发工资、薪金为 3 000 000 元,职工福利费 500 000 元,工会经费 70 000 元,职工教育经费 250 000 元。本年收到国库券利息收入 300 000 元,营业外支出中有 100 000 元为税款滞纳罚金。递延所得税负债年初数为 300 000 元,年末数为 500 000 元;递延所得税资产年初数为 150 000 元,年末数为 250 000 元。

请计算天域公司当期应交所得税、递延所得税和所得税费用,并编制相关会计分录。

### 必备知识

企业的所得税费用包括当期所得税和递延所得税两个部分。当期所得税是指当期应交所得税。递延所得税包括递延所得税资产和递延所得税负债。递延所得税资产是指以未来期间很可能取得用来抵扣可抵扣暂时性差异的应纳税所得额为限确认的一项资产。递延所得税负债是指根据应纳税暂时性差异计算的未来期间应付所得税的金额。

#### 一、应交所得税

应交所得税是指企业按照企业所得税法规定计算确定的针对当期发生的交易和事项,应交纳给税务部门的所得税金额,即当期应交所得税。应纳税所得额是在企业税前会计利润(即利润总额)的基础上调整确定的,计算公式为:

应纳税所得额=税前会计利润+纳税调整增加额-纳税调整减少额

纳税调整增加额主要包括企业所得税法规定允许扣除项目中企业已计入当期费用但超过税法规定扣除标准的金额(如超过企业所得税法规定标准的职工福利费、工会经费、职工教育经费、业务招待费、公益性捐赠支出、广告费和业务宣传费等),以及企业已计入当期损失但企业所得税法规定不允许扣除项目的金额(如税收滞纳金、罚金、罚款等)。

纳税调整减少额主要包括按企业所得税法规定允许弥补的亏损和准予免税的项目,如前 5 年内未弥补亏损和国债利息收入等。

企业当期应交所得税的计算公式为:

应交所得税=应纳税所得额×所得税税率

【例 13-6】 甲公司 2024 年利润总额为 19 800 000 元,所得税税率为 25%。甲公司实发工资、薪金为2 000 000元、职工福利费300 000元、工会经费50 000元、职工教育经费210 000元；经查，甲公司当年营业外支出中有120 000元为税款滞纳金。假定全年无其他纳税调整事项。请计算甲公司当期应交所得税。

福利费限额＝ 2 000 000×14%＝ 280 000(元)

工会经费限额＝ 2 000 000×2%＝ 40 000(元)

职工教育经费限额＝ 2 000 000×8%＝160 000(元)

纳税调整增加额＝(300 000－280 000)＋(50 000－40 000)＋(210 000－160 000)
＝80 000(元)

纳税调整减少额＝120 000(元)

应纳税所得额＝ 19 800 000＋80 000＋ 120 000＝ 20 000 000(元)

应交所得税＝ 20 000 000×25%＝ 5 000 000(元)

### 延伸阅读

《中华人民共和国企业所得税法》规定一般企业所得税的税率为25%。符合条件的小型微利企业，减按20%的税率征收企业所得税。

根据企业所得税法规定，企业发生的合理的工资、薪金支出准予据实扣除；企业发生的职工福利费支出，不超过工资、薪金总额14%的部分准予扣除；企业拨缴的工会经费，不超过工资、薪金总额2%的部分准予扣除；除国务院财政、税务主管部门另有规定外，企业发生的职工教育经费支出，不超过工资、薪金总额8%的部分准予扣除，超过部分准予结转以后纳税年度扣除。

### 引例解析

纳税调整增加额＝(500 000－3 000 000×14%)＋(70 000－3 000 000×2%)＋(250 000－3 000 000×8%)＋100 000＝(500 000－420 000)＋(70 000－60 000)＋(250 000－240 000)＋100 000＝200 000(元)

纳税调整减少额＝300 000(元)

应纳税所得额＝20 100 000＋200 000－300 000＝20 000 000(元)

当期应交所得税＝20 000 000×25%＝5 000 000(元)

### 课堂活动

以下属于纳税调整增加额的是(　　)。

A. 超过税法规定标准的工资支出　　B. 收到的客户违约金

C. 前五年内的未弥补亏损　　D. 国债利息收入

## 二、暂时性差异及递延所得税

暂时性差异是指资产、负债的账面价值与其计税基础不同产生的差异，该差异的存在将影响未来期间的应纳税所得额。其中,资产的计税基础,是指企业收回资产账面价值的过程中计算应纳税所得额时按照税法规定可以自应税经济利益中抵扣的金额,即某一项资产在未来期间计税时可以税前扣除的金额;负债的计税基础,是指负债的账面价值减去未来期间计算应纳税所得额时按照税法规定可予抵扣的金额。

按照暂时性差异对未来期间应纳税所得额的不同影响,分为应纳税暂时性差异和可抵扣暂时性差异。

**(一)应纳税暂时性差异**

资产的账面价值大于其计税基础,或负债的账面价值小于其计税基础,产生应纳税暂时性差异。应纳税暂时性差异在未来期间转回时会增加转回期间的应纳税所得额和相应的应交所得税,从而导致经济利益流出企业,因而在其发生当期,一般情况下应确认相关的递延所得税负债。

**(二)可抵扣暂时性差异**

资产的账面价值小于其计税基础,或负债的账面价值大于其计税基础,产生可抵扣暂时性差异。可抵扣暂时性差异在未来期间转回时会减少转回期间的应纳税所得额和相应的应交所得税,因而在其产生当期,符合确认条件时,应确认相关的递延所得税资产。

递延所得税是指按照会计准则规定应予确认的递延所得税资产和递延所得税负债在会计期末应有的金额相对于原已确认金额之间的差额,即递延所得税资产和递延所得税负债的当期发生额,但不包括计入所有者权益的交易或事项的所得税影响。递延所得税的计算公式为:

递延所得税=(递延所得税负债的期末余额－递延所得税负债的期初余额)
－(递延所得税资产的期末余额－递延所得税资产的期初余额)

### 引例解析

天域公司 2024 年递延所得税=(500 000－300 000)－(250 000－150 000)=100 000(元)。

## 三、所得税费用的账务处理

根据企业会计准则的规定,企业计算确定的当期所得税和递延所得税之和,即为应从当期利润总额中扣除的所得税费用,即

所得税费用=当期应交所得税＋递延所得税

其中,递延所得税=(递延所得税负债的期末余额－递延所得税负债的期初余额)－(递延所得税资产的期末余额－递延所得税资产的期初余额)

企业应设置"所得税费用"账户,该账户为损益类,用于核算企业所得税费用的确认及其结转情况。根据计算得出的所得税费用金额,借记"所得税费用"账户,当期应交所得税,贷记"应交税费——应交所得税"账户,如递延所得税资产期末余额大于递延所得税资产期初余额,借记"递延所得税资产",相反记红字;如递延所得税负债期末余额大于递延所得税负债期初余额,贷记"递延所得税负债",相反记红字。期末,应将"所得税费用"账户的余额转入"本年利润"账户,借记"本年利润"账户,贷记"所得税费用"账户,结转后,"所得税费用"账户应无余额。

### 引例解析

天域公司 2024 年应交所得税税额为 5 000 000 元，递延所得税为 100 000 元，所得税费用 =5 000 000+100 000=5 100 000(元)。

天域公司应编制如下会计分录：

| | | |
|---|---|---|
| 借：所得税费用 | 5 100 000 | |
| 　　递延所得税资产 | 100 000 | |
| 　贷：应交税费——应交所得税 | | 5 000 000 |
| 　　　递延所得税负债 | | 200 000 |

## 任务 4　本年利润

### 任务引例

天域公司 2024 年年末有关损益类账户结转前余额如表 13—2 所示，该公司采用表结法年末一次结转损益类账户，所得税税率为 25%。

表 13—2　　损益类账户年末余额表

| 收入、利得类账户 | 贷方余额 | 费用、损失类账户 | 借方余额 |
|---|---|---|---|
| 主营业务收入 | 40 000 000 | 主营业务成本 | 18 000 000 |
| 其他业务收入 | 1 000 000 | 其他业务成本 | 700 000 |
| 公允价值变动损益 | 500 000 | 税金及附加 | 300 000 |
| 投资收益 | 1 100 000 | 销售费用 | 1 300 000 |
| 营业外收入 | 600 000 | 管理费用 | 2 675 000 |
| | | 财务费用 | 25 000 |
| | | 营业外支出 | 100 000 |

### 必备知识

#### 一、结转本年利润的方法

会计期末，结转本年利润的方法有表结法和账结法两种。

**(一)表结法**

表结法下，各损益类账户每月末只需结计出本月发生额和月末累计余额，无需结转到“本年利润”账户，只有在年末时才将全年累计余额结转入“本年利润”账户。但每月末要将损益类账户的本月发生额合计数填入利润表的本月数一栏，同时将本月末累计余额填入利润表的本年累计数栏，通过利润表计算反映各期的利润(或亏损)。

表结法下，年中损益类账户无须结转入“本年利润”账户，从而减少了转账环节和工作量，同时不影响利润表的编制及有关损益指标的计算和利用。

**（二）账结法**

账结法下，每月末均需编制转账凭证，将在账上结计出的各损益类账户的余额结转入“本年利润”账户。结转后“本年利润”账户的本月余额反映当月实现的利润或发生的亏损，“本年利润”账户的本年余额反映至当月为止本年累计实现的利润或发生的亏损。

账结法在各月均可通过“本年利润”账户提供当月及本年累计的利润（或亏损）额，但增加了转账环节和工作量。

## 二、结转本年利润的账务处理

企业应设置“本年利润”账户，核算企业当期实现的净利润（或发生的净亏损）。该账户为所有者权益类账户，贷方表示增加，借方表示减少，当期末将各收入类账户余额转入时，登记在本账户的贷方，当将各费用类账户余额转入时，登记在本账户的借方。期末，将“本年利润”余额一次性结转至“利润分配——未分配利润”账户，结转后，本账户无余额。

结转本年利润的会计步骤如下：

**（一）结转损益类账户中收入、利得类账户的余额**

会计期末，企业应将“主营业务收入”“其他业务收入”“其他收益”“营业外收入”及“投资收益”“公允价值变动损益”“资产处置损益”账户的净收益余额分别转入“本年利润”账户的贷方。

**（二）结转损益类账户中费用、损失类账户的余额**

会计期末，企业应将“主营业务成本”“其他业务成本”“税金及附加”“销售费用”“管理费用”“财务费用”“信用减值损失”“资产减值损失”“营业外支出”及“投资收益”“公允价值变动损益”“资产处置损益”账户的净损失余额分别转入“本年利润”账户的借方。

**（三）计算利润总额**

如果“本年利润”账户的贷方发生额大于借方发生额，该账户余额在贷方，表示本年实现的利润总额；如果贷方发生额小于借方发生额，该账户余额在借方，表示本年发生的亏损总额。

**（四）结转所得税费用**

如利润总额为正数，企业按照企业所得税法的规定计算所得税费用，借记“所得税费用”账户，贷记“应交税费——应交所得税”账户，借记或贷记“递延所得税资产”和“递延所得税负债”账户。期末，应将“所得税费用”账户余额转入“本年利润”账户，借记“本年利润”账户，贷记“所得税费用”账户，结转后，“所得税费用”账户应无余额。

**（五）结转净利润或净亏损**

所得税费用结转后，如“本年利润”账户余额在贷方，表示当年实现的净利润，年度终了，企业按“本年利润”的贷方余额借记“本年利润”账户，贷记“利润分配——未分配利润”账户。如“本年利润”账户余额在借方，表示当年发生的净亏损。年度终了，企业按“本年利润”账户的借方余额贷记“本年利润”账户，借记“利润分配——未分配利润”账户。

## 引例解析

(1)将收入、利得类账户年末余额结转至“本年利润”账户：

| | | |
|---|---|---|
| 借:主营业务收入 | 40 000 000 | |
| 　　其他业务收入 | 1 000 000 | |
| 　　公允价值变动损益 | 500 000 | |
| 　　投资收益 | 1 100 000 | |
| 　　营业外收入 | 600 000 | |
| 　贷:本年利润 | | 43 200 000 |

(2)将费用、损失类账户年末余额结转至“本年利润”账户：

| | | |
|---|---|---|
| 借:本年利润 | 23 100 000 | |
| 　贷:主营业务成本 | | 18 000 000 |
| 　　　其他业务成本 | | 700 000 |
| 　　　税金及附加 | | 300 000 |
| 　　　销售费用 | | 1 300 000 |
| 　　　管理费用 | | 2 675 000 |
| 　　　财务费用 | | 25 000 |
| 　　　营业外支出 | | 100 000 |

(3)利润总额＝43 200 000－23 100 000＝20 100 000(元)

(4)假设天域公司该年度内不存在所得税纳税调整以及递延所得税因素，应交所得税＝20 100 000×25％＝5 025 000(元)

①确认所得税费用：

| | | |
|---|---|---|
| 借:所得税费用 | 5 025 000 | |
| 　贷:应交税费——应交所得税 | | 5 025 000 |

②将所得税费用转入“本年利润”账户：

| | | |
|---|---|---|
| 借:本年利润 | 5 025 000 | |
| 　贷:所得税费用 | | 5 025 000 |

(5)将“本年利润”账户年末余额 15 075 000 元(＝20 100 000－5 025 000)，转入“利润分配——未分配利润”账户：

| | | |
|---|---|---|
| 借:本年利润 | 15 075 000 | |
| 　贷:利润分配——未分配利润 | | 15 075 000 |

## 课堂活动

期末需要结转到“本年利润”账户的科目有(　　)。

A.“主营业务收入”　　　B.“公允价值变动损益”

C.“库存商品”　　　D.“主营业务成本”

# 任务5　利润分配

## 任务引例

天域公司2024年年初“利润分配——未分配利润”账户有贷方余额6 000 000元，2024年全年实现净利润15 075 000元。根据股东大会决议，其利润分配方案如下：按净利润的10%提取法定盈余公积，按净利润的5%提取任意盈余公积，向投资者分派现金股利2 000 000元。

请完成年末利润分配的账务处理。

## 必备知识

### 一、利润分配及分配顺序

利润分配是指企业根据国家有关规定和企业章程、投资者协议等，对企业实现的净利润进行的分配。

根据《中华人民共和国公司法》等有关规定，企业当年实现的净利润应按如下顺序依次分配：

**（一）弥补以前年度亏损**

企业纳税年度发生的亏损，准予向以后年度结转，用以后年度的所得弥补，但结转年限最长不得超过5年。

可供分配利润＝当年实现的净利润（或净亏损）＋年初未分配利润（或－年初未弥补亏损）

如果可供分配利润为负数，则表示本年累计亏损，不能进行后续分配；如果可供分配利润为正数，则表示本年累计盈利，可以进行后续分配。

**（二）提取法定盈余公积**

在不存在年初未弥补亏损的前提下，公司制企业的法定盈余公积按照本年度净利润的10%提取，若存在年初未弥补亏损，则按照可供分配利润的10%提取。非公司制企业也可按照超过10%的比例提取。这里要注意的是，计提基数仅为当年实现的净利润，不包括年初未分配利润。企业提取的法定盈余公积累计额达到注册资本的50%以上的可不再提取。

提取的法定盈余公积金可用于弥补以前年度亏损、扩大公司生产经营或转增资本。但转增资本后留存的法定盈余公积不得低于注册资本的25%。

**（三）提取任意盈余公积**

公司制企业可根据股东会或股东大会的决议提取任意盈余公积。非公司制企业经类似权力机构批准，也可提取任意盈余公积。法定盈余公积和任意盈余公积的区别在于其各自计提的依据不同，前者以国家的法律法规为依据，后者由企业的权力机构自行决定。任意盈余公积若确有需要，经权力机构同意后，则也可用于分配。

**（四）向投资者分配利润**

企业以前年度未分配的利润，可以并入本年度分配。公司弥补亏损和提取公积金后所余税后利润，有限责任公司按照实缴的出资比例分红，股份有限公司按照股东持有的股份比例分配，在提取法定盈余公积以前不得向投资者分配。

## 二、利润分配的账务处理

### （一）设置有关账户

1.“利润分配”账户

企业应通过“利润分配”账户，核算企业利润的分配（或亏损的弥补）和历年分配（或弥补）后的未分配利润（或未弥补亏损）。该账户属于所有者权益类账户，借方登记利润分配数，如提取法定盈余公积、任意盈余公积、应付投资者利润和年末转入的亏损等，贷方登记年末转入的净利润。为了详细反映利润分配情况，企业应分别设置“提取法定盈余公积”“提取任意盈余公积”“应付现金股利或利润”“盈余公积补亏”“未分配利润”等明细分类账户。

企业的未分配利润通过“利润分配——未分配利润”明细账户进行核算。年度终了，企业应将全年实现的净利润或发生的净亏损，自“本年利润”账户转入“利润分配——未分配利润”账户，并将“利润分配”账户所属其他明细账户的余额与“未分配利润”明细账户对转，对转后，“利润分配”其他明细账户应无余额。“利润分配——未分配利润”账户若为贷方余额，则表示累积未分配的利润金额；若为借方余额，则表示累积未弥补的亏损金额。

2.“盈余公积”账户

为了反映和监督盈余公积的形成和使用情况，企业应设置“盈余公积”账户。该账户属于所有者权益类账户，贷方登记按规定提取的盈余公积数额；借方登记用盈余公积弥补亏损和转增资本的实际数额；期末余额在贷方，反映企业盈余公积结余数。“盈余公积”账户应按照盈余公积形成的来源分设“法定盈余公积”和“任意盈余公积”两个明细分类账户。

3.“应付股利”账户

企业应设置“应付股利”账户，核算股东大会或类似机构分配给国家、其他单位、个人等投资者的现金股利。该账户属于负债类账户，贷方登记按照利润分配方案计算的应付现金股利；借方登记用货币资金支付给投资者的现金股利；期末余额在贷方，表示应付未付的现金股利。

### （二）具体账务处理

1.税后利润补亏

企业发生的亏损应由企业自行弥补，弥补亏损的方式主要有3种。

（1）企业发生亏损可以用次年度的税前利润弥补，次年度利润不足弥补的，可以在5年内延续弥补。

（2）企业发生的亏损5年内的税前利润不足或亏损弥补时，用税后利润弥补。这种方式不确认递延所得税，税法上在计算应纳税所得额时不能扣除亏损余额。

（3）企业发生的亏损可以用盈余公积弥补，借记“盈余公积”账户，贷记“利润分配——盈余公积补亏”账户。

用利润弥补亏损，在会计核算时无需做专门的账务处理，因为企业如果在当年发生亏损，“本年利润”账户出现借方余额，此时应将本年发生的亏损从“本年利润”账户的贷方转入“利润分配——未分配利润”账户的借方；在以后年度实现净利润时，应将本年度实现的净利润从“本年利润”账户的借方转入“利润分配——未分配利润”账户的贷方，其实现的利润与未弥补的亏损可自然抵补。而且，无论是税前利润补亏还是税后利润补亏，会计处理都是相同的，唯一的区别在于企业申报缴纳所得税时，前者可以作为应纳税所得额的调整数，而后者不能。

2. 提取盈余公积

企业按照规定提取盈余公积时，应借记“利润分配——提取法定盈余公积”“利润分配——提取任意盈余公积”账户，贷记“盈余公积——法定盈余公积”“盈余公积——任意盈余公积”账户。

3. 向投资者分配利润

企业分配给投资者现金股利或利润时，借记“利润分配——应付现金股利或利润”账户，贷记“应付股利”账户。

企业经股东大会或类似权力机构批准，向投资者分派股票股利，应于实际分派股票股利时，借记“利润分配——转作资本或股本的普通股股利”账户，贷记“实收资本”或“股本”账户。

4. 年末结转“利润分配”其他明细账户

年末，应将“利润分配”其他明细账户的余额转入“利润分配——未分配利润”明细账户。结转后，除“利润分配——未分配利润”明细账户有余额外，其余明细账户均无余额。

## 引例解析

天域公司 2024 年利润分配业务处理如下：

(1)提取法定盈余公积、任意盈余公积时：

| | | |
|---|---|---|
| 借：利润分配——提取法定盈余公积 | 1 507 500 | |
| ——提取任意盈余公积 | 753 750 | |
| 贷：盈余公积——法定盈余公积 | | 1 507 500 |
| ——任意盈余公积 | | 753 750 |

(2)宣告发放现金股利时：

| | | |
|---|---|---|
| 借：利润分配——应付现金股利或利润 | 2 000 000 | |
| 贷：应付股利 | | 2 000 000 |

(3)将“利润分配”其他明细账户余额转至“未分配利润”明细账户：

| | | |
|---|---|---|
| 借：利润分配——未分配利润 | 4 261 250 | |
| 贷：利润分配——提取法定盈余公积 | | 1 507 500 |
| ——提取任意盈余公积 | | 753 750 |
| ——应付现金股利或利润 | | 2 000 000 |

## 课堂活动

1. 假设天域公司年初未分配利润为借方余额 50 万元，当年净利润为 100 万元，则当年以 10%提取的法定盈余公积为(　　)。

A. 15 万元　　B. 5 万元　　C. 7.5 万元　　D. 10 万元

2. 假设天域公司年初未分配利润为贷方余额 50 万元，当年净利润为 100 万元，则当年以 10%提取的法定盈余公积为(　　)。

A. 15 万元　　B. 5 万元　　C. 7.5 万元　　D. 10 万元

**项目评价表**

| 学习任务完成评价表 | | | | | |
|---|---|---|---|---|---|
| 评价范围 | 评价标准 | 自我评价（五星制打分） | 小组评价（五星制打分） | 教师评价（五星制打分） | 企业导师评价（五星制打分） |
| 职业素养 | 培养诚实守信、精益求精、客观公正的职业品德和工匠精神 | | | | |
| 职业知识 | 掌握利润和营业外收支的构成、利润结转方法与利润分配顺序 | | | | |
| 职业能力 | 掌握各利润指标的计算。损益结转、利润分配的会计处理 | | | | |

# 项目十四　财务报告

| 素质目标 | 知识目标 | 能力目标 |
| --- | --- | --- |
| 培养学生的诚信理念，养成客观、公正、诚实守信的会计职业道德素养，树立遵纪守法的法治观念 | 1. 掌握财务会计报告的概念和分类；<br>2. 掌握资产负债表的编制方法；<br>3. 掌握利润表的编制方法；<br>4. 掌握现金流量表的编制方法；<br>5. 了解所有者权益变动表的编制方法 | 1. 能运用资产负债表的填列方法，正确编制资产负债表；<br>2. 能运用利润表的填列方法，正确编制利润表；<br>3. 能正确辨析现金流量表中属于经营活动、投资活动和筹资活动产生现金流量的事项；<br>4. 能正确计算经营活动、投资活动和筹资活动产生现金流量的项目金额 |

## 本项目结构导图

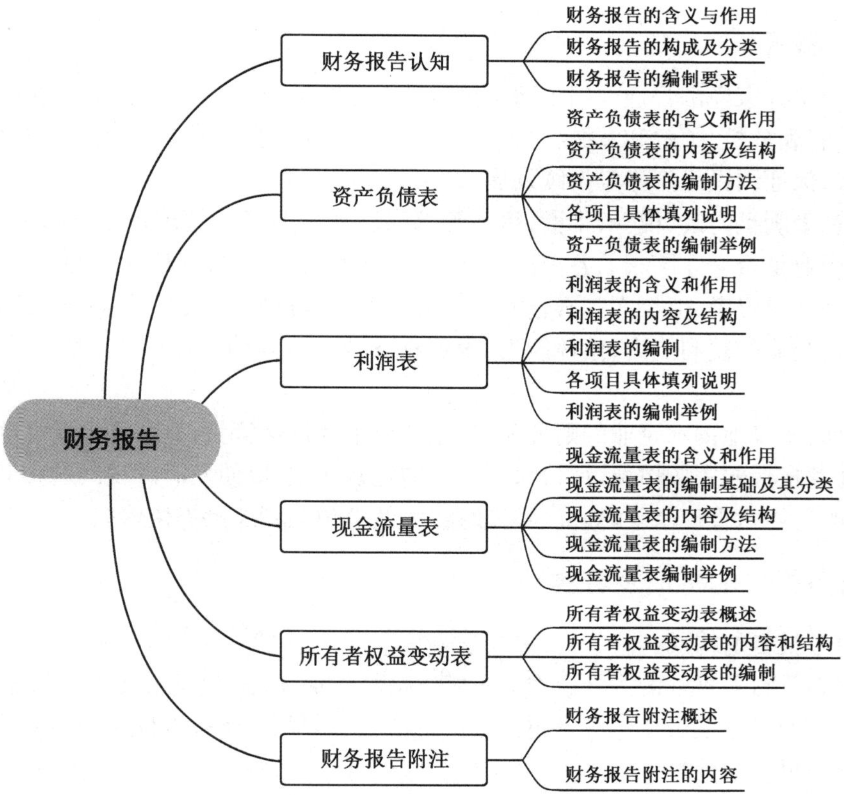


# 任务1　财务报告认知

## 任务引例

企业定期会编制财务报告，反映企业一定时期的资金、利润状况。

企业编制的财务报告有什么作用？

## 必备知识

### 一、财务报告的含义与作用

#### （一）财务报告的含义

财务报告是指企业对外提供的反映企业某一特定日期的财务状况和某一会计期间的经营成果、现金流量等会计信息的文件。财务报告包括财务报表和其他应当在财务报告中披露的相关信息和资料。

（二）财务报告的作用

## 引例解析

(1)有利于国家经济管理部门了解国民经济的运行状况。通过对各单位提供的财务报表资料进行汇总和分析,了解和掌握各行业、各地区的经济发展情况,以便宏观调控经济运行,优化资源配置,保证国民经济稳定持续发展。

(2)有利于满足财政、税务、工商、审计等部门监督企业经营管理。通过财务报表,可以检查、监督各企业是否遵守国家的各项法律、法规和制度,有无偷税漏税的行为。

(3)有利于投资者、债权人和其他有关各方掌握企业的财务状况、经营成果和现金流量情况,进而分析企业的盈利能力、偿债能力、投资收益、发展前景等,为他们投资、贷款和贸易提供决策依据。

(4)全面、系统地揭示企业的财务状况、经营成果和现金流量,有利于经营管理人员了解本单位各项任务指标的完成情况,评价管理人员的经营业绩,以便及时发现问题,调整经营方向,制定措施,改善经营管理水平,提高经济效益,为经济预测和决策提供依据。

## 二、财务报告的构成及分类

（一）财务报告的构成

财务报表是财务报告的主要部分,是对企业财务状况、经营成果和现金流量的结构性表述。一套完整的财务报表至少应当包括资产负债表、利润表、所有者权益变动表及附注。

（二）财务报表的分类

1.按编制时间不同,可以分为中期财务报表和年度财务报表

中期财务报表是以短于一个完整的会计年度报告期间为基础编制的财务报表,包括月报、季报、半年报。年度财务报表是一个完整会计年度的报告。

2.按编报主体不同,分为个别财务报表和合并财务报表

个别财务报表是指企业在自身会计核算基础上编制的财务报表,主要用于反映企业自身的财务状况、经营成果和现金流量。合并财务报表是以母公司和子公司组成的企业集团为会计主体,根据母公司和所属子公司的财务报表,由母公司编制的综合反映企业集团的财务状况、经营成果和现金流量的合并报表。

3.按服务对象不同,可分为外部报表和内部报表

外部报表是按企业会计准则和有关会计准则编制的,有统一的格式和指标体系。对外报表是企业定期编制、定期向外报送的报表,如资产负债表。内部报表又称为管理报表,是为了适应企业内部经营管理的需要,自行设计、编制的报表,没有统一的格式和指标体系,供其内部管理人员使用的报表,如成本费用明细表。

4.按反映财务活动方式不同,可分为静态财务报表和动态财务报表

静态财务报表,是某特定时点指标的报表,反映企业某一特定日期的财务状况的财务报表,如资产负债表。动态财务报表,是某时期指标的报表,反映企业一定会计期间经营成果及现金流量的财务报表,如利润表。

## 三、财务报告的编制要求

1. 真实性

会计是一个信息系统，如实反映企业的经营活动和财务状况是信息的基本要求。因此，财务会计报告所提供的信息必须真实、可靠，便于使用者根据所提供的财务信息做出决策。

2. 完整性

财务报表应当全面反映企业的财务状况和经营成果，反映企业经营活动的全貌。只有全面反映企业的财务状况，提供完整的会计信息资料，才能满足各方面对财务信息资料的需要。为了保证财务报告的全面、完整，企业在编制财务报告时应当按照规定的种类、格式和内容进行编报。

3. 可理解性

可理解性是指财务报表应清晰明了、通俗易懂，提供使用者可以理解与掌握的信息。如果提供的财务报告晦涩难懂，不可理解，使用者就不能做出准确的判断，所提供的财务报告也就毫无用途。当然，这一要求是建立在财务报表使用者具有一定的专业能力的基础之上。

4. 可比性

财务报表提供的信息必须与使用者的决策需要相关联并具有可比性。如果财务报告提供的信息资料能够让使用者了解企业过去、现在或未来事项的影响及变化趋势，并为使用者提供有关的可比信息，则可认为财务报告提供的信息相关可比。

5. 及时性

信息的特征具有时效性。财务报告只有及时编制和报送，才能有利于信息需求者使用；否则，即使是最真实、可靠的信息，对于使用者来说，也是没有任何价值的。

企业对外提供的财务报表应当依次编定页数，加具封面，装订成册，加盖公章。封面上应当注明企业名称、企业统一代码、组织形式、地址、报表所属年度或者月份、报出日期，并由企业负责人和主管会计工作的负责人、会计机构负责人(会计主管人员)签名并盖章；设置总会计师的企业，还应当由总会计师签名并盖章。

# 任务 2　资产负债表

### 任务引例

天域公司为增值税一般纳税人，适用的增值税税率为 13%，所得税税率为 25%；原材料采用计划成本进行核算。

请思考：天域公司当年的资产负债表该如何编制?

## 必备知识

### 一、资产负债表的含义和作用

**（一）资产负债表的含义**

资产负债表是指反映企业在某一特定日期的财务状况的报表。资产负债表是根据“资产＝负债＋所有者权益”这一会计等式，依照一定的分类标准和顺序，将企业在一定日期的全部资产、负债和所有者权益项目进行适当分类、汇总、排列后编制而成的。资产负债表反映的是特定日期的财务状况，所以又称为静态报表。

**（二）资产负债表的作用**

1. 反映企业的经济资源及其分布情况，以及企业的资本结构

资产负债表把企业的经济资源按经济性质、用途及目的加以分类，如按其流动性划分为流动资产和非流动资产。使用者通过资产负债表，可以清楚地了解企业在某一特定时期所拥有的资产总量及其结构。

2. 可据以评价和预测企业的短期偿债能力

企业的偿债能力是指企业以其资产偿付债务的能力。资产负债表分门别类地列示流动资产与流动负债，本身虽未直接反映出短期偿债能力，但通过将流动资产与流动负债的比较，并借助于报表可以评价和预测企业的短期偿债能力。

3. 可据以评价和预测企业的长期偿债能力

企业的长期偿债能力主要指企业以全部资产清偿全部负债的能力。资产负债表按资产、负债和所有者权益三大会计要素分类，列示了重要项目，可据以评价、预测企业的长期偿债能力，为管理部门和债权人信贷决策提供重要的依据。

### 二、资产负债表的内容及结构

**（一）资产负债表的内容**

资产负债表由表头、表体和补充资料三个部分构成。表头部分应列明报表名称、编制单位名称、资产负债表日、报表编号和计量单位；表体部分是资产负债表的主体，列示用于说明企业财务状况的各个项目。资产负债表包括资产、负债和所有者权益三个会计要素，各要素按一定的标准进行分类，并按一定的顺序加以排列。资产项目按照其流动性的大小（即变现能力的强弱）排列，流动性大的在前，流动性小的在后；负债项目一般按照清偿时间的先后顺序排列，需要在1年以内或者长于1年的一个正常营业周期内偿还的流动负债排在前面，1年以上才需偿还的非流动负债排在后面；在企业清算之前不需要偿还的所有者权益项目排在后面。

**（二）资产负债表的结构**

我国企业的资产负债表采用账户式结构，报表分为左、右两方，左方列示资产各项目，反映全部资产的分布及存在形态；右方列示负债和所有者权益各项目，反映全部负债和所有者权益的内容及构成情况。账户式资产负债表中的资产各项目的合计等于负债和所有者权益各项目的合计，即资产负债表左右双方平衡。因此，账户式资产负债表可以反映资产、负债、所有者权益之间的内在联系，即“资产＝负债＋所有者权益”。资产负债表的基本格式如表14－1所示。

**表 14—1** **资产负债表** 会企 01 表

编制单位： ____年____月____日 单位：

| 资 产 | 期末余额 | 年初余额 | 负债及所有者权益（或股东权益） | 期末余额 | 年初余额 |
|---|---|---|---|---|---|
| 流动资产： | | | 流动负债： | | |
| 货币资金 | | | 短期借款 | | |
| 交易性金融资产 | | | 交易性金融负债 | | |
| 衍生金融资产 | | | 衍生金融负债 | | |
| 应收票据及应收账款 | | | 应付票据及应付账款 | | |
| 预付账款 | | | 预收账款 | | |
| 其他应收款 | | | 合同负债 | | |
| 存货 | | | 应付职工薪酬 | | |
| 合同资产 | | | 应交税费 | | |
| 持有待售资产 | | | 其他应付款 | | |
| 一年内到期的非流动资产 | | | 持有待售负债 | | |
| 其他流动资产 | | | 一年内到期的非流动负债 | | |
| 流动资产合计 | | | 其他流动负债 | | |
| 非流动资产： | | | 流动负债合计 | | |
| 债权投资 | | | 非流动负债： | | |
| 其他债权投资 | | | 长期借款 | | |
| 长期应收款 | | | 应付债券 | | |
| 长期股权投资 | | | 其中：优先股 | | |
| 其他权益工具投资 | | | 永续债 | | |
| 其他非流动金融资产 | | | 长期应付款 | | |
| 投资性房地产 | | | 预计负债 | | |
| 固定资产 | | | 递延收益 | | |
| 在建工程 | | | 递延所得税负债 | | |
| 生产性生物资产 | | | 其他非流动负债 | | |
| 油气资产 | | | 非流动负债合计 | | |
| 无形资产 | | | 负债合计 | | |
| 开发支出 | | | 所有者权益（或股东权益） | | |
| 商誉 | | | 实收资本（或股本） | | |
| 长期待摊费用 | | | 其他权益工具： | | |
| 递延所得税资产 | | | 其中：优先股 | | |
| 其他非流动资产 | | | 永续债 | | |
| 非流动资产合计 | | | 资本公积 | | |
| | | | 减：库存股 | | |
| | | | 其他综合收益 | | |
| | | | 盈余公积 | | |

续表

| 资　产 | 期末余额 | 年初余额 | 负债及所有者权益（或股东权益） | 期末余额 | 年初余额 |
|---|---|---|---|---|---|
| | | | 未分配利润 | | |
| | | | 所有者权益（或股东权益）合计 | | |
| 资产合计 | | | 负债及所有者权益（或股东权益）合计 | | |

## 三、资产负债表的编制方法

资产负债表是反映企业在某一特定日期财务状况的报表。资产、负债和所有者权益各项目的数据有两项：年初余额和期末余额。

**（一）资产负债表“年初余额”栏的填列方法**

资产负债表“年初余额”栏内各项数字，应根据上年年末资产负债表“期末余额”栏内所列数字填列。如果本年度资产负债表规定的各个项目的名称和内容同上年度不一致，则应对上年年末资产负债表各项目的名称和数字按照本年度的规定进行调整，填入资产负债表“年初余额”栏内。

**（二）资产负债表“期末余额”栏的填列方法**

期末余额是指某一资产负债表日的数字，即月末、季末、半年末或年末的数字。由于报表项目和账户名称及金额不能一一对应，因此资产负债表“期末余额”栏内各项数字，一般应根据资产、负债和所有者权益账户的期末余额直接填列或分析填列。一般来说，资产负债表项目的填列方法归纳起来有以下几种情况：

1. 根据总账账户余额填列

资产负债表中的有些项目可直接根据一个总账账户余额填列，如“交易性金融资产”“短期借款”等项目，根据“交易性金融资产”“短期借款”各总账账户的余额直接填列；有些项目则需根据几个总账账户的期末余额计算填列，如“货币资金”项目，需根据“库存现金”“银行存款”“其他货币资金”三个总账账户的期末余额的合计数填列。

2. 根据明细账账户余额计算填列

如“应付账款”项目，需要根据“应付账款”和“预付款项”两个账户所属的相关明细账户的期末贷方余额计算填列；“应收账款”项目，需要根据“应收账款”和“预收款项”两个账户所属的相关明细账户的期末借方余额计算填列。

3. 根据总账账户和明细账账户余额分析计算填列

如“长期借款”项目，需要根据“长期借款”总账账户余额扣除“长期借款”账户所属的明细账户中将在一年内到期且企业不能自主地将清偿义务展期的长期借款后的金额计算填列。

4. 根据有关账户余额减去其备抵账户余额后的净额填列

如“长期股权投资”项目，应当根据“长期股权投资”账户的期末余额减去“长期股权投资减值准备”账户余额后的净额填列；“投资性房地产”项目，应当根据“投资性房地产”账户的期末余额减去“投资性房地产累计折旧”“投资性房地产减值准备”等账户余额后的净额填列；“无形资产”项目，应当根据“无形资产”账户的期末余额，减去“累计摊销”“无形资产减值准备”等账户余额后的净额填列。

5. 综合运用上述填列方法分析填列

如"存货"项目，应根据"材料采购""原材料""发出商品""库存商品""周转材料""委托加工物资""生产成本""受托代销商品"等账户的期末余额合计，减去"受托代销商品款""存货跌价准备"账户期末余额后的金额填列，材料采用计划成本核算，以及库存商品采用计划成本核算或售价核算的企业，还应加或减材料成本差异、商品进销差价后的金额填列。

## 四、各项目具体填列说明

(1)"货币资金"项目，反映企业库存现金、银行结算户存款、外埠存款、银行汇票存款、银行本票存款、信用卡存款和信用保证金存款等的合计数。本项目应根据"库存现金""银行存款""其他货币资金"账户期末余额合计数填列。

(2)"交易性金融资产"项目，反映资产负债表日企业分类为以公允价值计量且其变动计入当期损益的金融资产，以及企业持有的指定为以公允价值计量且其变动计入当期损益的金融资产的期末账面价值。本项目应当根据"交易性金融资产"账户的相关明细账户的期末余额分析填列。

(3)"衍生金融资产"项目，反映企业衍生工具形成资产的期末余额。本项目应根据有关账户的期末余额填列。

(4)"应收票据及应收账款"项目，反映资产负债表日以摊余成本计量的、企业因销售商品、提供服务等收到的商业汇票及应收取的款项。本项目应根据"应收票据"账户的期末余额加上"应收账款"明细账户的借方余额，加上"预收账款"明细账户借方余额，减去"坏账准备"账户中相关坏账准备期末余额后的金额填列。

(5)"预付款项"项目，反映企业预付给供应单位的款项。本项目应根据"预付账款"和"应付账款"账户所属各明细账户的期末借方余额合计数，减去"坏账准备"账户中有关预付账款计提的坏账准备期末余额后的金额填列。如"预付账款"账户所属明细账户期末有贷方余额的，应在资产负债表"应付账款"项目内填列。

(6)"其他应收款"项目，反映企业除应收票据、应收账款、预付账款等以外的各种应收款项，应根据"应收利息""应收股利"和"其他应收款"账户期末余额合计数，减去"坏账准备"账户中相关坏账准备期末余额后的金额填列。

(7)"存货"项目，反映企业期末在库、在途和在加工中的各项存货的成本或可变现净值。本项目应根据"材料采购""在途物资""原材料""周转材料""库存商品""发出商品""委托加工物资""委托代销商品""委托代销商品款""受托代销商品""生产成本""存货跌价准备"等总账账户的期末余额分析填列。

(8)"合同资产"项目，反映按照《企业会计准则第 14 号——收入》的相关规定根据本企业履行义务与客户付款之间的关系在资产负债表列示的合同资产。本项目应根据"合同资产"账户的相关明细账户的期末余额分析填列。同一合同下的合同资产应当以净额列示，其中净额为借方余额的，应当根据其流动性在"合同资产"或"其他非流动资产"项目中填列，已计提减值准备的，还应减去"合同资产减值准备"账户的期末余额后的金额填列。

(9)"持有待售资产"项目，反映资产负债表日划分为持有待售类别的非流动资产及划分为持有待售类别的处置组中的流动资产和非流动资产的期末账面余额。本项目应根据"持有待售资产"账户的期末余额，减去"持有待售资产减值准备"账户的期末余额后的金额填列。

(10)"一年内到期的非流动资产"项目，反映预计资产负债表日起一年内变现的非流动资产,包括一年内到期的债权投资、长期待摊费用、一年内可收回的长期应收款等。本项目应根据上述账户分析计算后填列。

(11)“其他流动资产”项目,反映企业除以上流动资产项目外的其他流动资产。本项目应根据有关账户的期末余额填列。

(12)“债权投资”项目,反映资产负债表日企业以摊余成本计量的长期债权投资的期末账面余额。本项目应根据“债权投资”账户的相关明细账户期末余额,减去“债权投资减值准备”账户期末余额后的金额填列。

(13)“其他债权投资”项目,反映资产负债表日企业分类为以公允价值计量且其变动计入其他综合收益的长期债权投资的期末账面余额。本项目应根据“其他债权投资”账户的期末余额分析填列。

(14)“长期应收款”项目,反映企业长期应收款的净额。本项目应根据“长期应收款”账户的期末余额,减去将于一年内到期的部分、“未确认融资收益”账户期末余额、“坏账准备”账户中按长期应收款计提的坏账损失后的净额填列。

(15)“长期股权投资”项目,反映投资方对被投资单位实施控制、重大影响的权益性投资,以及对其合营企业的权益性投资。本项目应根据“长期股权投资”账户的期末余额,减去“长期股权投资减值准备”账户期末余额后的金额填列。

(16)“其他权益工具投资”项目,反映资产负债表日企业指定为以公允价值计量且其变动计入其他综合收益的非交易性权益工具投资的期末账面价值。本项目应根据“其他权益工具投资”账户的期末余额填列。

(17)“投资性房地产”项目,反映企业持有的投资性房地产。企业采用成本模式计量投资性房地产的,本项目应根据“投资性房地产”账户的期末余额,减去“投资性房地产累计折旧(摊销)”和“投资性房地产减值准备”账户期末余额后的净额填列;企业采用公允价值模式计量投资性房地产的,本项目应根据“投资性房地产”账户的期末余额填列。

(18)“固定资产”项目,反映资产负债表日企业固定资产的期末账面价值和企业尚未清理完毕的固定资产清理净损益。本项目应根据“固定资产”账户的期末余额,减去“累计折旧”和“固定资产减值准备”账户的期末余额后的金额,以及“固定资产清理”账户的期末余额分析填列。

(19)“在建工程”项目,反映资产负债表日企业尚未达到预定可使用状态的在建工程的期末账面价值和企业为在建工程准备的各种物资的期末账面价值。本项目应根据“在建工程”账户的期末余额减去“在建工程减值准备”账户的期末余额后的金额,以及“工程物资”账户的期末余额,减去“工程物资减值准备”账户的期末余额后的金额填列。

(20)“无形资产”项目,反映企业持有的各项无形资产的成本减去累计摊销和减值准备后的净值。本项目应根据“无形资产”账户的期末余额,减去“累计摊销”和“无形资产减值准备”账户期末余额后的净额填列。

(21)“开发支出”项目,反映企业开发无形资产过程中发生的、尚未形成无形资产成本的支出。本项目应根据“研发支出”账户中所属的“资本化支出”明细账户期末余额填列。

(22)“商誉”项目,反映企业合并中形成商誉的价值。本项目应根据“商誉”账户的期末余额,减去相应减值准备后的金额填列。

(23)“长期待摊费用”项目,反映企业已经发生但应由本期和以后各期负担的分摊期限在1年以上(不含1年)的各项费用。本项目应根据“长期待摊费用”账户的期末余额减去将于1

年内（含1年）摊销的数额后的金额填列。

（24）“递延所得税资产”项目，反映企业确认的可抵扣暂时性差异产生的递延所得税资产。本项目应根据“递延所得税资产”账户的期末余额填列。

（25）“其他非流动资产”项目，反映企业除以上非流动资产以外的其他非流动资产。本项目应根据有关账户的期末余额填列。

（26）“短期借款”项目，反映企业向银行或其他金融机构等借入的期限在1年以下（含1年）的各种借款。本项目应根据“短期借款”账户的期末余额填列。

（27）“交易性金融负债”项目，反映资产负债表日企业承担的交易性金融负债，以及企业持有的指定为以公允价值计量且其变动计入当期损益的金融负债的期末账面价值。本项目应根据“交易性金融负债”账户的相关明细账户的期末余额填列。

（28）“衍生金融负债”项目，反映企业衍生工具形成负债的期末余额。本项目应根据有关账户期末余额填列。

（29）“应付票据及应付账款”项目，反映资产负债表日以摊余成本计量的、企业因购买材料、商品和接受服务等开出、承兑的商业汇票以及企业因购买材料、商品和接受服务等经营活动应支付的款项。本项目应根据“应付票据”账户、“应付账款”的期末余额填列。

（30）“预收款项”项目，反映企业按合同规定预收的款项。本项目应根据“预收账款”和“应收账款”账户所属各明细账户的期末贷方余额合计填列。如“预收账款”账户所属明细账户期末有借方余额的，应在资产负债表“应收账款”项目内填列。

（31）“合同负债”项目，反映按照《企业会计准则第14号——收入》的相关规定根据本企业履行履约义务与客户付款之间的关系在资产负债表中列示的合同负债。本项目应根据“合同负债”账户的相关明细账户的期末余额分析填列，同一合同下的合同负债应当以净额列示，其中净额为贷方余额的，应当根据其流动性在“合同负债”或“其他非流动负债”项目中填列。

（32）“应付职工薪酬”项目，反映企业为获得职工提供的服务或解除劳动关系而给予的各种形式的报酬或补偿。职工薪酬主要包括短期薪酬、离职后福利、辞退福利和其他长期职工福利。本项目应根据“应付职工薪酬”账户的期末贷方余额填列，如“应付职工薪酬”账户期末为借方余额，以“－”号填列。

（33）“应交税费”项目，反映企业按照税法规定计算应交纳的各种税费。本项目应根据“应交税费”账户的期末贷方余额填列，如“应交税费”账户期末为借方余额的，以“－”号填列。

（34）“其他应付款”项目，反映除短期借款、应付票据、应付账款、应付职工薪酬、应交税费以外的各种偿付期在一年以内的款项，如出租、出借包装物收取的押金等。本项目应根据“应付利息”“应付股利”和“其他应付款”账户的期末余额合计数填列。

（35）“持有待售负债”项目，反映资产负债表日处置组中与划分为持有待售类别的资产直接相关的负债的期末账面价值。本项目应根据“持有待售负债”账户的期末余额填列。

（36）“一年内到期的非流动负债”项目，反映企业各种非流动负债将于一年内到期部分的金额，包括一年内到期的长期借款、长期应付款和应付债券。本项目应根据上述账户分析计算后填列。

（37）“其他流动负债”项目，反映企业除以上流动负债以外的其他流动负债。本项目应根据有关账户的期末余额填列。

（38）“长期借款”项目，反映企业向银行或其他金融机构借入的期限在一年期以上（不含一年）的各期借款。本项目应根据“长期借款”账户的期末余额减去一年内到期部分的金额填列。

(39)“应付债券”项目，反映企业为筹集资金而发行的债券本金和利息，并在“应付债券”项目下增设“优先股”和“永续债”两个项目，分别反映企业发行的分类为金融负债的优先股和永续债的账面价值。本项目应根据相关账户的期末余额填列。

(40)“长期应付款”项目，反映资产负债表日企业除长期借款和应付债券以外的其他各种长期应付款项的期末账面价值。本项目应根据“长期应付款”账户的期末余额，减去相关的“未确认融资费用”账户的期末余额后的金额，以及“专项应付款”账户的期末余额填列。

(41)“预计负债”项目，反映企业计提的各种预计负债。本项目应根据“预计负债”账户期末余额填列。

(42)“递延收益”项目，反映尚待确认的收入或收益，包括企业根据政府补助准则确认的应在以后期间计入当期损益的政府补助金额、售后租回形成融资租赁的售价与资产账面价值差额等其他递延性收入。本项目应根据“递延收益”账户的期末余额填列。

(43)“递延所得税负债”项目，反映企业根据应纳税暂时性差异确认的递延所得税负债。本项目应根据“递延所得税负债”账户的期末余额填列。

(44)“其他非流动负债”项目，反映企业除以上长期负债项目以外的其他非流动负债。本项目应根据有关账户的期末余额填列。

(45)“实收资本(或股本)”项目，反映企业各投资者实际投入的资本(或股本)总额。本项目应根据“实收资本(或股本)”账户的期末余额填列。

(46)“其他权益工具”项目，反映资产负债表日企业发行在外的除普通股以外分类为权益工具的金融工具的账面价值，并在“其他权益工具”项目下增设“优先股”和“永续债”两个项目，分别反映企业发行的分类为权益工具的优先股和永续债的账面价值。本项目应根据相关账户的期末余额填列。

(47)“资本公积”项目，反映企业资本公积的期末余额。本项目应根据“资本公积”账户的期末余额填列，其中，“库存股”按“库存股”账户余额填列。

(48)“其他综合收益”项目，反映企业其他综合收益的期末余额。本项目应根据“其他综合收益”账户的期末余额填列。

(49)“盈余公积”项目，反映企业盈余公积的期末余额。本项目应根据“盈余公积”账户的期末余额填列。

(50)“未分配利润”项目，反映企业尚未分配的利润。本项目应根据 “利润分配—未分配利润”账户的期末余额填列，若为未弥补的亏损，则在本项目内以“—”号填列。

**课堂活动**

天域公司在会计期末“原材料”科目借方余额为 500 万元，“生产成本”科目为借方余额 100 万元，“委托加工物资”科目为借方余额 200 万元，“材料采购”科目为借方余额 300 万元，“材料成本差异”科目为借方余额 50 万元，“存货跌价准备”科目为贷方余额 30 万元，则公司期末资产负债表“存货”项目的金额为(　　)万元。

A. 920　　B. 1 120　　C. 1 020　　D. 1 180

## 五、资产负债表的编制举例

### 引例解析

资料一：天域公司为增值税一般纳税人，适用的增值税税率为13%，所得税税率为25%；原材料采用计划成本进行核算。公司2024年11月30日的资产负债表如表14－2所示。其中，“应收账款”账户的期末余额为1 000 000元，“坏账准备”账户的期末余额为2 250元，“固定资产”账户的期末余额为2 750 000元，“累计折旧”账户的期末余额为750 000元。其他诸如存货、长期股权投资、固定资产、无形资产等都没有计提资产减值准备。

**表14－2**　　　　**资产负债表**　　　　会企01表

编制单位：天域公司　　　　____年____月____日　　　　单位：

| 资　产 | 期末余额 | 年初余额 | 负债及所有者权益（或股东权益） | 期末余额 | 年初余额 |
|---|---|---|---|---|---|
| 流动资产： | | | 流动负债： | | |
| 货币资金 | 3 515 750 | | 短期借款 | 750 000 | |
| 交易性金融资产 | 37 500 | | 交易性金融负债 | | |
| 衍生金融资产 | | | 衍生金融负债 | | |
| 应收票据及应收账款 | 1 612 750 | | 应付票据及应付账款 | 2 887 000 | |
| 预付账款 | 250 000 | | 预收账款 | | |
| 其他应收款 | 762 500 | | 合同负债 | | |
| 存货 | 6 450 000 | | 应付职工薪酬 | 275 000 | |
| 合同资产 | | | 应交税费 | 91 500 | |
| 持有待售资产 | | | 其他应付款 | 125 000 | |
| 一年内到期的非流动资产 | | | 持有待售负债 | | |
| 其他流动资产 | | | 一年内到期的非流动负债 | | |
| 流动资产合计 | 12 628 500 | | 其他流动负债 | 2 500 000 | |
| 非流动资产： | | | 流动负债合计 | 6 628 500 | |
| 债权投资 | | | 非流动负债： | | |
| 其他债权投资 | | | 长期借款 | 1 500 000 | |
| 长期应收款 | | | 应付债券 | | |
| 长期股权投资 | 625 000 | | 其中：优先股 | | |
| 其他权益工具投资 | | | 永续债 | | |
| 其他非流动金融资产 | | | 长期应付款 | | |
| 投资性房地产 | | | 预计负债 | | |
| 固定资产 | 2 000 000 | | 递延收益 | | |
| 在建工程 | 3 750 000 | | 递延所得税负债 | | |
| 生产性生物资产 | | | 其他非流动负债 | | |
| 油气资产 | | | 非流动负债合计 | 1 500 000 | |

续表

| 资　产 | 期末余额 | 年初余额 | 负债及所有者权益（或股东权益） | 期末余额 | 年初余额 |
|---|---|---|---|---|---|
| 无形资产 | 1 500 000 | | 负债合计 | 8 128 500 | |
| 开发支出 | | | 所有者权益（或股东权益） | | |
| 商誉 | | | 实收资本（或股本） | 12 500 000 | |
| 长期待摊费用 | | | 其他权益工具： | | |
| 递延所得税资产 | | | 其中：优先股 | | |
| 其他非流动资产 | 500 000 | | 永续债 | | |
| 非流动资产合计 | 8 375 000 | | 资本公积 | | |
| | | | 减：库存股 | | |
| | | | 其他综合收益 | | |
| | | | 盈余公积 | 250 000 | |
| | | | 未分配利润 | 125 000 | |
| | | | 所有者权益（或股东权益）合计 | 12 875 000 | |
| 资产合计 | 21 003 500 | | 负债及所有者权益（或股东权益）合计 | 21 003 500 | |

资料二：2024 年 12 月，天域公司共发生如下经济业务：

（1）销售产品一批，开出的增值税专用发票上注明的价款为 750 000 元，增值税税额为 97 500 元，货款尚未收到。该批产品的实际成本为 450 000 元，产品已发出。

（2）销售产品一批，开出的增值税专用发票上注明的价款为 1 750 000 元，增值税税额为 227 500 元，款项已存入银行。该批产品的实际成本为 1 050 000 元。

（3）收到前欠货款 127 500 元，存入银行。

（4）计提应收账款坏账准备 2 250 元。

（5）采用商业承兑汇票结算方式销售产品一批，开出的增值税专用发票上注明的价款为 625 000 元，增值税税额为 81 250 元，收到 706 250 元的商业承兑汇票一张。该批产品的实际成本为 375 000 元。

（6）由于资金紧张，企业将上述 706 250 元的商业承兑汇票到银行办理贴现，贴现息为 50 000 元。

（7）一张面值为 500 000 元的无息银行承兑汇票（不含增值税）到期，连同托收凭证交银行办理转账。款项银行已收妥。

（8）用银行存款支付到期的商业承兑汇票 250 000 元。

（9）购入原材料一批，收到的增值税专用发票上注明的价款为 375 000 元，增值税税额为 48 750 元，款项已通过银行转账支付，材料尚未验收入库。

（10）上月采购的原材料验收入库，实际成本为 250 000 元，计划成本为 237 500 元。

（11）采购原材料一批，收到的增值税专用发票上注明的价款为 249 500 元，增值税税额为 32 435 元，用银行汇票支付采购材料价款，公司收到开户银行转来银行汇票多余款收账通知，通知上填写的多余款为 565 元。原材料已验收入库，该批原材料计划成本为 250 000 元。

（12）购入不需安装的设备一台，收到的增值税专用发票上注明的价款为 213 675 元，增值税税额为 27 777.75 元，支付包装费、运费 2 500 元(不考虑相关税费)。价款及包装费、运费均以银行存款支付。设备已交付使用。

(13)在建工程本月发生应付职工薪酬 570 000 元。

(14)一项工程完工交付生产使用，已办理竣工手续，固定资产价值 3 500 000 元。

(15)基本生产车间一台机床报废，原价 500 000 元，已提折旧 450 000 元，清理费用 1 250 元，残值收入 2 000 元，均通过银行存款收支。该项固定资产已清理完毕。

(16)出售一台不需用设备，收到价款 750 000 元，该设备原价为 1 000 000 元，已提折旧 375 000 元。该项设备已由购入单位运走，不考虑相关税费。

(17)基本生产车间生产产品领用原材料一批，该原材料计划成本为 1 750 000 元；车间领用低值易耗品一批，该低值易耗品计划成本为 125 000 元，用一次转销法核算。

(18)结转上述原材料和低值易耗品应分摊的材料成本差异。材料成本差异率均为 5%。

(19)支付本月职工工资 1 250 000 元，其中，包括支付在建工程人员的工资 500 000 元。

(20)分配应支付的职工工资 750 000 元，其中，生产人员工资 687 500 元，车间管理人员工资 25 000 元，行政管理部门人员工资 37 500 元。

(21)发生职工福利费 105 000 元，其中，生产工人福利费 96 250 元，车间管理人员福利费 3 500 元，行政管理部门福利费 5 250 元。

(22)计提固定资产折旧 250 000 元，其中，计入制造费用 200 000 元，计入管理费用 50 000 元。

(23)计提固定资产减值准备 75 000 元。

(24)对行政管理部门使用的无形资产进行摊销，摊销额为 150 000 元。

(25)用银行存款支付本年基本生产车间应负担的水电费 225 000 元(不考虑相关税费)。

(26)用银行存款支付本期发生的产品展览费 50 000 元(不考虑相关税费)。

(27)结转制造费用 584 750 元。

(28)计算并结转本期完工产品成本 3 206 000 元。期初没有在产品，本期生产的产品全部完工验收入库。

(29)从银行借入 3 年期借款 2 500 000 元，款项已存入银行账户。

(30)计提本期在建工程应负担的长期借款利息费用 500 000 元，长期借款为分期付息。

(31)计提本期应计入损益的长期借款利息费用 25 000 元，长期借款为分期付息。

(32)用银行存款支付计提的长期借款利息 525 000 元。

(33)用银行存款归还短期借款本金 625 000 元。

(34)用银行存款归还长期借款本金 1 500 000 元。

(35)将交易性金融资产(股票投资)出售，取得价款 41 250 元(不考虑相关税费)。该投资的成本为 32 500 元，公允价值变动为增值 5 000 元，处置收益为 3 750 元。

(36)取得交易性金融资产(股票投资)，价款为 257 500 元，交易费用为 5 000 元(不考虑相关税费)。

(37)持有的交易性金融资产 2025 年 12 月 31 日的公允价值为 262 500 元。

(38)结转本期产品销售成本 1 875 000 元。

(39)本期销售产品应缴纳的教育费附加为 5 000 元。

(40)企业按照税法规定计算确定的应交所得税为 237 162.5 元，递延所得税资产为 18 750 元。

(41)将各项收入、利得类账户转入“本年利润”。
(42)将各项费用、损失类账户转入“本年利润”。
(43)将所得税费用转入“本年利润”账户。
(44)将本年利润转入“利润分配——未分配利润”账户。
(45)按照净利润的10%提取法定盈余公积金。
(46)将利润分配各明细账户的余额转入“未分配利润”明细账户。
(47)用银行存款缴纳增值税250 000元、教育费附加5 000元、企业所得税237 162.5元。

要求:编制天域公司2024年12月份经济业务的会计分录,并在此基础上编制资产负债表。

解析:根据上述资料,天域公司编制的会计分录为:

| | | |
|---|---|---|
| (1)借:应收账款 | 847 500 | |
| 贷:主营业务收入 | | 750 000 |
| 应交税费——应交增值税(销项税额) | | 97 500 |
| (2)借:银行存款 | 1 977 500 | |
| 贷:主营业务收入 | | 1 750 000 |
| 应交税费——应交增值税(销项税额) | | 227 500 |
| (3)借:银行存款 | 127 500 | |
| 贷:应收账款 | | 127 500 |
| (4)借:资产减值损失——计提坏账准备 | 2 250 | |
| 贷:坏账准备 | | 2 250 |
| (5)借:应收票据 | 706 250 | |
| 贷:主营业务收入 | | 625 000 |
| 应交税费——应交增值税(销项税额) | | 81 250 |
| (6)借:财务费用 | 50 000 | |
| 银行存款 | 656 250 | |
| 贷:应收票据 | | 706 250 |
| (7)借:银行存款 | 500 000 | |
| 贷:应收票据 | | 500 000 |
| (8)借:应付票据 | 250 000 | |
| 贷:银行存款 | | 250 000 |
| (9)借:材料采购 | 375 000 | |
| 应交税费——应交增值税(进项税额) | 48 750 | |
| 贷:银行存款 | | 423 750 |
| (10)借:原材料 | 237 500 | |
| 材料成本差异 | 12 500 | |
| 贷:材料采购 | | 250 000 |
| (11)借:材料采购 | 249 500 | |
| 银行存款 | 565 | |
| 应交税费——应交增值税(进项税额) | 32 435 | |
| 贷:其他货币资金 | | 282 500 |
| 借:原材料 | 250 000 | |

贷:材料采购 249 500
材料成本差异 500
(12)借:固定资产 216 175
应交税费——应交增值税(进项税额) 27 777.75
贷:银行存款 243 952.75
(13)借:在建工程 570 000
贷:应付职工薪酬 570 000
(14)借:固定资产 3 500 000
贷:在建工程 3 500 000
(15)借:固定资产清理 50 000
累计折旧 450 000
贷:固定资产 500 000
借:固定资产清理 1 250
贷:银行存款 1 250
借:银行存款 2 000
贷:固定资产清理 2 000
借:营业外支出——处置非流动资产损失 49 250
贷:固定资产清理 49 250
(16)借:固定资产清理 625 000
累计折旧 375 000
贷:固定资产 1 000 000
借:银行存款 750 000
贷:固定资产清理 750 000
借:固定资产清理 125 000
贷:资产处置损益 125 000
(17)借:生产成本 1 750 000
贷:原材料 1 750 000
借:制造费用 125 000
贷:周转材料——低值易耗品 125 000
(18)借:生产成本 87 500
制造费用 6 250
贷:材料成本差异 93 750
(19)借:应付职工薪酬 1 250 000
贷:银行存款 1 250 000
(20)借:生产成本 687 500
制造费用 25 000
管理费用 37 500
贷:应付职工薪酬——工资 750 000
(21)借:生产成本 96 250
制造费用 3 500

| | | |
|---|---|---|
| 管理费用 | 5 250 | |
| 贷:应付职工薪酬——职工福利 | | 105 000 |
| (22)借:制造费用——折旧费 | 200 000 | |
| 管理费用——折旧费 | 50 000 | |
| 贷:累计折旧 | | 250 000 |
| (23)借:资产减值损失——计提的固定资产减值 | 75 000 | |
| 贷:固定资产减值准备 | | 75 000 |
| (24)借:管理费用——无形资产摊销 | 150 000 | |
| 贷:累计摊销 | | 150 000 |
| (25)借:制造费用——水电费 | 225 000 | |
| 贷:银行存款 | | 225 000 |
| (26)借:销售费用——展览费 | 50 000 | |
| 贷:银行存款 | | 50 000 |
| (27)借:生产成本 | 584 750 | |
| 贷:制造费用 | | 584 750 |
| (28)借:库存商品 | 3 206 000 | |
| 贷:生产成本 | | 3 206 000 |
| (29)借:银行存款 | 2 500 000 | |
| 贷:长期借款 | | 2 500 000 |
| (30)借:在建工程 | 500 000 | |
| 贷:应付利息 | | 500 000 |
| (31)借:财务费用 | 25 000 | |
| 贷:应付利息 | | 25 000 |
| (32)借:应付利息 | 525 000 | |
| 贷:银行存款 | | 525 000 |
| (33)借:短期借款 | 625 000 | |
| 贷:银行存款 | | 625 000 |
| (34)借:长期借款 | 1 500 000 | |
| 贷:银行存款 | | 1 500 000 |
| (35)借:其他货币资金 | 41 250 | |
| 贷:交易性金融资产——成本 | | 32 500 |
| 公允价值变动 | | 5 000 |
| 投资收益 | | 3 750 |
| (36)借:交易性金融资产——成本 | 257 500 | |
| 投资收益 | 5 000 | |
| 贷:其他货币资金 | | 262 500 |
| (37)借:交易性金融资产——公允价值变动 | 5 000 | |
| 贷:公允价值变动损益 | | 5 000 |
| (38)借:主营业务成本 | 1 875 000 | |
| 贷:库存商品 | | 1 875 000 |

(39)借:税金及附加 5 000
　　贷:应交税费——应交教育费附加 5 000
(40)借:所得税费用——当期所得税费用 237 162.5
　　贷:应交税费——应交所得税 237 162.5
　借:递延所得税资产 18 750
　　贷:所得税费用——递延所得税费用 18 750
(41)借:主营业务收入 3 125 000
　　资产处置损益 125 000
　　公允价值变动损益 5 000
　　贷:本年利润 3 255 000
(42)借:本年利润 2 375 500
　　贷:主营业务成本 1 875 000
　　　税金及附加 5 000
　　　销售费用 50 000
　　　管理费用 242 750
　　　财务费用 75 000
　　　资产减值损失 77 250
　　　营业外支出 49 250
　　　投资收益 1 250
(43)借:本年利润 218 412.5
　　贷:所得税费用 218 412.5
(44)借:本年利润 661 087.5
　　贷:利润分配——未分配利润 661 087.5
(45)借:利润分配——提取法定盈余公积 66 108.75
　　贷:盈余公积——法定盈余公积 66 108.75
(46)借:利润分配——未分配利润 66 108.75
　　贷:利润分配——提取法定盈余公积 66 108.75
(47)借:应交税费——应交增值税(已交税金) 250 000
　　　　　——应交教育费附加 5 000
　　　　　——应交所得税 237 162.5
　　贷:银行存款 492 162.5

根据11月份的资产负债表和上述会计分录,编制12月份的资产负债表,如表14—3所示。

**表14—3** **资产负债表** 会企01表

编制单位:天域公司 ____年____月____日 单位:

| 资　产 | 期末余额 | 年初余额 | 负债及所有者权益(或股东权益) | 期末余额 | 年初余额 |
|---|---|---|---|---|---|
| 流动资产: | | | 流动负债: | | |
| 货币资金 | 3 939 699.75 | 3 515 750 | 短期借款 | 125 000 | 750 000 |
| 交易性金融资产 | 262 500 | 37 500 | 交易性金融负债 | | |

续表

| 资　产 | 期末余额 | 年初余额 | 负债及所有者权益（或股东权益） | 期末余额 | 年初余额 |
|---|---|---|---|---|---|
| 衍生金融资产 | | | 衍生金融负债 | | |
| 应收票据及应收账款 | 1 830 500 | 1 612 750 | 应付票据及应付账款 | 2 637 000 | 2 887 000 |
| 预付账款 | 250 000 | 250 000 | 预收账款 | | |
| 其他应收款 | 762 500 | 762 500 | 合同负债 | | |
| 存货 | 6 436 750 | 6 450 000 | 应付职工薪酬 | 450 000 | 275 000 |
| 合同资产 | | | 应交税费 | 138 787.25 | 91 500 |
| 持有待售资产 | | | 其他应付款 | 125 000 | 125 000 |
| 一年内到期的非流动资产 | | | 持有待售负债 | | |
| 其他流动资产 | | | 一年内到期的非流动负债 | | |
| 流动资产合计 | 13 481 949.75 | 12 628 500 | 其他流动负债 | 2 500 000 | 2 500 000 |
| 非流动资产： | | | 流动负债合计 | 5 975 787.25 | 6 628 500 |
| 债权投资 | | | 非流动负债： | | |
| 其他债权投资 | | | 长期借款 | 2 500 000 | 1 500 000 |
| 长期应收款 | | | 应付债券 | | |
| 长期股权投资 | 625 000 | 625 000 | 其中：优先股 | | |
| 其他权益工具投资 | | | 永续债 | | |
| 其他非流动金融资产 | | | 长期应付款 | | |
| 投资性房地产 | | | 预计负债 | | |
| 固定资产 | 4 716 175 | 2 000 000 | 递延收益 | | |
| 在建工程 | 1 320 000 | 3 750 000 | 递延所得税负债 | | |
| 生产性生物资产 | | | 其他非流动负债 | | |
| 油气资产 | | | 非流动负债合计 | 2 500 000 | 1 500 000 |
| 无形资产 | 1 350 000 | 1 500 000 | 负债合计 | 8 475 787.25 | 8 128 500 |
| 开发支出 | | | 所有者权益（或股东权益） | | |
| 商誉 | | | 实收资本（或股本） | 12 500 000 | 12 500 000 |
| 长期待摊费用 | | | 其他权益工具： | | |
| 递延所得税资产 | 18 750 | | 其中：优先股 | | |
| 其他非流动资产 | 500 000 | 500 000 | 永续股 | | |
| 非流动资产合计 | 8 529 925 | 8 375 000 | 资本公积 | | |
| | | | 减：库存股 | | |
| | | | 其他综合收益 | | |
| | | | 盈余公积 | 316 108.75 | 250 000 |
| | | | 未分配利润 | 719 978.75 | 125 000 |
| | | | 所有者权益（或股东权益）合计 | 13 536 087.50 | 12 875 000 |
| 资产合计 | 22 011 874.75 | 21 003 500 | 负债及所有者权益（或股东权益）合计 | 22 011 874.75 | 21 003 500 |

# 任务3 利润表

## 任务引例

天域公司为增值税一般纳税人，适用的增值税税率为13%，所得税税率为25%；原材料采用计划成本进行核算。

要求：根据天域公司2024年12月份发生的经济业务，编制天域公司12月份的利润表。

## 必备知识

### 一、利润表的含义和作用

#### （一）利润表的含义

利润表是指反映企业在一定会计期间经营成果的报表。利润表是根据会计核算的配比原则，把一定时期内的收入和相对应的成本费用配比，从而计算出企业一定时期的各项利润指标。利润表反映的是特定企业在某一时期的经营成果，是动态报表。

#### （二）利润表的作用

1.为企业外部投资及信贷者作投资决策及贷款决策提供依据

通过利润表，可以计算利润的绝对值指标，也可以计算投资报酬率、资金利润率等相对值指标，并通过前后两个时期及同一时期不同行业或企业的同类指标的比较分析，了解该企业的获利水平、利润增长变化趋势，据此决定是否投资、是否追加投资，以及是否改变投资方向。

2.为企业内部管理层的经营决策提供依据

利润表综合地反映营业收入、营业成本及期间费用等，披露利润组成的各大要素，通过比较分析利润的增减变化，可以寻求其根本原因，以便在价格、品种、成本、费用及其他方面揭露矛盾，找出差距，明确今后的工作重点，以便做出正确的决策。

3.为企业内部业绩考核提供重要的依据

企业一定时期的利润总额集中地反映了各部门工作的结果，既是制订各部门工作计划的参考，又是考核各部门计划执行结果的重要依据。利润表内所提供的相关数据可以评判各部门工作的业绩，以便做出正确的奖罚决策。

### 二、利润表的内容及结构

#### （一）利润表的内容

利润表由表头和表体两个部分构成。表头部分应列明报表名称、编制单位名称、编制期间、报表编号和计量单位。表体部分为利润表的主体，列示了形成经营成果的各个项目和计算过程。

#### （二）利润表的结构

利润表的结构有单步式和多步式两种。我国企业的利润表采用多步式结构，即通过对当期的收入、费用、支出项目按性质加以归类，按利润形成的主要环节列示一些中间性利润指标，分步计算当期净损益，以便财务报表使用者理解企业经营成果的不同来源。

我国一般企业的利润表格式如表14—4所示。

**表14—4** **利润表** 会企02表

编制单位：天域公司 ____年____月____日 单位：元

| 项　　目 | 本期金额 | 上期金额 |
|---|---|---|
| 一、营业收入 | | |
| 减：营业成本 | | |
| 　税金及附加 | | |
| 　销售费用 | | |
| 　管理费用 | | |
| 　研发费用 | | |
| 　财务费用 | | |
| 其中：利息费用 | | |
| 　　利息收入 | | |
| 加：其他收益 | | |
| 　投资收益（损失以"—"号填列） | | |
| 其中：对联营企业和合营企业的投资收益以摊余成本计量的金融资产终止确认收益（损失以"—"号填列） | | |
| 　净敞口套期收益（损失以"—"号填列） | | |
| 　公允价值变动收益（损失以"—"号填列） | | |
| 　资产处置收益（损失以"—"号填列） | | |
| 　信用减值损失（损失以"—"号填列） | | |
| 　资产减值损失（损失以"—"号填列） | | |
| 二、营业利润（亏损以"—"号填列） | | |
| 　加：营业外收入 | | |
| 　减：营业外支出 | | |
| 三、利润总额（亏损总额以"—"号填列） | | |
| 　减：所得税费用 | | |
| 四、净利润（净亏损以"—"号填列） | | |
| 五、其他综合收益的税后净额 | | |
| 六、综合收益总额 | | |
| 七、每股收益 | | |

**课堂活动**

属于营业利润组成部分的有(　　)。

A. 营业收入　　B. 管理费用

C. 营业外收入　　D. 营业税金及附加

## 三、利润表的编制

利润表各项目均需填列“本期金额”和“上期金额”两栏。其中，“上期金额”栏内各项数字，应根据上年该期利润表的“本期金额”栏内所列数字填列。“本期金额”栏内各项数字，除“基本每股收益”“稀释每股收益”“其他综合收益”和“综合收益总额”项目外，按以下方法填列：

(1)根据损益类科目的发生额分析填列。如“营业收入”项目，根据“主营业务收入”“其他业务收入”科目的发生额分析计算填列；“营业成本”项目，根据“主营业务成本”“其他业务成本”科目的发生额分析计算填列。

(2)根据本表中相关项目数字计算填列。如“营业利润”“利润总额”“净利润”项目，应根据本表中有关项目数字填列。

## 四、各项目具体填列说明

(1)“营业收入”项目，反映企业经营主要业务和其他业务所确认的收入总额。本项目应根据“主营业务收入”和“其他业务收入”账户的发生额分析填列。

(2)“营业成本”项目，反映企业经营主要业务和其他业务所发生的成本总额。本项目应根据“主营业务成本”和“其他业务成本”账户的发生额分析填列。

(3)“税金及附加”项目，反映企业经营业务应负担的消费税、城市维护建设税、资源税、房产税、土地使用税、车船使用税、印花税和教育费附加等。本项目应根据“税金及附加”账户的发生额分析填列。

(4)“销售费用”项目，反映企业在销售商品过程中发生的包装费、广告费等费用和为销售本企业商品而专设的销售机构的职工薪酬、业务费等经营费用。本项目应根据“销售费用”账户的发生额分析填列。

(5)“管理费用”项目，反映企业为组织和管理生产经营发生的管理费用。本项目应根据“管理费用”账户的发生额分析填列。

(6)“研发费用”项目，反映企业进行研究与开发过程中发生的费用化支出，以及计入管理费用的自行开发无形资产的摊销。本项目应根据“管理费用”账户下的“研发费用”明细账户发生额，以及“管理费用”账户下的“无形资产摊销”明细账户的发生额分析填列。

(7)“财务费用”项目，反映企业筹集生产经营所需资金等而发生的筹资费用。本项目应根据“财务费用”账户的发生额分析填列。

(8)“财务费用”项目下增设“利息费用”和“利息收入”两个项目，分别反映企业为筹集生产经营所需资金等而发生的应予费用化的利息支出和企业按照相关会计准则确认的应冲减财务费用的利息收入。本项目应根据“财务费用”账户的发生额分析填列。

(9)“资产减值损失”项目，反映企业各项资产发生的减值损失。本项目应根据“资产减值损失”账户的发生额分析填列。

(10)“其他收益”项目，反映企业计入其他收益的政府补助，以及其他与日常活动相关且计入其他收益的项目。本项目应根据“其他收益”账户的发生额分析填列。

(11)“投资收益”项目，反映企业以各种方式对外投资所取得的收益。本项目应根据“投资收益”账户的发生额分析填列。若为投资损失，本项目则以“－”号填列。

(12)“公允价值变动收益”项目，反映企业应当计入交易性金融资产、交易性金融负债，以及采用公允价值模式计量的投资性房地产、衍生工具、套期保值业务等公允价值变动形成的应计入当期损益的利得或损失。本项目应根据“公允价值变动损益”账户的发生额分析填列，若为净损失，本项目则以“－”号填列。

(13)“信用减值损失”项目，反映企业按照《企业会计准则第22号——金融工具确认和计量》(2017年修订)的要求计提的各项金融工具减值准备所形成的预期信用损失。本项目应根据“信用减值损失”账户的发生额分析填列。

(14)“资产减值损失”项目，反映企业各项资产发生的减值损失。本项目应根据“资产减值损失”账户的发生额分析填列。

(15)“资产处置收益”项目，反映企业出售划分为持有待售的非流动资产(金融工具、长期股权投资和投资性房地产除外)或处置组(子公司和业务除外)时确认的处置利得或损失，以及处置未划分为持有待售的固定资产、在建工程、生产性生物资产及无形资产而产生的处置利得或损失。债务重组中因处置非流动资产产生的利得或损失和非货币性资产交换中换出非流动资产产生的利得或损失也包括在本项目内。该项目应根据“资产处置损益”账户的发生额分析填列；若为处置损失，则以“－”号填列。

(16)“营业利润”项目，反映企业实现的营业利润。若为亏损，本项目则以“－”号填列。

(17)“营业外收入”项目，反映企业发生的除营业利润以外的收益，主要包括与企业日常活动无关的政府补助、盘盈利得、捐赠利得(企业接受股东或股东的子公司直接或间接的捐赠，经济实质属于股东对企业的资本性投入的除外)等。该项目应根据“营业外收入”账户的发生额分析填列。

(18)“营业外支出”项目，反映企业发生的除营业利润以外的支出，主要包括公益性捐赠支出、非常损失、盘亏损失和非流动资产毁损报废损失等。该项目应根据“营业外支出”账户的发生额分析填列。

(19)“利润总额”项目，反映企业实现的利润。若为亏损，本项目则以“－”号填列。

(20)“所得税费用”项目，反映企业应从当期利润总额中扣除的所得税费用。本项目应根据“所得税费用”账户的发生额分析填列。

(21)“净利润”项目，反映企业实现的净利润。若为亏损，本项目则以“－”号填列。

(22)“(一)持续经营净利润”和“(二)终止经营净利润”项目，分别反映净利润中与持续经营相关的净利润和与终止经营相关的净利润。若为净亏损，则以“－”号填列。两个项目应按照《企业会计准则第42号——持有待售的非流动资产、处置组和终止经营》的相关规定分别列报。

(23)“其他综合收益的税后净额”项目，反映企业根据企业会计准则规定未在损益中确认的各项利得和损失扣除所得税影响后的净额。

(24)“综合收益总额”项目，反映企业净利润与其他综合收益的合计金额。

(25)“每股收益”项目，包括基本每股收益和稀释每股收益两项指标，反映普通股或潜在普通股已公开交易的企业，以及正处在公开发行普通股或潜在普通股过程中的企业的每股收益信息。

(26)“基本每股收益”项目，按照归属于普通股股东的当期净利润除以当期实际发行在外普通股的加权平均数计算确定。计算基本每股收益时，分子为归属于普通股股东的当期净利润。发生亏损的企业，每股收益以“－”号列示。

（27）“稀释每股收益”项目，计算稀释每股收益时，当期发行在外普通股的加权平均数应当为计算基本每段收益时普通股的加权平均数与假定稀释性潜在普通股转换为已发行普通股而增加的普通股段数的加权平均数之和。

## 五、利润表的编制举例

### 引例解析

要求：根据天域公司2024年12月份发生的经济业务，编制天域公司12月份的利润表。

解析：(1)根据对前述业务的上述会计处理，天域公司2024年12月份的利润表账户本年累计发生额如表14—5所示：

**表14—5** **损益类账户本期发生额**

| 账户名称 | 借方发生额 | 贷方发生额 |
|---|---|---|
| 主营业务收入 | | 3 125 000 |
| 其他业务收入 | | |
| 主营业务成本 | 1 875 000 | |
| 其他业务成本 | | |
| 税金及附加 | 5 000 | |
| 管理费用 | 242 750 | |
| 销售费用 | 50 000 | |
| 财务费用 | 75 000 | |
| 公允价值变动损益 | | 5 000 |
| 资产减值损失 | 77 250 | |
| 投资收益 | 1 250 | |
| 资产处置损益 | | 125 000 |
| 营业外收入 | | |
| 营业外支出 | 49 250 | |
| 所得税费用 | 218 412.5 | |

(2)根据2024年12月份相关账户发生额编制利润表，如表14—6所示。

**表14—6** **利润表** 会企02表

编制单位：天域公司 2024年12月31日 单位：元

| 项　　目 | 本期金额 | 上期金额 |
|---|---|---|
| 一、营业收入 | 3 125 000 | |
| 减：营业成本 | 1 875 000 | |
| 　　税金及附加 | 5 000 | |

续表

| 项　　目 | 本期金额 | 上期金额 |
| --- | --- | --- |
| 销售费用 | 50 000 | |
| 管理费用 | 242 750 | |
| 研发费用 | | |
| 财务费用 | 75 000 | |
| 其中:利息费用 | 75 000 | |
| 利息收入 | | |
| 加:其他收益 | | |
| 投资收益(损失以"－"号填列) | －1 250 | |
| 其中:对联营企业和合营企业的投资收益<br>以摊余成本计量的金融资产终止确认收益(损失以"－"号填列) | | |
| 净敞口套期收益(损失以"－"号) | | |
| 公允价值变动收益(损失以"－"号) | 5 000 | |
| 资产处置收益(损失以"－"号) | 125 000 | |
| 信用减值损失(损失以"－"号) | | |
| 资产减值损失(损失以"－"号) | 77 250 | |
| 二、营业利润(亏损以"－"号填列) | 928 750 | |
| 加:营业外收入 | | |
| 减:营业外支出 | 49 250 | |
| 三、利润总额(亏损总额以"－"号填列) | 879 500 | |
| 减:所得税费用 | 218 412.5 | |
| 四、净利润(净亏损以"－"号填列) | 661 087.5 | |
| 五、其他综合收益的税后净额 | | |
| 六、综合收益总额 | | |
| 七、每股收益 | | |

# 任务 4　现金流量表

## 任务引例

现金流量表与资产负债表、利润表有何关系?

## 必备知识

### 一、现金流量表的含义和作用

**（一）现金流量表的含义**

现金流量表是反映企业一定会计期间内有关现金和现金等价物的流入和流出信息的财务报表，是动态报表。编制现金流量表的目的是向会计报表的使用者提供企业一定会计期间内现金和现金等价物的流动情况，以便了解和评价现金和现金等价物的流动和获取能力，并据以预测企业未来的现金流量。

**（二）现金流量表的作用**

1. 可以提供企业的现金流量信息，从而对企业整体财务状况做出客观评价

在市场经济条件下，竞争异常激烈，企业要想站稳脚跟，不但要设法把自身的产品销售出去，更重要的是及时收回销货款，以便以后的经营活动能够顺利开展。除了经营活动以外，企业所从事的投资和筹资活动同样影响着现金流量，从而影响财务状况。如果企业进行投资，而未能取得相应的现金回报，就会对企业的财务状况（如流动性、偿债能力）产生不良影响，从企业的现金流量情况看，可以大致判断其经营周转是否顺畅。

2. 可以反映企业资产的变现能力、支付能力、偿债能力和对外投资能力

评估企业是否具有这些能力，最直接有效的方法是分析现金流量。现金流量表披露的经营活动净现金流入本质上代表了企业自我创造现金的能力，尽管企业取得现金还可以通过对外筹资的途径，但债务本金的偿还最终取决于经营活动的净现金流入，因此，经营活动的净现金流入占总来源的比例越高，企业的财务基础越稳固，支付能力和偿债能力才越强，现金流量表有助于达到这一目的。

3. 可以预测企业未来的发展情况

如果现金流量表中各部分现金流量结构合理，现金流入和流出无重大异常波动，一般来说，企业的财务状况基本良好。企业最常见的失败原因、情况也可在现金流量表中得到反映。例如，从投资活动流出的现金、筹资活动流入的现金和筹资活动流出的现金中，可以分析企业是否过度扩大经营规模；通过比较当期净利润与当期净现金流量，可以看出非现金流动资产吸收利润的情况，评价企业产生净现金流量的能力是否偏低。

4. 便于财务报告使用者评估报告期内与现金有关和无关的投资及筹资活动

现金流量表除披露经营活动的现金流量、投资及筹资活动的现金流量外，在全部资金概念下，还披露与现金无关的投资及筹资活动，这对财务报告使用者制定合理的投资与信贷决策、评估企业未来的现金流量同样具有重要意义。

### 二、现金流量表的编制基础及其分类

**（一）现金流量表的编制基础**

现金流量表中的现金概念即为编制基础，其含义是广义的，是指现金及现金等价物。其中，现金是指企业库存现金和可以随时用于支付的存款，包括库存现金、银行存款和其他货币资金（如外埠存款、银行汇票存款、银行本票存款等）。不能随时用于支付的存款不属于现金。现金等价物是指企业持有的期限短、流动性强、易于转换为已知金额现金、价值变动风险很小的投资，期限短一般是指从购买日起 3 个月内到期。现金等价物通常包括 3 个月内到期的债

券投资等。权益性投资变现的金额通常不确定,因而不属于现金等价物。不同企业的现金及现金等价物的范围可能不同,企业应当根据经营特点等具体情况,确定现金及现金等价物的范围,一经确定,不得随意变更。如果发生变更,则应当按照会计政策变更处理。

**(二)现金流量的分类**

现金流量是指一定会计期间内企业现金和现金等价物的流入和流出。企业从银行提取现金、用现金购买短期到期的国债等现金和现金等价物之间的转换不属于现金流量。企业产生的现金流量分为下列三类:

1. 经营活动产生的现金流量

经营活动产生的现金流量是指企业投资活动和筹资活动以外的所有交易活动和事项的现金流入和流出量,主要包括销售商品、提供劳务和经营租赁等活动收到的现金;购买商品、接受劳务、广告宣传和缴纳税金等活动支付的现金。

2. 投资活动产生的现金流量

投资活动产生的现金流量是指企业长期资产的购建和对外投资活动(不包括现金等价物范围的投资)的现金流入和流出量,主要包括收回投资、取得投资收益和处置长期资产等活动收到的现金;购建固定资产、在建工程、无形资产等长期资产和对外投资等活动所支付的现金等。

3. 筹资活动产生的现金流量

筹资活动产生的现金流量是指企业接受投资和借入资金导致的现金流入和流出量,主要包括接受投资、借入款项和发行债券等活动收到的现金;偿还借款、偿还债券、支付利息和分配股利等活动支付的现金等。

### 引例解析

现金流量表的编制和分析能弥补资产负债表和利润表的不足。

(1)资产负债表是反映企业在某一特定日期财务状况的报表,可以提供企业某一日期资产或负债的总额及其结构,表明企业拥有或控制的资源及其分布情况,企业未来需要用多少资产或劳务清偿债务以及清偿时间;但是,资产负债表无法说明一个企业的资产、负债和所有者权益为什么发生了变化。

(2)利润表是反映企业在一定会计期间经营成果的报表。利润表中有关营业收入和营业成本等信息说明了经营活动对财务状况的影响,一定程度上说明了财务状况变动的原因,但由于利润表是按照权责发生制原则确认和计量收入和费用的,它没有提供经营活动、投资活动、筹资活动引起的现金流入和现金流出的信息。

(3)现金流量表主要提供有关企业现金流量方面的信息,在评价企业经营业绩、衡量企业财务资源和财务风险以及预测企业未来前景等方面现金流量表有着十分重要的作用。

## 三、现金流量表的内容及结构

**(一)现金流量表的含义**

企业的现金流量按交易的性质可分为经营活动产生的现金流量、投资活动产生的现金流量和筹资活动产生的现金流量。

因此,现金流量表应反映以下内容:(1)经营活动产生的现金流量;(2)投资活动产生的现金流量；(3)筹资活动产生的现金流量；(4)现金流量净额；(5)现金的期末余额。

### (二)现金流量表的结构

我国企业现金流量表采用报告式结构，通过主表和补充资料两部分进行完整、详细的列报，分类反映经营活动、投资活动、筹资活动产生的现金流量，最后汇总反映企业某一期间现金及现金等价物的净增加额。其基本格式如表14—7所示。

**表14—7**　　**现金流量表**　　会企03表

编制单位：　　____年____月____日　　单位：元

| 项　　目 | 本期金额 | 上期金额 |
|---|---|---|
| 一、经营活动产生的现金流量 | | |
| 销售商品、提供劳务收到的现金 | | |
| 收到的税费返还 | | |
| 收到其他与经营活动有关的现金 | | |
| 经营活动现金流入小计 | | |
| 购买商品、接受劳务支付的现金 | | |
| 支付给职工以及为职工支付的现金 | | |
| 支付的各种税费 | | |
| 支付其他与经营活动有关的现金 | | |
| 经营活动现金流出小计 | | |
| 经营活动产生的现金流量净额 | | |
| 二、投资活动产生的现金流量 | | |
| 收回投资收到的现金 | | |
| 取得投资收益收到的现金 | | |
| 处置固定资产、无形资产和其他长期资产收回的现金净额 | | |
| 处置子公司及其他营业单位收到的现金净额 | | |
| 收到其他与投资活动有关的现金 | | |
| 投资活动现金流入小计 | | |
| 购建固定资产、无形资产和其他长期资产支付的现金 | | |
| 投资支付的现金 | | |
| 取得子公司及其他营业单位支付的现金净额 | | |
| 支付其他与投资活动有关的现金 | | |
| 投资活动现金流出小计 | | |
| 投资活动产生的现金流量净额 | | |
| 三、筹资活动产生的现金流量 | | |
| 吸收投资收到的现金 | | |
| 取得借款收到的现金 | | |

续表

| 项　目 | 本期金额 | 上期金额 |
|---|---|---|
| 收到其他与筹资活动有关的现金 | | |
| 筹资活动现金流入小计 | | |
| 偿还债务支付的现金 | | |
| 分配股利、利润或偿还利息支付的现金 | | |
| 支付其他与筹资活动有关的现金 | | |
| 筹资活动现金流出小计 | | |
| 筹资活动产生的现金流量净额 | | |
| 四、汇率变动对现金及现金等价物的影响 | | |
| 五、现金及现金等价物净增加额 | | |
| 加:期初现金及现金等价物余额 | | |
| 六、期末现金及现金等价物余额 | | |

**课堂活动**

下列事项所产生的现金流量中,属于经营活动产生的现金流量的是(　　)。

A. 以现金支付的应由在建工程负担的职工薪酬

B. 因违反公司法而支付的罚款

C. 处置所属子公司所收到的现金净额

D. 分配股利支付的现金

## 四、现金流量表的编制方法

### (一)现金流量表主表的编制方法

编制现金流量表时,列报经营活动现金流量的方法有直接法和间接法两种。

1. 直接法

直接法是指按现金收入和现金支出的主要类别直接反映企业经营活动产生的现金流量。如销售商品、提供劳务收到的现金;购买商品、接受劳务支付的现金等就是按现金收入和支出的类别直接反映的。在直接法下,一般是以利润表中的营业收入为起算点,调节与经营活动有关项目的增减变动,然后计算出经营活动产生的现金流量。

2. 间接法

间接法是指以净利润为起算点,调整不涉及现金的收入、费用、营业外收支等有关项目,剔除投资活动、筹资活动对现金流量的影响,据此计算出经营活动产生的现金流量。由于净利润是按照权责发生制原则确定的,且包括与投资活动和筹资活动相关的收益和费用,将净利润调节为经营活动现金流量,实际上就是将按权责发生制原则确定的净利润调整为现金净流入,并剔除投资活动和筹资活动对现金流量的影响。

采用直接法编制的现金流量表,便于分析企业经营活动产生的现金流量的来源和用途,预测企业现金流量的未来前景;而采用间接法不易做到这一点。

我国《企业会计准则第 31 号——现金流量表》规定，企业应当采用直接法编报现金流量表，同时要求在附注中提供以净利润为基础调节的经营活动现金流量的信息，也就是用间接法来计算经营活动的现金流量。

**（二）现金流量表编制的技术方法**

采用直接法具体编制现金流量表时，可以采用工作底稿法或 T 型账户法，也可采用分析填列法。

1. 工作底稿法

工作底稿法是以工作底稿为手段，以利润表和资产负债表数据为基础，结合有关会计账户的记录，对现金流量表的每一项目进行分析并编制调整分录，从而编制出现金流量表的一种方法。采用工作底稿编制现金流量表的具体步骤如下：

第一步，将资产负债表项目的"上年年末余额"和"期末余额"过入工作底稿中与之对应项目的期初数栏和期末数栏。

第二步，对当期业务进行分析并编制调整分录。在调整分录中，有关现金及现金等价物的事项分别记入"经营活动产生的现金流量""投资活动产生的现金流量""筹资活动产生的现金流量"等项目，借记表明现金流入，贷记表明现金流出。

第三步，将调整分录过入工作底稿中的相应部分。

第四步，核对调整分录，借贷合计应当相等，资产负债表项目期初数加减调整分录中的借贷金额以后，应当等于期末数。

第五步，根据工作底稿中的现金流量表项目部分编制正式的现金流量表。

2. T 型账户法

T 型账户法是以 T 型账户为手段，以利润表和资产负债表数据为基础，对每一项进行分析并编制调整分录，从而编制出现金流量表。采用 T 型账户法编制现金流量表的具体程序如下：

第一步，为所有的非现金项目（包括资产负债表项目和利润表项目）分别开设 T 型账户，并将各自的期末期初变动数过入各账户。

第二步，开设一个大的"现金及现金等价物"T 型账户，设置经营活动、投资活动和筹资活动三个明细账户，左边记现金流入，右边记现金流出。与其他会计账户一样，过入期末期初变动数。

第三步，以利润表项目为基础，结合资产负债表分析每一个非现金项目的增减变动，并据此编制调整分录。

第四步，将调整分录过入各 T 型账户，并进行核对。该账户借贷相抵后的余额与原先过入的期末期初变动数应当一致。

第五步，根据大的"现金及现金等价物"T 型账户编制正式现金流量表。

3. 分析填列法

分析填列法是直接根据资产负债表、利润表和有关会计账户明细账的记录，分析计算现金流量表各项目的金额，并据以编制现金流量表的一种方法。

**（三）各项目具体填列说明**

在编制现金流量表时需要填列每个项目的"本期金额"栏和"上期金额"栏。其中，"上期金额"栏内各项目的填列应根据上年该期现金流量表"本期金额"栏所列金额填列。"本期金额"栏的填列方法如下所述：

1. 经营活动产生的现金流量

(1)“销售商品、提供劳务收到的现金”项目，反映企业本期销售商品、提供劳务收到的现金，以及前期销售商品、提供劳务本期收到的现金(包括应向购买者收取的增值税销项税额)和本期预收的款项，减去本期销售本期退回商品和前期销售本期退回商品支付的现金。企业销售材料和代购代销业务收到的现金，也在本项目反映。本项目可以根据利润表、资产负债表有关项目及部分账户记录资料填列。

(2)“收到的税费返还”项目，反映企业收到返还的所得税、增值税、消费税、关税和教育费附加等各种税费返还款。本项目可以根据“库存现金” “银行存款”“税金及附加”“营业外收入”等账户记录分析填列。

(3)“收到其他与经营活动有关的现金”项目，反映企业经营租赁收到的租金等其他与经营活动有关的现金流入，金额较大的，应当单独列示。本项目可以根据“库存现金”“银行存款”“管理费用”“销售费用”等账户的记录分析填列。

(4)“购买商品、接受劳务支付的现金”项目，反映企业本期购买商品、接受劳务实际支付的现金(包括增值税进项税额)，以及本期支付前期购买商品、接受劳务的未付款项和本期预付款项，减去本期发生的购货退回收到的现金。企业购买材料和代购代销业务支付的现金，也在本项目反映。本项目可以根据利润表、资产负债表有关项目及部分账户记录资料填列。

(5)“支付给职工以及为职工支付的现金”项目，反映企业实际支付给职工的工资、奖金、各种津贴和补贴等职工薪酬(包括代扣代缴的职工个人所得税)。本项目可以根据“库存现金”“银行存款”“应付职工薪酬”等账户的记录分析填列。

(6)“支付的各项税费”项目，反映企业发生并支付、前期发生本期支付及预交的各项税费，包括所得税、增值税、消费税、印花税、房产税、土地增值税、车船税、教育费附加等。本项目可以根据“应交税费”“库存现金”“银行存款”等账户分析填列。

(7)“支付其他与经营活动有关的现金”项目，反映企业经营租赁支付的租金、支付的差旅费、业务招待费、保险费、罚款支出等其他与经营活动有关的现金流出，金额较大的，应当单独列示。本项目可以根据有关账户的记录分析填列。

2. 投资活动产生的现金流量

(1)“收回投资收到的现金”项目，反映企业出售、转让或到期收回除现金等价物以外的对其他企业长期股权投资等收到的现金，但处置子公司及其他营业单位收到的现金净额除外。本项目可根据“以公允价值计量且其变动计入当期损益的金融资产”“长期股权投资”等账户的记录分析填列。

(2)“取得投资收益收到的现金”项目，反映企业除现金等价物以外的对其他企业的长期股权投资等分回的现金股利和利息等。本项目可以根据“应收股利”“应收利息”“投资收益”“库存现金”“银行存款”等账户的记录分析填列。

(3)“处置固定资产、无形资产和其他长期资产收回的现金净额”项目，反映企业出售、报废固定资产、无形资产和其他长期资产所取得的现金(包括因资产毁损而收到的保险赔偿收入)，减去为处置这些资产而支付的有关费用后的净额。本项目可根据“固定资产”“固定资产清理”“无形资产”“营业外收入”“营业外支出”等账户记录分析填列。

(4)“处置子公司及其他营业单位收到的现金净额”项目，反映企业处置子公司及其他营业单位所取得的现金，减去相关处置费用，以及子公司及其他营业单位持有的现金和现金等价物后的净额。本项目可以根据“长期股权投资”“银行存款”“库存现金”等账户的记录分析填列。

(5)“收到其他与投资活动有关的现金”项目，反映企业除上述各项目外，收到的其他与投资活动有关的现金。其他与投资活动有关的金额，如果金额较大，则应单列项目反映。本项目可以根据有关账户的记录分析填列。

(6)“购建固定资产、无形资产和其他长期资产支付的现金”项目，反映企业购买、建造固定资产、取得无形资产和其他长期资产所支付的现金(含增值税税额等)，以及现金支付的应由在建工程和无形资产负担的职工薪酬。本项目可以根据“固定资产”“在建工程”“工程物资”“无形资产”“库存现金”“银行存款”等账户的记录分析填列。

(7)“投资支付的现金”项目，反映企业取得除现金等价物以外的对其他企业的长期股权投资等所支付的现金及支付的佣金、手续费等附加费用，但取得子公司及其他营业单位支付的现金净额除外。本项目可以根据“以公允价值计量且其变动计入当期损益的金融资产”“长期股权投资”等账户的记录分析填列。

(8)“取得子公司及其他营业单位支付的现金净额”项目，反映企业购买子公司及其他营业单位购买价中以现金支付的部分，减去子公司及其他营业单位持有的现金和现金等价物后的净额。本项目可以根据“长期股权投资”“库存现金”“银行存款”等账户的记录分析填列。

(9)“支付其他与投资活动有关的现金”项目，反映企业除上述各项目外，支付的其他与投资活动有关的现金。其他与投资活动有关的现金，如果金额较大，则应单列项目反映。本项目可以根据有关账户的记录分析填列。

3.筹资活动产生的现金流量

(1)“吸收投资收到的现金”项目，反映企业以发行股票、债券等方式筹集资金实际收到的款项(发行收入减去支付的佣金等发行费用后的净额)。本项目可以根据“实收资本(或股本)”“资本公积”“库存现金”“银行存款”等账户的记录分析填列。

(2)“取得借款收到的现金”项目，反映企业举借各种短期、长期借款而收到的现金。本项目可以根据“短期借款”“长期借款”“以公允价值计量且其变动计入当期损益的金融负债”“应付债券”“库存现金”“银行存款”等账户的记录分析填列。

(3)“收到的其他与筹资活动有关的现金”项目，反映企业除上述各项目外，收到的其他与筹资活动有关的现金。其他与筹资活动有关的现金，如果金额较大的，则应单列项目反映。本项目可根据有关账户的记录分析填列。

(4)“偿还债务支付的现金”项目，反映企业偿还债务本金所支付的现金，包括偿还金融企业的借款本金、偿还债券本金等。企业支付的借款利息和债券利息在“分配股利、利润或偿付利息支付的现金”项目反映，不包括在本项目内。本项目可以根据“短期借款”“长期借款”“以公允价值计量且其变动计入当期损益的金融负债”“应付债券”“库存现金”“银行存款”等账户的记录分析填列。

(5)“分配股利、利润或偿付利息支付的现金”项目，反映企业实际支付的现金股利、支付给其他投资单位的利润或用现金支付的借款利息、债券利息。不同用途的借款，其利息的开支渠道不一样，如在建工程、制造费用、财务费用等，均在本项目中反映。本项目可以根据“应付股利”“应付利息”“在建工程”“制造费用”“研发支出”“财务费用”等账户的记录分析填列。

(6)“支付其他与筹资活动有关的现金”项目，反映企业除上述各项目外，支付的其他与筹资活动有关的现金。其他与筹资活动有关的现金，如果价值较大的，则应单列项目反映。本项目可根据有关账户的记录分析填列。

4."汇率变动对现金及现金等价物的影响"项目的列报

"汇率变动对现金及现金等价物的影响"项目,反映下列两个金额之间的差额:

(1)企业外币现金流量折算为记账本位币时,采用现金流量发生日的即期汇率或按照系统、合理的方法确定的、与现金流量发生日即期汇率近似的汇率折算的金额(编制合并现金流量表时折算境外子公司的现金流量,应当比照处理)。

(2)企业外币现金及现金等价物净增加额按资产负债表日的即期汇率折算。

## 五、现金流量表编制举例

要求:根据天域公司的相关资料及编制的资产负债表和利润表,采用工作底稿法编制2024年12月份的现金流量表。

解析:第一步,将资产负债表的"年初余额"和"期末余额"过入工作底稿的期初数栏和期末数栏。

第二步,对当期业务进行分析并编制调整分录。编制调整分录时,要以利润表项目为基础,从"营业收入"开始,结合资产负债表项目逐一进行分析。

本例调整分录如下:

(1)调整营业收入:

| | | |
|---|---|---|
| 借:经营活动现金流量——销售商品收到的现金 | 3 311 250 | |
| 　应收账款及应收票据 | 220 000 | |
| 　贷:营业收入 | | 3 125 000 |
| 　　应交税费 | | 406 250 |

根据资产负债表及其编制分录,应调整应收账款和应收票据的增减变动。本例应收账款及应收票据增加220 000元,增值税销项税额为406 250元,应减少经营活动产生的现金流量。

(2)调整营业成本:

| | | |
|---|---|---|
| 借:营业成本 | 1 875 000 | |
| 　应付票据 | 250 000 | |
| 　应交税费 | 108 962.75 | |
| 　贷:存货 | | 13 250 |
| 　　经营活动现金流量——购买商品支付的现金 | | 2 220 712.75 |

根据资产负债表及其编制分录,应付票据减少250 000元,表明本期用于购买存货的现金支出增加250 000元,增值税进项税额增加108 962.75元;存货减少13 250元,表明本期用于购买商品的现金减少13 250元。

(3)调整本年税金及附加:

| | | |
|---|---|---|
| 借:税金及附加 | 5 000 | |
| 　贷:应交税费 | | 5 000 |

(4)调整销售费用:

| | | |
|---|---|---|
| 借:销售费用 | 50 000 | |
| 　贷:经营活动现金流量——支付其他与经营活动有关的现金 | | 50 000 |

本例中,利润表中所列销售费用与按现金制确认数相同。

(5)调整管理费用:

| | | |
|---|---|---|
| 借:管理费用 | 242 750 | |

贷:经营活动现金流量——支付其他与经营活动有关的现金 242 750

管理费用中包含不涉及现金支出的项目,此笔分录先将管理费用全额转入“经营活动现金流量——支付其他与经营活动有关的现金”项目中,至于不涉及现金支出的项目,再分别进行调整。

(6)调整财务费用:

借:财务费用 75 000

贷:经营活动现金流量——销售商品收到的现金 50 000

筹资活动现金流量——偿付利息支付的现金 25 000

本期增加的财务费用中,有 50 000 元是票据贴现利息,由于在调整应收票据时已全额计入“经营活动现金流量——销售商品收到的现金”项目中,所以要从“经营活动现金流量——销售商品收到的现金”项目内冲回,不能作为现金流出;支付长期借款利息 25 000 元,作为偿付利息所支付的现金。

(7)调整资产减值损失:

借:资产减值损失 77 250

贷:坏账准备 2 250

固定资产减值准备 75 000

本期计提的坏账准备和固定资产减值准备影响净利润,但不影响现金流量。

(8)调整公允价值变动收益:

借:交易性金融资产 5 000

贷:公允价值变动损益 5 000

本期发生的公允价值变动收益影响净利润,但不影响现金流量。

(9)调整投资收益:

借:投资活动现金流量——收回投资收到的现金 41 250

交易性金融资产 257 500

投资收益 1 250

贷:交易性金融资产 37 500

投资活动现金流量——投资支付的现金 262 500

投资收益应从利润表项目中调整出来,列入投资活动现金流量中。本例投资收益包括两个部分:一是购买交易性金融资产发生 5 000 元的交易费用,二是出售交易性金融资产获利 3 750 元。

(10)调整资产处置损益:

借:投资活动现金流量——处置固定资产收回的现金 750 000

累计折旧 375 000

贷:固定资产 1 000 000

资产处置损益 125 000

资产处置损益 500 000 元是处置固定资产的利得,处置过程中收到的现金应列入投资活动现金流量中。

(11)调整营业外支出:

借:投资活动现金流量——处置固定资产收回的现金 750

累计折旧 450 000

营业外支出　　49 250
　　贷:固定资产　　500 000

(12)调整所得税费用:

借:所得税费用　　218 412.5
　　递延所得税资产　　18 750
　　贷:应交税费　　237 162.5

将利润表中的所得税费用调入应交税费。

(13)调整固定资产:

借:固定资产　　3 716 175
　　贷:投资活动现金流量——购建固定资产支付的现金　　216 175
　　　　在建工程　　3 500 000

本期固定资产的增加包括两个部分:一是购入设备 216 175 元,二是在建工程完工转入 3 500 000 元。

(14)调整累计折旧:

借:经营活动现金流量——购买商品支付的现金　　200 000
　　　　——支付其他与经营活动有关的现金　　50 000
　　贷:累计折旧　　250 000

本期计提的折旧 250 000 元中,计入管理费用 50 000 元,计入制造费用 200 000 元。

(15)调整在建工程:

借:在建工程　　10 070 000
　　贷:筹资活动现金流量——偿付利息支付的现金　　500 000
　　　　应付职工薪酬　　570 000

本期在建工程增加的原因,包括以下几个方面:一是以现金支付工资 570 000 元;二是支付的长期借款利息 500 000 元,资本化到在建工程成本中。

(16)调整累计摊销:

借:经营活动现金流量——支付其他与经营活动有关的现金　　150 000
　　贷:累计摊销　　150 000

无形资产摊销时已计入管理费用,管理费用已经全部作为现金流出,所以应冲回做补充调整。

(17)调整短期借款:

借:短期借款　　625 000
　　贷:筹资活动现金流量——偿还债务支付的现金　　625 000

偿还短期借款应列入筹资活动的现金流量。

(18)调整应付职工薪酬:

借:经营活动现金流量——购买商品支付的现金　　812 250
　　　　——支付其他与经营活动有关的现金　　42 750
　　贷:应付职工薪酬　　855 000

借:应付职工薪酬　　1 250 000
　　贷:经营活动现金流量——支付给职工以及为职工支付的现金　　750 000
　　　　投资活动现金流量——购建固定资产支付的现金　　500 000

(19)调整应交税费：

借:应交税费　　492 162.5

　　贷:经营活动现金流量——支付的各项税费　　492 162.5

本期支付的各项税费包括税金及附加 5 000 元,已交增值税 250 000 元以及企业所得税 237 162.5 元。

(20)调整长期借款：

借:长期借款　　1 500 000

　　贷:筹资活动现金流量——偿还债务支付的现金　　1 500 000

以现金偿还长期借款。

借:筹资活动现金流量——取得借款所收到的现金　　2 500 000

　　贷:长期借款　　2 500 000

(21)结转净利润：

借:净利润　　661 087.5

　　贷:未分配利润　　661 087.5

(22)提取盈余公积：

借:未分配利润　　66 108.75

　　贷:盈余公积　　66 108.75

(23)最后调整现金净变化额：

借:现金　　423 949.75

　　贷:现金净增加额　　423 949.75

第三步,将调整分录过入工作底稿的相应部分,如表 14－8 所示。

**表 14—8**　　**现金流量表工作底稿**　　单位:元

| 项　　目 | 期初数 | 调整分录 | | 期末数 |
|---|---|---|---|---|
| | | 借方 | 贷方 | |
| 一、资产负债表项目 | | | | |
| 借方项目: | | | | |
| 货币资金 | 3 515 750 | (23)423 949.75 | | 3 939 699.75 |
| 交易性金融资产 | 37 500 | (8)257 500<br>(9)5 000 | (8)37 500 | 262 500 |
| 应收票据及应收账款 | 1 615 000 | (1)220 000 | | 1 835 000 |
| 应收账款 | | | | |
| 预付账款 | 250 000 | | | 250 000 |
| 应收股利 | | | | |
| 应收利息 | | | | |
| 其他应收款 | 762 500 | | | 762 500 |
| 存货 | 6 450 000 | | (2)13 250 | 6 436 750 |
| 一年内到期的非流动资产 | | | | |
| 其他流动资产 | | | | |
| 其他债权投资 | | | | |

续表

| 项　　目 | 期初数 | 调整分录 | | 期末数 |
|---|---|---|---|---|
| | | 借方 | 贷方 | |
| 债权投资 | | | | |
| 长期应收款 | | | | |
| 长期股权投资 | 625 000 | | | 625 000 |
| 投资性房地产 | | | | |
| 固定资产——原值 | 2 750 000 | (13)3 716 175 | (10)1 000 000<br>(11)500 000 | 4 966 175 |
| 在建工程 | 3 750 000 | (15)1 070 000 | (13)3 500 000 | 1 320 000 |
| 工程物资 | | | | |
| 固定资产清理 | | | | |
| 无形资产 | 1 500 000 | | | 1 500 000 |
| 开发支出 | | | | |
| 商誉 | | | | |
| 长期待摊费用 | | | | |
| 递延所得税资产 | | (12)18 750 | | 18 750 |
| 其他非流动资产 | 500 000 | | | 500 000 |
| 借方项目合计 | | | | |
| 贷方项目： | | | | |
| 坏账准备 | 2 250 | | (7)2 250 | 4 500 |
| 累计折旧 | 750 000 | (10)375 000<br>(11)450 000 | (14)250 000 | 175 000 |
| 累计摊销 | | | (16)150 000 | 150 000 |
| 固定资产减值准备 | | | (7)75 000 | 75 000 |
| 短期借款 | 750 000 | (17)625 000 | | 125 000 |
| 应付票据及应付账款 | 2 887 000 | (2)250 000 | | 2 637 000 |
| 应付账款 | | | | |
| 预收账款 | | | | |
| 应付职工薪酬 | 275 000 | (18)1 250 000 | (15)570 000<br>(18)855 000 | 450 000 |
| 应交税费 | 91 500 | (2)108 962.75<br>(19)492 162.5 | (1)406 250<br>(3)5 000<br>(12)237 162.5 | 138 787.25 |
| 应付利息 | | | | |
| 应付股利 | | | | |
| 其他应付款 | 125 000 | | | 125 000 |
| 其他流动负债 | 2 500 000 | | | 2 500 000 |
| 长期借款 | 1 500 000 | (20)1 500 000 | (20)2 500 000 | 2 500 000 |
| 应付债券 | | | | |
| 长期应付款 | | | | |

续表

| 项　　目 | 期初数 | 调整分录 | | 期末数 |
|---|---|---|---|---|
| | | 借方 | 贷方 | |
| 专项应付款 | | | | |
| 预计负债 | | | | |
| 递延所得税负债 | | | | |
| 其他非流动负债 | | | | |
| 实收资本(或股本) | 12 500 000 | | | 12 500 000 |
| 资本公积 | | | | |
| 盈余公积 | 250 000 | | (22)66 108.75 | 316 108.75 |
| 未分配利润 | 125 000 | (22)66 108.75 | (21)661 087.5 | 719 978.75 |
| 减:库存股 | | | | |
| 贷方项目合计 | | | | |
| 二、利润表项目 | | | | |
| 营业收入 | | | (1)3 125 000 | 3 125 000 |
| 营业成本 | | (2)1 875 000 | | 1 875 000 |
| 税金及附加 | | (3)5 000 | | 5 000 |
| 销售费用 | | (4)50 000 | | 50 000 |
| 管理费用 | | (5)242 750 | | 242 750 |
| 财务费用 | | (6)75 000 | | 75 000 |
| 资产减值损失 | | (7)77 250 | | 77 250 |
| 信用减值损失 | | | | |
| 公允价值变动收益(损失以“－”号填列) | | | (9)5 000 | 5 000 |
| 投资收益(损失以“－”号填列) | | (8)1 250 | | －1 250 |
| 资产处置损益 | | | (10)125 000 | 125 000 |
| 营业外收入 | | | | |
| 营业外支出 | | (11)49 250 | | 49 250 |
| 所得税费用 | | (12)218 412.5 | | 218 412.5 |
| 净利润(净亏损以“－”号填列) | | (21)661 087.5 | | 661 087.5 |
| 三、现金流量表项目 | | | | |
| (一)经营活动产生的现金流量 | | | | |
| 销售商品、提供劳务收到的现金 | | (1)3 311 250 | (6)50 000 | 3 261 250 |
| 收到的税费返还 | | | | |
| 收到其他与经营活动有关的现金 | | | | |
| 经营活动现金流入小计 | | | | 3 261 250 |
| 购买商品、接受劳务支付的现金 | | (14)200 000<br>(18)812 250 | (2)2 220 712.75 | 1 208 462.75 |
| 支付给职工以及为职工支付的现金 | | | (18)750 000 | 750 000 |
| 支付的各种税费 | | | (19)492 162.5 | 492 162.5 |

续表

| 项目 | 期初数 | 调整分录 | | 期末数 |
|---|---|---|---|---|
| | | 借方 | 贷方 | |
| 支付其他与经营活动有关的现金 | | (14)50 000<br>(16)150 000<br>(18)42 750 | (4)50 000<br>(5)242 750 | 50 000 |
| 经营活动现金流出小计 | | | | 2 500 625.25 |
| 经营活动产生的现金流量净额 | | | | 760 624.75 |
| (二)投资活动产生的现金流量 | | | | |
| 收回投资收到的现金 | | (8)41 250 | | 41 250 |
| 取得投资收益收到的现金 | | | | |
| 处置固定资产、无形资产和其他长期资产收回的现金净额 | | (10)750 000<br>(11)750 | | 750 750 |
| 处置子公司及其他营业单位收到的现金净额 | | | | |
| 收到其他与投资活动有关的现金 | | | | |
| 投资活动现金流入小计 | | | | 792 000 |
| 购建固定资产、无形资产和其他长期资产支付的现金 | | | (13)216 175<br>(18)500 000 | 716 175 |
| 投资支付的现金 | | | (8)262 500 | 262 500 |
| 取得子公司及其他营业单位支付的现金净额 | | | | |
| 支付其他与投资活动有关的现金 | | | | |
| 投资活动现金流出小计 | | | | 978 675 |
| 投资活动产生的现金流量净额 | | | | —186 675 |
| (三)筹资活动产生的现金流量 | | | | |
| 吸收投资收到的现金 | | | | |
| 取得借款收到的现金 | | (20)2 500 000 | | 2 500 000 |
| 收到其他与筹资活动有关的现金 | | | | |
| 筹资活动现金流入小计 | | | | 2 500 000 |
| 偿还债务支付的现金 | | | (17)625 000<br>(20)1 500 000 | 2 125 000 |
| 分配股利、利润或偿还利息支付的现金 | | | (6)25 000<br>(15)500 000 | 525 000 |
| 支付其他与筹资活动有关的现金 | | | | |
| 筹资活动现金流出小计 | | | | 2 650 000 |
| 筹资活动产生的现金流量净额 | | | | —15 000 |
| (四)汇率变动对现金及现金等价物的影响 | | | | |
| (五)现金及现金等价物净增加额 | | | (23)423 949.75 | 423 949.75 |
| 调整分录借贷合计 | | 21 941 858.75 | 21 941 858.75 | |

第四步，核对调整分录，借方、贷方合计数均已经相等，资产负债表项目年初余额加减调整分录中的借贷金额以后，也已等于期末数。利润表项目调整分录的借贷金额相抵后也等于本期金额。

第五步，根据工作底稿中的现金流量表项目部分，编制正式的现金流量表，如表 14—9 所示。

**表 14—9** **现金流量表** 会企 03 表

编制单位：天域公司 2024 年 12 月 单位：元

| 项目 | 本期金额 | 上期金额 |
|---|---|---|
| 一、经营活动产生的现金流量 | | |
| 销售商品、提供劳务收到的现金 | 3 261 250 | |
| 收到的税费返还 | | |
| 收到其他与经营活动有关的现金 | | |
| 经营活动现金流入小计 | 3 261 250 | |
| 购买商品、接受劳务支付的现金 | 1 208 462.75 | |
| 支付给职工以及为职工支付的现金 | 750 000 | |
| 支付的各种税费 | 492 162.5 | |
| 支付其他与经营活动有关的现金 | 50 000 | |
| 经营活动现金流出小计 | 2 500 625.25 | |
| 经营活动产生的现金流量净额 | 760 624.75 | |
| 二、投资活动产生的现金流量 | | |
| 收回投资收到的现金 | 41 250 | |
| 取得投资收益收到的现金 | | |
| 处置固定资产、无形资产和其他长期资产收回的现金净额 | 750 750 | |
| 处置子公司及其他营业单位收到的现金净额 | | |
| 收到其他与投资活动有关的现金 | | |
| 投资活动现金流入小计 | 792 000 | |
| 购建固定资产、无形资产和其他长期资产支付的现金 | 716 175 | |
| 投资支付的现金 | 262 500 | |
| 取得子公司及其他营业单位支付的现金净额 | | |
| 支付其他与投资活动有关的现金 | | |
| 投资活动现金流出小计 | 978 675 | |
| 投资活动产生的现金流量净额 | —186 675 | |
| 三、筹资活动产生的现金流量 | | |
| 吸收投资收到的现金 | | |
| 取得借款收到的现金 | 2 500 000 | |
| 收到其他与筹资活动有关的现金 | | |
| 筹资活动现金流入小计 | 2 500 000 | |
| 偿还债务支付的现金 | 2 125 000 | |

续表

| 项　　目 | 本期金额 | 上期金额 |
|---|---|---|
| 分配股利、利润或偿还利息支付的现金 | 525 000 | |
| 支付其他与筹资活动有关的现金 | | |
| 筹资活动现金流出小计 | 2 650 000 | |
| 筹资活动产生的现金流量净额 | −150 000 | |
| 四、汇率变动对现金及现金等价物的影响 | | |
| 五、现金及现金等价物净增加额 | 423 949.75 | |
| 加:期初现金及现金等价物余额 | 3 515 750 | |
| 六、期末现金及现金等价物余额 | 3 939 699.75 | |

# 任务5　所有者权益变动表

## 任务引例

所有者权益变动表的作用有哪些?

## 必备知识

### 一、所有者权益变动表概述

#### (一)所有者权益变动表的概念

所有者权益变动表是指反映构成所有者权益各组成部分当期增减变动情况的报表。

#### (二)所有者权益变动表的作用

通过所有者权益变动表,既可以为财务报告使用者提供所有者权益总量增减变动的信息,也能为其提供所有者权益增减变动的结构性信息,特别是能够让财务报告使用者理解所有者权益增减变动的根源。

### 二、所有者权益变动表的内容和结构

#### (一)所有者权益变动表的内容

所有者权益变动表在一定程度上体现企业综合收益的特点,除列示直接计入所有者权益的利得和损失外,同时包含最终属于所有者权益变动的净利润,主要包括以下内容:(1)净利润;(2)直接计入所有者权益的利得和损失项目及其总额;(3)会计政策变更和差错更正的累计影响金额;(4)所有者投入资本和向所有者分配利润等;(5)提取的盈余公积;(6)实收资本或股本、资本公积、盈余公积、未分配利润的期初和期末余额及其调节情况。

#### (二)所有者权益变动表的结构

所有者权益变动表以矩阵的形式表示,一方面,列示导致所有者权益变动的交易或事项,

即所有者权益变动的来源，对一定时期所有者权益的变动情况进行全面反映；另一方面，按照所有者权益各组成部分（即实收资本、资本公积、其他综合收益、盈余公积、未分配利润和库存股）列示交易或事项对所有者权益各部分的影响。我国企业所有者权益变动表的格式如表14—10所示。

表14—10　　所有者权益变动表　　会企04表

编制单位：　　年度　　单位：元

| 项　目 | 本年金额 | | | | | | | | | | | | 上年金额 | | | | | | | | | | | |
|---|---|---|---|---|---|---|---|---|---|---|---|---|---|---|---|---|---|---|---|---|---|---|---|---|
| | 实收资本（股本） | 其他权益工具 | | | 资本公积 | 减：库存股 | 其他综合收益 | 专项储备 | 盈余公积 | 未分配利润 | 所有者权益合计 | | 实收资本（股本） | 其他权益工具 | | | 资本公积 | 减：库存股 | 其他综合收益 | 专项储备 | 盈余公积 | 未分配利润 | 所有者权益合计 |
| | | 优先股 | 永续股 | 其他 | | | | | | | | | | 优先股 | 永续股 | 其他 | | | | | | | |
| 一、上年年末余额 | | | | | | | | | | | | | | | | | | | | | | | |
| 加：会计政策变更 | | | | | | | | | | | | | | | | | | | | | | | |
| 前期差错更正 | | | | | | | | | | | | | | | | | | | | | | | |
| 其他 | | | | | | | | | | | | | | | | | | | | | | | |
| 二、本年年初余额 | | | | | | | | | | | | | | | | | | | | | | | |
| 三、本年增减变动金额（减少以“—”号填列） | | | | | | | | | | | | | | | | | | | | | | | |
| （一）综合收益总额 | | | | | | | | | | | | | | | | | | | | | | | |
| （二）所有者投入和减少资本 | | | | | | | | | | | | | | | | | | | | | | | |
| 1.所有者投入普通股 | | | | | | | | | | | | | | | | | | | | | | | |
| 2.其他权益工具持有者投入资本 | | | | | | | | | | | | | | | | | | | | | | | |
| 3.股份支付计入所有者权益的金额 | | | | | | | | | | | | | | | | | | | | | | | |
| 4.其他 | | | | | | | | | | | | | | | | | | | | | | | |
| （三）利润分配 | | | | | | | | | | | | | | | | | | | | | | | |
| 1.提取盈余公积 | | | | | | | | | | | | | | | | | | | | | | | |
| 2.对所有者（或股东）的分配 | | | | | | | | | | | | | | | | | | | | | | | |
| 3.其他 | | | | | | | | | | | | | | | | | | | | | | | |
| （四）所有者权益内部结转 | | | | | | | | | | | | | | | | | | | | | | | |
| 1.资本公积转增资本（或股本） | | | | | | | | | | | | | | | | | | | | | | | |
| 2.盈余公积转增资本（或股本） | | | | | | | | | | | | | | | | | | | | | | | |
| 3.盈余公积弥补亏损 | | | | | | | | | | | | | | | | | | | | | | | |
| 4.设定受益计划变动额结转留存收益 | | | | | | | | | | | | | | | | | | | | | | | |
| 5.其他 | | | | | | | | | | | | | | | | | | | | | | | |
| 四、本年年末余额 | | | | | | | | | | | | | | | | | | | | | | | |

## 引例解析

所有者权益变动表的主要作用包括：

（1）展现企业财务实力。通过所有者权益变动表的分析，可以清晰体现会计期间构成所有者权益各个项目的变动规模与结构，了解其变动趋势，反映公司净资产的实力，提供保值增值的重要信息。

（2）揭示资本质量。通过比较年初数和年末数，可以了解企业资本的变化情况，帮助判断经营状况。

(3)反映分红政策。所有者权益变动表可以反映企业如何分配利润,为报表使用者提供全面的财务业绩信息。

(4)提供投资决策信息。所有者权益变动表为报表使用者提供所有者权益总量增减变动的信息,以及所有者权益增减变动的结构性信息,特别是能够让报表使用者理解所有者权益增减变动的根源。

## 三、所有者权益变动表的编制

所有者权益变动表各项目均需填列"上年金额"和"本年金额"两栏。

### (一)"上年金额"的填列方法

所有者权益变动表"上年金额"栏内各项数字,应根据上年度所有者权益变动表"本年金额"栏内所列数字填列。上年度所有者权益变动表规定的各个项目的名称和内容同本年度不一致的,应对上年度所有者权益变动表各项目的名称和数字按照本年度的规定进行调整,填入所有者权益变动表的"上年金额"栏内。

### (二)"本年金额"的填列方法

所有者权益变动表"本年金额"栏内各项数字一般应根据"实收资本(或股本)""资本公积""其他综合收益""盈余公积""利润分配""库存股""以前年度损益调整"账户的发生额分析填列。

企业的净利润及其分配情况作为所有者权益变动的组成部分,不需要单独编制利润分配表列示。

### (三)各项目具体填列说明

(1)"上年年末余额"项目,反映企业上年资产负债表中实收资本(或股本)、资本公积、库存股、其他综合收益、盈余公积、未分配利润的年末余额。

(2)"会计政策变更""前期差错更正"项目,分别反映企业采用追溯调整法处理的会计政策变更的累积影响金额和采用追溯重述法处理的会计差错更正的累积影响金额。为了体现会计政策变更和前期差错更正的影响,企业应当在上期期末所有者权益余额的基础上进行调整,得出本期期初所有者权益,根据"盈余公积""利润分配""以前年度损益调整"等账户的发生额分析填列。

(3)"本年增减变动金额"项目:

①"综合收益总额"项目,反映净利润和其他综合收益扣除所得税影响后的净额相加后的合计金额。

②"所有者投入和减少资本"项目,反映企业当年所有者投入的资本和减少的资本。其中,"所有者投入资本"项目,反映企业接受投资者投入形成的实收资本(或股本)和资本溢价或股本溢价;"股份支付计入所有者权益的金额"项目,反映企业处于等待期中的权益结算的股份支付当年计入资本公积的金额。

③"利润分配"项目,反映企业当年对所有者(或股东)分配的利润(或股利)金额和按照规定提取的盈余公积金额,并对应列在"未分配利润"和"盈余公积"栏。其中,"提取盈余公积"项目,反映企业按照规定提取的盈余公积;"对所有者(或股东)的分配"项目,反映对所有者(或股东)分配的利润(或股利)金额。

④"所有者权益内部结转"项目,反映企业构成所有者权益的组成部分之间的增减变动情

况。其中,“资本公积转增资本(或股本)”项目,反映企业以资本公积转增资本或股本的金额;“盈余公积转增资本(或股本)”项目,反映企业以盈余公积转增资本或股本的金额;“盈余公积弥补亏损”项目,反映企业以盈余公积弥补亏损的金额。

**课堂活动**

下列不属于所有者权益变动表的项目的有(　　)。

A. 资本公积　　B. 利润总额　　C. 盈余公积　　D. 所得税费用

# 任务 6　财务报告附注

**任务引例**

财务报告附注是对财务报表所作的进一步说明,它在财务报告体系中起什么作用?

**必备知识**

## 一、财务报告附注概述

### (一)财务报告附注的概念

财务报告附注是对资产负债表、利润表、现金流量表和所有者权益变动表等报表中列示项目的文字描述或明细资料,以及对未能在这些报表中列示项目的说明等。

### (二)财务报告附注的作用

**引例解析**

(1)财务报告附注的披露,是对资产负债表、利润表、现金流量表和所有者权益变动表列示项目的含义的补充说明,帮助财务报告使用者更准确地把握其含义。

(2)财务报告附注提供了对资产负债表、利润表、现金流量表和所有者权益变动表中未列示项目的详细或明细说明。通过附注与资产负债表、利润表、现金流量表和所有者权益变动表列示项目的相互参照关系,以及对未能在报表中列示项目的说明,可以使财务报告使用者全面了解企业的财务状况、经营成果和现金流量。

## 二、财务报告附注的内容

按《企业会计准则第 30 号——财务报表列报》的规定,附注应当按照如下顺序披露有关内容:

### (一)企业的基本情况

(1)企业注册地、组织形式和总部地址。

(2)企业的业务性质和主要经营活动。

(3)母公司以及集团最终母公司的名称。

(4)财务报告的批准报出者和财务报告批准报出日,或者以签字人及其签字日期为准。

(5)营业期限有限的企业,还应当披露有关营业期限的信息。

**(二)财务会计报表的编制基础**

财务会计报表的编制基础是指财务报表是在持续经营基础上还是非持续经营基础上的,企业一般是在持续经营基础上编制财务报表。

**(三)遵循企业会计准则的声明**

企业应当声明编制的财务报表符合企业会计准则的要求,真实、完整地反映了企业的财务状况、经营成果和现金流量等有关信息,以此明确企业编制财务报表所依据的制度基础。如果企业编制的财务报表只是部分地遵循了企业会计准则,附注中则不得做出这种表述。

**(四)重要会计政策和会计估计**

企业应当披露采用的重要会计政策和会计估计,不重要的会计政策和会计估计可以不披露。在披露重要会计政策和会计估计时,企业应当披露重要会计政策的确定依据和财务报表项目的计量基础,以及会计估计中所采用的关键假设和不确定因素。

**(五)会计政策和会计估计变更以及差错更正的说明**

企业应当按照《企业会计准则第 28 号——会计政策、会计估计变更和差错更正》及其应用指南的规定,披露会计政策和会计估计变更及差错更正的情况。

**(六)报表重要项目的说明**

企业对报表重要项目的说明,应当按照资产负债表、利润表、现金流量表、所有者权益变动表及其项目列示的顺序,采用文字和数字描述相结合的方式进行披露。报表重要项目的明细金额合计,应当与报表项目金额相衔接。

**(七)或有和承诺事项、资产负债表日后非调整事项、关联方关系及其交易等需要说明的事项**

**(八)有助于财务报表使用者评价企业管理资本的目标、政策及程序的信息**

## 知识链接

《企业会计准则第 30 号——财务报表列报》总则及基本要求

第一章　总则

第一条　为了规范财务报表的列报,保证同一企业不同期间和同一期间不同企业的财务报表相互可比,根据《企业会计准则——基本准则》,制定本准则。

第二条　财务报表是对企业财务状况、经营成果和现金流量的结构性表述。财务报表至少应当包括下列组成部分:

(一)资产负债表;

(二)利润表;

(三)现金流量表;

(四)所有者权益(或股东权益,下同)变动表;

(五)附注。

财务报表上述组成部分具有同等的重要程度。

第三条　本准则适用于个别财务报表和合并财务报表，以及年度财务报表和中期财务报表，《企业会计准则第32号——中期财务报告》另有规定的除外。合并财务报表的编制和列报，还应遵循《企业会计准则第33号——合并财务报表》；现金流量表的编制和列报，还应遵循《企业会计准则第31号——现金流量表》；其他会计准则的特殊列报要求，适用其他相关会计准则。

第二章　基本要求

第四条　企业应当以持续经营为基础，根据实际发生的交易和事项，按照《企业会计准则——基本准则》和其他各项会计准则的规定进行确认和计量，在此基础上编制财务报表。企业不应以附注披露代替确认和计量，不恰当的确认和计量也不能通过充分披露相关会计政策而纠正。

如果按照各项会计准则规定披露的信息不足以让报表使用者了解特定交易或事项对企业财务状况和经营成果的影响，企业则还应当披露其他的必要信息。

第五条　在编制财务报表的过程中，企业管理层应当利用所有可获得信息来评价企业自报告期末起至少12个月的持续经营能力。

评价时企业需要考虑宏观政策风险、市场经营风险、企业目前或长期的盈利能力、偿债能力、财务弹性以及企业管理层改变经营政策的意向等因素。

评价结果表明对持续经营能力产生重大怀疑的，企业应当在附注中披露导致对持续经营能力产生重大怀疑的因素以及企业拟采取的改善措施。

第六条　企业若有近期获利经营的历史且有财务资源支持，则通常表明以持续经营为基础编制财务报表是合理的。

企业正式决定或被迫在当期或将在下一个会计期间进行清算或停止营业的，则表明以持续经营为基础编制财务报表不再合理。在这种情况下，企业应当采用其他基础编制财务报表，并在附注中声明财务报表未以持续经营为基础编制的事实、披露未以持续经营为基础编制的原因和财务报表的编制基础。

第七条　除现金流量表按照收付实现制原则编制外，企业应当按照权责发生制原则编制财务报表。

第八条　财务报表项目的列报应当在各个会计期间保持一致，不得随意变更，但下列情况除外：

（一）会计准则要求改变财务报表项目的列报。

（二）企业经营业务的性质发生重大变化或对企业经营影响较大的交易或事项发生后，变更财务报表项目的列报能够提供更可靠、更相关的会计信息。

第九条　性质或功能不同的项目，应当在财务报表中单独列报，但不具有重要性的项目除外。

性质或功能类似的项目，其所属类别具有重要性的，应当按其类别在财务报表中单独列报。

某些项目的重要性程度不足以在资产负债表、利润表、现金流量表或所有者权益变动表中单独列示，但对附注却具有重要性，则应当在附注中单独披露。

第十条　重要性，是指在合理预期下财务报表某项目的省略或错报会影响使用者据此作出经济决策的，该项目具有重要性。

重要性应当根据企业所处的具体环境，从项目的性质和金额两方面予以判断，且对各项目重要性的判断标准一经确定，不得随意变更。判断项目性质的重要性，应当考虑该项目在性质上是否属于企业日常活动，是否显著影响企业的财务状况、经营成果和现金流量等因素；判断项目金额大小的重要性，应当考虑该项目金额占资产总额、负债总额、所有者权益总额、营业收入总额、营业成本总额、净利润、综合收益总额等直接相关项目金额的比重或所属报表单列项目金额的比重。

第十一条　财务报表中的资产项目和负债项目的金额、收入项目和费用项目的金额、直接计入当期利润的利得项目和损失项目的金额不得相互抵销，但其他会计准则另有规定的除外。

一组类似交易形成的利得和损失应当以净额列示，但具有重要性的除外。

资产或负债项目按扣除备抵项目后的净额列示，不属于抵销。

非日常活动产生的利得和损失，以同一交易形成的收益扣减相关费用后的净额列示更能反映交易实质的，不属于抵销。

第十二条　当期财务报表的列报，至少应当提供所有列报项目上一个可比会计期间的比较数据，以及与理解当期财务报表相关的说明，但其他会计准则另有规定的除外。

根据本准则第八条的规定，财务报表的列报项目发生变更的，应当至少对可比期间的数据按照当期的列报要求进行调整，并在附注中披露调整的原因和性质，以及调整的各项目金额。对可比数据进行调整不切实可行的，应当在附注中披露不能调整的原因。

不切实可行，是指企业在做出所有合理努力后仍然无法采用某项会计准则规定。

第十三条　企业应当在财务报表的显著位置至少披露下列各项：

（一）编报企业的名称。

（二）资产负债表日或财务报表涵盖的会计期间。

（三）人民币金额单位。

（四）财务报表是合并财务报表的，应当予以标明。

第十四条　企业至少应当按年编制财务报表。年度财务报表涵盖的期间短于 1 年的，应当披露年度财务报表的涵盖期间、短于 1 年的原因以及报表数据不具可比性的事实。

第十五条　本准则规定在财务报表中单独列报的项目，应当单独列报。其他会计准则规定单独列报的项目，应当增加单独列报项目。

**项目评价表**

| 学习任务完成评价表 | | | | | |
|---|---|---|---|---|---|
| 评价范围 | 评价标准 | 自我评价（五星制打分） | 小组评价（五星制打分） | 教师评价（五星制打分） | 企业导师评价（五星制打分） |
| 职业素养 | 诚实守信、客观公正 | | | | |
| 职业知识 | 掌握资产负债表、利润表和现金流量表的编制方法 | | | | |
| 职业能力 | 能编制资产负债表和利润表 | | | | |

# 参考文献


[1]财政部会计司. 企业会计准则 2006[M]. 北京：经济科学出版社，2006.

[2]财政部会计司. 企业会计准则讲解 2010[M]. 北京：人民出版社，2010.

[3]财政部会计资格评价中心，初级会计实务[M]. 北京：中国财政出版传媒集团、经济科学出版社，2024.

[4]财政部会计资格评价中心，中级会计实务[M]. 北京：中国财政出版传媒集团、经济科学出版社，2024.

[5]中国注册会计师协会. 会计[M]. 北京：中国财政出版传媒集团、中国财政经济出版社，2024.

# 习 题 集

## 项目一 财务会计基本知识

### 学习评价

#### 一、理论考核

#### 任务1 财务会计的概念与特征

(一)单项选择题

1. 下列项目中,符合资产定义的是(　　)。
   A. 购入的某项专利权　　B. 经营租入的设备
   C. 待处理财产损失　　D. 计划购买的某项设备
2. 下列项目中,能同时影响资产和负债发生变化的是(　　)。
   A. 接受投资者投入设备　　B. 支付现金股利
   C. 收回应收账款　　D. 支付股票股利
3. 财务会计的主要目标在于(　　)。
   A. 进行会计核算　　B. 实施会计监督
   C. 编制财务报告　　D. 提供会计信息
4. 从服务对象上看,现代管理会计侧重服务于(　　)。
   A. 企业投资人　　B. 企业债权人
   C. 企业内部各级经营管理者　　D. A+B+C

(二)多项选择题

1. 管理会计和财务会计的主要区别有(　　)。
   A. 服务对象不同　　B. 会计核算对象不同
   C. 提供信息规范不同　　D. 使用的资料不同
   E. 会计报告格式不同
2. 下列各项中,属于我国财务报告目标的有(　　)。
   A. 向财务报告使用者提供与决策有用的信息
   B. 反映企业管理层受托责任的履行情况

C. 与同行业信息作比较

D. 客观地反映企业的财务和经营状况

### 任务2 会计假设与会计基础

(一)单项选择题

1. 资产和负债按照在公平交易中熟悉情况的交易双方自愿进行资产交换或者债务清偿的金额计算,采用的会计计量属性是(　　)。

A. 现值　　B. 重置成本　　C. 可变现净值　　D. 公允价值

2. 下列属于资本性支出的有(　　)。

A. 职工工资　　B. 当月水电费

C. 本季度房租　　D. 固定资产买价

3. 当期与以前期间、以后期间的差别,权责发生制和收付实现制的区别的出现,都是基于(　)的基本假设。

A. 会计主体　　B. 持续经营　　C. 会计分期　　D. 货币计量

4. 下列有关会计主体的表述,不正确的是(　　)。

A. 企业的经济活动应与投资者的经济活动相区分

B. 会计主体可以是独立的法人,也可以是非法人

C. 会计主体可以是营利组织,也可以是非营利组织

D. 会计主体必须有独立的资金,并独立编制财务报告对外报送

5. 资产按照预计从其持续使用和最终处置中所产生的未来净现金流入量的折现金额计量,其会计计量属性是(　　)。

A. 历史成本　　B. 可变现净值　　C. 现值　　D. 公允价值

6. 下列计价方法中,不符合历史成本计量基础的是(　　)。

A. 发出存货计价所使用的先进先出法　　B. 交易性金融资产采用公允价值计价

C. 固定资产计提折旧　　D. 发出存货计价所使用的移动平均法

7. 甲企业发生下列业务:(1)8月份,销售一批商品,增值税专用发票上注明价款100 000元,货款于9月份收到;(2)8月,预收客户货款200 000元存入银行,该批货物于9月发出;(3)9月,收到上月销货款50 000元。按照权责发生制要求,该企业应确定8月的收入为(　　)元。

A. 350 000　　B. 200 000　　C. 150 000　　D. 100 000

8. 出现应收、应付、递延、待摊等会计处理方法的会计假设是(　　)。

A. 会计主体　　B. 持续经营　　C. 会计分期　　D. 货币计量

(二)多项选择题

1. 会计主体前提解决并确定了(　　)。

A. 会计核算的空间范围　　B. 会计核算的时间范围

C. 会计核算的计量问题　　D. 会计为谁记账

E. 会计核算的标准质量

2. 下列支出属于收益性支出的有(　　)。

A. 支付当月办公费　　B. 当月银行借款利息支出

C. 购置设备支出　　D. 工资支出

3. 下列属于资本性支出的有(　　)。

A. 固定资产日常修理费　　B. 购置无形资产支出

C. 固定资产交付使用前的利息支出　　D. 水电费支出

4. 下列计量基础中,属于会计实务中使用的计量基础有(　　)。

A. 历史成本　　B. 可变现净值　　C. 现值　　D. 千克

5. 下列组织可以作为一个会计主体进行核算的有(　　)。

A. 合伙企业　　B. 分公司

C. 股份有限公司　　D. 母公司及其子公司组成的企业集团

6. 下列属于会计主体假设的意义的是(　　)。

A. 明确了会计确认、计量和报告的空间范围

B. 使会计人员可以选择适用的会计原则和会计方法

C. 为会计核算确定了时间范围

D. 能够正确地反映一个经济实体所拥有的经济资源及所承担的义务

### 任务3　会计信息质量要求

(一)单项选择题

1. (　　)要求企业应当以实际发生的交易或者事项为依据进行确认、计量和报告,如实反映符合确认和计量要求的各项会计要素及其他相关信息,保证会计信息真实可靠、内容完整。

A. 可靠性　　B. 相关性　　C. 可理解性　　D. 可比性

2. (　　)要求企业应当按照交易或事项的经济实质进行会计确认、计量和报告,而不应仅仅以交易或事项的法律形式为依据。

A. 及时性　　B. 重要性　　C. 实质重于形式　　D. 谨慎性

3. 企业按应收账款余额的一定比例提取坏账准备,这是遵循(　　)。

A. 真实性原则　　B. 谨慎性原则　　C. 配比性原则　　D. 一致性原则

4. 对各项资产应按经济业务的实际交易价格计量,而不考虑随后市场价格变动的影响,其所采用的是(　　)。

A. 客观性原则　　B. 相关性原则　　C. 历史成本原则　　D. 可比性原则

5. 对期末存货采用成本与可变现净值孰低计价,其所体现的会计核算的一般原则是(　　)。

A. 及时性原则　　B. 历史成本原则

C. 谨慎性原则　　D. 可比性原则

6. 企业将融资租入固定资产视为自有资产核算,所体现的会计核算的一般原则是(　　)。

A. 可靠性原则　　B. 可理解性原则

C. 重要性原则　　D. 实质重于形式原则

7. 企业所使用的会计处理程序和方法,前后各期应当一致,不得随意变更,这体现了(　　)。

A. 相关性原则　　B. 可比性原则

C. 可靠性原则　　D. 可理解性原则

8. 企业提供的会计信息应有助于财务会计报告使用者对企业过去、现在或者未来的情况作出评价或者预测,这体现了会计信息质量要求中的(　　)要求。

A. 相关性　　B. 可靠性　　C. 可理解性　　D. 可比性

9. 企业将融资租入固定资产按自有固定资产的折旧方法计提折旧,遵循的是(　　)要求。

A. 谨慎性　　B. 实质重于形式　　C. 可比性　　D. 重要性

(二)多项选择题

1. 下列各项会计处理方法中,体现谨慎性原则的是(　　)。

A. 固定资产采用双倍余额递减法计提折旧

B. 存货期末采用成本与可变现净值孰低计价

C. 长期债权投资期末采用成本法计价

D. 原材料采用计划成本计价

2. 可靠性是对会计信息质量的基本要求,要求做到(　　)。

A. 内容真实　　B. 报告信息及时

C. 资料可靠　　D. 对应关系清楚

3. 下列符合谨慎性原则要求的是(　　)。

A. 对应收账款计提坏账准备　　B. 对固定资产计提折旧

C. 无形资产摊销　　D. 不高估资产或低估负债

4. 会计信息可理解质量要求企业做到(　　)。

A. 为不同的报告使用者提供不同的会计信息

B. 企业所提供的会计信息应当清晰明了

C. 便于投资者等财务报告使用者理解和使用

D. 按交易或事项的经济实质进行会计确认

(三)判断题

1. 可靠性是会计信息质量首要的要求。(　　)

2. 根据相关性要求,企业提供的会计信息应当与企业管理当局的意图相关联,即会计信息应当满足企业管理当局的管理要求。(　　)

3. 企业选择不导致虚增资产、多计利润的做法,所遵循的是会计的真实性原则。(　　)

## 任务 5　会计要素

(一)单项选择题

1. 下列各项,不符合资产定义的是(　　)。

A. 委托加工物资　　B. 委托代销商品

C. 原材料　　D. 待处理财产损溢

2. 下列各项,不属于企业流动资产的是(　　)。

A. 存货　　B. 交易性金融资产

C. 持有至到期投资　　D. 应收票据

3. 下列各项中,能引起负债和所有者权益同时发生变动的是(　　)。

A. 支付广告费　　B. 股东会批准现金股利分配方案

C. 计提长期债券利息　　D. 盈余公积弥补亏损

4. 下列各事项中,使负债增加的是(　　)。

A. 分期付款方式购入固定资产　　B. 用银行存款购买公司债券

C. 发行股票　　D. 支付现金股利

5. 下列各项中,不属于企业收入要素范围的是(　)。

A. 销售商品收入　　B. 出租无形资产收入

C. 债券投资取得的利息收入　　D. 接受现金捐赠收入

6. 依据企业会计准则的规定，下列有关收入和利得的表述中，正确的是(　　)。

A. 收入源于日常活动，利得也可能源于日常活动

B. 收入会影响利润，利得也一定会影响利润

C. 收入源于日常活动，利得源于非日常活动

D. 收入会导致所有者权益的增加，利得不一定会导致所有者权益的增加

7. 关于损失，下列说法中正确的是(　　)。

A. 损失是指由企业日常活动所发生的，会导致所有者权益减少的经济利益的流出

B. 损失只能计入所有者权益项目，不能计入当期损益

C. 损失是指由企业非日常活动所发生的、会导致所有者权益减少的、与向所有者分配利润无关的经济利益的流出

D. 损失只能计入当期损益，不能计入所有者权益项目

(二)多项选择题

1. 下列各项中，属于企业资产范围的有(　　)。

A. 融资租入设备　　B. 经营方式租出设备

C. 委托加工物资　　D. 经营方式租入设备

2. 下列项目中，符合负债定义的是(　　)。

A. 委托加工物资　　B. 投资性房地产

C. 原材料　　D. 应付债券

E. 预收账款

3. 所有者权益与负债的区别主要表现在(　　)。

A. 性质上　　B. 权力上

C. 会计科目上　　D. 核算上

E. 偿债责任上

4. 下列资产中，属于本企业资产范围的有(　　)。

A. 经营租赁方式租入设备　　B. 经营租赁方式租出设备

C. 融资租入设备　　D. 盘亏的存货

5. 在企业会计实务中，下列事项能够引起资产总额增加的有(　　)。

A. 分配生产工人职工薪酬

B. 转让交易性金融资产确认的净收益

C. 计提未到期持有至到期债券投资的利息

D. 长期股权投资权益法下实际收到的现金股利

6. 下列项目中，属于所有者权益来源的有(　　)。

A. 所有者投入的资本　　B. 直接计入所有者权益的利得和损失

C. 留存收益　　D. 发行债券筹集的资金

7. 关于所有者权益，下列说法正确的有(　　)。

A. 所有者权益是指企业资产扣除负债后由所有者享有的剩余权益

B. 企业的利得和损失可能引起所有者权益增减变动

C. 所有者权益金额应单独计量，不取决于资产和负债的计量

D. 所有者权益项目应当列入利润表

8. 关于利润，下列说法中正确的有（　　）。

A. 利润是指企业在一定会计期间的经营成果

B. 直接计入当期利润的利得和损失，是指应当计入当期损益、会导致所有者权益发生增减变动的、与所有者投入资本或者向所有者分配利润无关的利得或者损失

C. 利润反映企业某一时点的财务状况

D. 利润金额的确定主要取决于收入和费用的计量，不考虑利得和损失金额的影响

（三）判断题

1. 如果某项资产不能再为企业带来经济利益，即使是由企业拥有或者控制的，也不能作为企业的资产在资产负债表中列示。（　　）

2. 企业出售无形资产取得的收入应在"其他业务收入"账户核算。（　　）

3. 凡是不能给企业带来未来经济利益的资源，均不能在资产负债表中反映。（　　）

## 任务6　会计规范

（一）单项选择题

1. 在我国的会计规范体系中，属于会计规章的是（　　）。

A. 中华人民共和国会计法　　B. 总会计师条例

C. 会计档案管理办法　　D. 某企业内部控制制度

2. 关于我国《企业会计准则》的作用表述中，错误的是（　　）。

A. 为其他准则（如具体业务核算与会计报告准则）提供理论基础

B. 为其他准则（如具体业务核算与会计报告准则）提供一般原则

C. 加强和规范企业会计行为

D. 不对企业内部会计制度起规范作用

3. 我国的会计法规体系不包括（　　）。

A. 会计法律　　B. 会计行政法规

C. 某单位的会计核算办法　　D. 会计规章

（二）多项选择题

1. 下列各项中，应执行《企业会计准则》的有（　　）。

A. 股票或债券在市场上公开交易的小企业

B. 金融机构

C. 具有金融性质的小企业

D. 企业集团内的母公司和子公司

2. 下列各项中，正确的有（　　）。

A. 执行《小企业会计准则》的小企业，发生的交易或者事项，《小企业会计准则》未作规范的，可以参照《企业会计准则》中的相关规定进行处理

B. 执行《企业会计准则》的小企业，不得在执行《企业会计准则》的同时选择执行《小企业会计准则》的相关规定

C. 执行《小企业会计准则》的小企业公开发行股票或债券的，应当转为执行《企业会计准则》；因经营规模或企业性质变化导致不符合小企业标准而成为大中型企业或金融企业的，应当从次年1月1日起转为执行《企业会计准则》

D. 已执行《企业会计准则》的上市公司、大中型企业和小企业，不得转为执行《小企业会

计准则》

3. 下列财务报表，小企业编制的有（　　）。

A. 资产负债表　　B. 利润表

C. 现金流量表　　D. 所有者权益变动表

# 项目二　货币资金与应收账款业务核算

## 学习评价

### 一、理论考核

### 任务1　库存资金的核算

（一）单项选择题

1. 按照现金管理相关规定，下列各项中，企业不能使用库存现金进行结算的经济业务是（　　）。

A. 按规定颁发给科技人员的创新奖金

B. 发放给职工的劳保福利

C. 向个人收购农副产品的价款

D. 向外单位支付的机器设备款

2. 某企业现金盘点时发现库存现金短款351元，经批准，需由出纳员赔偿200元，其余短缺无法查明原因。关于现金短缺相关会计科目，处理正确的是（　　）。

A. 借记“财务费用”科目151元　　B. 借记“其他应付款”科目200元

C. 借记“管理费用”科目151元　　D. 借记“营业外支出”科目200元

3. 下列各项中，关于现金清查结果的会计处理，表述不正确的是（　　）。

A. 应支付给有关人员的现金溢余，计入其他应付款

B. 应由责任人赔偿的现金短缺，计入其他应收款

C. 无法查明原因的现金溢余，按管理权限报经批准后计入营业外收入

D. 无法查明原因的现金短缺，按管理权限报经批准后计入营业外支出

4. 对于无法查明原因的现金短缺，经批准后应计入（　　）。

A. 管理费用　　B. 财务费用　　C. 营业外支出　　D. 其他应收款

5. 出纳员提出现金需编制（　　）。

A. 银行存款收款凭证　　B. 银行存款付款凭证

C. 现金收款凭证　　D. 现金付款凭证

（二）多项选择题

1. 企业现金清查中发现现金短缺，在进行账务处理时可能会涉及的会计科目有（　　）。

A. “待处理财产损溢”　　B. “管理费用”

C. “其他应收款”　　D. “营业外支出”

2. 下列各项中，关于企业现金溢余的会计处理，表述错误的有（　　）。

A. 无法查明原因的现金溢余计入营业外收入

B. 应支付给有关单位的现金溢余计入其他应付款
C. 无法查明原因的现金溢余冲减管理费用
D. 应支付给有关单位的现金溢余计入应付账款

3. 在企业发生的下列支出中，按规定可以用现金支付的有（　　）。
A. 支付的职工差旅费　B. 支付的银行承兑手续费
C. 职工报销医药费　D. 支付的购置设备价款
E. 收购农产品支付的价款

4. 现金溢缺涉及的会计科目有（　　）。
A. “其他应收款”　B. “财务费用”
C. “营业外收入”　D. “营业外支出”
E. “待处理财产损溢”

（三）判断题

1. “库存现金”科目借方登记企业库存现金的减少，贷方登记企业库存现金的增加，期末贷方余额反映期末企业实际持有的库存现金的金额。（　　）
2. 属于无法查明原因的现金短缺，应计入营业外支出。（　　）
3. 属于无法查明原因的现金溢余，应计入营业外收入。（　　）
4. 企业发生经济业务需要支付现金时可以从本单位的现金收入中直接安排支付。（　　）
5. 出纳员可以同时兼任会计稽核工作。（　　）
6. 企业的库存现金限额只能按照 3—5 天的日常开支额核定。（　　）

## 任务 2　银行存款的核算

（一）单项选择题

1. 下列各项中，关于银行存款业务的表述中正确的是（　　）。
A. 企业单位信用卡存款账户可以交存现金
B. 企业信用证保证金存款余额不可以转回其开户行结算存款
C. 企业银行汇票存款的收款人不得将其收到的银行汇票背书转让
D. 企业外埠存款除采购人员可从中提取少量现金外，一律采用转账结算

2. 对于银行已入账而企业尚未入账的未达账款，企业应当（　）。
A. 根据“银行对账单”入账　B. 根据“银行存款余额调节表”入账
C. 根据对账单和调节表自制凭证入账　D. 待有关结算凭证到达后入账

3. 企业银行存款日记账与银行对账单不符的主要原因有（　　）。
A. 存在企业已付、银行未付的账项　B. 存在企业已收、银行未收的账项
C. 存在银行已付、企业未付的账项　D. 存在银行已收、企业未收的账项
E. 企业或银行记账错误

（二）多项选择题

1. 企业银行存款日记账与银行对账单不符的主要原因有（　　）。
A. 存在企业已付、银行未付的账项　B. 存在企业已收、银行未收的账项
C. 存在银行已付、企业未付的账项　D. 存在银行已收、企业未收的账项
E. 企业或银行记账错误

2. 银行存款账户核算的内容包括(　　)。

A. 外埠存款　　B. 外币存款　　C. 银行本票存款　　D. 人民币存款

E. 银行汇票存款

3. 下列各项会使银行存款日记账余额小于银行对账单余额的有(　　)。

A. 企业开出支票,对方未到银行兑现

B. 银行误将其他公司的存款记入本企业银行存款账户

C. 银行代扣水电费,企业尚未接到通知

D. 委托收款结算方式下,银行收到结算款项,企业尚未收到通知

(三)判断题

1. “银行存款日记账”应定期与“银行对账单”核对,至少每年核对一次。　　(　　)

2. 现金支票只能提取现金,转账支票只能办理转账。　　(　　)

3. 银行承兑汇票的承兑人是购货企业的开户银行。　　(　　)

## 任务 3　其他货币资金的核算

(一)单项选择题

1. 企业向银行申领信用卡,交存相关款项,收到银行盖章退回的进账单。下列各项中,企业应借记的会计科目是(　　)。

A. “其他货币资金”　B. “其他应收款”　C. “应收票据”　D. “银行存款”

2. 下列各项中,企业应通过“其他货币资金”科目核算的经济业务是(　　)。

A. 销售商品收到银行承兑汇票

B. 委托银行代为支付电话费

C. 开出转账支票支付购买办公设备款

D. 为购买股票将资金存入证券公司指定投资款专户

3. 下列各项中,不属于货币资金的是(　　)。

A. 债权人持有的商业汇票　　B. 银行存款

C. 其他货币资金　　D. 库存现金

4. 甲企业为增值税一般纳税人,企业使用信用卡购买一批办公用品,取得增值税专用发票上注明价款 1 000 元,增值税税额 130 元。不考虑其他因素,下列关于购买办公用品应记入的相关科目的表述,正确的是(　　)。

A. 借记“管理费用”科目 1 130 元　　B. 借记“材料采购”科目 1 130 元

C. 贷记“其他货币资金”科目 1 130 元　　D. 贷记“银行存款”科目 1 130 元

5. 下列各项中,不会引起其他货币资金发生变动的是(　　)。

A. 企业销售商品收到商业汇票

B. 企业用银行本票购买办公用品

C. 企业将款项汇往外地开立采购专用账户

D. 企业为购买基金将资金存入在证券公司指定银行开立的投资款专户

6. 企业将款项汇往异地银行开立采购专户,应当编制的会计分录为(　　)。

A. 借记“应收账款”科目,贷记“银行存款”科目

B. 借记“其他货币资金”科目,贷记“银行存款”科目

C. 借记“其他应收款”科目,贷记“银行存款”科目

D. 借记“材料采购”科目，贷记“其他货币资金”科目

7. 下列支付方式中，通过“其他货币资金”账户核算的有（　　）。

A . 银行本票　　B. 支票　　C. 商业承兑汇票　　D. 银行承兑汇票

（二）多项选择题

1. 下列各项中，应通过“其他货币资金”科目核算的有（　　）。

A. 银行汇票存款　　B. 信用卡存款　　C. 外埠存款　　D. 存出投资款

2. 下列各项中，企业应通过“其他货币资金”科目核算的有（　　）。

A. 用银行本票支付采购办公用品的款项　　B. 存入证券公司指定账户的款项

C. 汇往异地银行开立采购专户的款项　　D. 存入银行信用证保证金专户的款项

3. 下列项目中，属于其他货币资金的是（　　）。

A. 向银行申请的银行承兑汇票　　B. 委托银行开出的银行汇票

C. 存入证券公司准备购买股票的款项　　D. 汇到外地并开立采购专户的款项

（三）判断题

1. 企业收到退回的银行汇票多余款项时，记入“其他货币资金”科目的借方。（　　）

2. 商业承兑汇票到期日付款人账户不足支付时，其开户银行应代为付款。（　　）

3. 委托收款和托收承付结算方式都受结算金额起点的限制。（　　）

## 任务 4　应收及预付款项的核算

（一）单项选择题

1. 商业汇票按（　　）不同，分为商业承兑汇票和银行承兑汇票。

A. 收款人　　B. 付款人

C. 承兑人　　D. 被背书人

2. 企业在年末计提坏账准备以后，“坏账准备”科目的余额（　　）。

A. 可能在借方　　B. 一定在借方

C. 一定在贷方　　D. 可能在借方或贷方

3. 企业应按期计提坏账准备，对于已确认的坏账损失，应借记（　）。

A. “管理费用”科目　　B. “财务费用”科目

C. “坏账准备”科目　　D. “信用减值损失”科目

4. 企业的应收票据在到期时承兑人无力偿还票款的，应将其转入（　　）科目。

A. “应收账款”　　B. “应付账款”　　C. “其他应收款”　　D. “预收账款”

5. 预付账款不多的企业，可以不设“预付账款”科目，而将预付账款记入（　　）。

A. “应收账款”科目的借方　　B. “应收账款”科目的贷方

C. “应付账款”科目的借方　　D. “应付账款”科目的贷方

6. 企业将持有的不带息商业汇票向银行申请贴现，支付给银行的贴现息应计入的会计科目是（　　）

A. “财务费用”　　B. “管理费用”　　C. “投资收益”　　D. “营业外支出”

7. 甲公司为增值税一般纳税人，向乙公司销售商品一批，商品价款为 20 万元、增值税税额为 2.6 万元；以银行存款支付代垫运费 1 万元、增值税税额 0.09 万元，上述业务均已开具增值税专用发票，全部款项尚未收到。不考虑其他因素，甲公司应收账款的入账金额为（　　）万元。

A. 21　　B. 22.6　　C. 23.69　　D. 20

8. 企业采用托收承付结算方式销售一批商品，增值税专用发票上注明的价款为 1 000 万元，增值税税额为 130 万元，销售商品为客户代垫运输费 5 万元，全部款项已办妥托收手续。不考虑其他因素，该企业应确认的应收账款为（　　）万元。

A. 1 000　　B. 1 005　　C. 1 130　　D. 1 135

9. 下列各项中，应在"预付账款"科目贷方核算的是（　　）。

A. 收回多预付款项　　B. 预付购入设备的款项

C. 收到购货款　　D. 发出商品

10. 下列各项中，企业不应通过"其他应收款"科目核算的是（　　）。

A. 应向客户收取的租出包装物租金　　B. 应向客户收取的赊销商品价款

C. 应向保险公司收取的财产意外损失赔款　　D. 应向职工收取的代垫水电费

11. 下列各项中，属于"其他应收款"科目核算内容的是（　　）。

A. 为购货单位垫付的运费　　B. 应收的提供服务款

C. 应收的销售商品款　　D. 为职工垫付的房租

12. 下列应收、暂付款项中，不通过"其他应收款"科目核算的是（　　）。

A. 应收保险公司赔款　　B 应向购货方收取的代垫运杂费

C. 应向职工收取的各种垫付款项　　D. 应收出租包装物的租金

13. 下列各项中，企业计提应收款项坏账准备应借记的会计科目是（　　）。

A. "营业外支出"　　B. "信用减值损失"

C. "公允价值变动损益"　　D. "资产减值损失"

14. 2024 年初，某企业"坏账准备"科目的贷方余额为 10 万元，当期实际发生坏账损失 5 万元。经减值测试，2024 年年末"坏账准备"科目应保持的贷方余额为 16 万元。不考虑其他因素，年末该企业应计提坏账准备的金额为（　　）万元。

A. 11　　B. 6　　C. 16　　D. 1

15. 某企业年初"坏账准备"科目的贷方余额为 20 万元，本年收回上年已确认为坏账的应收账款 5 万元，经评估确定"坏账准备"科目的年末贷方余额应为 30 万元。不考虑其他因素，该企业年末应计提的坏账准备为（　　）万元。

A. 5　　B. 10　　C. 15　　D. 30

16. 2024 年初，甲公司"坏账准备——应收账款"科目贷方余额为 3 万元，3 月 20 日收回已核销的坏账 12 万元，并入账。12 月 31 日，"应收账款"科目余额为 220 万元（所属明细科目为借方余额），评估减值金额为 20 万元。不考虑其他因素，2024 年末该公司应计提的坏账准备金额为（　　）万元。

A. 17　　B. 29　　C. 20　　D. 5

17. 2024 年 12 月 1 日，甲公司"坏账准备——应收账款"科目贷方余额为 1 万元，12 月 16 日，收回已作坏账转销的应收账款 2 万元。12 月 31 日，应收账款账面余额为 120 万元，经评估，应收账款的账面价值为 110 万元。不考虑其他因素，12 月 31 日，甲公司应计提的坏账准备金额为（　　）万元。

A. 10　　B. 8　　C. 7　　D. 9

(二)多项选择题

1. 下列各项,构成应收账款入账价值的有(    )。

A. 增值税销项税额　　B. 商业折扣

C. 代购货方垫付的保险费　　D. 销售货款

E. 代购货方垫付的运杂费

2. 下列各项中,应计入“坏账准备”科目贷方的有(    )。

A. 按规定提取的坏账准备　　B. 当期发生的坏账损失

C. 收回已确认为坏账并转销的应收账款　　D. 冲回多提的坏账准备

E. 补提的坏账准备

3. 下列关于现金折扣与商业折扣的说法,正确的是(    )。

A. 商业折扣是指在商品标价上给予的扣除

B. 现金折扣是指债权人为鼓励债务人早日付款,而向债务人提供的债务扣除

C. 存在商业折扣的情况下,企业应收账款入账金额应按扣除商业折扣后的实际售价确认

D. 我国会计实务中采用总价法核算存在现金折扣的交易

E. 总价法是将未减去现金折扣前的金额作为实际售价,记作应收账款的入账价值

4. 下列各项中,应计入“应收票据”科目借方的有(    )。

A. 销售商品收到银行汇票　　B. 销售原材料收到商业承兑汇票

C. 提供服务收到的银行承兑汇票　　D. 销售原材料收到的转账支票

5. 按现行准则规定,通过“应收票据”和“应付票据”账户核算的票据包括(    )。

A. 银行承兑汇票　　B. 信用证保证金存款

C. 银行本票存款　　D. 商业承兑汇票

6. 关于“预付账款”账户,下列说法正确的有(    )。

A. “预付账款”属于负债性质的账户

B. 预付账款情况不多的企业,可以不单独设置“预付账款”账户,将预付的货款计入“应付账款”的借方

C. “预付账款”账户贷方余额反映的是应付供应单位的款项

D. “预付账款”账户核算企业应销售业务产生的往来款项

7. 下列各项中,属于“其他应收款”科目核算内容的有(    )。

A. 租入包装物支付的押金

B. 出差人员预借的差旅费

C. 被投资单位已宣告但尚未发放的现金股利

D. 为职工垫付的水电费

8. 下列各项中,不应通过“其他货币资金”科目核算的有(    )。

A. 销售商品收到的购货方交来的商业汇票

B. 销售货物收到的银行承兑汇票

C. 存放在企业其他部门和个人的备用金

D. 租入包装物支付的存出保证金

9. 下列各项中,引起应收账款账面价值发生增减变化的有(    )。

A. 计提应收账款坏账准备　　B. 结转已到期未兑现的商业承兑汇票

C. 收回应收账款　　D. 收回已作为坏账转销的应收账款

10. 下列各项中，会引起应收账款账面余额发生增减变动的有(　　)。

A. 计提坏账准备　　B. 收回应收账款

C. 转销坏账准备　　D. 已转销的坏账又收回

11. 下列会计处理中，应记入“坏账准备”科目贷方的有(　　)。

A. 首次按“应收账款”账户期末余额计算坏账准备

B. 收回已确认并转销的坏账

C. 期末“坏账准备”账户余额在贷方，且大于计提前坏账准备的余额

D. 冲销多计提的坏账准备

(三)判断题

1. 在存在现金折扣的情况下，企业应收账款入账金额应按没有扣除现金折扣的实际售价确定。(　　)

2. 应收账款附有现金折扣条件的，应按照扣除现金折扣前的应收账款总额入账。(　　)

3. “坏账准备”账户期末余额在贷方，在资产负债表上列示时，应列示于“坏账准备”项目中。(　　)

4. 已确认为坏账的应收账款，并不意味着企业放弃了其追索权，一旦重新收回，应及时入账。(　　)

5. 企业计提坏账准备时按照应计提的金额，借记“信用减值损失”科目。(　　)

6. 企业采购商品或接受服务采用银行汇票结算时，应通过“应付票据”科目核算。(　　)

7. 不单独设置“预付账款”科目的企业，预付的款项可以通过“应收账款”科目核算。(　　)

8. 企业应向保险公司收取的财产损失赔款，应通过“应收账款”科目核算。(　　)

9. 备抵法下，转销无法收回的应收账款，应冲减坏账准备和应收账款。(　　)

## 二、技能考核

**项目 1**

| 项目名称 | 任务内容清单 |
|---|---|
| 任务情境 | 甲企业 2 月发生下列业务：<br>(1)购入办公用品 320 元，以库存现金支付；<br>(2)从银行提取现金 5 000 元以备零星开支；<br>(3)以库存现金 2 000 元预借职工李立差旅费；<br>(4)以银行存款 60 000 元归还银行长期借款；<br>(5)收回购货方前欠货款 80 000 元存入银行；<br>(6)以银行存款支付业务招待费 2 000 元；<br>(7)将现金 10 000 元存入银行 |
| 任务目标 | 掌握库存现金、银行存款业务的核算方法，完成上述业务的会计处理 |
| 任务要求 | 请你根据任务情境，学习库存现金、银行存款业务核算，完成上述业务的会计处理 |

续表

| 项目名称 | 任务内容清单 |
| --- | --- |
| 任务思考 | |

**项目 2**

| 项目名称 | 任务内容清单 |
| --- | --- |
| 任务情境 | 甲企业为增值税一般纳税人，适用的增值税率为 13%。发生的有关经济业务如下：<br>(1)3 月 5 日，向乙公司赊销商品一批，货款为 200 000 元，增值税销项税额为 26 000 元，销售成本为 220 000 元。付款条件为“2/10，$n$/30”。<br>(2)3 月 20 日，收到乙公司开出的偿付货税款的商业汇票一张，商业汇票面值为 226 000 元、票面利率为 5%、期限为 4 个月。<br>(3)5 月 20 日，将乙公司的商业汇票送至银行申请贴现，贴现率为 6%。<br>要求：根据上述业务编制会计分录。 |
| 任务目标 | 掌握现金折扣、票据贴现的核算方法，完成上述业务的会计处理 |
| 任务要求 | 请你根据任务情境，学习现金折扣、票据贴现核算，完成上述业务的会计处理 |
| 任务思考 | |

# 项目三　存货业务核算

## 学习评价

### 一、理论考核

### 任务2　原材料业务的核算

(一)单项选择题

1. 甲工业企业为增值税一般纳税人，购入材料一批，增值税专用发票上标明的价款为25万元，增值税为3.25万元，另支付材料的保险费2万元、包装物押金2万元。该批材料的采购成本为(　　)万元。

A. 27　　B. 29　　C. 29.25　　D. 31.25

2. 甲工业企业为增值税一般纳税企业。本月购进原材料200千克，货款为6 000元，增值税为780元；发生的保险费为350元，入库前的挑选整理费用为130元；验收入库时发现数量短缺10%，经查属于运输途中的合理损耗。乙工业企业的该批原材料实际单位成本为每千克(　　)元。

A. 32.4　　B. 33.33　　C. 35.28　　D. 36

3. 企业在记录原材料、产成品等存货时采用的明细账格式一般是(　　)。

A. 三栏式明细账　　B. 多栏式明细账

C. 横线登记式明细账　　D. 数量金额式明细账

4. 甲工业企业月初结存材料的计划成本为250万元，材料成本差异为超支45万元；当月入库材料的计划成本为550万元，材料成本差异为节约85万元；当月生产车间领用材料的计划成本为600万元。当月生产车间领用材料的实际成本为(　　)万元。

A. 502.5　　B. 570　　C. 630　　D. 697.5

5. 甲工业企业月初结存材料的计划成本为100 000元，成本差异为节约1 000元；本月入库材料的计划成本为100 000元，成本差异为超支400元。当月生产车间领用材料的计划成本为150 000元。假定该企业按月末计算的材料成本差异率分配结转材料成本差异，则当月生产车间领用材料应负担的材料成本差异为(　　)元。

A. 450　　B. −450　　C. 1 050　　D. −1 050

6. 企业对于已记入“待处理财产损溢”科目的存货盘亏及毁损事项进行会计处理时，应计入管理费用的是(　　)。

A. 管理不善造成的存货净损失　　B. 自然灾害造成的存货净损失

C. 应由保证公司赔偿的存货损失　　D. 应由过失人赔偿的存货损失

7. 乙公司为增值税小规模纳税企业。该企业购入甲材料600千克，每千克不含税单价为50元，运输途中发生合理损耗10千克，入库前发生挑选整理费用200元。该批甲材料的入账价值为(　　)元。

A. 30 000　　B. 32 000　　C. 30 200　　D. 32 700

8. 乙工业企业为增值税小规模纳税人。本期外购原材料一批，购买价格为10 000元，增值税为1 300元，入库前发生的挑选整理费用为500元。该批原材料的入账价值为(　　)元。

A. 10 000　　B. 11 800　　C. 10 500　　D. 12 200

9. 下列各种存货发出的计价方法中，不利于存货成本日常管理与控制的方法是(　　)。

A. 先进先出法　　B. 后进先出法

C. 月末一次加权平均法　　D. 个别计价法

10. 甲工业企业为增值税一般纳税企业，4 月购入 A 材料 1 000 千克，增值税专用发票上注明的买价为 30 000 元，增值税额为 3 900 元。该批 A 材料在运输途中发生 1%的合理损耗，实际验收入库 990 千克，在入库前发生挑选整理费用 300 元。该批入库 A 材料的实际总成本为(　　)元。

A. 29 700　　B. 29 997　　C. 30 300　　D. 35 400

11. 甲工业企业采用计划成本对材料进行日常核算。12 月初结存材料的计划成本为 200 万元，成本差异贷方余额为 3 万元；本月入库材料的计划成本为 1 000 万元，成本差异借方发生额为 6 万元；本月发出材料的计划成本为 800 万元。甲公司按本月材料成本差异率分配本月发出材料应负担的材料成本差异。甲企业 12 月 31 日结存材料的实际成本为(　　)万元。

A. 399　　B. 400　　C. 401　　D. 402

(二)多项选择题

1. 下列各项，构成工业企业外购存货入账价值的有(　　)。

A. 买价　　B. 运杂费

C. 运输途中的合理损耗　　D. 入库前的挑选整理费用

2. 下列明细账，可采用数量金额式账簿的有(　　)。

A. 原材料明细账　　B. 库存商品明细账

C. 制造费用明细账　　D. 应收账款明细账

3. 下列各项与存货相关的费用中，应计入存货成本的有(　　)。

A. 材料采购过程中发生的保险费　　B. 材料入库前发生的挑选整理费

C. 材料入库后发生的储存费用　　D. 材料采购过程中发生的装卸费用

E. 材料采购过程中发生的运输费用

4. 下列项目中，应计入工业企业存货成本的有(　　)。

A. 进口原材料支付的关税　　B. 生产过程中发生的制造费用

C. 原材料入库前的挑选整理费用　　D. 自然灾害造成的原材料净损失

5. 下列项目中，应计入材料采购成本的有(　　)。

A. 制造费用

B. 进口关税

C. 运输途中的合理损耗

D. 一般纳税人购入材料支付的可以抵扣的增值税

6. 企业对发出存货的实际成本进行计价的方法有(　　)。

A. 个别计价法　　B. 加权平均法　　C. 先进先出法　　D. 后进先出法

7. 下列关于存货会计处理的表述中，正确的有(　　)。

A. 存货采购过程中发生的合理损耗计入存货采购成本

B. 存货跌价准备通常应当按照单个存货项目计提，也可分类计提

C. 债务人因债务重组转出存货时不结转已计提的相关存货跌价准备

D. 发出原材料采用计划成本核算的应于资产负债表日调整为实际成本

8. 下列项目中，应确认为购货企业存货的有（　　）。

A. 销售方已确认销售，但尚未发运给购货方的商品

B. 购销双方已签协议约定，但尚未办理商品购买手续

C. 未收到销售方结算发票，但已运抵购货方验收入库的商品

D. 购货方已付款购进，但尚在运输途中的商品

9. 下列有关存货会计处理的表述中，正确的有（　　）。

A. 因自然灾害造成的存货净损失，计入营业外支出

B. 随商品出售单独计价的包装物成本，计入其他业务成本

C. 一般纳税人进口原材料交纳的增值税，计入相关原材料的成本

D. 结转商品销售成本时，将相关存货跌价准备调整主营业务成本

10. 下列与存货相关会计处理的表述中，正确的有（　　）。

A. 应收保险公司存货损失赔偿款计入其他应收款

B. 资产负债表日存货应按成本与可变现净值孰低计量

C. 按管理权限报经批准的盘盈存货价值冲减管理费用

D. 结转销售成本的同时结转其已计提的存货跌价准备

（三）判断题

1. 企业采用计划成本核算原材料，平时收到原材料时应按实际成本借记"原材料"科目，领用或发出原材料时应按计划成本贷记"原材料"科目，期末再将发出材料和期末材料调整为实际成本。（　　）

2. 甲股份有限公司在财产清查时发现的存货盘亏、盘盈，应当于年末结账前处理完毕，如果确实尚未报经批准的，可先保留在"待处理财产损溢"科目中，待批准后再处理。（　　）

3. 企业采用先进先出法计量发出存货的成本，如果本期发出存货的数量超过本期第一次购进存货的数量（假定本期期初无库存），超过部分仍应按本期第一次购进存货的单位成本计算出货的成本。（　　）

## 任务 3　周转材料业务的核算

（一）单项选择题

1. 甲工业企业对随同商品出售而不单独计价的包装物进行会计处理时，该包装物的实际成本应结转到（　　）。

A. "制造费用"科目　　B. "销售费用"科目

C. "管理费用"科目　　D. "其他业务支出"科目

2. 企业对随同商品出售而不单独计价的包装物进行会计处理时，该包装物的实际成本应结转到（　　）科目。

A. "制造费用"　　B. "销售费用"

C. "管理费用"　　D. "其他业务成本"

3. 在销售过程中，随同产品出售单独计价的包装物，结转售出包装物成本时应借记（　　）。

A. "生产成本"账户　　B. "其他业务成本"账户

C. "管理费用"账户　　D. "销售费用"账户

(二)多项选择题

1. 以下关于包装物的核算,正确的有(　　)。

A. 生产领用包装物,借记“生产成本”科目,贷记“周转材料——包装物”科目

B. 随同商品出售而不单独计价的包装物,借记“主营业务成本”科目,贷记“周转材料——包装物”科目

C. 随同商品出售并且单独计价的包装物,借记“其他业务成本”科目,贷记“周转材料——包装物”科目

D. 出租给购货单位使用的包装物,借记“其他业务成本”科目,贷记“周转材料——包装物”科目

2. 下列各项中,关于周转材料会计处理表述,正确的有(　　)。

A. 多次使用的包装物应根据使用次数分次进行摊销

B. 低值易耗品金额较小的可在领用时一次计入成本费用

C. 随同商品销售出借的包装物的摊销额应计入管理费用

D. 随同商品出售单独计价的包装物取得的收入应计入其他业务收入

3. 低值易耗品存货包括(　　)。

A. 原料及主要材料　　B. 工具

C. 管理工具　　D. 劳保用品

4. 采用分次摊销法核算低值易耗品时,需要在“周转材料——低值易耗品”总账下设置的明细账户有(　　)。

A. 在用低值易耗品　　B. 在库低值易耗品

C. 租入低值易耗品　　D. 低值易耗品摊销

5. 包装物核算的范围包括(　　)。

A. 生产领用的包装物　　B. 随同产品销售不单独计价的包装物

C. 随同产品销售单独计价的包装物　　D. 出租和出借的包装物

6. 下列会计处理正确的有(　　)。

A. 生产领用包装物,应将包装物成本计入“生产成本”账户

B. 随产品销售不单独计价的包装物,其成本应转入“其他业务成本”账户

C. 随产品销售单独计价的包装物,其成本应转入“销售费用”账户

D. 出借包装物的摊销应计入“销售费用”账户

(三)判断题

1. 包装物是指企业在生产经营活动中为包装本企业产品而储备的各种包装容器,其增减变动通过“周转材料——包装物”账户核算,期末并入“存货”项目列报。　(　　)

2. 周转材料可以分次摊销,也可以一次摊销,无需在备查簿上登记。　(　　)

3. 出租包装物的一次摊销法,就是在出租包装物报废时一次性全额摊销其成本。　(　　)

### 任务4　委托加工物资的核算

(一)单项选择题

1. 甲工业公司委托外单位加工商品一批,该批委托加工物资为应税消费品。该批物资收回后,直接用于销售,则该企业应于提货时将受托单位代扣代缴的消费税记入(　　)。

A.“委托加工物资”的借方　　B.“应交税费——应交消费税”的借方

C.“应交税费——应交消费税”的贷方　　D.“税金及附加”的借方

2. 甲工业企业为增值税一般纳税人，适用的增值税税率为13%。甲公司委托乙公司（增值税一般纳税人）代为加工一批属于应税消费品的原材料（非金银首饰），该批委托加工原材料收回后用于继续加工应税消费品。发出原材料实际成本为620万元，支付的不含增值税的加工费为100万元，增值税额为13万元，代收代交的消费税额为80万元。该批委托加工原材料已验收入库，其实际成本为（　　）万元。

A. 720　　B. 737　　C. 800　　D. 817

3. 甲、乙公司均为增值税一般纳税人，甲公司委托乙公司加工一批应交消费税的半成品，收回后用于连续生产应税消费品。甲公司发出原材料的实际成本为210万元，支付加工费6万元、增值税0.78万元、消费税24万元。假定不考虑其他相关税费，甲公司收回该半成品的入账价值为（　　）万元。

A. 216　　B. 216.78　　C. 240　　D. 240.78

（二）多项选择题

1. 甲企业为增值税一般纳税人，委托外单位加工一批材料（属于应税消费品，且为非金银首饰）。该批原材料加工收回后用于连续生产应税消费品。甲企业发生的下列各项支出中，会增加收回委托加工材料实际成本的有（　　）。

A. 支付的加工费　　B. 支付的增值税　　C. 负担运杂费　　D. 支付的消费税

2. 甲企业为增值税一般纳税人，委托其他单位加工应税消费品，该产品收回后继续加工。下列各项中，应计入委托加工物资成本的有（　　）。

A. 发出材料的实际资本　　B. 支付给受托人的加工费

C. 支付给委托方的增值税　　D. 受托方代收代缴的消费税

3. 下列税金中，应计入存货成本的有（　　）。

A. 由受托方代扣代交的委托加工继续用于生产应纳消费税的商品负担的消费税

B. 由受托方代扣代交的委托加工直接用于对外销售的商品负担的消费税

C. 进口原材料交纳的进口关税

D. 进口商品交纳的进口消费税

4. 4月21日，甲企业发出实际成本为100万元的原材料，委托乙企业加工成半成品，4月30日加工完成，收回后直接对外出售。甲企业根据乙企业开具的增值税专用发票向其支付加工费5万元和增值税0.65万元，另支付消费税12万元。甲企业和乙企业均为增值税一般纳税人，假定不考虑其他相关税费，下列说法中正确的有（　　）。

A. 原材料的实际成本和加工费、消费税应当计入委托加工物资成本

B. 增值税和消费税应当计入委托加工物资成本

C. 甲企业收回该批委托加工物资的入账价值为117万元

D. 甲企业收回该批委托加工物资的入账价值为117.65万元

5. 甲公司（一般纳税人）委托外地乙工厂加工一批包装物，其实际成本构成应包括（　　）。

A. 加工耗用材料的计划成本　　B. 加工耗用材料应负担的材料成本差异

C. 增值税专用发票上注明的进项税　　D. 支付或负担的加工费用

### 任务5　存货清查和期末计价

(一)单项选择题

1. 企业对生产用材料因自然溢余而产生的盘盈,在报经批准后,应当(　　)。

A. 冲减生产成本　　B. 冲减制造费用　　C. 冲减管理费用　　D. 冲减销售费用

2. 企业对属于非常损失所造成的原材料毁损,应在扣除保险公司赔偿、过失人赔偿以及残料价值后的差额,计入(　　)。

A. 管理费用　　B. 其他业务支出　　C. 制造费用　　D. 营业外支出

3. 甲公司因自然灾害毁损一批材料,其成本为1 000元,增值税进项税额为130元,收到保险公司赔款200元,残料收入100元,批准后记入营业外支出的金额为(　　)元。

A. 1 170　　B. 830　　C. 700　　D. 1 000

4. 甲公司因管理不善毁损一批材料,其成本为1 000元,增值税进项税额为130元,收到保险公司赔款200元,残料收入100元,批准后记入管理费用的金额为(　　)元。

A. 1 170　　B. 830　　C. 700　　D. 1 000

5. 甲公司因暴雨毁损库存原材料一批,其成本为200万元,增值税税额为26万元;收回残料价值8万元,收到保险公司赔偿款112万元。假定不考虑其他因素,经批准,企业确认该材料毁损净损失的会计分录是(　　)(分录中金额单位为万元)。

A. 借:营业外支出　　106
　　贷:待处理财产损溢　　106

B. 借:管理费用　　106
　　贷:待处理财产损溢　　106

C. 借:营业外支出　　80
　　贷:待处理财产损溢　　80

D. 借:管理费用　　80
　　贷:待处理财产损溢　　80

6. 甲公司原材料采用实际成本核算。2024年6月29日,该企业对存货进行全面清查,发现短缺原材料一批,账面成本为12 000元,已计提跌价准备2 000元,经确认,应由保险公司赔款4 000元,由过失人员赔款3 000元,假定不考虑其他因素,该项存货清查业务应确认的净损失为(　　)元。

A. 3 000　　B. 5 000　　C. 6 000　　D. 8 000

(二)多项选择题

1. 企业存货应当定期清查,每年至少清查一次。清查存货采用的方法通常有(　　)。

A. 实地盘点法　　B. 发函询证法　　C. 技术推算法　　D. 对账单核对法

2. 企业发生的原材料盘亏或毁损中,应作为"管理费用"列支的是(　　)。

A. 自然灾害造成的毁损净损失　　B. 保管中发生的定额内自然损耗

C. 收发计量造成的定额内自然损耗　　D. 管理不善造成的盘亏损失

3. 关于存货清查中存货盘盈盘亏的表述中,正确的有(　　)。

A. "待处理财产损溢"科目借方登记存货的盘亏金额、毁损金额及盘盈的转销金额,贷方登记存货的盘盈及盘亏的转销金额

B. 对于应由保险公司和过失人支付的赔款,记入"其他应收款"科目

C. 自然灾害造成的存货毁损，要做进项税额转出

D. 扣除残料价值和应由保险公司、过失人赔款后的净损失，属于一般经营损失的部分，记入“管理费用”科目；属于非常损失的部分，记入“营业外支出——非常损失”科目

4. 下列有关存货会计处理的表述中，正确的有(　　)。

A. 因自然灾害造成的存货净损失，计入营业外支出

B. 随商品出售单独计价的包装物成本，计入其他业务成本

C. 一般纳税人进口原材料交纳的增值税，计入相关原材料的成本

D. 结转商品销售成本时，将相关存货跌价准备调整主营业务成本

5. 下列与存货相关会计处理的表述中，正确的有(　　)。

A. 应收保险公司存货损失赔偿款计入其他应收款

B. 资产负债表日存货应按成本与可变现净值孰低计量

C. 按管理权限报经批准的盘盈存货价值冲减管理费用

D. 结转销售成本的同时结转其已计提的存货跌价准备

(三)判断题

1. 甲股份有限公司在财产清查时发现的存货盘亏、盘盈，应当于年末结账前处理完毕，如果确实尚未报经批准，则可先保留在“待处理财产损溢”科目中，待批准后再处理。(　　)

2. 企业每期都应当重新确定存货的可变现净值，如果以前减记存货价值的影响因素已经消失，则减记的金额应当予以恢复，并在原已计提的存货跌价准备的金额内转回。(　　)

## 二、技能考核

### 项目 1

| 项目名称 | 任务内容清单 |
|---|---|
| 任务情境 | 甲企业为一般纳税人，5 月 18 日从乙企业购入原材料一批，取得的增值税专用发票上注明的原材料价款为 200 000 元，增值税额为 34 000 元。<br>(1)假定发票等结算凭证已经收到，货款已通过银行转账支付，材料已运到并已验收入库(单料同到)；<br>(2)假定购入材料的发票等结算凭证已收到，货款已经银行转账支付，但材料尚未运到(单到料未到)；<br>(3)假定购入的材料已经运到，并已验收入库，但发票等结算凭证尚未收到，货款尚未支付。5 月末，甲企业应按暂估价入账，假定其暂估价为 180 000 元(料到单未到)。<br>要求：编制相关的账务处理。 |
| 任务目标 | 掌握原材料采购业务的核算方法 |
| 任务要求 | 请你根据任务情境，学习原材料的业务核算，完成上述业务的会计处理 |

续表

| 项目名称 | 任务内容清单 |
| --- | --- |
| 任务思考 | |

**项目 2**

| 项目名称 | 任务内容清单 |
| --- | --- |
| 任务情境 | 甲企业委托乙企业加工材料一批(属于应税消费品)。原材料成本为 20 000 元,支付的加工费为 7 000 元(不含增值税),消费税税率为 10%,材料加工完成并已验收入库,加工费用等已经支付。双方适用的增值税税率为 13%。甲企业按照实际成本核算原材料。 |
| 任务目标 | 掌握委托加工业务的核算方法 |
| 任务要求 | 请你根据任务情境,学习委托加工业务核算,完成上述业务的会计处理 |
| 任务思考 | |

## 项目 3

| 项目名称 | 任务内容清单 |
| --- | --- |
| 任务情境 | 甲企业为一般纳税人，月初“材料成本差异”账户贷方余额为 2 600 元，“原材料”账户借方余额为 26 200 元，6 月份，该公司发生的有关原材料收发业务如下：<br>(1)6 月 3 日，购入原材料一批，取得的增值税专用发票上注明的原材料价款为 20 000 元，增值税额为 2 600 元，发票等结算凭证已经收到，货款已通过银行转账支付，材料已验收入库。该批材料的计划成本为 21 000 元。<br>(2)6 月 6 日，购入原材料一批，发票等结算凭证已到，其中列明价款 10 000 元，增值税额 1 300 元，货款已经支付，但到月末材料尚未运到。该批材料的计划成本为 9 000 元。<br>(3)6 月 10 日，购入原材料一批，材料已经运到，并验收入库，但发票等结算凭证尚未收到，货款尚未支付。该批材料的计划成本为 30 000 元。<br>(4)6 月 12 日，收到有关结算凭证并支付货款，假设该批材料的实际成本为 35 000 元，支付的增值税额为 4 550 元。<br>(5)6 月 15 日，购进材料一批，取得的增值税专用发票上注明的原材料价款 3 000 元，增值税额为 390 元。双方商定采用商业承兑汇票结算方式支付货款，付款期限为 3 个月。材料已经到达并验收入库。该批材料的计划成本为 2 800 元。<br>(6)6 月 30 日，汇总本月已付款或已开出承兑商业汇票的入库原材料计划成本为 53 800 元。<br>(7)6 月 30 日，结转本月已经付款或已开出承兑商业汇票的入库原材料的材料成本差异，其实际成本为 58 000 元，<br>(8)6 月 30 日，原材料“发料凭证汇总表”表明，生产车间领用原材料 10 000 元，车间管理部门领用原材料 3 000 元，厂部管理部门领用原材料 7 000 元，销售部门领用原材料 1 000 元，售出原材料 4 000 元。 |
| 任务目标 | 掌握原材料计划成本的核算方法 |
| 任务要求 | 请你根据任务情境，学习原材料计划成本的业务核算，完成上述业务的会计处理 |
| 任务思考 | |

# 项目四 金融资产业务核算

## 学习评价

### 一、理论考核

#### 任务1 以公允价值计量且其变动计入当期损益的金融资产

(一)单项选择题

1. 下列金融资产中,应按公允价值进行初始计量,且交易费用不计入初始入账价值的是(　　)。

A. 交易性金融资产　　B. 持有至到期投资

C. 应收款项　　D. 可供出售金融资产

2. 企业购入交易性金融资产,支付的价款为103万元,其中包含已到期尚未领取的利息3万元,另支付交易费用2万元。该项交易性金融资产的入账价值为(　　)万元。

A. 103　　B. 100　　C. 102　　D. 105

3. 根据《企业会计准则第22号——金融工具确认和计量》的规定,下列交易性金融资产的后续计量表述中,正确的是(　　)。

A. 按照摊余成本进行后续计量

B. 按照公允价值进行后续计量,公允价值变动计入当期投资收益

C. 按照公允价值进行后续计量,变动计入资本公积

D. 按照公允价值进行后续计量,公允价值变动计入当期公允价值变动损益

4. 企业出售交易性金融资产时,应按实际收到的金额,借记"银行存款"科目,按该金融资产的成本,贷记"交易性金融资产(成本)"科目,按该项交易性金融资产的公允价值变动,贷记或借记"交易性金融资产(公允价值变动)"科目,按其差额,贷记或借记(　　)。

A. "公允价值变动损益"科目

B. "资本公积"科目

C. "投资收益"科目

D. "营业外收入"科目

5. 持有交易性金融资产期间被投资单位宣告发放现金股利或在资产负债表日按债券票面利率计算利息时,借记"应收股利"或"应收利息"科目,贷记的会计科目是(　　)。

A. "交易性金融资产"B. "资本公积"　　C. "公允价值变动损益"D. "投资收益"

6. 甲股份有限公司于2月20日以每股6元(包含已宣告尚未发放的现金股利0.25元)的价格购入某上市公司股票25万股,作为交易性金融资产核算。购买该股票支付手续费等5万元。5月25日,收到该上市公司按每股0.25元发放的现金股利。12月31日,该股票的市价为每股5.5元。12月31日,该股票投资的账面价值为(　　)万元。

A. 125　　B. 137.5　　C. 150　　D. 143.75

7. 对于以公允价值计量且其变动计入当期损益的金融资产,下列有关业务中,应贷记"投资收益"的是(　　)。

A. 企业转让交易性金融资产时对持有期间累计产生的公允价值变动损失的处理

B. 企业收到的包含在买价中已到期但尚未领取的利息
C. 资产负债表日，持有的股票市价大于其账面价值
D. 企业持有期间获得的现金股利

8. 关于交易性金融资产的计量，下列说法中正确的是（　　）。
A. 取得交易性金融资产时，要按取得的公允价值和相关交易费用之和作为初始确认金额
B. 应当按取得该金融资产的公允价值作为初始确认金额，相关交易费用发生时计入投资收益
C. 资产负债表日，交易性金融资产的公允价值变动计入当期所有者权益
D. 处置该金融资产时，其公允价值与初始入账金额之间的差额应确认为投资收益，不调整公允价值变动损益

（二）多项选择题

1. 下列各项中，不应计入交易性金融资产的入账价值的有（　　）。
A. 支付的手续费　　B. 支付的印花税
C. 取得时交易性金融资产的公允价值　　D. 已宣告但尚未发放的现金股利

2. 企业持有至到期投资的特点包括（　　）。
A. 有能力持有至到期
B. 发生市场利率变化、流动性需要变化等情况时，将出售该金融资产
C. 有明确意图持有至到期
D. 到期日固定、回收金额固定或可确定

（三）判断题

1. 取得交易性金融资产时支付的交易费用，应计入交易性金融资产的初始入账成本。（　　）

2. 交易性金融资产持有期间被投资单位宣告发放的现金股利，或在资产负债表日按分期付息、一次还本债券投资的票面利率计算的利息，应该冲减交易性金融资产的成本。（　　）

3. 交易性金融资产和可供出售金融资产的相同点是都按公允价值进行后续计量，且公允价值变动计入当期损益。（　　）

4. 收到购买交易性金融资产时支付的价款中包含的已到付息期但尚未领取的利息，应计入当期损益。（　　）

## 二、技能考核

### 项目 1

| 项目名称 | 任务内容清单 |
| --- | --- |
| 任务情境 | 某股份有限公司有关交易性金融资产的资料如下：<br>(1)3 月 9 日以银行存款购入大华公司股票 10 000 股，并准备随时变现，每股买价 16 元，同时支付相关税费 1 000 元。<br>(2)4 月 20 日大华公司宣告发放的现金股利每股为 0.4 元。<br>(3)4 月 21 日又购入大华公司股票 50 000 股，并准备随时变现，每股买价 18.4 元(其中包含已宣告发放尚未支取的股利每股为 0.4 元)，同时支付相关税费 6 000 元。<br>(4)4 月 25 日收到大华公司发放的现金股利 20 000 元。<br>(5)6 月 30 日大华公司股票市价为每股 16.4 元。<br>(6)7 月 18 日该公司以每股 17.5 元的价格转让大华公司股票 30 000 股，扣除相关税费 10 000 元，实得金额为 515 000 元。<br>(7)12 月 31 日大华公司股票市价为每股 18 元。<br>要求：根据上述经济业务编制有关会计分录。 |
| 任务目标 | 掌握交易性金融资产业务的核算方法 |
| 任务要求 | 请你根据任务情境，学习交易性金融资产业务核算，完成上述业务的会计处理 |
| 任务思考 | |

**项目 2**

| 项目名称 | 任务内容清单 |
| --- | --- |
| 任务情境 | 甲企业系上市公司，按季对外提供中期财务报表，按季计提利息。有关业务如下：<br>(1)1 月 5 日，甲企业以赚取差价为目的从二级市场购入一批债券作为交易性金融资产，面值总额为 2 000 万元，票面利率为 6%，3 年期，每半年付息一次，该债券发行日为 2020 年 1 月 1 日。取得时支付的价款为 2 060 万元，含已到付息期但尚未领取的 2020 年下半年的利息 60 万元，另支付交易费用 40 万元，全部价款以银行存款支付。<br>(2)1 月 15 日，收到 2020 年下半年的利息 60 万元。<br>(3)3 月 31 日，该债券公允价值为 2 200 万元。<br>(4)3 月 31 日，按债券票面利率计算利息。<br>(5)6 月 30 日，该债券公允价值为 1 960 万元。<br>(6)6 月 30 日，按债券票面利率计算利息。<br>(7)7 月 15 日，收到 2021 年上半年的利息 60 万元。<br>(8)8 月 15 日，将该债券全部处置，实际收到价款 2 400 万元。<br>要求：根据以上业务编制有关交易性金融资产的会计分录。 |
| 任务目标 | 掌握交易性金融资产的核算方法 |
| 任务要求 | 请你根据任务情境，学习交易性金融资产业务核算，完成上述业务的会计处理 |
| 任务思考 | |

# 项目五　固定资产业务核算

## 学习评价

### 一、理论考核

### 任务 1　固定资产取得的核算

(一)单项选择题

1. 甲企业为增值税一般纳税人，购入生产用设备一台，增值税专用发票上注明价款 10 万元，增值税 1.3 万元，发生运费取得增值税专用发票注明运费 0.5 万元，增值税为 0.045 万元，发生保险费取得增值税专用发票注明保险费 0.3 万元，增值税为 0.018 万元，该设备取得时的成本为(　　)万元。

A. 10.8　　B. 10.818　　C. 10.863　　D. 12.163

2. 甲企业自行建造仓库一幢，购入一批工程物资，增值税专用发票上注明价款 200 万元，增值税金额为 26 万元，已全部用于建造仓库；耗用原材料 50 万元，购入时的增值税税额为 16.5 万元；支付建筑工人工资 30 万元。不考虑其他因素。该仓库建造完成并达到预定可使用状态，其入账价值为(　　)万元。

A. 306　　B. 280　　C. 312.5　　D. 230

3. 某大型生产线达到预定可使用状态前进行联合试车发生的费用，应计入的会计科目是(　　)。

A. "长期待摊费用"　B. "营业外支出"　C. "在建工程"　D. "管理费用"

4. 甲公司购入生产用需安装的旧机器一台，售出单位该机器的账面原价为 500 000 元，双方按质论价，以 410 000 元成交，购入后发生安装成本 8 000 元。款项用银行存款支付，不考虑相关税费，则甲公司在机器安装完毕交付使用时应做的会计分录为(　　)。

A. 借：固定资产　　418 000
　贷：银行存款　　418 000

B. 借：固定资产　　418 000
　贷：在建工程　　418 000

C. 借：固定资产　　511 000
　贷：在建工程　　511 000

D. 借：固定资产　　511 000
　贷：在建工程　　421 000
　　累计折旧　　90 000

5. 购置需安装固定资产的入账价值为(　　)。

A. 含增值税购买价

B. 含增值税购买价＋安装调试费＋包装费＋运费

C. 不含增值税购买价

D. 不含增值税购买价＋安装调试费＋包装费＋运费

6. 为建造固定资产而发生的利息支出，在固定资产达到预定可使用状态后发生的，应计入(　　)。

A. 在建工程　　B. 财务费用　　C. 营业费用　　D. 固定资产

7. 固定资产的特征不包括(　　)。

A. 为生产商品、提供劳务而持有的　　B. 为出租或经营管理而持有的

C. 单位价值较高　　D. 使用寿命超过一个会计年度

8. 对于固定资产的成本，下列说法错误的是(　　)。

A. 以一笔款项购入多项没有单独标价的固定资产，应当按照各项固定资产账面价值比例对总成本进行分配，分别确定各项固定资产的成本

B. 购买固定资产的价款超过正常信用条件延期支付，实质上具有融资性质的，固定资产的成本以购买价款的现值为基础确定

C. 自行建造固定资产的成本，由建造该项资产达到预定可使用状态前所发生的必要支出构成

D. 外购固定资产的成本,包括购买价款、相关税费、使固定资产达到预定可使用状态前所发生的可归属于该项资产的运输费、装卸费、安装费和专业人员服务费等

(二)多项选择题

1. 采用自营方式建造固定资产的情况下,下列项目中应计入固定资产取得成本的有(　　)。

A. 工程耗用原材料

B. 工程人员工资

C. 工程领用本企业商品的实际成本

D. 企业行政管理部门为组织和管理生产经营活动而发生的管理费用

2. 外购固定资产的入账价值包括(　　)。

A. 买价　　B. 运杂费　　C. 安装调试费　　D. 保险费

3. 企业已入账的固定资产,在下列情况下可以调整固定资产账面价值的有(　　)。

A. 发现原记固定资产价值有错误　　B. 对固定资产进行改良

C. 将固定资产的一部分拆除　　D. 根据实际价值调整原来的暂估价

E. 对固定资产进行大修理

4. 自营工程领用本企业产品时应做的分录为(　　)。

A. 借:在建工程　　B. 借:工程物资

C. 贷:应交税费　　D. 贷:库存商品

5. 下列与企业购建一栋厂房相关的支出中,构成固定资产入账价值的有(　　)。

A. 支付的增值税

B. 支付的耕地占用税

C. 自建厂房借款在工程建造过程中发生的利息

D. 支付的建筑工人工资

(三)判断题

1. 企业接受其他单位的固定资产投资时,"固定资产"账户入账金额应考虑投资方原账面价值,但"实收资本"账户应按双方合同约定的价值入账。(　　)

2. 以一笔款项购入多项没有单独标价的固定资产,应当按照各项固定资产的账面价值比例对总成本进行分配,分别确定各项固定资产的成本。(　　)

3. 在建工程项目达到预定可使用状态前,试生产产品对外出售取得的收入应冲减工程成本。(　　)

4. 企业固定资产一经入账,其入账价值均不得作任何变动。(　　)

5. 企业采用出包方式建造固定资产时按合同规定向建造承包商预付的款项,应在资产负债表中列示为非流动资产。(　　)

6. 在建工程达到预定可使用状态前试运转所发生的净支出,应当计入营业外支出。(　　)

## 任务 2　固定资产折旧的核算

(一)单项选择题

1. 甲公司某设备的账面原价为 100 000 元,预计使用年限为 5 年,预计净残值为 5 000 元,按双倍余额递减法计提折旧。该设备在第 2 年应计提的折旧额为(　　)元。

A. 40 000　　B. 24 000　　C. 14 400　　D. 6 000

2. 甲公司购入生产用设备一台,价款为 30 000 元,增值税率为 13%,支付运杂费 300 元,

安装费 1 500 元,预计使用 8 年,净残值率为 3%。若按年数总和法折旧,则该设备第三年的折旧额为(　　)元。

A. 5 141　　B. 5 974.5　　C. 6 150　　D. 6 000

3. 与年限平均法相比,采用年数总和法对固定资产计提折旧将使(　　)。

A. 计提折旧的初期,企业利润减少,固定资产原值减少

B. 计提折旧的初期,企业利润减少,固定资产净值减少

C. 计提折旧的后期,企业利润减少,固定资产原值减少

D. 计提折旧的后期,企业利润减少,固定资产净值减少

4. 下列固定资产中,应计提折旧的是(　　)。

A. 未提足折旧提前报废的房屋　　B. 闲置的房屋

C. 已提足折旧继续使用的房屋　　D. 经营租赁租入的房屋

5. 下列设备中,不应计提固定资产折旧的是(　　)。

A. 季节性停用的大型设备　　B. 已提足折旧仍在使用的大型设备

C. 以融资租赁方式租入的大型设备　　D. 以经营租赁方式租出的大型设备

6. 一台机器设备原值为 80 000 元,估计净残值 8 000 元,预计可使用 12 年,按直线法计提折旧,则第二年应计提折旧为(　　)元。

A. 6 600　　B. 6 000　　C. 7 000　　D. 8 000

7. 某固定资产使用年限为 5 年,在采用年数总和法计提折旧的情况下,第一年的年折旧率为(　　)。

A. 20%　　B. 33%　　C. 40%　　D. 50%

8. 某固定资产原值为 250 000 元,预计净残值为 6 000 元,预计可以使用 8 年,按照双倍余额递减法计算,第二年应提取的折旧(　　)元。

A. 46 875　　B. 45 750　　C. 61 000　　D. 30 500

9. 下列固定资产中,应计提折旧的是(　　)。

A. 季节性停用的设备　　B. 当月交付使用的设备

C. 未提足折旧提前报废的设备　　D. 已提足折旧继续使用的设备

10. 企业的下列固定资产按规定不应计提折旧的是(　　)。

A. 经营性租入的设备　　B. 融资租入的设备

C. 经营性租出的房屋　　D. 未使用的房屋

11. 企业现有固定资产原值为 960 万元,其中上月已提足折旧额仍继续使用的设备为 60 万元。采用年限平均法计提折旧,所有设备的月折旧率均为 1%。不考虑其他因素,该企业当月应计提的折旧额为(　　)万元。

A. 9.6　　B. 9.4　　C. 9　　D. 9.2

12. 甲公司是增值税一般纳税人,2024 年 2 月 1 日购入需要安装的设备一台,取得的增值税专用发票上注明的设备价款为 100 万元,增值税税额为 13 万元。购买过程中,以银行存款支付运杂费等费用 13 万元(不考虑相关税费)。安装时,领用材料 6 万元,该材料负担的增值税税额为 0.78 万元;支付安装工人工资 13 万元。该设备于 2024 年 3 月 30 日达到预定可使用状态。甲公司对该设备采用年限平均法计提折旧,预计使用年限为 10 年,预计净残值为 0。假定不考虑其他因素,2024 年该设备应计提的折旧额为(　　)万元。

A. 9　　B. 9.9　　C. 11　　4. 13.2

13. 甲公司生产设备原价为 800 万元，预计净残值为 38.4 万元，预计可使用 5 年，采用双倍余额递减法计提折旧。至 2024 年 12 月 31 日，该设备已使用 3 年，账面净值为 172.8 万元，未计提固定资产减值准备。不考虑其他因素，该设备 2025 年应计提的折旧额为(　　)万元。

A. 86.4　　B. 67.2　　C. 53.76　　D. 69.12

14. 甲企业采用双倍余额递减法计算固定资产折旧。2024 年 12 月购入一项固定资产，原价为 200 000 元，预计使用年限为 5 年，预计净残值为 4 000 元，不考虑其他因素，2025 年该项固定资产应计提的折旧额为(　　)元。

A. 80 000　　B. 65 333　　C. 39 200　　D. 78 400

(二)多项选择题

1. 下列各类机器设备，应计提折旧的有(　　)。

A. 融资租入的机器设备　　B. 经营租入的机器设备

C. 季节性停用的机器设备　　D. 已提足折旧继续使用的机器设备

2. 影响企业某一会计期间固定资产折旧额的主要因素有(　　)。

A. 固定资产原价　　B. 预计净残值

C. 使用寿命　　D. 折旧方法

E. 固定资产减值准备

3. 下列各项中，应计提固定资产折旧的有(　　)。

A. 短期租入的设备

B. 经营租出的办公楼

C. 已投入使用但未办理竣工决算的厂房

D. 已达到预定可使用状态但未投产的设备

4. 甲企业购入一台设备，其原价为 2 000 万元，预计使用年限为 5 年，预计净残值为 5 万元，采用双倍余额递减法计提折旧。下列各项中，正确的有(　　)。

A. 2025 年折旧额为 665 万元　　B. 应计折旧总额为 1 995 万元

C. 年折旧率为 33%　　D. 2025 年折旧额为 800 万元

5. 下列各项中，关于企业固定资产折旧的会计处理表述，正确的有(　　)。

A. 自行建造厂房使用自有固定资产，计提的折旧应计入在建工程成本

B. 基本生产车间使用自有固定资产，计提的折旧应计入制造费用

C. 经营租出的固定资产，其计提的折旧应计入管理费用

D. 专设销售机构使用的自有固定资产，计提的折旧应计入销售费用

6. 我国会计实务中，允许的加速折旧方法包括(　　)。

A. 年限平均法　　B. 工作量法

C. 双倍余额递减法　　D. 年数总和法

7. 计提固定资产折旧时，始终考虑固定资产净残值的折旧方法有(　　)。

A. 年限平均法　　B. 工作量法

C. 双倍余额递减法　　D. 年数总和法

(三)判断题

1. 已达到预定可使用状态暂按估计价值确定成本的固定资产，在办理竣工决算后，应按实际成本调整原来的暂估价值，但不需调整原已计提的折旧额。　　(　　)

2. 已达到预定可使用状态但在年度内尚未办理竣工决算手续的固定资产，应按估计价值

暂估入账，并计提折旧，办理竣工决算手续后，如果与原暂估入账的金额不等，则需要调整“固定资产”科目的金额，但无需调整已经计提的累计折旧金额。 （ ）

3. 企业对经营租入的固定资产和融资租入的固定资产均应按照自有资产对其计提折旧。 （ ）

4. 固定资产提足折旧后，不论能否继续使用，均不再计提折旧；提前报废的固定资产，也不再补提折旧。 （ ）

5. 工作量法计提折旧的特点是每年提取的折旧额相等。 （ ）

6. 企业一般应当按月提取折旧，当月增加的固定资产，当月计提折旧；当月减少的固定资产，当月不提折旧。 （ ）

### 任务3 固定资产后续支出的核算

（一）单项选择题

1. 甲企业为延长A设备的使用寿命，3月份对其进行改良，并于当月完工，改良时发生相关支出共计20万元，估计能使甲设备延长使用寿命2年。根据3月末的账面记录，A设备的原账面原价为120万元，已提折旧为57万元，未计提减值准备，则该企业3月份可以予以资本化的甲设备后续支出为（ ）万元。

A. 0　B. 15　C. 18　D. 20

2. 甲公司对一幢办公楼进行更新改造，该办公楼原值为1 000万元，已计提折旧500万元。更新改造过程中发生支出600万元，被替换部分账面原值为100万元，出售价款为2万元。不考虑相关税费，则新办公楼的入账价值为（ ）万元。

A. 1 100　B. 1 050　C. 1 048　D. 1 052

3. 甲公司对生产设备进行改良，发生资本化支出共计45万元，被替换旧部件的账面价值为10万元，该设备原价为500万元，已计提折旧300万元。不考虑其他因素，该设备改良后的入账价值为（ ）万元。

A. 245　B. 235　C. 200　D. 190

4. 甲公司的一项固定资产日常修理账面原价为2 000万元，采用年限平均法计提折旧，预计使用寿命为10年，预计净残值为0。在第4个折旧年度末企业对该项固定资产的某一主要部件进行更换，发生支出合计1 000万元，符合准则规定的固定资产确认条件。被更换部件的账面原价为800万元，出售取得变价收入1万元。固定资产更新改造后的入账价值为（ ）万元。

A. 2 200　B. 1 720　C. 1 200　D. 2 199

（二）多项选择题

1. 固定资产的后续支出可能计入的科目有（ ）。

A.“管理费用”　B.“在建工程”　C.“销售费用”　D.“财务费用”

2. 固定资产的后续支出，包括（ ）。

A. 更新改造支出　B. 修理费　C. 折旧费　D. 安装费

3. 下列业务应通过“在建工程”科目核算的是（ ）。

A. 购入需要安装的固定资产　B. 改扩建的固定资产

C. 日常修理的固定资产　D. 自营建造的固定资产

（三）判断题

1. 企业对固定资产进行更新改造时应当将该固定资产账面价值转入在建工程，并将被替换部件的变价收入冲减在建工程。（　　）

2. 企业生产车间发生的固定资产日常修理费用应确认为制造费用。（　　）

3. 不满足固定资产确认条件的固定资产修理费用等，称为费用化后续支出，应当在发生时计入当期损益。（　　）

4. 改扩建工程完工达到预计可使用状态后，应按重新确定的固定资产原价、使用寿命、预计净残值和折旧方法计提折旧。（　　）

5. 企业生产车间发生的固定资产费用化后续支出应记入制造费用。（　　）

## 任务 4　固定资产处置的核算

（一）单项选择题

1. 企业的固定资产进行处置时一般应先通过下列哪个会计科目进行核算？（　　）

A. 待处理财产损溢　　B. 固定资产清理

C. 管理费用　　D. 营业外支出

2. 某企业出售一台旧设备，原价为 23 万元，已计提折旧 5 万元。出售该设备开具的增值税专用发票上注明的价款为 20 万元，增值税税额为 2.6 万元，发生的清理费用为 1.5 万元，不考虑其他因素，该企业出售设备应确认的净收益为（　　）万元。

A. −2.9　　B. 0.5　　C. 20　　D. 2

3. 某企业处置一项固定资产收回的价款为 80 万元，该资产原价为 100 万元，已计提折旧 60 万元，计提减值准备 5 万元，处置发生清理费用 5 万元。不考虑其他因素，处置该资产对当期利润总额的影响金额为（　　）万元。

A. 40　　B. 80　　C. 50　　D. 35

（二）多项选择题

1. 下列各项中，应通过“固定资产清理”科目核算的有（　　）。

A. 固定资产盘亏的账面价值　　B. 固定资产更新改造支出

C. 固定资产毁损净损失　　D. 固定资产出售的账面价值

2. 下列各项中，影响固定资产清理净损益的有（　　）。

A. 清理固定资产发生的清理费用　　B. 清理固定资产的变价收入

C. 清理固定资产的账面价值　　D. 清理固定资产耗用的材料成本

3. 下列各项中，可以记入当期损益的是（　　）。

A. 与固定资产有关的后续支出

B. 购买固定资产实际支付的价款与购买价款的现值之间的差额

C. 固定资产按月计提的折旧

D. 固定资产盘亏造成的损失，应当计入当期损益

4. 企业在生产经营期间对报废的固定资产进行会计处理时，发生的净损益应计入（　　）科目。

A. “营业外收入”　　B. “其他业务收入”

C. “管理费用”　　D. “营业外支出”

E. “其他业务成本”

5. 确定固定资产处置损益时，应考虑的因素有（　　）。

A. 固定资产原价　　B. 增值税　　C. 土地增值税　　D. 清理人工费

6. 下列各项应通过“固定资产清理”科目核算的有（　　）。

A. 固定资产报废　　B. 固定资产出售
C. 固定资产扩建　　D. 固定资产对外投资
E. 固定资产盘亏

（三）判断题

1. 企业报废的固定资产清理完毕，应将“固定资产清理”科目的余额转入“资产处置损益”科目。（　　）

2. 企业因经营业务调整出售固定资产而发生的处置净损失，应记入“营业外支出”科目。（　　）

3. 固定资产清理净收益，属于生产经营期间的，贷记“其他业务收入”科目。（　　）

4. 固定资产清理过程中，应由保险公司或过失人赔偿的损失，应冲减清理支出。（　　）

5. 固定资产清理结束后，若“固定资产清理”科目结转前为贷方余额的，则表明企业有清理净收益。（　　）

### 任务 5　固定资产清查和期末计价

（一）单项选择题

1. 下列各项中，企业通过“待处理财产损溢”科目核算的业务是（　　）。

A. 固定资产报废　　B. 固定资产减值　　C. 固定资产盘盈　　D. 固定资产盘亏

2. 下列各项中，按管理权限报经批准后计入营业外支出的是（　　）。

A 因管理不善造成的原材料盘亏　　B. 固定资产盘亏净损失
C. 无法查明原因的现金短缺　　D. 由过失人赔付的库存商品毁损

3. 2024 年 12 月 31 日，丁公司的某生产线存在可能发生减值的迹象。经计算，该生产线的可收回金额为 200 万元，账面原价为 400 万元，已提折旧 120 万元，以前年度未对该生产线计提减值准备。该固定资产 2024 年 12 月 31 日应计提的减值准备金额为（　　）万元。

A. 80　　B. 200　　C. 0　　D. 120

（二）多项选择题

1. 某公司年末固定资产清查时发现上年购入的一台设备未入账，其重置成本为 10 000 元，该公司按净利润的 10%提取法定盈余公积。不考虑其他因素，下列各项中，该设备盘盈的会计处理错误的有（　　）。

A. 借：以前年度损益调整　　10 000
　贷：盈余公积——法定盈余公积　　1 000
　　利润分配——未分配利润　　9 000

B. 借：待处理财产损溢　　10 000
　贷：营业外收入　　10 000

C. 借：固定资产　　10 000
　贷：以前年度损益调整　　10 000

D. 借：固定资产　　10 000
　贷：待处理财产损溢　　10 000

2. 下列各项中，会导致企业固定资产账面价值减少的事项有（　　）。

A. 计提固定资产折旧　　B. 提前报废固定资产

C. 盘亏固定资产　　D. 确认固定资产减值损失

（三）判断题

1. 减值确认后的固定资产折旧费应当在未来期间作相应调整，以使固定资产在剩余使用寿命内系统分摊调整后的固定资产账面价值。（　　）

2. 固定资产可回收金额，是根据资产的公允价值减去处置费用后的净额与资产预计未来现金流量的现值，两者之间较低者确定。（　　）

3. 固定资产可回收金额低于其账面价值的差额为资产减值损失，计入当期损益。（　　）

## 二、技能考核

**项目 1**

| 项目名称 | 任务内容清单 |
|---|---|
| 任务情境 | 甲公司自行建造仓库一座，购入为工程准备的各种物资 200 000 元，支付的增值税额为 26 000 元，实际领用工程物资（含增值税）210 600 元，剩余物资转作企业存货；另外还领用了企业生产用原材料一批，实际成本为 30 000 元；分配工程人员工资 50 000 元，企业辅助生产车间为工程提供有关劳务支出 10 000 元，工程完工交付使用。 |
| 任务目标 | 掌握固定资产的核算方法 |
| 任务要求 | 请你根据任务情境，学习自行建造固定资产的业务核算，完成上述业务的会计处理 |
| 任务思考 | |

**项目 2**

| 项目名称 | 任务内容清单 |
|---|---|
| 任务情境 | 甲企业 5 月 5 日对一生产线进行改、扩建，改、扩建前该生产线的原价为 900 万元，已提折旧 200 万元，已提减值准备 50 万元。在改、扩建过程中领用工程物资 300 万元，领用生产用原材料 50 万元。发生改、扩建人员工资 80 万元，用银行存款支付其他费用 61.5 万元。该生产线于 12 月 20 日达到预定可使用状态，该企业对改、扩建后的固定资产采用年限平均法计提折旧，预计尚可使用年限为 10 年，预计净残值为 50 万元。 |
| 任务目标 | 掌握改、扩建固定资产的核算方法 |
| 任务要求 | 请你根据任务情境，学习改、扩建固定资产的业务核算，完成上述业务的会计处理 |
| 任务思考 | |

**项目 3**

| 项目名称 | 任务内容清单 |
|---|---|
| 任务情境 | 甲企业出售房屋一幢，账面原价为 500 000 元，已提折旧 140 000 元，出售时以银行存款支付发生清理费用 600 元，出售价款为 320 000 元。 |
| 任务目标 | 掌握固定资产出售业务的核算方法 |
| 任务要求 | 请你根据任务情境，学习固定资产的出售业务核算，完成上述业务的会计处理 |

续表

| 项目名称 | 任务内容清单 |
| --- | --- |
| 任务思考 | |

# 项目六　无形资产业务核算

## 学习评价

### 一、理论考核

#### 任务1　无形资产的认知

(一)单项选择题

1. 下列项目中,应确认为无形资产的是(　　)。
   A. 企业自创商誉　B. 企业内部产生的品牌
   C. 企业内部研究开发项目研究阶段的支出　D. 企业购入的专利权
2. 企业出租无形资产所取得的收入,计入(　　)科目。
   A. “营业外收入”　B. “投资收益”
   C. “其他业务收入”　D. “主营业务收入”
3. 企业自行开发无形资产,在研究开发过程中发生的各种费用计入(　　)科目。
   A. “管理费用”　B. “无形资产”
   C. “研发支出”　D. “营业外支出”
4. 无形资产在确认后发生的支出,应当在发生时计入(　　)。
   A. 在建工程　B. 无形资产　C. 当期损益　D. 营业外支出
5. 企业根据有关规定申请取得土地使用权支付的土地出让金,作为(　　)处理。
   A. 当期费用　B. 无形资产　C. 生产成本　D. 投资成本

6. 企业自行开发并按法定程序申请取得的无形资产，按依法取得时发生的注册费、律师费，计入(　　)科目。

A. “无形资产”　　B. “营业外支出”

C. “管理费用”　　D. “其他业务支出”

7. 企业出售无形资产所取得的净收益，应计入(　　)科目。

A. “其他业务收入”　　B. “资产处置损益”

C. “投资收益”　　D. “主营业务收入”

8. 无形资产预期不能给企业带来经济利益时，应将其账面价值列入(　　)科目。

A. “营业外支出”　　B. “其他业务成本”

C. “管理费用”　　D. “投资收益”

9. 关于企业内部研究开发项目的支出，下列说法中错误的是(　　)。

A. 企业内部研究开发项目的支出，应当区分研究阶段支出与开发阶段支出

B. 企业内部研究开发项目研究阶段的支出，应当于发生时计入当期损益

C. 企业内部研究开发项目开发阶段的支出，应确认为无形资产

D. 企业内部研究开发项目开发阶段的支出，可能确认为无形资产，也可能确认为费用

10. 甲公司出售所拥有的无形资产一项，取得收入 300 万元，营业税税率为 5%。该无形资产取得时实际成本为 400 万元，已摊销 120 万元，已计提减值准备 50 万元。甲公司出售该项无形资产应计入当期损益的金额为(　　)万元。

A. −100　　B. −20　　C. 70　　D. 55

11. 无形资产是指企业拥有或控制的没有实物形态的可辨认非货币性资产。无形资产不包括的内容有(　　)。

A. 专利权　　B. 非专利技术　　C. 土地使用权　　D. 商誉

12. 甲企业自行研究开发一项新产品专利技术，在研究开发过程中发生材料费 3 000 万元、职工薪酬 1 000 万元，以及其他费用 4 000 万元，总计 8 000 万元，其中，符合资本化条件的支出为 5 000 万元。期末，该专利技术已经达到预定用途，则无形资产的入账成本为(　　)万元。

A. 5 000　　B. 8 000　　C. 0　　D. 4 000

(二)多项选择题

1. 关于无形资产的确认，应同时满足的条件有(　　)。

A. 必须是外购的

B. 应符合无形资产的定义

C. 与该无形资产有关的经济利益很可能流入企业

D. 该无形资产的成本能够可靠地计量

2. 关于无形资产的初始计量，下列说法中正确的是(　　)。

A. 外购无形资产的成本，包括购买价款、相关税费以及直接归属于使该项资产达到预定用途所发生的其他支出

B. 购入无形资产超过正常信用条件延期支付价款，实质上具有融资性质的，应按所购无形资产购买价款总额入账

C. 投资者投入无形资产的成本，应当按照投资合同或协议约定的价值确定，但合同或协议约定价值不公允的除外

D. 自行开发的无形资产，其成本包括自满足无形资产确认条件后至达到预定用途前所发生的支出总额，但对于以前期间已经费用化的支出不再进行调整

3. 下列事项中，符合现行会计制度规定的是（　　）。

A. 购入的无形资产按实际支付的价款作为实际成本

B. 投资者投资转入的无形资产按投资各方确定的价值（公允价值）作为其实际成本

C. 自创的无形资产按其研发过程中发生的实际支出作为其初始成本

D. 无形资产在确认后发生的支出计入当期损益

4. 下列各项中，会引起无形资产账面价值发生增减变动的有（　　）。

A. 对无形资产计提减值准备

B. 发生无形资产后续支出

C. 摊销无形资产成本

D. 转让无形资产所有权

5. 下列关于无形资产研发支出的说法，正确的有（　　）。

A. 企业内部研究开发项目研究阶段的支出，应该计入无形资产的成本

B. 企业内部研究开发项目研究阶段的支出，应该计入“研发支出”科目，于期末转入“管理费用”科目

C. 企业内部研究开发项目开发阶段的支出，符合资本化条件时可以资本化

D. 符合资本化条件但尚未完成的开发费用，期末应保留在“研发支出”科目中

6. 下列关于无形资产处置的说法中，正确的有（　　）。

A. 无形资产预期不能为企业带来经济利益的，应将该无形资产的账面价值予以转销，其账面价值转作当期营业外支出

B. 企业出售无形资产的，应将所取得的价款与该无形资产的账面价值的差额计入当期损益

C. 无形资产预期不能为企业带来经济利益的，也应按原预定方法和使用寿命摊销

D. 企业出租无形资产获得的租金收入应通过“其他业务收入”科目核算

E. 企业出售无形资产发生的净损益通过“营业外收入”或“营业外支出”科目核算

7. 下列有关无形资产的会计处理中，不正确的是（　　）。

A. 转让无形资产使用权所取得的收入应计入营业外收入

B. 使用寿命不确定的无形资产，不应摊销

C. 转让无形资产所有权所发生的支出应计入其他业务成本

D. 购入但尚未投入使用、使用寿命确定的无形资产的价值不应进行摊销

8. 下列有关无形资产的后续计量中，说法不正确的是（　　）。

A. 使用寿命不确定的无形资产应按10年的期限进行摊销

B. 无形资产必须采用直线法进行摊销

C. 使用寿命确定的无形资产应该按照系统、合理的方法摊销

D. 企业无形资产的摊销方法应当反映与该项无形资产有关的经济利益的预期实现方式

（三）判断题

1. 企业开发阶段发生的支出应全部资本化，计入无形资产成本。（　　）

2. 企业取得的使用寿命有限的无形资产均应按直线法摊销。（　　）

3. 内部开发无形资产的成本仅包括在满足资本化的时点至无形资产达到预定用途前发生的支出总和，对于同一项无形资产在开发过程中达到资本化条件之前已经费用化计入当期损益的支出应该进行调整。 ( )

4. 企业自行开发无形资产的研发支出，无论是否满足资本化条件，均应先在“研发支出”账户中归集。 ( )

5. 企业出售无形资产，应将所得价款与该项无形资产的账面价值之间的差额计入当期的其他业务利润。 ( )

### 二、技能考核

**项目 1**

| 项目名称 | 任务内容清单 |
|---|---|
| 任务情境 | 甲企业自 2024 年 1 月 1 日开始自行研究开发一项新产品专利技术，2024 年 10 月该项专利技术获得成功，达到预定用途。2024 年在研究开发过程中发生材料费 400 万元、人工工资 80 万元以及支付的其他费用 50 万元，共计 530 万元，其中，符合资本化条件的支出为 380 万元；2024 年在研究开发过程中发生材料费 180 万元、人工工资 60 万元以及支付的其他费用 40 万元，共计 280 万元，其中符合资本化的支出为 250 万元。 |
| 任务目标 | 掌握自行研发无形资产业务的核算方法 |
| 任务要求 | 请你根据任务情境，学习自行研发无形资产的业务核算，完成上述业务的会计处理 |
| 任务思考 | |

# 项目七　长期股权投资的核算

## 学习评价

### 一、理论考核

(一)单项选择题

1. 甲公司出资 1 000 万元，取得了乙公司 80%的控股权，假如购买股权时乙公司的账面净资产价值为 1 200 万元，甲、乙公司合并前后同受一方控制，则甲公司确认的长期股权投资成本为（　　）万元。

A. 1 000　　B. 1 500　　C. 800　　D. 960

2. 甲、乙两家公司属于非同一控制下的独立公司。甲公司于 7 月 1 日以本企业的固定资产对乙公司投资，取得乙公司 60%的股份。该固定资产原值为 1 500 万元，已计提折旧 400 万元，已提取减值准备 50 万元。7 月 1 日，该固定资产的公允价值为 1 250 万元。乙公司 7 月 1 日所有者权益为 2 000 万元。甲公司该项长期股权投资的成本为（　　）万元。

A. 1 500　　B. 1 050　　C. 1 200　　D. 1 250

3. 根据《企业会计准则第 2 号——长期股权投资》的规定，长期股权投资采用权益法核算时，初始投资成本大于应享有被投资单位可辨认资产公允价值份额之间的差额，正确的会计处理是（　　）。

A. 计入投资收益　　B. 冲减资本公积

C. 计入营业外支出　　D. 不调整初始投资成本

4. 甲、乙两家公司同属丙公司的子公司。甲公司于 3 月 1 日以发行股票方式自乙公司的股东处取得乙公司 60%的股份。甲公司发行 3 000 万股普通股股票，该股票每股面值为 1 元。乙公司在 3 月 1 日所有者权益为 4 000 万元，甲公司在 3 月 1 日资本公积为 360 万元，盈余公积为 200 万元，未分配利润为 400 万元。甲公司该项长期股权投资的初始投资成本为（　　）万元。

A. 2 400　　B. 3 000　　C. 3 640　　D. 960

5. 企业以发行权益性证券取得的长期股权投资，不构成企业合并的情况下，应当按照发行权益性证券的（　　）作为初始投资成本。

A. 账面价值　　B. 公允价值

C. 支付的相关税费　　D. 市场价格

6. 投资者投入的长期股权投资，如果合同或协议约定价值不公允，则应当按照（　　）作为初始投资成本。

A. 投资合同或协议约定的价值　　B. 账面价值

C. 公允价值　　D. 账面余额

7. 根据《企业会计准则第 2 号——长期股权投资》的规定，长期股权投资采用权益法核算时，下列各项最终不会引起长期股权投资账面价值变动的是（　　）。

A. 被投资单位持有的可供出售权益工具的公允价值上升

B. 被投资单位发生净亏损

C. 被投资单位计提盈余公积

D. 被投资单位宣告发放现金股利

8. 长期股权投资采用权益法核算时，长期股权投资的初始投资成本小于投资时应享有被投资单位可辨认净资产公允价值份额的，应按其差额，借记“长期股权投资——成本”科目，贷记科目是（　　）。

A. “投资收益”　　B. “资本公积——其他资本公积”

C. “营业外收入”　　D. “长期股权投资——其他权益变动”

9. 长期股权投资采用权益法核算时，在持股比例不变的情况下，被投资单位除净损益以外所有者权益的增加，企业按持股比例计算应享有的份额，借记的科目是（　　）。

A. “长期股权投资——股权投资准备” B. “资本公积——其他资本公积”
C. “长期股权投资——损益调整” D. “长期股权投资——其他权益变动”

(二)多项选择题

1. 长期股权投资成本法的适用范围包括(　　)。
A. 投资企业能够对被投资企业实施控制的长期股权投资
B. 投资企业对被投资企业具有共同控制的长期股权投资
C. 投资企业对被投资企业不具有共同控制或重大影响,并且在活跃市场中没有报价、公允价值不能可靠计量的长期股权投资
D. 投资企业对被投资企业不具有共同控制或重大影响,但在活跃市场中有报价、公允价值能够可靠计量的长期股权投资

2. 在同一控制下的企业合并中,合并方取得的净资产账面价值与支付的合并对价账面价值(或发行股份面值总额)的差额,可能调整(　　)。
A. 盈余公积 B. 资本公积 C. 营业外收入 D. 投资收益

3. 在非企业合并情况下,下列各项中构成长期股权投资初始投资成本的有(　　)。
A. 投资时支付的不含应收股利的价款
B. 为取得长期股权投资而发生的评估、审计、咨询费
C. 投资时支付的税金及其他必要支出
D. 投资时支付款项中所含的已宣告而尚未领取的现金股利

4. 根据《企业会计准则第 2 号——长期股权投资》的规定,长期股权投资采用成本法核算时,下列各项可能会引起长期股权投资账面价值变动的有(　　)。
A. 追加投资 B. 减少投资
C. 被投资企业实现净利润 D. 被投资企业宣告发放现金股利

5. 下列长期股权投资中,应采用成本法核算的有(　　)。
A. 投资企业对子公司的长期股权投资
B. 投资企业对合营企业的长期股权投资
C. 投资企业对联营企业的长期股权投资
D. 投资企业对被投资单位不具有重大影响,并且在活跃市场中没有报价、公允价值不能可靠计量的长期股权投资

(三)判断题

1. A 公司购入 B 公司 5%的股份,买价为 161 000 元,其中含有已宣告但尚未领取的现金股利 4 000 元,那么 A 公司取得长期股权投资的成本为 161 000 元。(　　)

2. 长期股权投资采用成本法核算的,应按被投资单位宣告发放的现金股利或利润中属于本企业的部分,借记“应收股利”科目,贷记“投资收益”科目;属于被投资单位在本企业取得投资前实现净利润的分配额,应该借记“应收股利”科目,贷记“资本公积”科目。(　　)

3. 采用权益法核算的长期股权投资的初始投资成本大于投资时应享有被投资单位可辨认净资产公允价值份额的,其差额不调整长期股权投资的成本。(　　)

4. 在成本法下,当被投资企业发生盈亏时,投资企业并不做账务处理;当被投资企业宣告分配现金股利时,投资方应将分得的现金股利确认为投资收益。(　　)

5. 同一控制下的企业合并形成的长期股权投资,合并方以转让非现金资产作为合并对价的,应当以转让的非现金资产的公允价值作为长期股权投资的初始投资成本。(　　)

### 二、技能考核

**项目 1**

| 项目名称 | 任务内容清单 |
|---|---|
| 任务情境 | 2022 年 1 月 1 日，A 公司与 B 公司进行非同一控制下的企业合并，A 公司以银行存款 1 000 万元取得 B 公司 80%的股份。B 公司所有者权益的账面价值为 1 400 万元，可辨认净资产公允价值为 1 200 万元。2022 年 5 月 2 日，B 公司宣告分配 2021 年度现金股利 200 万元，5 月 10 日，B 公司实际发放现金股利，2022 年度 B 公司实现利润 400 万元。2023 年 5 月 2 日，B 公司宣告分配现金股利 600 万元，2023 年度 B 公司实现利润 600 万元，2023 年 5 月 10 日，B 公司实际发放现金股利。2024 年 5 月 2 日，B 公司将宣告分配现金股利 400 万元，2024 年 5 月 10 日，B 公司将实际发放现金股利。<br>要求：做出 A 公司上述股权投资的会计处理(金额单位为万元)。 |
| 任务目标 | 掌握长期股权投资业务的核算方法 |
| 任务要求 | 请你根据任务情境，学习长期股权投资业务核算，完成上述业务的会计处理 |
| 任务思考 | |

# 项目八　投资性房地产的核算

## 学习评价

### 一、理论考核

**任务 1　投资性房地产初始计量的核算**

(一)单项选择题

1. 下列项目不属于投资性房地产的是(　　)。
   A. 已出租的建筑物
   B. 持有并准备增值后转让的土地使用权
   C. 持有并准备增值后转让的房屋建筑物
   D. 已出租的土地使用权

2. 下列投资性房地产初始计量的表述，不正确的有(　　)。

A. 外购的投资性房地产按照购买价款、相关税费和可直接归属于该资产的其他支出确认成本

B. 自行建造投资性房地产的成本，由建造该项资产达到可销售状态前所发生的必要支出构成

C. 债务重组取得的投资性房地产按照债务重组的相关规定处理

D. 非货币性资产交换取得的投资性房地产按照非货币性资产交换准则的规定处理

3. 3月1日，甲公司购入一幢建筑物用于出租，取得发票上注明的价款为300万元，款项以银行存款支付。购入该建筑物发生的契税为5万元也以银行存款支付。该投资性房地产的入账价值为(　　)万元。

A. 305　　B. 300　　C. 5　　D. 295

(二)多项选择题

1. 下列表述正确的有(　　)。

A. 按照国家有关规定认定的闲置土地属于持有并准备转让的土地使用权

B. 某项房地产部分用于出租，部分用于自用，能够区分的，分开核算出租部分和自用部分

C. 某项房地产部分用于出租，部分用于自用，能够区分的，分开核算出租部分和自用部分，不能区分的，全部作为投资性房地产核算

D. 某项房地产部分用于出租，部分用于自用，能够区分的，分开核算出租部分和自用部分，不能区分的，全部作为自用房产核算

2. 下列属于企业投资性房地产的有(　　)。

A. 企业经营租赁方式出租的办公楼　　B. 企业自行建造的已出租的厂房

C. 企业生产经营用的房地产　　D. 企业经营租赁方式出租的生产线

3. 下列各项中，不属于投资性房地产的是(　　)。

A. 房地产企业开发的准备出售的商品房

B. 房地产企业开发的已出租的房屋

C. 企业持有的准备增值后转让的土地使用权

D. 企业以经营租赁方式租入的生产线

4. 下列项目中不属于投资性房地产的有(　　)。

A. 已出租的生产线　　B. 持有并准备增值后转让的建筑物

C. 按照国家有关规定认定的闲置土地　　D. 经营租赁方式租入的建筑物再出租的

(三)判断题

1. 企业自行建造房地产达到预定可使用状态后一段时间才对外出租或用于资本增值的，直接将其作为投资性房地产进行核算。(　　)

2. 外购投资性房地产的成本，包括购买价款、相关税费和可直接归属于该资产的其他支出。(　　)

## 任务2　投资性房地产后续计量的核算

(一)单项选择题

1. 甲公司的投资性房地产采用公允价值计量模式。7月1日，甲公司将一项固定资产转换为投资性房地产。该固定资产的账面余额为200万元，已提折旧20万元，已经计提的减值

准备为 10 万元。该投资性房地产的公允价值为 190 万元。转换日投资性房地产的入账价值为(　　)万元。

A. 200　　B. 190　　C. 170　　D. 180

2. 自用房地产转换为采用公允价值模式计量的投资性房地产,投资性房地产应当按照转换当日的公允价值计量。转换当日的公允价值大于原账面价值的差额通过(　　)科目核算。

A. "营业外收入"　　B. "公允价值变动损益"

C. "资本公积"　　D. "其他业务收入"

3. 企业的投资性房地产采用公允价值计量模式。1 月 1 日,该企业将一项固定资产转换为投资性房地产。该固定资产的账面余额为 100 万元,已提折旧 20 万元,已经计提的减值准备为 10 万元,转换当日的公允价值为 65 万元,转换日影响当期损益的金额是(　　)万元。

A. 0　　B. 5　　C. 15　　D. 35

4. 某企业采用公允价值模式对投资性房地产进行后续计量,6 月 10 日达到预定可使用状态的自行建造的办公楼对外出租,该办公楼建造成本为 2 500 万元,预计使用年限为 30 年,预计净残值为 100 万元。在采用年限平均法计提折旧的情况下,当年该办公楼应计提的折旧为(　　)万元。

A. 80　　B. 40　　C. 0　　D. 83.33

5. 甲企业 1 月 1 日外购一幢建筑物。该建筑物的售价(含税)为 400 万元,以银行存款支付。该建筑物用于出租,年租金为 40 万元。每年年初收取租金。该企业对此项投资性房地产采用公允价值模式进行后续计量。12 月 31 日,该建筑物的公允价值为 430 万元。不考虑相关的税费,当年该项交易影响当期损益的金额为(　　)万元。

A. 70　　B. 40　　C. 30　　D. 50

6. 企业对以公允价值模式进行后续计量的投资性房地产取得的租金收入应该贷记(　　)科目。

A. "投资收益"　　B. "公允价值变动损益"

C. "营业外收入"　　D. "其他业务收入"

7. 某企业采用公允价值模式对投资性房地产进行后续计量,6 月 10 日达到预定可使用状态的自行建造的办公楼对外出租,该办公楼建造成本为 2 500 万元,预计使用年限为 30 年,预计净残值为 100 万元。在采用年限平均法计提折旧的情况下,当年该办公楼应计提的折旧为(　　)万元。

A. 80　　B. 40　　C. 0　　D. 83.33

(二) 多项选择题

1. 下列关于投资性房地产后续计量模式的变更,正确的表述是(　　)。

A. 企业对投资性房地产的计量模式一经确定,不得随意变更

B. 成本模式转为公允价值模式的,应当作为会计政策变更处理

C. 已采用公允价值模式计量的投资性房地产,不得从公允价值模式转为成本模式

D. 计量模式变更时公允价值与账面价值的差额,调整期初留存收益(未分配利润和盈余公积)

2. 对投资性房地产的后续计量,下列说法中正确的是(　　)。

A. 企业通常应当采用成本模式对投资性房地产进行后续计量,也可采用公允价值模式对投资性房地产进行后续计量

B. 企业选择采用公允价值模式对投资性房地产进行后续计量的，以后期间也可采用成本模式对投资性房地产进行后续计量

C. 投资性房地产的后续计量模式一经确定，不得随意变更

D. 企业只能采用公允价值模式对投资性房地产进行后续计量

3. 企业将自用房地产或存货转换为采用公允价值模式计量的投资性房地产，下列说法正确的有(　　)。

A. 自用房地产或存货转换为采用公允价值模式计量的投资性房地产，该项投资性房地产应当按照转换当日的账面价值计量

B. 自用房地产或存货转换为采用公允价值模式计量的投资性房地产，该项投资性房地产应当按照转换当日的公允价值计量

C. 转换当日的公允价值小于原账面价值的差额计入公允价值变动损益

D. 转换当日的公允价值小于原账面价值的差额计入资本公积(其他资本公积)

4. 下列情况下，企业可将其他资产转换为投资性房地产的有(　　)。

A. 原自用生产线停止自用改为出租

B. 房地产企业将开发的准备出售的商品房改为经营出租

C. 自用建筑物停止自用改为经营出租

D. 经营出租的土地使用权收回改为自用

5. 采用公允价值模式进行后续计量的投资性房地产，应当同时满足(　　)条件。

A. 企业能够取得交易价格的信息

B. 投资性房地产所在地有活跃的房地产交易市场

C. 所有的投资性房地产有活跃的房地产交易市场

D. 企业能够从活跃的房地产交易市场上取得同类或类似房地产的市场价格及其他相关信息，从而对投资性房地产的公允价值作出合理的估计

6. 将投资性房地产转换为其他资产或者将其他资产转换为投资性房地产，关于转换日的确定，叙述正确的有(　　)。

A. 企业于 5 月 15 日开始将原本用于出租的房地产改用于自身生产使用，则该房地产的转换日为 5 月 15 日

B. 房地产开发企业 6 月 30 日决定将其持有的开发产品以经营租赁的方式出租，租赁期开始日为 7 月 1 日，则该房地产的转换日为 7 月 1 日

C. 企业 10 月 20 日将原本用于经营管理的土地使用权停止自用，于 11 月 30 日改用于资本增值，则该房地产的转换日为 10 月 20 日

D. 企业 6 月 4 日将原本用于生产商品的房地产改用于出租，租赁期开始日为 7 月 1 日，则该房地产的转换日为 7 月 1 日

7. 关于投资性房地产的后续计量，下列说法正确的有(　　)。

A. 采用公允价值模式计量的，应对投资性房地产计提折旧或进行摊销

B. 已采用公允价值模式计量的投资性房地产，可以从公允价值模式转为成本模式

C. 已经采用成本模式计量的，可以转为采用公允价值模式计量

D. 采用成本模式计量的，应对投资性房地产计提折旧或进行摊销

8. 下列各项中，影响企业当期损益的是(　　)。

A. 采用成本模式计量，期末投资性房地产的可收回金额高于账面价值的差额

B. 采用成本模式计量，期末投资性房地产的可收回金额高于账面余额的差额

C. 企业将采用公允价值计量的投资性房地产转为自用的房地产，转换日的公允价值高于账面价值的差额

D. 自用的房地产转换为采用公允价值模式计量的投资性房地产时，转换日房地产的公允价值小于账面价值的差额

(三)判断题

1. 已采用公允价值模式计量的投资性房地产，不得从公允价值模式转为成本模式。（　　）

2. 采用成本模式计量的投资性房地产转为公允价值模式计量时，按照会计政策变更处理。（　　）

3. 采用公允价值模式计量的投资性房地产转为成本模式时，按照会计政策变更处理。（　　）

## 任务3　投资性房地产处置的核算

(一)单项选择题

1. 企业处置一项以成本模式计量的投资性房地产，实际收到的金额为70万元，投资性房地产的账面余额为120万元，累计计提的折旧金额为60万元，计提的减值准备金额为20万元。假设不考虑相关税费，处置该项投资性房地产的净收益为(　　)万元。

A. 30　　B. 20　　C. 40　　D. 10

2. 处置采用公允价值模式计量的投资性房地产时，下列说法正确的是(　　)。

A. 应将确认的投资性房地产累计公允价值变动金额转入其他业务收入，从而影响当期营业利润

B. 应将原来在转换日计入公允价值变动损益的金额转入其他业务收入，从而影响当期营业利润

C. 应将确认的投资性房地产累计公允价值变动影响公允价值变动损益的金额转入其他业务收入，但不影响当期营业利润

D. 对于投资性房地产的累计公允价值变动金额，在处置时不需要进行会计处理

3. 企业出售、转让、报废投资性房地产时，应当将所处置投资性房地产的账面价值计入(　　)。

A. 公允价值变动损益　　B. 投资收益

C. 其他业务成本　　D. 资本公积

(二)多项选择题

1. 下列关于成本计量模式下企业处置投资性房地产会计处理的说法中，正确的有(　　)。

A. 应使用“投资性房地产清理”科目

B. 应按实收金额贷记“其他业务收入”科目

C. 应按投资性房地产的账面价值借记“其他业务成本”科目

D. 应将实收金额与投资性房地产账面价值之间的差额计入营业外收支

2. 企业出售、转让、报废投资性房地产时，不应将所处置投资性房地产的收入计入(　　)。

A. 投资收益　　B. 公允价值变动损益

C. 营业外收入　　D. 营业外支出

3. 下列各项应该计入工业企业的“其他业务收入”科目的有(　　)。
   A. 出售投资性房地产的收入
   B. 投资性房地产的租金收入
   C. 出售自用房屋的处置收益
   D. 将持有并准备增值后转让的建筑物转让时所取得的收益

## 二、技能考核

### 项目 1

| 项目名称 | 任务内容清单 |
| --- | --- |
| 任务情境 | 2024 年 1 月 25 日,A 公司自行建造投资性房地产,建造过程中发生如下有关支出:领用生产用原材料 10 000 万元,购进该批原材料时支付的增值税进项税额为 1 300 万元;辅助生产车间为该工程提供的劳务支出为 30 万元;计提有关人员工资 40 万元、福利费 10 万元。2024 年 12 月 26 日,该投资性房地产达到预定可使用状态交付使用,当日就与甲公司签订了经营租赁协议,租赁期开始日为 2025 年 1 月 1 日,租赁期为 3 年,每年年末收取租金 400 万元,A 公司对该投资性房地产采用成本模式进行后续计量,其预计使用年限为 40 年,预计净残值为 20 万元,采用直线法计提折旧,不考虑其他因素。<br>要求:编制 2021 年、2025 年上述业务的有关会计分录(单位:万元)。 |
| 任务目标 | 掌握投资性房地产取得业务的核算方法 |
| 任务要求 | 请你根据任务情境,学习投资性房地产取得业务的核算及成本模式计量方法,完成上述业务的会计处理 |
| 任务思考 | |

**项目 2**

| 项目名称 | 任务内容清单 |
|---|---|
| 任务情境 | B公司于2022年1月1日将一幢办公楼对外出租并采用公允价值模式计量，租期为3年，每年12月31日收取租金150万元。出租时该幢办公楼的账面余额为2 400万元，累计计提的折旧金额为400万元，未计提减值准备，公允价值为2 100万元；2022年12月31日，该幢办公楼的公允价值为2 200万元；2023年12月31日，该幢办公楼的公允价值为2 150万元；2024年12月31日，该幢办公楼的公允价值为2 000万元。2023年1月5日，将该幢办公楼对外出售，收到2 100万元存入银行。 |
| 任务目标 | 掌握投资性房地产后续计量的核算方法 |
| 任务要求 | 请你根据任务情境，学习投资性房地产后续计量，完成上述业务的会计处理 |
| 任务思考 | |

# 项目九 负债业务核算

## 学习评价

### 一、理论考核

### 任务1 短期借款的核算

(一)单项选择题

1. 企业因日常业务经营需要向银行借入短期借款，利息按月预提、按季支付。下列各项中，预提借款利息应贷记的会计科目是(　　)。

A. “应付利息”　　B. “应付账款”　　C. “合同负债”　　D. “短期借款”

2. 2021年9月1日，某企业向银行借入资金350万元用于生产经营，借款期限为3个月，年利率为6%，到期一次还本付息，利息按月计提。下列各项中，关于该借款相关科目的会计处理结果，正确的是(　　)。

A. 借入款项时，借记“短期借款”科目 350 万元

B. 借款到期归还本息时，贷记“银行存款”科目 355.25 万元

C. 每月预提借款利息时，贷记“财务费用”科目 5.25 万元

D. 每月预提借款利息时，借记“应付利息”科目 1.75 万元

3. 企业在生产经营期间的资产负债表日，按合同利率计算的短期借款利息费用的会计处理正确的是（　　）。

A. 借记“财务费用”科目，贷记“短期借款”科目

B. 借记“财务费用”科目，贷记“其他应付款”科目

C. 借记“财务费用”科目，贷记“应付利息”科目

D. 借记“短期借款”科目，贷记“应付利息”科目

4. 假设甲公司每月末计提利息，每季度末收到银行寄来的短期借款利息付款通知单时，应贷记的科目是（　　）。

A. “库存现金”　　B. “银行存款”　　C. “财务费用”　　D. “应付利息”

（二）多项选择题

1. 下列各项中，关于制造业企业预提短期借款利息的会计处理，正确的有（　　）。

A. 借记“制造费用”科目　　B. 贷记“应付账款”科目

C. 贷记“应付利息”科目　　D. 借记“财务费用”科目

2. 下列各项中，属于流动负债的有（　　）。

A. 预收账款　　B. 其他应付款

C. 预付账款　　D. 一年内到期的非流动负债

### 任务 2　长期借款的核算

（一）单项选择题

1. 下列属于长期负债的项目是（　　）。

A. 应付债券　　B. 应付票据　　C. 应付利润　　D. 应付账款

2. 下列项目中，不属于借款费用的是（　　）。

A. 借款手续费　　B. 借款佣金

C. 发行公司债券的佣金　　D. 发行公司股票的佣金

3. 长期借款利息的计算和支付，应通过（　　）科目核算。

A. “应付利息”　　B. “其他应付款”

C. “长期应付款”　　D. “长期借款”

（二）多项选择题

1. 企业的下列筹资方式中，属于长期负债的包括（　　）。

A. 发行 3 年期的公司债券　　B. 发行 9 个月的公司债券

C. 向银行借入 2 年期的借款　　D. 融资租入固定资产的租赁费

E. 发行普通股票

2. “长期借款”科目的借方反映的内容有（　　）。

A. 借入的长期借款本金　　B. 应计的长期借款利息

C. 偿还的长期借款本金　　D. 偿还的长期借款利息

E. 偿还的应付债券利息

## 任务3 应付及预收款项的核算

(一)单项选择题

1. 下列各项中,企业以银行存款支付银行承兑汇票手续费应借记的会计科目是(　　)。

A.“财务费用”　B.“管理费用”　C.“研发费用”　D.“在建工程”

2. 下列各项中,企业签发的银行承兑汇票到期无力支付时,应将未支付的票款计入的会计科目是(　　)。

A.“短期借款”　B.“其他应付款”　C.“应付账款”　D.“营业外支出”

3. 下列各项中,企业对于到期无力支付票款的商业承兑汇票,转销时应贷记的会计科目是(　　)。

A.“短期借款”　B.“其他应付款”　C.“预收账款”　D.“应付账款”

4. 企业因债权人撤销而转销无法支付的应付账款时,应按所转销的应付账款账面余额计入(　　)。

A. 资本公积　B. 其他应付款　C. 管理费用　D. 营业外收入

5. 预收账款业务不多的企业,可以不设“预收账款”科目,而将预收的款项直接计入(　　)科目。

A.“其他应收款”　B.“应付账款”　C.“其他应付款”　D.“应收账款”

(二)多项选择题

1. 下列各项中,引起“应付票据”科目金额发生增减变动的有(　　)。

A. 开出商业承兑汇票购买原材料

B. 转销已到期无力支付票款的商业承兑汇票

C. 转销已到期无力支付票款的银行承兑汇票

D. 支付银行承兑汇票手续费

2. 企业发生赊购商品业务,下列各项中影响应付账款入账金额的有(　　)。

A. 商品价款　B. 增值税进项税额

C. 现金折扣　D. 销货方代垫运杂费

(三)判断题

1. 企业对于确实无法支付的应付账款,经核准应按其账面余额计入营业外收入。(　　)

2. 应付账款附有现金折扣的,应按照扣除现金折扣前的应付账款总额入账。因在折扣期限内付款而获得的现金折扣,应在偿付应付账款时冲减财务费用。(　　)

## 任务4 应付职工薪酬的核算

(一)单项选择题

1. 下列各项中,不属于企业职工薪酬组成内容的是(　　)。

A. 根据设定提存计划计提应向单独主体缴存的提存金

B. 为鼓励职工自愿接受裁减而给予职工的补偿

C. 按国家规定标准提取的职工教育经费

D. 为职工代扣代缴的个人所得税

2. 下列各项中,不属于企业职工薪酬的是(　　)。

A. 为职工报销因公差旅费　B. 为职工缴纳的医疗保险

C. 为职工缴存的住房公积金　　D. 支付职工技能培训费

3. 下列各项中，企业按税法规定代扣个人所得税，应借记的会计科目是(　　)。

A. “财务费用”　　B. “应付职工薪酬”　　C. “税金及附加”　　D. “管理费用”

4. 下列各项中，企业根据本月“工资费用分配汇总表”分配所列财务部门人员薪酬时，应借记的会计科目是(　　)。

A. “管理费用”　　B. “主营业务成本”　　C. “其他业务成本”　　D. 财务费用

5. 下列各项中，企业应记入“应付职工薪酬”科目贷方的是(　　)。

A. 支付职工的培训费

B. 发放职工工资

C. 确认因解除与职工劳动关系应给予的补偿

D. 缴存职工基本养老保险费

6. 7 月 31 日，甲企业确认本月应发放生产车间职工的降温补贴 11 500 元，其中，车间生产工人 8 500 元，车间管理人员 3 000 元。全部款项将于发放职工工资时支付。下列各项中，该企业会计处理正确的是(　　)。

A. 借：生产成本　　8 500
　　管理费用　　3 000
　贷：其他应付款　　11 500

B. 借：生产成本　　8 500
　　制造费用　　3 000
　贷：其他应付款　　11 500

C. 借：生产成本　　8 500
　　管理费用　　3 000
　贷：应付职工薪酬——职工福利　　11 500

D. 借：生产成本　　8 500
　　制造费用　　3 000
　贷：应付职工薪酬——职工福利费　　11 500

7. 甲公司共有 200 名职工。从 2024 年 1 月 1 日起，该公司实行累积带薪缺勤制度。该制度规定，每名职工每年可享受 5 个工作日带薪年休假，未使用的年休假只能向后结转一个公历年度，超过 1 年未行使的权利作废；职工休年休假时，首先使用当年可享受的权利，不足部分再从上年结转的带薪年休假余额中扣除，在职工离开公司时，对未使用的累积带薪年休假无权获得现金支付。2024 年 12 月 31 日，每个职工当年平均未使用带薪年休假为 2 天。根据过去的经验并预期该经验将继续适用，甲公司预计 2025 年有 150 名职工将享受不超过 5 天的带薪年休假，剩余 50 名总部管理人员每人将平均享受 6 天带薪年休假，该公司平均每名职工每个工作日工资为 400 元。甲公司 2024 年年末因累积带薪缺勤计入管理费用的金额为(　　)元。

A. 20 000　　B. 120 000　　C. 60 000　　D. 0

8. 某家电生产企业以其生产的每台成本为 800 元的微波炉作为非货币性福利发放给职工，发放数量为 100 台，该型号的微波炉不含增值税的市场售价为 1 000 元，适用的增值税税率为 13%。不考虑其他因素，该企业确认职工薪酬的金额应为(　　)元。

A. 90 400　　B. 80 000　　C. 100 000　　D. 113 000

9. 某纺织业企业为增值税一般纳税人，适用的增值税税率为 13%。该企业以其生产的服装作为福利发放给 100 名生产车间管理人员，每人一套，每套服装不含税售价为 350 元，成本为 280 元。不考虑其他因素，下列各项中，该企业关于非货币性福利的会计处理结果，错误的是(　　)。

A. 确认制造费用 39 550 元　　B. 确认应付职工薪酬 39 550 元

C. 确认主营业务收入 39 550 元　　D. 确认增值税销项税额 4 550 元

10. 下列各项中，企业为管理人员提供免费使用汽车的折旧费，应借记的会计科目是(　　)。

A. “制造费用”　　B. “生产成本”

C. “营业外支出”　　D. “应付职工薪酬”

11. 企业将自有房屋无偿提供给本企业行政管理人员使用，下列各项中，关于计提房屋折旧的会计处理，表述正确的是(　　)。

A. 借记“其他业务成本”科目，贷记“累计折旧”科目

B. 借记“其他应收款”科目，贷记“累计折旧”科目

C. 借记“营业外支出”科目，贷记“累计折旧”科目

D. 借记“管理费用”科目，贷记“应付职工薪酬”科目

12. 甲公司为增值税一般纳税人，适用的增值税税率为 13%。1 月 2 日，甲公司董事会决定将本公司生产的 500 件产品作为福利发放给公司管理人员，该批产品单件成本为 1.2 万元，市场销售价格为每件 2 万元(不含增值税)，不考虑其他相关税费，甲公司在当年因该项业务应计入管理费用的金额为(　　)万元。

A. 600　　B. 770　　C. 1 000　　D. 1 130

13. 甲公司为高管租赁公寓免费使用，按月以银行存款支付，应编制的会计分录是(　　)。

A. 借记“管理费用”科目，贷记“银行存款”科目

B. 借记“管理费用”科目，贷记“应付职工薪酬”科目

C. 借记“管理费用”科目，贷记“应付职工薪酬”科目；同时借记“应付职工薪酬”科目，贷记“银行存款”科目

D. 借记“资本公积”科目，贷记“银行存款”科目；同时借记“应付职工薪酬”科目，贷记“资本公积”科目

14. 企业从应付职工工资中代扣的职工房租，应借记的会计科目是(　　)。

A. “应付职工薪酬”　　B. “银行存款”

C. “其他应收款”　　D. “其他应付款”

15. 下列各项中，不属于职工薪酬的是(　　)。

A. 辞退福利　　B. 职工福利费

C. 医疗保险费　　D. 职工出差报销的飞机票

(二) 多项选择题

1. 下列各项中，属于“应付职工薪酬”科目核算内容的有(　　)。

A. 正式任命并聘请的独立董事津贴

B. 已订立劳动合同的全职职工的奖金

C. 已订立劳动合同的临时职工的工资

D. 向住房公积金管理机构缴存的住房公积金

2. 下列各项中，关于企业非货币性福利职工薪酬的会计处理表述，错误的有(　　)。

A. 难以认定受益对象的非货币性福利,应当直接计入当期损益
B. 企业租赁汽车供高级管理人员无偿使用,应当将每期应付的租金计入管理费用
C. 企业以自产产品作为非货币性福利发放给销售人员,应当按照产品的实际成本计入销售费用
D. 企业将自有房屋无偿提供给生产工人使用,应当按照该住房的公允价值计入生产成本

3. 下列各项中,应纳入职工薪酬核算的有(　　)。
A. 工会经费　　B. 职工养老保险费
C. 职工住房公积金　　D. 辞退职工经济补偿

4. 下列各项中,属于职工薪酬的有(　　)。
A. 职工出差报销的飞机票　　B. 非货币性福利
C. 职工津贴和补贴　　D. 因解除与职工的劳动关系给予的补偿

5. A 公司管理层 2024 年 11 月 1 日决定停产某车间的生产任务,提出职工没有选择权的辞退计划,规定拟辞退生产工人 200 人、总部管理人员 10 人,并于 2025 年 12 月 31 日执行。已经通知本人,并经董事会批准,辞退补偿为生产工人每人 2 万元、总部管理人员每人 50 万元。2024 年正确的会计处理方法有(　　)。
A. 借记"生产成本"科目 400 万元　　B. 借记"管理费用"科目 500 万元
C. 借记"管理费用"科目 900 万元　　D. 贷记"应付职工薪酬"科目 900 万元

6. 关于非货币性职工薪酬,说法不正确的有(　　)。
A. 难以认定受益对象的非货币性福利,直接计入当期损益和应付职工薪酬
B. 企业将拥有的房屋等资产无偿提供给职工使用的,应当根据受益对象,按照该住房的公允价值计入相关资产成本或当期损益,同时确认应付职工薪酬
C. 企业租赁住房等资产供职工无偿使用的,应当根据受益对象,将每期应付的租金计入相关资产成本或当期损益,并确认应付职工薪酬
D. 企业以其自产产品作为非货币性福利发放给职工的,应当根据受益对象,按照产品的账面价值,计入相关资产成本或当期损益,同时确认应付职工薪酬

7. 企业应当在职工为其提供服务的会计期间,将应付的职工薪酬(不包括辞退福利)确认为负债,并根据职工提供服务的受益对象,分别下列情况处理:(　　)。
A. 应由生产产品、提供劳务负担的职工薪酬,计入产品成本或劳务成本
B. 应由在建工程、无形资产开发成本负担的职工薪酬,计入建造固定资产或无形资产的开发成本
C. A、B 两项之外的其他职工薪酬,计入当期损益
D. 企业应当严格按照辞退计划条款的规定,合理预计并确认辞退福利产生的应付职工薪酬,并确认

(三)判断题

1. 企业提前解除劳动合同给予职工解除劳动关系的补偿,应通过"应付职工薪酬——辞退福利"科目核算。(　　)

2. 企业生产车间生产人员福利费应根据实际发生额记入生产成本。(　　)

3. 某企业职工张某经批准休探亲假 5 天,根据企业规定确认为非累积带薪缺勤,该企业应当在其休假期间确认与非累积带薪缺勤相关的职工薪酬。(　　)

4. 企业应在职工实际发生缺勤的会计期间确认与非累积带薪缺勤相关的应付职工薪酬。 （　）

5. 企业在职工提供了服务从而增加了其未来享有的带薪缺勤权利时，确认与非累积带薪缺勤相关的职工薪酬。 （　）

6. 职工薪酬是指为获得职工提供的服务而给予各种形式的报酬和其他相关支出，包括提供给职工的全部货币性薪酬和非货币性福利。 （　）

7. 企业为职工缴纳的基本养老保险金、补充养老保险费，以及为职工购买的商业养老保险，均属于企业提供的职工薪酬。 （　）

8. 应付职工未按期领取的工资应该通过“其他应付款”科目核算。 （　）

## 任务5　应交税费的核算

（一）单项选择题

1. 下列各项中，增值税一般纳税人当期发生（增值税专用发票已经税务机关认证）准予以后期间抵扣的进项税额，应记入的会计科目是（　　）。

A.“应交税费——待转销项税额”　B.“应交税费——未交增值税”

C.“应交税费——待抵扣进项税额”　D.“应交税费——应交增值税”

2. 某企业为增值税小规模纳税人，2024 年 8 月购入原材料取得的增值税专用发票上注明价款为 10 000 元，增值税税额为 1 300 元。当月销售产品开具的增值税普通发票注明含税价款为 123 600 元，适用的征收率为 3%。不考虑其他因素，该企业 2024 年 8 月应交纳的增值税税额为（　　）元。

A. 3 600　B. 2 408　C. 3 708　D. 2 300

3. 某企业为增值税一般纳税人。该企业购入一批原材料，取得增值税专用发票上注明的价款为 150 万元，增值税税额为 19.5 万元；另付运费 1 万元，增值税税额为 0.09 万元。不考虑其他因素，该批原材料的入账成本为（　　）万元。

A. 151　B. 170.59　C. 170.5　D. 150.91

4. A 公司为增值税一般纳税人，委托 M 公司加工应交消费税的 B 材料一批（非金银首饰），发出材料价款 20 000 元，支付加工费 10 000 元，取得增值税专用发票上注明增值税税额为 1 300 元，由受托方代收代缴的消费税为 1 000 元，材料已加工完成。委托方收回 B 材料用于连续生产应税消费品，该 B 材料收回时的成本为（　　）元。

A. 31 000　B. 30 000　C. 31 300　D. 32 300

5. 某企业将应交资源税的自产矿产品用于其产品生产，不考虑其他因素，该企业确认应交资源税应借记的科目是（　　）。

A.“生产成本”　B.“管理费用”　C.“税金及附加”　D.“销售费用”

6. 下列各项中，企业确认当期销售部门使用车辆应交纳的车船税，应借记的会计科目是（　　）。

A.“其他业务成本”　B.“税金及附加”　C.“管理费用”　D.“销售费用”

7. 下列各项中，不应计入存货成本的是（　　）。

A. 一般纳税人进口原材料支付的关税

B. 一般纳税人购进原材料支付的增值税专用发票上注明的增值税

C. 小规模纳税人购进原材料支付的增值税

D. 一般纳税人进口应税消费品支付的消费税

（二）多项选择题

1. 下列各项中，关于增值税一般纳税人的会计处理，表述正确的有（　　）。

A. 已单独确认进项税额的购进货物用于投资，应贷记“应交税费——应交增值税（进项税额转出）”科目

B. 将委托加工的货物用于对外捐赠，应贷记“应交税费——应交增值税（销项税额）”科目

C. 单独确认进项税额的购进货物发生的非正常损失，应贷记“应交税费——应交增值税（进项税额转出）”科目

D. 企业管理部门领用本企业生产的产品，应贷记“应交税费——应交增值税（销项税额）”科目

2. 下列各项中，企业应交消费税的相关会计处理，表述错误的有（　　）。

A. 收回委托加工物资直接对外销售，受托方代收代缴的消费税记入“应交税费——应交消费税”科目的借方

B. 销售产品应交的消费税记入“税金及附加”科目的借方

C. 用于在建工程的自产产品应交纳的消费税记入“税金及附加”科目的借方

D. 收回委托加工物资连续生产应税消费品，受托方代收代缴的消费税记入“委托加工物资”科目的借方

3. 下列经济业务对于一般纳税企业而言要计算增值税销项税额的有（　　）。

A. 将自产产品用于集体福利设施建设　　B. 将自产产品对外捐赠

C. 原材料发生自然灾害损失　　D. 以自产产品对外投资

4. 下列各项中，应通过“应交税费”科目核算的有（　　）。

A. 交纳的印花税

B. 增值税一般纳税人购进固定资产应支付的增值税进项税额

C. 为企业员工代扣代缴的个人所得税

D. 交纳的房产税

（三）判断题

1. 房地产开发经营企业销售房地产应缴纳的土地增值税记入“税金及附加”科目。（　　）

2. 已验收入库但至月末尚未收到增值税扣税凭证的赊购货物，应按合同协议价格计算增值税进项税额暂估入账。（　　）

3. 小规模纳税人销售货物采用销售额和应纳增值税合并定价的方法向客户结算款项时，应按照不含税销售额确认收入。（　　）

4. 房地产开发经营企业销售房地产应缴纳的土地增值税记入“税金及附加”科目。（　　）

## 二、技能考核

### 项目1

| 项目名称 | 任务内容清单 |
| --- | --- |
| 任务情境 | 甲公司2025年1月有关职工薪酬业务如下：<br>(1)按照工资总额的标准分配工资费用,其中,生产工人工资为100万元,车间管理人员工资为20万元,总部管理人员工资为30万元,专设销售部门人员工资为10万元,在建工程人员工资为5万元,内部开发人员工资为35万元(符合资本化条件)。<br>(2)按照所在地政府规定,按照工资总额的10%、12%、2%和10.5%分别计提医疗保险费、养老保险费、失业保险费和住房公积金。<br>(3)按照工资总额的2%和8%分别计提工会经费和职工教育经费。<br>要求:编制甲公司2025年1月上述交易或事项的会计分录。 |
| 任务目标 | 掌握职工薪酬的核算方法 |
| 任务要求 | 请你根据任务情境,学习职工薪酬业务核算,完成上述业务的会计处理 |
| 任务思考 | |

### 项目2

| 项目名称 | 任务内容清单 |
| --- | --- |
| 任务情境 | 2025年1月,丙公司当月应发工资1 000万元,其中:生产部门直接生产工人工资500万元,生产部门管理人员工资100万元,公司管理人员工资180万元,公司专设销售机构人员工资50万元,建造厂房人员工资110万元,内部开发存货管理系统人员工资60万元。<br>要求:编制该公司2025年1月分配职工薪酬的会计分录。 |
| 任务目标 | 掌握职工薪酬分配的核算方法 |
| 任务要求 | 请你根据任务情境,学习职工薪酬分配核算,完成上述业务的会计处理 |

续表

| 项目名称 | 任务内容清单 |
| --- | --- |
| 任务思考 | |

**项目 3**

| 项目名称 | 任务内容清单 |
| --- | --- |
| 任务情境 | 甲公司是一家电脑生产型企业，有职工 200 名，其中，一线生产工人 170 名，总部管理人员 30 名。2025 年 1 月，甲公司决定以其外购的一批液晶显示器作为福利发放给职工，该批显示器的单位购买成本为 10 000 元，适用的增值税税率为 13%。 |
| 任务目标 | 掌握非货币性职工薪酬的核算方法 |
| 任务要求 | 请你根据任务情境，学习非货币性职工薪酬核算，完成上述业务的会计处理 |
| 任务思考 | |

**项目 4**

| 项目名称 | 任务内容清单 |
|---|---|
| 任务情境 | 甲企业 2024 年发生下列经济业务：<br>1 月 1 日向银行借入 800 000 元，用于某项工程，期限为 5 年，年利率为 10%（实际利率与合同利率一致），合同规定到期一次还本，每年末计提利息，次年 1 月 1 日实际支付。该工程从 2024 年年初开始，将于 2024 年年末完工，假设工程建造期间计提的利息费用均符合资本化条件。<br>编制取得长期借款及利息的会计分录。 |
| 任务目标 | 掌握以借款方式筹集资金业务的核算方法 |
| 任务要求 | 请你根据任务情境，学习长期借款业务的核算，完成上述业务的会计处理 |
| 任务思考 | |

# 项目十　所有者权益的核算

## 学习评价

### 一、理论考核

（一）单项选择题

1. 下列各项中，会导致留存收益总额发生增减变动的是（　　）。

A. 资本公积转增资本　　B. 盈余公积补亏

C. 盈余公积转增资本　　D. 以当年净利润弥补以前年度亏损

2. 某企业年初所有者权益总额为 160 万元，当年以其中的资本公积转增资本 50 万元。当年实现净利润 300 万元，提取盈余公积 30 万元，向投资者分配利润 20 万元。该企业年末所有者权益总额为（　　）万元。

A. 360　　B. 410　　C. 440　　D. 460

3. 采用权益法核算长期股权投资时,对于被投资企业因可供出售金融资产公允价值变动影响资本公积增加,期末因该事项投资企业应按所拥有的表决权资本的比例计算应享有的份额,将其计入(　　)。

A. 资本公积　　B. 投资收益　　C. 其他业务收入　　D. 营业外收入

4. 企业以盈余公积转增资本后,留存的盈余公积不得低于注册资本的(　　)。

A. 10%　　B. 20%　　C. 25%　　D. 50%

5. 下列选项中,不属于资本公积核算范围的是(　　)。

A. 以权益结算的股份支付　　B. 可供出售金融资产的公允价值变动

C. 享有的被投资单位资本公积变动的份额　　D. 接受非货币性资产捐赠

6. 某股份有限公司委托某证券公司代理发行普通股 100 000 股,每股面值为 1 元,每股按 1.1 元的价格出售,按协议,证券公司收取 2%的手续费,从发行收入中扣除,则该公司计入资本公积的数额为(　　)元。

A. 0　　B. 7 800　　C. 8 000　　D. 10 000

7. 某企业 2024 年年初未分配利润的贷方余额为 200 万元,本年度实现的净利润为 100 万元,分别按 10%和 5%提取法定公积金和任意公积金。假定不考虑其他因素,该企业 2024 年年末未分配利润的贷方余额应为(　　)万元。

A. 205　　B. 255　　C. 270　　D. 285

8. 企业用盈余公积或资本公积转增资本(　　)。

A. 会导致所有者权益的增加

B. 会导致所有者权益的减少

C. 不会引起所有者权益总额及其结构的变化

D. 不会引起所有者权益总额的变化,但会导致其结构的变化

9. 年末进行利润结转后,以下账户中可能会存在年末余额的是(　　)。

A. "本年利润"　　B. "利润分配——应付普通股股利"

C. "利润分配——未分配利润"　　D. "所得税费用"

10. 甲公司 2025 年年初所有者权益总额为 1 360 万元,当年实现净利润 450 万元,提取盈余公积 45 万元,向投资者分配现金股利 200 万元,本年内以资本公积转增资本 50 万元,投资者追加现金投资 30 万元。该公司年末所有者权益总额为(　　)万元。

A. 1 565　　B. 1 595　　C. 1 640　　D. 1 795

(二)多项选择题

1. 下列各项中,不会引起所有者权益总额发生增减变动的有(　　)。

A. 宣告发放股票股利　　B. 资本公积转增资本

C. 盈余公积转增资本　　D. 接受投资者追加投资

2. 企业弥补亏损的渠道有(　　)。

A. 用资本公积弥补　　B. 用盈余公积弥补

C. 用以后年度税前利润弥补　　D. 用以后年度税后利润弥补

3. 下列各项中,会引起负债和所有者权益同时发生变动的有(　　)。

A. 以盈余公积补亏　　B. 以现金回购本公司股票

C. 宣告发放现金股利　　D. 转销确实无法支付的应付账款

4. 下列各项中，不会引起留存收益变动的有(　　)。
A. 盈余公积补亏　　B. 计提法定盈余公积
C. 盈余公积转增资本　　D. 计提任意盈余公积
5. 股份有限公司的发起人，除货币出资外的出资方式有(　　)。
A. 以固定资产出资　　B. 以无形资产出资
C. 以短期投资出资　　D. 以长期股权投资出资
6. 股份公司增加股本的途径有(　　)。
A. 盈余公积转为股本　　B. 资本公积转为股本
C. 发放股票股利　　D. 债务重组过程中非流动负债转为股本
7. 关于“盈余公积”账户的正确描述是(　　)。
A. 属于损益类账户
B. 用来核算企业从净利润中提取的盈余公积
C. 借方登记盈余公积金的使用
D. 期末余额在借方
8. 直接计入所有者权益的利得和损失主要由哪些交易或事项引起？(　　)
A. 采用权益法核算的长期股权投资　　B. 可供出售金融资产公允价值的变动
C. 投资性房地产的转化差额　　D. 固定资产的处置损益
9. 企业按规定提取的盈余公积可用于(　　)。
A. 转增资本　　B. 弥补亏损　　C. 扩大生产经营　　D. 发放工资
10. 企业吸收投资者出资，下列会计账户的余额可能发生变化的有(　　)。
A. 实收资本　　B. 资本公积　　C. 盈余公积　　D. 未分配利润

(三)判断题

1. 企业以盈余公积向投资者分配现金股利，不会引起留存收益总额的变动。(　　)
2. 企业在一定期间发生亏损，则企业在这一会计期间的所有者权益一定减少。(　　)
3. 资本公积反映的是企业收到投资者出资额超出其在注册资本或股本中所占份额的部分及直接计入当期损益的利得和损失。(　　)
4. 当企业投资者投入的资本高于其注册资本时，应当将高出部分计入营业外收入。(　　)
5. 以资本公积转增资本能够引起企业所有者权益增加。(　　)

## 二、技能考核

### 项目 1

| 项目名称 | 任务内容清单 |
|---|---|
| 任务情境 | 甲公司委托南方证券公司代理发行普通股 600 000 股，每股面值为 1 元，每股发行价格为 2 元，企业与证券公司约定，证券公司按发行收入的 2%收取佣金，从发行收入中扣除，假定收到的股款已存入银行。 |
| 任务目标 | 掌握筹集资金的核算方法 |
| 任务要求 | 请你根据任务情境，学习筹集资金业务核算，完成上述业务的会计处理 |

续表

| 项目名称 | 任务内容清单 |
| --- | --- |
| 任务思考 | |

**项目 2**

| 项目名称 | 任务内容清单 |
| --- | --- |
| 任务情境 | 甲公司 2023 年至 2024 年发生与其股票有关的业务如下：<br>(1)2023 年 1 月 4 日，经股东大会决议，并报有关部门核准，增发普通股 40 000 万股，每股面值为 1 元，每股发行价格为 5 元，股款已全部收到并存入银行。假定不考虑相关税费。<br>(2)2023 年 6 月 20 日，经股东大会决议，并报有关部门核准，以资本公积 4 000 万元转增股本。<br>(3)2024 年 6 月 20 日，经股东大会决议，并报有关部门核准，以银行存款回购本公司股票 100 万股，每股回购价格为 3 元。<br>(4)2024 年 6 月 26 日，经股东大会决议，并报有关部门核准，将回购的本公司股票 100 万股注销。 |
| 任务目标 | 掌握所有者权益的核算方法 |
| 任务要求 | 请你根据任务情境，学习所有者权益业务核算，完成上述业务的会计处理 |
| 任务思考 | |

项目3

| 项目名称 | 任务内容清单 |
| --- | --- |
| 任务情境 | A有限责任公司2024年发生的有关经济业务如下：<br>(1)按照规定办理增资手续后，将资本公积90 000元转增注册资本。该公司原有注册资本为2 910 000元，其中，甲、乙、丙三家公司各占1/3。<br>(2)用盈余公积50 000元弥补以前年度亏损。<br>(3)从税后利润中提取法定盈余公积153 000元。<br>(4)接受B公司投资，经投资各方协议，B公司实际出资额中1 000 000元作为新增注册资本，使投资各方在注册资本总额中均占1/4。B公司以银行存款1 200 000元缴付出资额。 |
| 任务目标 | 掌握所有者权益的核算方法 |
| 任务要求 | 请你根据任务情境，学习所有者权益业务核算，完成上述业务的会计处理 |
| 任务思考 | |

# 项目十一　收入的核算

## 学习评价

### 一、理论考核

(一)单项选择题

1. 甲公司本年度委托乙商店代销售一批零配件，代销价款为300万元(不含增值税)。本年度收到代销清单，列明已销售代销零配件的70%，甲公司收到代销清单时向乙商店开具增值税发票。乙商店按代销价款的5%收取手续费。该批零配件的实际成本为180万元，则甲公司本年度因此项业务应确认销售收入为(　　)万元。

A. 300　　B. 180　　C. 210　　D. 120

2. 委托方采用支付手续费的方式委托代销商品。委托方在收到代销清单后应按(　　)确认收入。

A. 销售价款和增值税之和　　B. 商品的进价

C. 销售价款和手续费之和　　D. 商品售价

3. 下列属于工业企业其他业务收入的是(　　)。

A. 销售材料收入　　B. 利息收入　　C. 投资收益　　D. 罚款收入

4. 对于企业已经发出商品但尚未确认销售收入的商品成本,应编制的会计分录为(　　)。

A. 借记应收账款,贷记库存商品

B. 借记应收账款,贷记主营业务收入(不考虑增值税)

C. 借记主营业务成本,贷记库存商品

D. 借记发出商品,贷记库存商品

5. 甲公司销售一批商品给丙公司,开出的增值税专用发票上注明的售价为 10 000 万元,增值税税额为 1 300 万元,商品成本为 8 000 万元。货到后,丙公司发现商品质量不合格,要求在价格上给予 3%的折让。丙公司提出的销售折让要求符合原合同的约定,甲公司同意并办妥了相关手续,假定销售商品后还未确认收入,则甲公司应确认销售商品收入的金额为(　　)万元。

A. 351　　B. 9 700　　C. 11 349　　D. 11 300

6. 甲公司销售商品 7 000 件,每件售价为 50 元(不含增值税),增值税税率为 13%,甲公司为购货方提供的商业折扣为 15%,现金折扣条件为 2/10、1/20、$n$/30(计算现金折扣时不考虑增值税)。甲公司在这项交易中应确认的收入金额为(　　)元。

A. 320 000　　B. 308 200　　C. 297 500　　D. 320 200

7. 按照会计准则的规定,下列项目中不应确认为收入的是(　　)。

A. 出售原材料取得的收入　　B. 设备出租收入

C. 违约金收入　　D. 销售商品收取的不含税价款

8. 下列各项中,属于制造业企业主营业务收入的是(　　)。

A. 销售原材料收入　　B. 出租包装物租金收入

C. 出售生产设备净收益　　D. 销售产品收入

9. 下列各项中,企业结转发出不满足收入确认条件的商品成本,应借记的会计科目是(　　)。

A. "主营业务成本"　　B. "发出商品"　　C. "其他业务成本"　　D. "库存商品"

10. 采用支付手续费委托代销方式下,下列各项中,委托方在收到受托方开出的代销清单时应将支付的代销手续费记入的会计科目是(　　)。

A. "销售费用"　　B. "财务费用"　　C. "其他业务成本"　　D. "管理费用"

11. 甲企业本月赊购一批产品并验收入库,取得增值税专用发票上注明的价款为 3 000 万元,增值税税额为 390 万元。合同中规定的现金折扣条件为 2/10,1/20,$n$/30,计算现金折扣时考虑增值税。不考虑其他因素,该企业应付账款的入账价值为(　　)万元。

A. 3 322.2　　B. 3 390　　C. 3 000　　D. 3 356.1

12. 甲企业为增值税一般纳税人,适用的增值税税率为 13%。9 月 1 日,该企业向某客户销售商品 200 000 件,单位售价为 20 元(不含增值税),单位成本为 10 元,给予客户 10%的商业折扣,当日商品送抵客户,并符合收入确认条件。销售合同约定的现金折扣条件为 2/10,

1/20，$n$/30（计算现金折扣时不考虑增值税）。不考虑其他因素，该客户于9月15日付款时享有的现金折扣为（　　）元。

A. 45 200　　B. 36 000　　C. 40 680　　D. 40 000

13. 甲企业为增值税一般纳税人，适用的增值税税率为13%，8月1日赊购一批商品，售价为120 000元（不含增值税），规定的现金折扣条件为2/10，1/20，$n$/30，计算现金折扣时考虑增值税。客户于8月15日付清货款，该企业实际收款金额为（　　）元。

A. 118 800　　B. 117 600　　C. 134 244　　D. 132 888

14. 甲公司为增值税一般纳税人。12月1日，与乙公司签订了一项为期6个月的咨询合同，合同不含税总价款为60 000元，当日收到总价款的50%，增值税税额为1 800元。截至年末，甲公司累计发生服务成本6 000元，估计还将发生服务成本34 000元，假定该业务属于在某一时段内履行的履约义务，履约进度按照已发生的成本占估计总成本的比例确定。12月31日，甲公司应确认该项服务的收入为（　　）元。

A. 9 000　　B. 30 000　　C. 6 000　　D. 40 000

15. 4月12日，甲企业与客户签订一项工程服务合同，合同期为1年，属于某一时段内履行的履约义务。合同收入总额为3 000万元（不含增值税），预计合同总成本为2 100万元，至12月31日该企业实际发生总成本为1 400万元，但履约进度不能合理确定，企业已经发生的成本预计能够得到补偿，则该年度该企业应确认的服务收入为（　　）万元。

A. 3 000　　B. 2 100　　C. 1 400　　D. 0

16. 甲公司为一家咨询服务提供商（中了一个向新客户提供咨询服务的标）。甲公司为取得合同而发生的成本如下：(1)尽职调查的外部律师费为7万元；(2)提交标书的差旅费为8万元（客户不承担）；(3)销售人员佣金为4万元。假定不考虑其他因素，甲公司应确认的与合同相关的资产为（　　）万元。

A. 4　　B. 12　　C. 15　　D. 19

17. 企业销售商品发生的销售折让应（　　）。

A. 增加销售费用　　B. 冲减主营业务收入

C. 增加主营业务成本　　D. 增加营业外支出

18. 甲公司销售产品每件220元，若客户购买100件（含100件）以上，每件可得到20元的商业折扣。某客户12月10日购买该企业产品100件，按规定现金折扣条件为2/10，1/20，$n$/30。适用的增值税税率为13%。甲公司于12月26日收到该笔款项时，应给予客户的现金折扣为（　　）元。假定计算现金折扣时不考虑增值税。

A. 0　　B. 200　　C. 234　　D. 220

19. 4月12日，某企业与客户签订一项工程服务合同，合同期为1年，属于某一时段内履行的履约义务。合同收入总额为3 000万元（不含增值税），预计合同总成本为2 100万元，至12月31日，该企业实际发生总成本为1 400万元，但履约进度不能合理确定，企业已经发生的成本预计能够得到补偿，则该年度该企业应确认的服务收入为（　　）万元。

A. 3 000　　B. 2 100　　C. 1 400　　D. 0

20. 甲公司为一家咨询服务提供商（中了一个向新客户提供咨询服务的标）。甲公司为取得合同而发生的成本如下：(1)尽职调查的外部律师费为7万元；(2)提交标书的差旅费为8万元（客户不承担）；(3)销售人员佣金为4万元。假定不考虑其他因素，甲公司应确认的与合同相关的资产为（　　）万元。

A. 4　　B. 12　　C. 15　　D. 19

(二)多项选择题

1. 按照《企业会计准则》规定,收入的特征表现为(　　)。

A. 收入从日常活动中产生,而不是从偶发的交易或事项中产生

B. 收入可能表现为资产的增加

C. 收入可能表现为所有者权益的增加

D. 收入既可能从日常活动中产生,又可能从非日常活动中产生

2. 按照我国的企业会计准则规定,下列项目中不应确认为收入的有(　　)。

A. 销售商品收取的增值税

B. 出售飞机票时代收的保险费

C. 旅行社代客户购买景点门票收取的款项

D. 销售商品代垫的运杂费

3. 下列各项收入中,应计入工业企业其他业务收入的有(　　)。

A. 提供运输劳务所取得的收入　　B. 提供加工装配劳务所取得的收入

C. 出租无形资产所取得的收入　　D. 销售材料产生的收入

4. 甲公司12月10日收到乙公司因质量问题而退回的商品10件,每件商品成本为100元。该批商品系甲公司9月13日出售给乙公司,每件商品售价为200元,适用的增值税税率为13%,货款尚未收到,甲公司已于9月13日确认销售商品收入,并开出增值税专用发票。因乙公司提出的退货要求符合销售合同约定,甲公司同意退货。假定发生的销售折让允许扣减当期增值税销项税额。甲公司应在验收退货入库时做的会计处理为(　　)。

A. 借记"库存商品"1 000,贷记"主营业务成本"1 000

B. 借记"主营业务收入"2 000,借记"应交税费——应交增值税(销项税额)"260,贷记"应收账款"2 260

C. 借记"库存商品"1 000,贷记"发出商品"1 000

D. 借记"应收账款"260,贷记"应交税费——应交增值税(销项税额)"260

5. 下列各项中,属于工业企业营业收入的有(　　)。

A. 债权投资的利息收入　　B. 出租无形资产的租金收入

C. 销售产品取得的收入　　D. 出售无形资产的净收益

6. 下列各项中,应按收入准则进行会计处理的有(　　)。

A. 销售商品　　B. 提供服务

C. 出租无形资产收取的租金　　D. 进行股权投资取得的现金股利

7. 3月1日,甲公司与客户签订合同,向其销售A、B两项商品,A商品的单独售价为6 000元,B商品的单独售价为24 000元,合同价款为25 000元。合同约定,A商品于合同开始日交付,B商品在一个月之后交付,只有当两项商品全部交付之后,甲公司才有权收取25 000元的合同对价。假定A商品和B商品分别构成单项履约义务,其控制权在交付时转移给客户。上述价格均不包含增值税,且假定不考虑相关税费影响。甲公司的下列会计处理中正确的有(　　)。

A. 分摊至A商品的合同价款为5 000元

B. 分摊至B商品的合同价款为20 000元

C. 3月1日,销售A商品应确认合同资产5 000元

D. 3 月 1 日，销售 A 商品应确认应收账款 5 000 元

8. 某企业销售一批商品，该商品已发出且纳税义务已发生，由于货款收回存在较大不确定性，不符合收入确认条件。下列各项中，关于该笔销售业务会计处理表述，正确的有（　　）。

A. 发出商品的同时结转其销售成本

B. 根据增值税专用发票上注明的税额确认应收账款

C. 根据增值税专用发票上注明的税额确认应交税费

D. 将发出商品的成本记入“发出商品”科目

9. 甲公司为增值税一般纳税人，10 月 2 日销售 M 商品 1 000 件并开具增值税专用发票，每件商品的标价为 200 元（不含增值税），M 商品适用的增值税税率为 13%。每件商品的实际成本为 120 元，由于成批销售，甲公司给予客户 10%的商业折扣。M 商品于 10 月 2 日发出，客户于 10 月 9 日付款。该销售业务属于在某一时点履行的履约义务。不考虑其他因素，下列各项中，有关甲公司销售商品会计处理的表述，错误的有（　　）。

A. 确认主营业务收入 180 000 元

B. 确认财务费用 20 000 元

C. 确认主营业务成本 108 000 元

D. 确认应交增值税销项税额 26 000 元

10. 某公司经营一家健身俱乐部，适用的增值税税率为 6%。1 月 1 日，与客户签订合同，并收取客户会员费 6 000 元（不含税）。客户可在未来 12 个月内享有健身服务，且没有次数限制。不考虑其他因素，下列各项中，该公司相关会计处理表述正确的有（　　）。

A. 1 月 1 日收到会员费，确认合同负债 6 000 元

B. 1 月 1 日收到会员费，确认预计负债 6 000 元

C. 1 月 31 日确认主营业务收入的金额为 530 元

D. 1 月 31 日确认主营业务收入的金额为 500 元

（三）判断题

1. 已完成销售手续，但购买方在当月尚未提取的产品，销售方仍应作为库存商品核算。（　　）

2. 企业发生收入往往表现为货币资产的流入，但是并非所有货币资产的流入都是企业的收入。（　　）

3. 企业发生的销售折让，如果按规定扣减当期增值税销项税额，则应用“红字”冲减“应交税费——应交增值税（销项税额）”专栏。（　　）

4. 在支付手续费的代销方式下，委托方应于发出商品时确认收入。（　　）

5. 采用预收款销售商品时，应在收到第一笔款项时确认收入。（　　）

## 二、技能考核

### 项目 1

| 项目名称 | 任务内容清单 |
| --- | --- |
| 任务情境 | 甲公司为一般纳税企业，增值税率为13%。商品销售价格不含增值税，在确认销售收入时逐笔结转销售成本。假定不考虑其他相关税费。3月发生下列业务：<br>(1)3月2日，向乙公司销售A商品1 600件，标价总额为800万元(不含增值税)，商品实际成本为480万元。为了促销，甲公司给予乙公司15%的商业折扣并开具了增值税专用发票。甲公司已发出商品，并向银行办理了托收手续。<br>(2)3月10日，因部分A商品的规格与合同不符，甲公司退回A商品800件。当日，甲公司按规定向乙公司开具增值税专用发票(红字)，销售退回允许扣减当期增值税销项税额，退回商品已验收入库。<br>(3)3月25日，甲公司收到丙公司来函。来函提出，1月10日从甲公司所购B商品不符合规定的质量标准，要求甲公司在价格上给予10%的销售折让。该商品售价为600万元，增值税税额为78万元，货款已结清。经甲公司确认，同意给予折扣并以银行存款退还折让款，同时开具了增值税专用发票(红字)。<br>(4)3月26日，销售周转材料——包装物一批，获取含税现金收入2 000元。<br>(5)3月30日，收到受托方交来的代销清单，注明本月已实现代销商品100件。开具增值税专用发票注明价款400 000元、增值税52 000元。当日收到了受托方交来的扣除代销手续费后的款项(代销手续费按不含税收入的5%结算)。 |
| 任务目标 | 掌握营业收入业务的核算方法 |
| 任务要求 | 请你根据任务情境，学习营业收入业务核算，逐笔编制甲公司上述业务的会计分录；计算甲公司3月份的主营业务收入总额。 |
| 任务思考 | |

**项目 2**

| 项目名称 | 任务内容清单 |
|---|---|
| 任务情境 | 甲公司为增值税一般纳税企业，适用的增值税税率为13%。2024年5月1日，向金星公司销售商品1 000件，实际售价2 000元(售价中不含增值税税额)，已开出增值税专用发票，商品已交付给金星公司。为了及早收回货款，公司在合同中规定的现金折扣条件为“2/10，1/20，$n$/30”，假定计算现金折扣时不考虑增值税。 |
| 任务目标 | 掌握营业收入业务的核算方法 |
| 任务要求 | (1)编制甲公司销售商品时的会计分录。<br>(2)根据以下假定，分别编制甲公司收到款项时的会计分录：<br>①金星公司在5月8日按合同规定付款，公司收到款项并存入银行。<br>②金星公司在5月19日按合同规定付款，公司收到款项并存入银行。<br>③金星公司在5月29日按合同规定付款，公司收到款项并存入银行 |
| 任务思考 | |

**项目 3**

| 项目名称 | 任务内容清单 |
|---|---|
| 任务情境 | 甲公司委托乙公司销售甲商品100件，协议价为每件100元，该商品成本为每件60元，增值税税率为13%。甲公司收到乙公司开来的代销清单已销售10件，并开具增值税专用发票。甲公司按售价的10%向乙公司支付手续费。 |
| 任务目标 | 掌握委托代销业务的核算方法 |
| 任务要求 | 请你根据任务情境，学习委托代销业务核算，完成上述业务的会计处理 |

续表

| 项目名称 | 任务内容清单 |
| --- | --- |
| 任务思考 | |

**项目 4**

| 项目名称 | 任务内容清单 |
| --- | --- |
| 任务情境 | 2024 年 7 月 15 日，华联实业股份有限公司向 D 公司销售商品 2 000 件，单位售价为 300 元(不含增值税)，单位生产成本为 250 元。华联公司发出商品并开出增值税专用发票，专用发票上列明的增值税销项税额为 78 000 元，货款已如数收存银行，该批商品的控制权同时转移给 D 公司。根据合同约定，华联公司给 D 公司提供了 6 个月的试销期，在 2025 年 1 月 15 日之前，D 公司有权将未售出的商品退回华联公司，华联公司根据实际退货数量，给 D 公司开具红字增值税专用发票并退还相应的货款。根据以往的经验，华联公司在发出商品时估计该批商品的退货率为 20%(即退回 400 件商品)。2024 年 12 月 31 日，华联公司对退货率进行了重新评估，根据 D 公司对商品的销售情况等最新证据，华联公司认为只有 5%的商品会被退回(即退回 100 件商品)。 |
| 任务目标 | 掌握附有销售退回条款销售的核算方法 |
| 任务要求 | 请你根据任务情境，学习附有销售退回条款销售业务的核算，完成上述业务的会计处理 |
| 任务思考 | |

# 项目十二　费用的核算

## 学习评价

### 一、理论考核

#### 任务1　营业成本

(一)单项选择题

1. 下列各项中,企业结转发出不满足收入确认条件的商品成本应借记的会计科目是(　　)。
   A."主营业务成本"　B."发出商品"　C."其他业务成本"　D."库存商品"
2. 下列各项中,企业应通过"税金及附加"科目核算的是(　　)。
   A. 代扣代缴的个人所得税　B. 应交的房产税
   C. 应交的企业所得税　D. 应交的增值税
3. 甲企业2024年相关税费的发生额如下:增值税的销项税额为500万元,进项税额为450万元,销售应税消费品的消费税为50万元,城市维护建设税为7万元,教育费附加为3万元。不考虑其他因素,该企业2024年"税金及附加"科目的借方累计发生额为(　　)万元。
   A. 110　B. 10　C. 60　D. 50
4. 甲企业为增值税一般纳税人,2024年应交的各种税金为:增值税300万元,消费税100万元,城市维护建设税50万元,房产税10万元,车船税2万元,印花税1万元,个人所得税80万元。上述各项税金中应计入税金及附加的金额为(　　)万元。
   A. 543　B. 243　C. 163　D. 463
5. 下列项目中,属于合同取得成本的是(　　)。
   A. 差旅费　B. 投标费
   C. 销售佣金　D. 为准备投标资料发生的相关费用
6. 某制造企业经营出租其闲置厂房,下列各项中,该厂房计提的折旧应记入的会计科目是(　　)。
   A."其他业务成本"　B."营业外支出"　C."投资收益"　D."管理费用"
7. 下列各项中,属于企业"营业成本"项目核算内容的是(　　)。
   A. 委托方委托代销商品支付的手续费
   B. 非房地产开发企业销售厂房交纳的土地增值税
   C. 出售无形资产的净损益
   D. 出租非专利技术发生的摊销额
8. 企业发生的下列各项税费中不应记入"税金及附加"科目的是(　　)。
   A. 自用房产交纳的房产税　B. 销售商品交纳的教育费附加
   C. 销售应税消费品交纳的消费税　D. 处置固定资产交纳的增值税
9. 下列各项中,企业按税法规定缴纳的税金应记入"税金及附加"科目核算的是(　　)。
   A. 设立营业账簿交纳的印花税　B. 转让厂房交纳的土地增值税
   C. 进口商品交纳的关税　D. 代扣代缴管理人员个人所得税

10. 下列各项中，应列入利润表“税金及附加”项目的是（　　）。

A. 进口原材料应交的关税　　B. 购进生产设备应交的增值税

C. 购入土地使用权交纳的契税　　D. 销售自产应税化妆品应交的消费税

（二）多项选择题

1. 下列各项中，不属于合同履约成本的有（　　）。

A. 为取得合同发生但预期能够收回的增量成本

B. 为组织和管理企业生产经营发生的但非由客户承担的管理费用

C. 无法在尚未履行的与已履行（或已部分履行）的履约义务之间区分的支出

D. 为履行合同发生的非正常消耗的直接材料、直接人工和制造费用

2. 下列各项中，应计入制造业企业其他业务成本的有（　　）。

A. 经营租出固定资产的折旧额　　B. 经营租出无形资产的摊销额

C. 销售原材料的实际成本　　D. 出租包装物的摊销额

3. 下列各项中，关于企业确认相关税费会计处理表述错误的有（　　）。

A. 确认应交城镇土地使用税，借记“管理费用”科目

B. 确认应交城市维护建设税，借记“税金及附加”科目

C. 确认应交教育费附加，借记“税金及附加”科目

D. 确认应交车船税，借记“管理费用”科目

4. 2024 年 12 月，甲企业当月交纳增值税 50 万元，销售应税消费品交纳消费税 20 万元，经营用房屋交纳房产税 10 万元。甲企业适用的城市维护建设税税率为 7%，教育费附加为 3%，不考虑其他因素。下列各项中，关于甲企业 12 月份应交纳城市维护建设税和教育费附加的相关会计科目处理，正确的有（　　）。

A. 借记“税金及附加”科目 7 万元

B. 贷记“应交税费——应交教育费附加”科目 2.1 万元

C. 贷记“应交税费——应交城市维护建设税”科目 5.6 万元

D. 借记“管理费用”科目 7 万元

5. 下列各项中，应列入利润表中“税金及附加”项目的有（　　）。

A. 销售应税矿产品计提的应交资源税

B. 经营活动中计提的应交教育费附加

C. 经营活动中计提的应交城市维护建设税

D. 销售应税消费品计提的应交消费税

6. 下列各项中，属于制造业企业其他业务成本核算内容的有（　　）。

A. 随同商品出售不单独计价的包装物成本

B. 出借包装物的摊销额

C. 随同商品出售单独计价的包装物成本

D. 出租包装物的摊销额

7. 下列各项中，不应作为合同履约成本确认为资产的有（　　）。

A. 销售佣金

B. 投标费

C. 为履行合同耗用的原材料

D. 非正常消耗的直接材料、直接人工和制造费用

8. 下列企业发生的事项中,通过“主营业务成本”科目核算的有(    )。

A. 工业企业销售产品结转的产品成本

B. 安装公司提供安装服务发生的支出

C. 工业企业出租固定资产计提的折旧

D. 工业企业结转的随同商品出售单独计价的包装物的成本

9. 下列各项中,工业企业应通过“其他业务成本”科目核算的有(    )。

A. 结转销售商品成本　　B. 出租包装物的摊销额

C. 出租无形资产的摊销额　　D. 出售不需用原材料的成本

10. 下列各项中,通过“税金及附加”科目核算的有(    )。

A. 委托加工物资受托方代收代缴的消费税

B. 企业交纳的印花税

C. 销售应税矿产品应交的资源税

D. 销售应税消费品交纳的消费税

(三)判断题

1. 企业生产车间发生的固定资产日常修理费,应通过“制造费用”科目核算。(    )

2. 费用包括企业日常活动中所产生的经济利益的总流出。(    )

### 任务2　税金及所得税

(一)单项选择题

1. 某企业采用资产负债表债务法对所得税进行核算,所得税税率为25%。该企业2024年度实现利润总额90万元,非公益性捐赠支出4万元,各项税收的滞纳金和罚款2万元,发生的可抵扣暂时性差异4万元。该企业当期应交所得税为(    )万元。

A. 100　　B. 23　　C. 33　　D. 25

2. A公司采用资产负债表债务法进行所得税核算。2024年度实现利润总额500万元,所得税税率为25%,A公司当年因发生违法经营被罚款5万元,业务招待费超支10万元,国债利息收入30万元。A公司2024年年初“预计负债——产品保修费”余额25万元,当年提取产品保修费15万元,当年兑付产品保修费6万元,则A公司2024年净利润为(    )万元。

A. 121.25　　B. 125　　C. 330　　D. 378.75

3. 某企业采用年数总和法计提折旧,税法规定按年限平均法计提折旧。2024年税前会计利润为310万元,按年限平均法计提的折旧为90万元,按年数总和法计提的折旧为180万元,所得税税率为25%。2024年该企业应交的所得税为(    )万元。

A. 77.5　　B. 55　　C. 100　　D. 400

4. M公司2024年度应纳税所得额为2 500万元,递延所得税资产期初余额为50万元,期末余额为20万元,递延所得税负债期初余额为100万元,期末余额为80万元,M公司适用的所得税税率为25%,则M公司2024年度应确认的所得税费用为(    )万元。

A. 625　　B. 635　　C. 655　　D. 645

(二)多项选择题

1. 下列各项不影响利润总额的是(    )。

A. 因发生洪水造成存货损失10万元　　B. 接受外单位捐赠8万元

C. 计提坏账准备3万元　　D. 所得税费用120万元

2. 下列各项不影响“递延所得税资产”的是(　　)。
   A. 资产减值准备的计提
   B. 非公益性捐赠支出
   C. 国债利息收入
   D. 税务上对使用寿命不确定的无形资产执行不超过 10 年的摊销标准，会计上对该资产未计提摊销
3. 下列各项影响利润表中“所得税费用”项目金额的是(　　)。
   A. 当期应交所得税　　B. 递延所得税资产
   C. 递延所得税费用　　D. 代扣代缴的个人所得税
4. 下列关于所得税的表述中，不正确的是(　　)。
   A. 企业所得税费用即为当期应缴纳的企业所得税
   B. 递延所得税一定影响当期所得税费用
   C. 企业所得税费用等于当期会计利润乘以所得税税率
   D. “所得税费用”科目余额应当结转至“利润分配”
5. 下列各项因账面价值与计税基础不一致形成暂时性差异的是(　　)。
   A. 使用寿命不确定的无形资产
   B. 已计提减值准备的固定资产
   C. 已确认公允价值变动损益的交易性金融资产
   D. 因违反税法规定应交纳但尚未交纳的滞纳金

## 任务 3　期间费用

(一)单项选择题

1. 采用支付手续费委托代销方式下，下列各项中，委托方在收到受托方开出的代销清单时应将支付的代销手续费记入的会计科目是(　　)。
   A. “销售费用”　　B. “财务费用”
   C. “其他业务成本”　　D. “管理费用”
2. 下列人员的工资薪金直接计入期间费用的是(　　)。
   A. 工程人员的工资　　B. 为履行合同而提供给服务人员的工资
   C. 生产车间管理人员的工资　　D. 销售人员的工资
3. 下列各项中，不应计入财务费用的是(　　)。
   A. 支付的银行承兑汇票手续费　　B. 销售商品的现金折扣
   C. 支付的发行股票手续费　　D. 经营期间确认的短期借款利息费用
4. 下列各项中，不应列入利润表中“财务费用”项目的是(　　)。
   A. 计提的短期借款利息　　B. 筹建期间发生的开办费
   C. 销售商品发生的现金折扣　　D. 经营活动中支付银行借款的手续费
5. 下列各项中不应在企业“销售费用”科目核算的是(　　)。
   A. 专设的销售机构的职工薪酬
   B. 随同商品出售单独计价的包装物成本
   C. 预计产品质量保证金
   D. 企业发生的与专设销售机构相关的固定资产修理费用等后续支出

（二）多项选择题

1. 下列各项中，制造业企业销售商品时发生的支出，应通过“销售费用”科目核算的有（　　）。

A. 装卸费　　B. 保险费　　C. 包装费　　D. 代垫运费

2. 下列各项中，企业应计入销售费用的有（　　）。

A. 随同商品销售不单独计价的包装物成本　　B. 销售过程中代客户垫付的运输费

C. 预计产品质量保证损失　　D. 已售商品的成本

3. 下列各项中，应计入期间费用的有（　　）。

A. 销售商品后发生的销售退回　　B. 销售商品发生的售后服务费

C. 销售商品发生的商业折扣　　D. 委托代销商品支付的手续费

4. 下列各项中，应计入企业管理费用的有（　　）。

A. 董事会成员的公务差旅费　　B. 聘请会计师事务所咨询费

C. 行政管理部门的办公费　　D. 计提销售商品预计产品质量保证损失

5. 下列各项中应通过“销售费用”科目核算的有（　　）。

A. 商品维修费　　B. 销售部门固定资产维修费

C. 支付的代销手续费　　D. 发生的宣传费

6. 下列各项中不属于企业“财务费用”科目核算内容的有（　　）。

A. 满足资本化条件的利息支出

B. 筹建期间不符合资本化条件的利息支出

C. 支付银行承兑汇票的手续费

D. 购买商品享受的现金折扣

（三）判断题

1. 费用包括成本费用和期间费用，成本费用计入有关核算对象的成本，而期间费用直接计入当期损益。（　　）

2. 随同商品出售不单独计价的包装物的成本应记入“销售费用”科目核算。（　　）

3. 企业发生的固定资产修理费应在发生时计入管理费用。（　　）

4. 企业发生或收到的现金折扣都通过“财务费用”科目核算。（　　）

5. 失业保险费应全部计入管理费用。（　　）

6. 企业向银行或其他金融机构借入的各种款项所发生的利息均应计入财务费用。（　　）

7. 企业发生的借款利息费用均应计入财务费用。（　　）

## 二、技能考核

**项目1**

| 项目名称 | 任务内容清单 |
| --- | --- |
| 任务情境 | 甲企业7月发生经济业务如下：<br>(1)结算管理人员工资8 000元，其中，厂部管理人员工资3 000元，销售部门人员工资5 000元。<br>(2)计提职工社会保险费800元，其中，厂部管理人员300元，销售人员500元。<br>(3)计提固定资产折旧费1 400元，其中，管理部门固定资产折旧600元，销售部门固定资产折旧800元。<br>(4)以银行存款支付厂部办公费1 200元。<br>(5)以库存现金支付机动车修理费400元。<br>(6)以银行存款支付下半年报刊费480元。<br>(7)以银行存款支付产品广告费1 500元。<br>(8)以银行存款支付借款利息900元。<br>(9)以银行存款支付水电费2 400元，其中，办公室500元，销售部门1 900元。<br>(10)以银行存款支付房租3 000元，其中，办公用房租金1 000元，车间生产用房租金2 000元。 |
| 任务目标 | 掌握费用业务的核算方法 |
| 任务要求 | 请你根据任务情境，学习费用业务核算，完成上述业务的会计处理 |
| 任务思考 | |

# 项目十三　利润的核算

## 学习评价

### 一、理论考核

(一)单项选择题

1. 2025年1月20日，甲企业销售商品开出的增值税专用发票上注明的价款为100万元，增值税税额为13万元，全部款项已收存银行。该商品的成本为90万元，并结转相应的存货跌价准备金额为 5 万元。不考虑其他因素，该业务使企业当年 1 月营业利润增加(　　)万元。

A. 28　　B. 10　　C. 15　　D. 5

2. 下列各项中，影响企业当期营业利润的是(　　)。

A. 毁损报废房屋的净损失　　B. 台风导致原材料毁损的净损失

C. 向灾区捐赠商品的成本　　D. 对外出租设备的折旧费

3. 企业出售一项固定资产，收回的价款为 80 万元，该资产原价为 100 万元，已计提折旧 60 万元，计提减值准备 5 万元，处置发生清理费用 5 万元，不考虑其他因素，出售该资产对当期利润总额的影响金额为(　　)万元。

A. 40　　B. 80　　C. 50　　D. 35

4. 2024 年 3 月，某企业开始自行研发一项非专利技术，至 2025 年 1 月 31 日研发成功并达到预定可使用状态，累计研究支出为 100 万元，累计开发支出为 300 万元(其中符合资本化条件的支出为 280 万元)。该非专利技术使用寿命不能合理确定，假定不考虑其他因素，该业务导致企业 2024 年度利润总额减少(　　)万元。

A. 120　　B. 400　　C. 380　　D. 300

5. 企业发生的下列交易或事项不会影响当期利润总额的是(　　)。

A. 出售存货结转的成本　　B. 固定资产盘盈

C. 捐赠利得　　D. 计提无形资产减值准备

6. 甲公司 2024 年度营业收入为 5 020 万元，营业成本为 3 500 万元，税金及附加为 120 万元，期间费用合计 320 万元，信用减值损失为 10 万元，资产减值损失为 40 万元，营业外收入为 100 万元，营业外支出为 10 万元(其中，行政罚款 2 万元)，适用的企业所得税税率为 25%，不考虑其他因素，则甲公司应当确认的所得税费用为(　　)万元。

A. 280.5　　B. 281　　C. 257.5　　D. 258

7. 甲企业本期营业收入 1 000 万元，营业成本 800 万元，管理费用 20 万元，销售费用 35 万元，资产减值损失 40 万元，投资收益 45 万元，营业外收入 15 万元，营业外支出 10 万元，所得税费用 32 万元。假定不考虑其他因素，该企业本期营业利润为(　　)万元。

A. 123　　B. 200　　C. 150　　D. 155

8. 甲企业 2024 年度税前会计利润为 20 000 万元，其中，本年国债利息收入 120 万元，税收滞纳金 20 万元，企业所得税税率为 25%，假定不考虑其他因素，该企业 2024 年度所得税费用为(　　)万元。

A. 465　　B. 470　　C. 475　　D. 500

9. 甲工业企业适用的所得税税率为 25%。2024 年度主营业务收入为 10 000 万元，主营业务成本为 6 000 万元，其他业务收入为 80 万元，其他业务成本为 40 万元，管理费用为 100 万元(全部为职工薪酬，税法规定的计税工资为 80 万元)，财务费用为 20 万元，营业外收入为 40 万元，营业外支出为 10 万元(其中 5 万元属于支付的税收滞纳金，税法规定，计算所得税时，税收滞纳金不允许扣除)。假定不考虑其他因素，该企业 2024 年度的净利润应为(　)万元。

A. 922.5　　B. 992.5　　C. 987.5　　D. 2 956.25

10. 下列交易或事项，不应确认为营业外支出的是(　　)。

A. 公益性捐赠支出　　B. 无形资产出售净损失

C. 固定资产盘亏净损失　　D. 台风造成的原材料净损失

11. 下列各项中，不影响企业当期营业利润的有(　　)。

A. 生产车间使用的固定资产的日常修理费用
B. 计提的车间机器设备减值损失
C. 出租机器设备取得的收入
D. 车间使用固定资产的折旧费

12. 下列各项中，不影响企业当期营业利润的有（　　）。
A. 所得税费用
B. 固定资产减值损失
C. 销售商品收入
D. 交易性金融资产公允价值变动收益

13. 下列各项中，影响企业当期营业利润的有（　　）。
A. 无法查明原因的现金短缺
B. 捐赠支出
C. 固定资产因自然灾害发生的毁损净损失
D. 支付的合同违约金

（二）多项选择题

1. 下列各项中，不属于企业资产负债表所有者权益项目的有（　　）。
A. 库存股　　B. 公允价值变动收益
C. 每股收益　　D. 其他综合收益

2. 资产负债表中的“应收账款”项目应根据（　　）填列。
A. 应收账款所属明细账借方余额合计
B. 预收账款所属明细账借方余额合计
C. 与应收账款有关的坏账准备科目的贷方余额
D. 应收账款总账科目借方余额

3. 下列各项中，应列入资产负债表“应收账款”项目的有（　　）。
A. 预付职工差旅费　　B. 代购货单位垫付的运杂费
C. 销售产品应收取的款项　　D. 对外提供服务应收取的款项

4. 资产负债表中的存货项目包括（　　）。
A. 生产成本　　B. 存货跌价准备　　C. 发出商品　　D. 制造费用

5. 下列会计科目中，期末余额应列入资产负债表“存货”项目的有（　　）。
A. 库存商品　　B. 材料成本差异　　C. 生产成本　　D. 委托加工物资

6. 下列各项中，应在资产负债表“预付款项”项目列示的有（　　）。
A. “应付账款”科目所属明细账科目的期末借方余额
B. “应付账款”科目所属明细账科目的期末贷方余额
C. “预付账款”科目所属明细账科目的期末借方余额
D. “预付账款”科目所属明细账科目的期末贷方余额

7. 下列各项中，应列入资产负债表“其他应付款”项目的有（　　）。
A. 计提的短期借款利息
B. 计提的一次还本付息的债券利息
C. 计提的分期付息到期还本的债券利息
D. 计提的分期付息到期还本的长期借款利息

8. 下列各项中,可以根据总账账户期末余额直接填列的资产负债表项目有(　　)。

A. 其他应付款　　B. 货币资金　　C. 资本公积　　D. 短期借款

9. 下列资产负债表项目中,应根据有关科目余额减去备抵科目余额后的净额填列的有(　　)。

A. 一年内到期的非流动资产　　B. 无形资产

C. 短期借款　　D. 长期股权投资

10. 下列各项中,应根据总账科目和明细科目余额分析计算填列的有(　　)。

A. 长期借款　　B. 应付债券

C. 预收款项　　D. 其他非流动资产

11. 下列各项中,应列入资产负债表"应付职工薪酬"项目的有(　　)。

A. 支付临时工的工资　　B. 发放困难职工的补助金

C. 缴纳职工的工伤保险费　　D. 支付辞退职工的经济补偿金

12. 下列各项中,应列入利润表"营业成本"项目的有(　　)。

A. 销售材料成本　　B. 无形资产出售净损失

C. 固定资产盘亏净损失　　D. 经营出租固定资产折旧费

13. 下列各项中,应列入利润表"资产减值损失"项目的有(　　)。

A. 原材料盘亏损失　　B. 固定资产减值损失

C. 长期股权投资减值损失　　D. 无形资产转让净损失

14. 下列各项中,应在"税金及附加"项目填列的有(　　)。

A. 城市维护建设税　　B. 土地增值税

C. 印花税　　D. 房产税

(三)判断题

1. 资产负债表是反映企业在某一特定日期财务状况的报表。(　　)

2. 交易性金融资产项目应根据"交易性金融资产"总账科目余额填列。(　　)

3. 如果"生产成本""制造费用"科目存在期末余额,则应在资产负债表"存货"项目下列示。(　　)

4. 资产负债表中"预付款项"项目应根据"应付账款"和"预付账款"所属各明细科目期末借方余额合计减去"坏账准备"科目中有关预付账款计提的坏账准备期末余额后的净额填列。(　　)

5. "应收票据"项目应根据"应收票据"科目的期末余额填列。(　　)

6. "预付账款"科目所属各明细科目期末有贷方余额的,应在资产负债表"预付款项"项目以负数填列。(　　)

7. 资产负债表中的"其他应收款"项目填列时,应直接根据"其他应收款"科目的余额填列。(　　)

8. "无形资产"项目,应根据"无形资产"科目期末余额减去"累计摊销"科目余额后的净额填列。(　　)

9. "开发支出"项目应当根据"研发支出"科目中所属的"费用化支出"明细科目期末余额填列。(　　)

10. "短期借款"项目应根据"短期借款"和"应付利息"总账科目余额合计填列。(　　)

11. 资产负债表中"长期借款"项目直接根据长期借款总账科目余额填列。(　　)

12. 购买商品支付货款取得的现金折扣列入利润表"财务费用"项目。(　　)

13. 利润表中“税金及附加”项目包括增值税。 (　　)

14. “投资收益”项目，反映企业以各种方式对外投资所取得的收益。本项目应根据“投资收益”科目发生额分析填列。若为投资损失，本项目则以“－”号填列。 (　　)

15. “利润分配”总账的年末余额与相应的资产负债表中“未分配利润”项目的数额一致。 (　　)

16. 利润表是反映企业在一定会计期间内经营成果的报表。 (　　)

17. 利润表各项目均需填列“本期金额”和“上期金额”两栏。其中，“上期金额”栏内各项数字，应根据上年该期利润表的“本期金额”栏内所列数字填列。 (　　)

## 二、技能考核

### 项目 1

<table>
<tr><th>项目名称</th><th>任务内容清单</th></tr>
<tr><td>任务情境</td><td>
1. 甲公司 11 月 30 日有关损益类账户总分类账的累计资料如下：<br>
账户累计额资料表
<table>
<tr><th>账户名称</th><th>借方累计额</th><th>贷方累计额</th></tr>
<tr><td>主营业务收入</td><td></td><td>500 000</td></tr>
<tr><td>主营业务成本</td><td>375 000</td><td></td></tr>
<tr><td>其他业务收入</td><td></td><td>6 000</td></tr>
<tr><td>其他业务成本</td><td>3 500</td><td></td></tr>
<tr><td>销售费用</td><td>25 000</td><td></td></tr>
<tr><td>管理费用</td><td>3 000</td><td></td></tr>
<tr><td>财务费用</td><td>2 000</td><td></td></tr>
<tr><td>营业外收入</td><td></td><td>4 000</td></tr>
<tr><td>营业外支出</td><td>1 500</td><td></td></tr>
</table>
2. “利润分配”账户借方余额 39 515 元。<br>
3. 该公司 12 月发生以下收支经济业务：<br>
(1)出售产品一批，售价为 50 000 元，按 13%税率计算增值税。货款收到，存入银行。<br>
(2)按出售产品的实际成本 35 000 元转账。<br>
(3)以库存现金支付产品销售过程中的运杂费、包装费 500 元。<br>
(4)以银行存款支付公司办公费 300 元。<br>
(5)以银行存款支付银行借款利息 2 200 元。<br>
(6)以银行存款支付违约罚金 500 元。<br>
(7)没收公司逾期未还包装物的押金 300 元。<br>
4. 计算、结转和分配利润。<br>
(1)根据资料 3 将全年各损益账户余额转入“本年利润”账户。<br>
(2)按全年利润总额的 25%计算应交所得税。<br>
(3)将全年利润净额转入“利润分配”账户。<br>
(4)将全年利润净额的 10%计算提取法定盈余公积。<br>
(5)将全年利润净额的 15%计算提取任意盈余公积。<br>
(6)将 12 月份利润净额的 10%计算应付投资者利润。
</td></tr>
<tr><td>任务目标</td><td>掌握利润和利润分配的核算方法</td></tr>
<tr><td>任务要求</td><td>请你根据任务情境，学习利润和利润分配业务核算，完成上述业务的会计处理</td></tr>
</table>

续表

| 项目名称 | 任务内容清单 |
| --- | --- |
| 任务思考 | |

**项目 2**

| 项目名称 | 任务内容清单 |
| --- | --- |
| 任务情境 | 甲公司 6 月发生有关销售业务如下：<br>(1)向乙公司出售 A 产品 400 件,每件售价为 60 元,增值税税率为 13%。货款已收到,存入银行。<br>(2)向丙公司出售 B 产品 300 件,每件为 150 元,增值税税率为 13%。货款尚未收到。<br>(3)按出售的两种茶农的实际销售成本转账(A 产品单位成本为 35 元,B 产品单位成本为 105 元)。<br>(4)以银行存款支付上述 A、B 两种产品在销售过程中的运输费 800 元。<br>(5)结算本月销售机构职工工资 1 000 元,应付职工社会保险费 100 元。<br>(6)向丁公司出售甲材料 100 千克,单价为 10 元,增值税税率为 13%,货款未收到。<br>(7)按出售的甲材料实际成本转账(单位成本为 8 元)。 |
| 任务目标 | 掌握利润的核算方法 |
| 任务要求 | 请你根据任务情境,学习利润核算,完成上述业务中营业利润的核算 |
| 任务思考 | |

# 项目十四　财务报告

## 学习评价

### 一、理论考核

### 任务 2　资产负债表

(一)单项选择题

1.“预付账款”科目明细账若有贷方余额,则应将其计入资产负债表的(　　)项目。

A. 应收账款　　B. 预收账款　　C. 应付账款　　D. 预付账款

2. 下列项目中,属于资产负债表流动负债项目的是(　　)。

A. 长期借款　　B. 预计负债　　C. 应付股利　　D. 应付债券

3.“长期待摊费用”科目如有将于一年内到期的部分,应在资产负债表中的(　　)项目内反映。

A. 长期待摊费用　　B. 一年内到期的非流动资产

C. 长期应收款　　D. 其他流动资产

4. 甲企业在会计期末“原材料”科目的借方余额为 500 万元,“生产成本”科目为借方余额 100 万元,“委托加工物资”科目为借方余额 200 万元,“材料采购”科目为借方余额 300 万元,“材料成本差异”科目为借方余额 50 万元,“存货跌价准备”科目为贷方余额 30 万元,则该企业期末资产负债表“存货”项目的金额为(　　)万元。

A. 920　　B. 1 120　　C. 1 020　　D. 1 180

5. 甲企业会计期末固定资产账户余额为 2 000 万元,累计折旧账户余额为 800 万元,固定资产减值准备账户余额为 10 万元,在建工程账户余额为 200 万元,该企业期末资产负债表中固定资产项目的金额为(　　)万元。

A. 1 200　　B. 1 390　　C. 1 190　　D. 2 200

6. 企业“应付账款”科目月末贷方余额为 4 万元,其中,“应付甲公司账款”明细科目贷方余额为 3.5 万元,“应付乙公司账款”明细科目贷方余额为 0.5 万元;“预付账款”科目月末贷方余额为 3 万元,其中,“预付 A 工厂账款”明细科目贷方余额 5 万元,“预付 B 工厂账款”明细科目借方余额 2 万元。该企业期末资产负债表中“应付账款”项目的金额为(　　)万元。

A. 9　　B. 3　　C. 4　　D. 7

7. 下列资产负债表项目,可直接根据有关总账余额填列的是(　　)。

A. 货币资金　　B. 短期借款　　C. 存货　　D. 应收账款

8. 下列项目中,属于资产负债表中非流动资产项目的是(　　)。

A. 应收股利　　B. 存货　　C. 工程物资　　D. 在建工程

9. 下列各项中,应列入企业资产负债表“非流动负债”项目的是(　　)。

A. 一年内到期的非流动负债　　B. 递延收益

C. 应付票据　　D. 合同负债

10. 2024 年 12 月 31 日,某公司“应收票据”总账科目借方余额为 100 万元,与应收账款有关的“坏账准备”明细科目贷方余额为 10 万元，与应收票据有关的“坏账准备”明细科目贷方余额为 5 万元。不考虑其他因素，2024 年 12 月 31 日该公司资产负债表中“应收票据”项目的金额为(　　)万元。

A. 100　　B. 90　　C. 95　　D. 85

11. 2024 年 12 月 31 日，某企业“无形资产”账户借方余额为 500 万元，“累计摊销”账户贷方余额为 200 万元，“无形资产减值准备”账户贷方余额为 100 万元。不考虑其他因素，该企业 2024 年 12 月 31 日资产负债表中“无形资产”项目的金额为(　　)万元。

A. 500　　B. 300　　C. 400　　D. 200

12. 2025 年 1 月 31 日，某企业“生产成本”科目借方余额为 50 000 元，“原材料”科目借方余额为 30 000 元，“材料成本差异”科目贷方余额为 500 元，“发出商品”科目借方余额为 40 000 元，“受托代销商品”科目借方余额为 35 000 元，“受托代销商品款”科目贷方余额为 35 000 元，“工程物资”科目借方余额 10 000 元，“存货跌价准备”科目贷方余额 3 000 元。不考虑其他因素，2025 年 1 月 31 日该企业资产负债表“存货”项目的金额为(　　)元。

A. 116 500　　B. 117 500　　C. 119 500　　D. 126 500

13. 2024 年年末，甲企业“发出商品”科目借方余额为 2 600 万元，“原材料”科目借方余额为 3 000 万元，“材料成本差异”科目借方余额为 300 万元，“存货跌价准备”科目贷方余额为 200 万元。不考虑其他因素，该企业 2024 年年末资产负债表中“存货”项目的金额为(　　)万元。

A. 8 100　　B. 8 700　　C. 5 700　　D. 5 100

14. “材料采购”科目借方余额 50 000 元，“委托加工物资”科目借方余额 30 000 元，“材料成本差异”科目借方余额 500 元，“原材料”科目借方余额 40 000 元，“周转材料”科目借方余额 10 000 元，“存货跌价准备”科目贷方余额 3 000 元。不考虑其他因素，2024 年 10 月 31 日甲企业资产负债表“存货”项目的金额为(　　)元。

A. 116 500　　B. 126 500　　C. 119 500　　D. 127 500

15. 资产负债表中，根据总账科目余额与明细科目余额分析计算填列的是(　　)。

A. 开发支出　　B. 长期借款　　C. 资本公积　　D. 应付账款

(二)多项选择题

1. 下列账户余额，在编制资产负债表时应列入“存货”项目金额的有(　　)。

A. 在途物资　　B. 工程物资

C. 消耗性生物资产　　D. 委托加工物资

E. 生产成本

2. 资产负债表中的应付账款项目应根据(　　)填列。

A. 应付账款所属明细账贷方余额合计　　B. 预付账款所属明细账贷方余额合计

C. 应付账款总账余额　　D. 应付账款所属明细账借方余额合计

3. 资产负债表中“货币资金”项目应根据(　　)账户的期末余额填列。

A. 应收账款　　B. 库存现金

C. 银行存款　　D. 其他货币资金

E. 应收利息

4. 资产负债表中“应收账款”项目的期末数包括(　　)。

A. “应收账款”账户所属明细账户的期末借方余额

B."预收账款"账户所属明细账户的期末借方余额
C."其他应收账"账户所属明细账户的期末借方余额
D."预付账款"账户所属明细账户的期末借方余额
E."应付账款"账户所属明细账户的期末借方余额

5.下列科目的期末余额在资产负债表反映时应考虑已计提的减值或损失的有(　　)。
A.持有至到期投资　　B.预付账款
C.其他应收款　　D.无形资产

6.资产负债表中的应付账款项目应根据(　　)填列。
A.应付账款所属明细账贷方余额合计　　B.预付账款所属明细账贷方余额合计
C.应付账款总账余额　　D.应付账款所属明细账借方余额合计

7.下列资产中,属于流动资产的有(　　)。
A.交易性金融资产　　B.一年内到期的非流动资产
C.货币资金　　D.开发支出

8.下列各项,可以通过资产负债表反映的有(　　)。
A.某一时点的财务状况　　B.某一时点的偿债能力
C.某一期间的经营成果　　D.某一期间的获利能力

9.下列各项中,在资产负债表中"非流动资产"项目下列示的有(　　)。
A.其他应收款　　B.工程物资　　C.开发支出　　D.商誉

10.下列各项中,属于资产负债表流动资产项目的有(　　)。
A.合同资产　　B.一年内到期的非流动资产
C.应收利息　　D.商誉

11.下列各项中,属于资产负债表流动资产项目的有(　　)。
A.存货　　B.长期待摊费用
C.交易性金融资产　　D.可供出售金融资产

12.下列资产减值准备相关科目余额中,不在资产负债表上单独列示的有(　　)。
A.长期股权投资减值准备　　B.存货跌价准备
C.坏账准备　　D.固定资产减值准备

13.下列关于我国企业资产负债表的表述,正确的有(　　)。
A.资产项目按照重要性排列
B.资产项目按照流动性大小排列
C.负债项目按照清偿时间的先后顺序排列
D.资产负债表的编制依据是"资产=负债+所有者权益"

14.下列资产负债表项目中,根据总账科目余额填列的有(　　)。
A.货币资金　　B.固定资产　　C.短期借款　　D.应付账款

15.下列选项中,以会计等式"资产=负债+所有者权益"为依据的有(　　)。
A.资产负债表的编制　　B.利润表的编制
C.余额试算平衡　　D.发生额试算平衡

16.下列各项中,应在资产负债表"应收账款"项目列示的有(　　)。
A."预付账款"科目所属明细科目的借方余额
B."预付账款"科目所属明细科目的贷方余额

C.“应收账款”科目的期末余额

D. 计提的有关应收账款的“坏账准备”科目余额

17. 下列资产负债表项目中，属于应根据有关科目余额减去备抵科目余额后的净额填列的有(　　)。

A. 货币资金　　B. 无形资产　　C. 应收账款　　D. 长期股权投资

(三)判断题

1. 资产负债表中的资产应分别由流动资产和非流动资产项目列示，非流动资产在前，流动资产在后。(　　)

2. 企业对于尚未确认收入的发出商品，应将其作为企业的存货，在资产负债表中的“存货”项目中反映。(　　)

3. 如“预付账款”账户所属有关明细账账户期末有贷方余额的，应在资产负债表“应付账款”项目内列示。(　　)

4. 在编制资产负债表时，“预收账款”应根据“预收账款”和“应收账款”所属的明细科目的期末贷方余额合计数填列。(　　)

5. 我国资产负债表的格式采用账户式结构。(　　)

6. 资产负债表中的资产类应分别流动资产和非流动资产项目列示，非流动资产在前，流动资产在后。(　　)

7. 企业一套完整的财务报表至少应当包括资产负债表、利润表、现金流量表、所有者权益(或股东权益)变动表，不包括附注。(　　)

8. 所有者权益，是指企业资产扣除负债后的剩余权益，反映企业某一会计期间股东(投资者)拥有的净资产的总额。(　　)

9. 资产负债表中“长期待摊费用”项目应根据总账余额直接填列。(　　)

10. 甲企业 2024 年 6 月 30 日从银行借入期限为 3 年的长期借款 500 万元，编制 2024 年 12 月 31 日资产负债表时，此项借款应填入的报表项目是长期借款。(　　)

## 任务 3　利润表

(一)单项选择题

1. 出租无形资产使用权取得的收益，在利润表中应列入(　　)。

A.“营业收入”项目　　B.“公允价值变动收益”项目

C.“投资收益”项目　　D.“营业外收入”项目

2. 利润表中，需要根据多个总账账户的发生额汇总填列的项目是(　　)。

A.“营业收入”项目　　B.“管理费用”项目

C.“税金及附加”项目　　D.“投资收益”项目

3. 属于营业利润组成部分的有(　　)。

A. 营业收入　　B. 管理费用

C. 营业外收入　　D. 营业税金及附加

4. 下列与企业(一般纳税人)损益无关的税金是(　　)。

A. 所得税　　B. 消费税　　C. 印花税　　D. 增值税

5. 甲企业 2024 年 12 月 31 日“主营业务收入”科目贷方发生额为 5 000 万元，借方发生额为 200 万元(为 11 月份销货退回)，“其他业务收入”科目为贷方发生额 500 万元，则该企业 12

月份利润表中“营业收入”应填列的金额为(　　)万元。

A. 5 500　　B. 5 000　　C. 4 800　　D. 5 300

6. 下列各项中,不影响企业当期营业利润的是(　　)。

A. 销售原材料取得的收入

B. 资产负债表日持有交易性金融资产的公允价值变动

C. 无法查明原因的现金溢余

D. 资产负债表日计提的存货跌价准备

7. 下列各项中,应列入利润表“营业成本”项目的是(　　)。

A. 无法偿还的应付账款　　B. 无形资产出售净损失

C. 固定资产盘亏净损失　　D. 经营出租固定资产折旧费

8. 某企业为增值税一般纳税人,2024 年计算应交的各种税金为:增值税 400 万元,消费税 200 万元(均属于销售商品确认),城市维护建设税 42 万元,教育费附加 18 万元,房产税 10 万元,城镇土地使用税 10 万元,车船税 5 万元,代扣代缴个人所得税 10 万元。不考虑其他因素,该企业 2024 年度利润表“税金及附加”项目本期金额为(　　)万元。

A. 285　　B. 600　　C. 660　　D. 670

9. 下列各项中,影响企业利润表中“利润总额”项目的是(　　)。

A. 确认的所得税费用　　B. 向灾区捐款发生的支出

C. 收取股东超过注册资本的出资　　D. 向投资者发放现金股利

10. 2024 年企业实现主营业务收入 100 万元,其他业务收入 5 万元,营业外收入 3 万元。不考虑其他因素,该企业 2024 年利润表中“营业收入”项目的金额是(　　)万元。

A. 103　　B. 100　　C. 105　　D. 108

(二)多项选择题

1. 在利润表中,“税金及附加”项目反映企业销售商品、提供劳务等主营业务的负担的有(　　)。

A. 消费税　　B. 教育费附加

C. 增值税　　D. 城市维护建设税

2. 下列各项中,影响企业利润表中营业利润的有(　　)。

A. 营业外收入　　B. 管理费用

C. 投资收益　　D. 公允价值变动收益

E. 资产减值损失　　F. 所得税费用

3. 多步式利润表可以反映企业的(　　)等项目。

A. 所得税费用　　B. 营业利润　　C. 利润总额　　D. 净利润

4. 下列各项中,影响企业利润总额的有(　　)。

A. 营业外收入　　B. 营业税金及附加　　C. 营业成本　　D. 销售费用

5. 本月发生的下列各项支出或损失中影响企业本月净利润的有(　　)。

A. 计提坏账准备　　B. 处理固定资产盘亏损失

C. 支付固定资产安装费　　D. 预交所得税

E. 支付投资人的现金股利

6. 下列各项中,应列入利润表“其他综合收益的税后净额”项目的有(　　)。

A. 交易性金融资产公允价值变动损益　　B. 出售固定资产的净收益

C. 其他权益工具投资公允价值变动　　D. 其他债权投资公允价值变动

7. 下列各项经济业务中，会影响企业利润表中“营业利润”项目填列金额的有(　　)。

A. 计提的工会经费　　B. 收到出售固定资产的增值税税款

C. 出售固定资产取得的净收益　　D. 计提固定资产减值损失

8. 下列各项中，影响企业利润表中“营业利润”项目金额的有(　　)。

A. 出售原材料的成本　　B. 计提无形资产减值准备

C. 捐赠支出　　D. 销售商品收入

9. 下列各项中，影响当期利润表“营业利润”项目金额的有(　　)。

A. 转让专利使用权取得的净收益

B. 持有的交易性金融资产期末公允价值变动收益

C. 出售原材料取得的净收益

D. 支付税收滞纳金

10. 下列各项中，应在利润表“营业收入”项目中列示的有(　　)。

A. 与日常活动无关的政府补助收入　　B. 设备维修劳务收入

C. 销售商品收入　　D. 投资性房地产的租金收入

(三)判断题

1. 利润表的格式主要有单步式和多步式两种，我国采用多步式。(　　)

2. 营业利润减去管理费用、销售费用、财务费用和所得税费用后得到净利润。(　　)

3. 企业各项资产发生的损失均在利润表中“营业外支出”项目集中反映。(　　)

4. 利润表中“营业成本”项目，反映企业销售产品和提供劳务等主要经营业务的各项销售费用和实际成本。(　　)

5. 利润表是反映企业在一定会计期间经营成果的报表。(　　)

6. 投资收益不影响营业利润。(　　)

7. 净利润是指营业利润减去所得税费用后的金额。(　　)

8. 利润表中“税金及附加”项目包括增值税。(　　)

9. 接受捐赠收到的现金影响企业营业利润。(　　)

10. 利润表中“营业收入”项目应根据“主营业务收入”和“其他业务收入”账户的发生额分析填列。(　　)

## 任务4　现金流量表

(一)单项选择题

1. 下列各项中，不会影响现金流量变动的是(　　)。

A. 购买无形资产支付的现金　　B. 购买短期赚取差价的股票

C. 用现金支付在建工程人员工资　　D. 购买2个月到期的国债

2. 下列事项所产生的现金流量中，属于经营活动产生的现金流量的是(　　)。

A. 以现金支付的应由在建工程负担的职工薪酬

B. 因违反公司法而支付的罚款

C. 处置所属子公司所收到的现金净额

D. 分配股利支付的现金

3. 下列现金流量表列示的项目中，属于投资活动产生的现金流量的是（　　）。

A. 支付给生产工人的工资　　B. 收到的税费返还

C. 取得的投资收益　　D. 收到的投资款

4. 下列各项中，不属于筹资活动产生的现金流量的是（　　）。

A. 偿还债务　　B. 分配股利　　C. 吸收投资收到的现金D. 处置子公司

5. 下列各项中，会引起现金流量表"经营活动产生的现金流量" 的是（　　）。

A. 偿还长期借款的现金流出　　B. 收取现金股利的现金流入

C. 购置固定资产的现金流出　　D. 购买日常办公用品的现金流出

（二）多项选择题

1. 下列各项中，属于现金流量表中的现金等价物特点的有（　　）。

A. 期限短　　B. 易于转换成已知金额的现金

C. 价值变动风险很小　　D. 流动性强

2. 下列各项中，需要反映在现金流量表的情况有（　　）。

A. 现金的流入　　B. 现金和现金等价物的转换

C. 现金等价物的流出　　D. 现金的流出

3. 下列各项中，不属于现金或现金等价物的有（　　）。

A. 银行汇票存款　　B. 3 个月内到期的商业承兑汇票

C. 3 个月内到期的国库券　　D. 长期股权投资

4. 下列各项中，属于投资活动产生的现金流量的有（　　）。

A. 支付的现金股利　　B. 支付的业务招待费

C. 转让无形资产所有权收到的现金　　D. 支付给在建工程人员的职工薪酬

5. 下列各项中，属于筹资活动产生的现金流量的有（　　）。

A. 分配股利支付的现金　　B. 清偿应付账款支付的现金

C. 偿还债券利息支付的现金　　D. 清偿长期借款支付的现金

（三）判断题

1. 现金流量是指一定会计期间企业现金和现金等价物的流入和流出。（　　）

2. 现金等价物是指企业持有的期限短、流动性强、易于转换为已知金额现金、价值变动风险很小的投资。期限短，一般是指从购买日起一个月到期。（　　）

3. 企业用现金支付给在建工程人员的薪酬属于投资活动产生的现金流量。（　　）

4. 企业购置固定资产而发生的现金支出应在现金流量表中"经营活动产生的现金流量"项目列示。（　　）

5. 企业取得的拟在近期出售的股票投资视为现金等价物。（　　）

## 任务 5　所有者权益变动表

（一）单项选择题

1. 我国企业编制所有者权益变动表的列示方式是（　　）。

A. 账户式　　B. 多步式　　C. 报告式　　D. 矩阵式

2. 下列各项中，不属于所有者权益变动表中单独列示的项目是（　　）。

A. 综合收益总额　　B. 提取盈余公积

C. 每股收益　　D. 盈余公积弥补亏损

3. 下列各项中，不在所有者权益变动表中列示的项目是（　　）。

A. 盈余公积弥补亏损　　B. 前期差错更正

C. 利润分配　　D. 会计估计变更

4. 所有者权益变动表中"上年年末余额"项目，反映企业上年资产负债表中相关项目的年末余额，这些项目不包括（　　）。

A. 实收资本　　B. 其他综合收益　　C. 递延收益　　D. 库存股

5. 下列各项中，不属于所有者权益变动表项目的是（　　）。

A. 提取盈余公积　　B. 应付债券

C. 综合收益总额　　D. 所有者投入和减少资本

（二）多项选择题

1. 下列不属于所有者权益变动表的项目的有（　　）。

A. 资本公积　　B. 利润总额　　C. 盈余公积　　D. 所得税费用

2. 下列各项中，属于所有者权益变动表"上年年末余额"项目反映的内容有（　　）。

A. 实收资本　　B. 资本公积　　C. 库存股　　D. 盈余公积

3. 下列各项中，在年末资产负债表和年度所有者权益变动表中均有项目反映并且年末金额相等的有（　　）。

A. 综合收益总额　　B. 资本公积

C. 盈余公积　　D. 未分配利润

4. 下列各项中，属于"所有者权益内部结转"项目的有（　　）。

A. 提取盈余公积　　B. 资本公积转增资本

C. 盈余公积转增资本　　D. 盈余公积弥补亏损

5. 下列各项中，属于所有者权益变动表中单独列示的项目有（　　）。

A. 提取盈余公积　　B. 其他综合收益

C. 所有者投入资本　　D. 资本公积转增资本

（三）判断题

1. 所有者权益变动表"上年年末余额"项目，反映企业上年资产负债表中实收资本（或股本）、其他权益工具、资本公积、库存股、其他综合收益、盈余公积、未分配利润的年末余额。（　　）

2. 所有者权益变动表能够反映所有者权益各组成部分当期增减变动情况，有助于报表使用者理解所有者权益增减变动的原因。（　　）

3. 企业应于期末单独编制利润分配表，反映当期实现的净利润及其利润分配情况。（　　）

4. 我国企业的所有者权益变动表采用的结构和资产负债表一致，都属于账户式结构。（　　）

5. 所有者权益变动表只是反映企业在一定期间未分配利润的增减变动情况的报表。（　　）

## 二、技能考核

### 项目 1

| 项目名称 | 任务内容清单 |
| --- | --- |
| 任务情境 | 甲企业"应收账款"账户月末借方余额 400 万元，其中："应收甲公司账款"明细账户借方余额 350 万元，"应收乙公司账款"明细账户借方余额 50 万元；"预收账款"账户月末贷方余额 300 万元，其中："预收 A 工厂账款"明细账户贷方余额 500 万元，"预收 B 工厂账款"明细账户借方余额 200 万元。与应收账款有关的"坏账准备"明细科目贷方余额为 10 万元，与其他应收账款有关的"坏账准备"明细科目贷方余额为 5 万元 |
| 任务目标 | 掌握月末资产负债表中"应收账款"项目的金额的核算方法 |
| 任务要求 | 请你根据任务情境，学习资产负债表编制方法，完成上述业务的会计处理 |
| 任务思考 | |

## 项目2

| 项目名称 | 任务内容清单 |
|---|---|
| 任务情境 | 甲企业2024年度损益类账户累计发生额如下：主营业务收入210万元(贷方)，主营业务成本92万元(借方)，其他业务收入50万元(贷方)，其他业务成本30万元(借方)，营业税金及附加24万元(借方)，销售费用10万元(借方)，管理费用15万元(借方)，财务费用8万元(借方)，投资收益20万元(贷方)，营业外收入8万元(贷方)，营业外支出5万元(借方)，所得税费用22万元(借方)。要求：计算该企业本年度的营业利润、利润总额和净利润。 |
| 任务目标 | 掌握营业利润、利润总额和净利润的核算方法 |
| 任务要求 | 请你根据任务情境，学习企业营业利润、利润总额和净利润核算方法，完成上述业务的会计处理 |
| 任务思考 | |

## 项目 3

| 项目名称 | 任务内容清单 |
|---|---|
| 任务情境 | 某公司为一家增值税一般纳税企业，适用的增值税税率为13%。2024年年初，资产负债表中“货币资金”项目年初借方余额为520万元，“应收票据”项目年初借方余额为50万元，“应收账款”项目年初借方余额为234万元，“合同负债”项目年初贷方余额为80万元，“盈余公积”项目年初贷方余额为640万元，“未分配利润”项目年初贷方余额为150万元。2024年度该公司发生如下经济业务：<br>(1)5月1日，外购生产用原材料一批，取得的增值税专用发票上注明的价款100万元，增值税税额为13万元，供货方为该公司代垫运费2万元，增值税税额0.18万元，款项尚未支付，材料已验收入库。<br>(2)5月15日，持有的面值为50万元的不计息商业承兑汇票到期，债务人暂时无力偿还款项。<br>(3)6月30日，将自产的产品发放给本单位的管理人员，该产品成本为20万元，市场售价为30万元(与计税价格一致)。<br>(4)7月15日，销售商品一批，开具的增值税专用发票上注明的售价为300万元，增值税税额为39万元，商品已发出。该批商品的实际成本为200万元。上年已经预收该批商品的款项80万元，剩余货款于销售当日收讫，并存入银行。<br>(5)2024年该公司实现利润总额为120万元，确认的所得税费用为30万元，按净利润的10%提取法定盈余公积 |
| 任务目标 | 掌握资产负债表相关项目的编制依据 |
| 任务要求 | 请你根据上述资料，编制会计分录，并计算资产负债表是货币资金、应收账款、盈余公积、未分配利润项目的期末数 |
| 任务思考 | |

## 项目 4

| 项目名称 | 任务内容清单 |
|---|---|
| 任务情境 | A 股份有限公司(以下简称 A 公司)为增值税一般纳税人,适用的增值税税率为 13%,所得税税率为 25%。A 公司主要业务是生产和销售甲产品,原材料按实际成本法核算,在销售时逐笔结转销售成本。2024 年发生的有关经济业务如下:<br>(1)5 月 10 日,销售甲产品一批,该批产品的实际成本为 300 万元,增值税专用发票上注明的货款为 500 万元,增值税税额为 65 万元。产品已经发出,提货单已经交给购货方,购货方用银行存款支付增值税 65 万元,对货款部分开具一张面值为 500 万元、期限为 4 个月的不带息商业承兑汇票。<br>(2)10 月 3 日,销售原材料一批,该批原材料的实际成本为 18 万元,增值税专用发票上注明的货款为 20 万元,增值税税额为 2.6 万元。原材料已经发出,货款和增值税已经收到并存入银行。<br>(3)本年度用银行存款支付发生的广告费用 6 万元,销售商品过程中发生的由本公司承担的运输费 14 万元,计入当期损益的利息费用及银行手续费 4 万元,均不考虑增值税。<br>(4)本年生产甲产品领用原材料 300 万元,车间管理部门领用原材料 60 万元,企业管理部门领用原材料 20 万元。<br>(5)本年计提固定资产折旧 100 万元,其中,计入制造费用 70 万元,计入管理费用 30 万元。 |
| 任务目标 | 掌握利润表的结构及编制方法 |
| 任务要求 | 请你根据任务情境,完成上述业务的会计处理并计算利润表中的营业收入、营业成本、营业利润 |
| 任务思考 | |